工业技术经济学

(第三版)

傅家骥　仝允桓　主编

清华大学出版社

内 容 简 介

本书是根据国家教委对高等学校理工科专业学生的要求而编写的教材。书中系统介绍了技术经济分析与决策的基本理论和方法，以及这些理论和方法在投资项目可行性研究、项目群评价与选择、新技术应用与设备更新决策、产品与工艺设计等方面的应用。

本教材的第一版、第二版已在教学中使用10年，被许多学校采用，受到广大师生的欢迎，曾获国家教委优秀教材一等奖。第三版教材是在前两版的基础上吸收广大读者的意见，结合学科的新发展和国家经济体制改革的新情况修改补充而成的。第三版的特点是：注重理论方法的系统性，反映学科的新进展，强调内容的实用性；在结构和内容上既适合学校教学的要求，又能满足企业实际工作的需要。

本书可作为高等院校理工科各专业和工商管理专业的教材，也可作工程技术人员和经济管理工作者的参考书。

本书封面贴有清华大学出版社防伪标签，无标签者不得销售。

版权所有，侵权必究。举报：010-62782989，beiqinquan@tup.tsinghua.edu.cn。

图书在版编目(CIP)数据

工业技术经济学/傅家骥，仝允桓编著.—3版.—北京：清华大学出版社，1996.9（2024.1重印）

ISBN 978-7-302-02164-3

Ⅰ.工… Ⅱ.①傅…②仝… Ⅲ.工业经济学：技术经济学 Ⅳ.F403.7

中国版本图书馆CIP数据核字(96)第07793号

责任编辑：魏荣桥
责任印制：丛怀宇
出版发行：清华大学出版社
     网　　址：https://www.tup.com.cn, https://www.wqxuetang.com
     地　　址：北京清华大学学研大厦A座　邮　编：100084
     社 总 机：010-83470000　邮　购：010-62786544
     投稿与读者服务：010-62776969, c-service@tup.tsinghua.edu.cn
     质 量 反 馈：010-62772015, zhiliang@tup.tsinghua.edu.cn

印 装 者：三河市铭诚印务有限公司
经　　销：全国新华书店
开　　本：140mm×203mm　**印　张**：16.125　**字　数**：417千字
版　　次：1996年9月第3版　**印　次**：2024年1月第55次印刷
定　　价：49.00元

产品编号：002164-05/F

前　言

《工业技术经济学》的第三版是在1986年第一版和1991年第二版的基础上总结近10年的教学实践经验修订而成的。修订后的工业技术经济学有以下几方面的特点：

第一，注重理论与方法体系的系统性。清华大学技术经济专业是全国重点学科点，本教材的编写者多年从事技术经济的教学与研究工作，对本领域的理论与分析方法有深刻的理解。本书兼收并蓄国内外同类教材的精华，在融会贯通的基础上，结合中国实际形成了比较完整系统的理论与方法体系。为适合理工科大学生学习，本书对主要经济概念的表述尽量清晰、准确、通俗，并阐明它们之间的内在联系，力求使学生既知其然，亦知其所以然，为今后的进一步学习打下良好基础。

第二，突出教材内容的实用性。理工科学生学习技术经济学的主要目的在于将来在实际工作中应用。基于这一认识，本书特别注意理论与实践的联系，突出各种分析方法的实用性与可操作性。在内容编排上既注意了与一般国际规范接轨，也注意了对在中国的应用背景的介绍，便于读者用本书所提供的理论方法解决实际问题。

第三，强调知识的新颖性。本教材吸收了技术经济领域国内外理论和实践的新内容以及编者在本领域新的研究成果，反映了中国财务制度、税收制度、投资体制和企业体制改革的新要求。同时，本版教材也修正和改进了前两版中的某些疏漏和不足。

本教材各章附有思考题和练习题，以便学生在学习过程中通过思考和练习巩固所学知识，掌握正确的思想方法，培养独立解决技术经济问题的能力。

尽管编者作了许多努力,但是,技术经济学尚属发展中的学科,还有很多有待开发的领域,由于我们的水平所限,教材中的缺点和不足之处在所难免,望读者提出宝贵意见。

本书第二版的编者有:傅家骥、姜彦福、吴贵生、竺耐君、卢家仪、华如兴、仝允桓等。第三版的修订工作由傅家骥、姜彦福、吴贵生、仝允桓完成,全书由傅家骥、仝允桓主编。

著 者

1996年1月

目 录

第一章 绪论 ·· 1
  第一节 技术经济学的研究对象及内容 ·· 1
  第二节 学习技术经济学的必要性 ·· 9
第二章 现金流量构成与资金等值计算 ·· 14
  第一节 现金流量的构成 ·· 14
  第二节 资金等值计算 ·· 30
  习 题 ·· 48
第三章 经济效果评价方法 ··· 51
  第一节 经济效果评价指标 ··· 51
  第二节 决策结构与评价方法 ··· 86
  习 题 ·· 112
第四章 不确定性分析 ·· 119
  第一节 盈亏平衡分析 ·· 119
  第二节 敏感性分析 ·· 127
  第三节 概率分析 ··· 136
  第四节 风险决策 ··· 151
  习 题 ·· 161
第五章 投资项目的财务分析 ··· 165
  第一节 可行性研究和项目财务分析概述 ····································· 165
  第二节 费用、收益识别和基础财务报表编制 ······························ 169
  第三节 资金规划 ··· 173
  第四节 财务效果计算 ·· 183
  第五节 案例分析 ··· 186

第六节　改建、扩建和技术改造项目的财务分析 ……… 199
　　第七节　资产评估 …………………………………………… 224
　　习　题 ………………………………………………………… 240
第六章　公用事业项目的经济分析 …………………………… 247
　　第一节　公用事业项目的基本特点 ………………………… 247
　　第二节　公用事业项目的成本与收益 ……………………… 254
　　第三节　公用事业项目的经济评价方法 …………………… 260
　　习　题 ………………………………………………………… 282
第七章　项目群的评价与选择 ………………………………… 284
　　第一节　项目群评价与选择概述 …………………………… 285
　　第二节　项目群优化选择的数学模型 ……………………… 288
　　第三节　项目群评价与选择案例 …………………………… 302
　　习题 …………………………………………………………… 315
第八章　先进制造系统投资项目评价 ………………………… 316
　　第一节　先进制造系统项目评价的特点 …………………… 316
　　第二节　先进制造系统项目的费用、效益与风险 ………… 320
　　第三节　先进制造系统项目的评价过程 …………………… 327
　　第四节　层次分析法及其应用 ……………………………… 343
　　习　题 ………………………………………………………… 357
第九章　设备更新的技术经济分析 …………………………… 359
　　第一节　设备的磨损 ………………………………………… 359
　　第二节　设备的大修理及其技术经济分析 ………………… 364
　　第三节　设备更新及其技术经济分析 ……………………… 373
　　第四节　设备现代化改装及其技术经济分析 ……………… 391
　　习　题 ………………………………………………………… 398
第十章　价值工程 ……………………………………………… 400
　　第一节　价值工程概述 ……………………………………… 400
　　第二节　对象选择和情报收集 ……………………………… 404

第三节　功能分析……………………………………………… 408
　　第四节　功能评价……………………………………………… 420
　　第五节　改进和创新…………………………………………… 430
　　习　题…………………………………………………………… 437
第十一章　技术经济预测……………………………………………… 439
　　第一节　技术经济预测概述…………………………………… 439
　　第二节　抽样调查法…………………………………………… 444
　　第三节　专家调查法…………………………………………… 453
　　第四节　回归分析法…………………………………………… 459
　　第五节　时间序列法…………………………………………… 467
　　习　题…………………………………………………………… 488
复利系数表……………………………………………………………… 492
参考文献………………………………………………………………… 505

第一章 绪 论

第一节 技术经济学的研究对象及内容

技术经济学是具有中国特色的应用经济学的一个分支,它是当代技术发展与社会经济发展密切结合的产物,是本世纪 50 年代技术经济分析进一步演化的结果。今天的技术经济学是一门研究技术领域经济问题和经济规律,研究技术进步与经济增长之间的相互关系的科学。它的研究对象主要有以下三个方面:

第一,技术经济学是研究技术实践的经济效果,寻求提高经济效果的途径与方法的科学。在这个意义上,技术经济学亦可称为技术的经济效果学。

这里的技术是广义的,是指把科学知识、技术能力和物质手段等要素结合起来所形成的一个能够改造自然的运动系统。技术作为一个系统,即不是知识、能力或物质手段三者中任何一个孤立的部分,也不是三者简单的机械组合,而是在解决特定问题中体现的有机整体。从表现形态上看,技术可分成体现为机器、设备、基础设施等生产条件和工作条件的物质技术(或称硬技术)与体现为工艺、方法、程序、信息、经验、技巧和管理能力的非物质技术(或称软技术)。不论物质技术还是非物质技术,它们都是以科学知识为基础形成的,并且遵循一定的科学规律互相结合在生产活动中共同发挥作用。

技术的使用直接涉及生产活动中的投入与产出。所谓投入是指各种资源(包括机器设备、厂房、基础设施、原材料、能源等物质要素和具有各种知识和技能的劳动力)的消耗或占用;所谓产出则是指各种形式的产品或服务。人们在社会生产活动中可以使用的资源总是有限的。在这个意义上,技术本身也属于资源的范畴,它虽有别于日益减少的自然资源,可以重复使用和再生,但是在特定的时期内,相对于人们的需求而言,不论在数量上还是在质量上都是稀缺的。如何最有效地利用各种资源,满足人类社会不断增长的物质文化生活的需要是经济学研究的一个基本问题。而技术的经济效果学就是研究在各种技术的使用过程中如何以最小的投入取得最大产出的一门学问。投入和产出在技术经济分析中一般被归结为用货币量计算的费用和效益,所以,也可以说,技术的经济效果学是研究技术应用的费用与效益之间关系的科学。

研究技术的经济效果在我国已有较长的历史,50年代初期,我国曾引入苏联的技术经济分析或称技术经济论证。我国经济决策部门在第一个五年计划期间就曾提出各个重点建设项目上马时都要进行技术经济论证。正是由于重视了经济效果问题,使得我国"一五"期间建设的工程项目大多具有较好的经济效益。可以说,重视经济效果是"一五"计划的重要特征。目前,我国投资建设的工程项目,总体上的经济效果远没有达到"一五"时期的水平,这不能不引起我们的高度重视。

60年代初制订的我国第二部科学技术发展规划(《1963—1972年科学技术发展规划》)明确提出,任何科技工作,必须既有技术上的优越性,又有经济上的合理性。要求在科学技术工作中结合各项技术的具体内容对技术方案的经济效果进行计算和分析比较。这使得技术经济分析在工程项目建设以外的其它技术领域也得到了一定程度的应用,取得了较好的效果。

50年代和60年代的实践充分显示了技术经济分析(论证)的巨大实用价值。也使许多工程技术人员认识到技术工作必须讲求经济效果,技术经济分析的理论和方法是工程技术人员必须具备的基础知识。

自改革开放以来,中断十余年的技术经济学研究有了新的发展。在过去的技术经济分析的基础上又引进了西方的投资项目可行性研究的内容。所谓可行性研究,是在调查研究的基础上,通过市场分析、技术分析、财务分析和国民经济分析,对各种投资项目(包括新建工厂或其它工程项目的建设、老企业的扩建或技术改造、工艺设备的更新等等)的技术可行性和经济合理性进行的综合评价。可行性研究的引入,使技术经济分析提高到一个新的水平。

技术的经济效果学还研究如何用最低的寿命周期成本实现产品、作业或服务的必要功能。就工业产品而言,所谓寿命周期成本是指从产品的研究、开发、设计开始,经过制造和长期使用,直至被废弃为止的整个产品寿命周期内所花费的全部费用。对于产品的使用者来说,寿命周期成本体现为一次性支付的产品购置费与在整个产品使用期限内支付的经常性费用之和。所谓必要功能是指产品使用者实际需要的产品的使用价值。用最低的寿命周期成本实现产品(作业、服务)的必要功能是提高整个社会资源利用效率的重要途径。

世界上第一辆汽车是19世纪80年代由戴姆勒(Dimler)和本茨(Benz)制造的,由于生产成本太高,在相当长一段时间内汽车仅是贵族的一种玩物。后来,经过亨利·福特(Henry Ford)的努力,使每辆汽车的售价降至1000—1500美元,进而又降至850美元,到1916年甚至降至360美元。汽车的使用成本也有所降低。这为汽车的广泛使用创造了条件,最终使汽车工业成为美国经济的一大支柱。汽车工业的发展又推动了美国的钢铁、石油、橡胶等一系列工业部门的发展,同时又极大地改变了人们的生活方式。这一事例说明,在保证实现产品(作业、服务)必要功能的前提下,不断追求更低的寿命周期成本,对于社会经济的发展具有重要意义。

在我国,许多人还不懂得按产品寿命周期成本最低的原则进行经济、技术决策,主要的表现形式有两种:一种是片面追求产品功能的完善而很少考虑这些功能的必要性及实现这些功能所花的代价；另一种是过多考虑购置产品时一次性支付的费用而不重视产品使用过程中的经常性开支。后一种表现形式的一个典型例子是，在我国许多企业中宁可支出大量的维修费用维持低效率、高消耗的陈旧设备的运行而不进行设备更新。

技术经济分析能帮助我们在一个投资项目尚未实施之前估算出它的经济效果，并通过对不同方案的比较，选出最有效利用现有资源的方案，从而使投资决策建立在科学分析的基础之上。技术经济分析还能帮助我们在日常的工业生产活动中选择合理的技术方案，改进各种具体产品的设计与生产工艺，用最低的成本生产出符合要求的产品，指高工业生产的经济效益与社会效益。总之，技术经济分析是技术服务于生产建设的一个重要的中间环节，在经济、技术决策中占有重要地位。

第二，技术经济学是研究技术和经济的相互关系，探讨技术与经济相互促进、协调发展途径的科学。

技术和经济是人类社会发展不可缺少的两个方面，其关系极为密切。

一方面，发展经济必须依靠一定的技术手段，技术的进步永远是推动经济发展的强大动力。人类社会的发展历史雄辩地证明了这一点。18世纪末，从英国开始的以蒸汽机的广泛应用为标志的工业革命，使生产效率提高到手工劳动的4倍。到19世纪中叶，科学技术的进步使生产效率提高到手工劳动的108倍。20世纪40年代以来，科学技术迅猛发展导致的社会生产力的巨大进步更是有目共睹的。

另一方面，技术总是在一定的经济条件下产生和发展的。经济上的需求是技术发展的直接动力，技术的进步要受到经济条件的制约。众所周知，任何技术的应用，都伴随着人力资源和各种物力资源的投入，依赖于一定的相关经济技术系统的支持。只有经济发展到一定的水平,相应的技术才有条件广泛应用和进一步发展。例如蒸汽机的发明到它的广泛应用就经历了80年之久的时间。

技术和经济之间这种相互渗透、相互促进又相互制约的紧密联系,使任何技术的发展和应用都不仅是一个技术问题,同时又是一个经济问题。研究技术和经济的关系,探讨如何通过技术进步促进经济发展,在经济发展中推动技术进步,是技术经济学责无旁贷的任务,也是技术经济学进一步丰富和发展的一个新领域。

在这一领域中,与工程技术人员的日常工作关系最密切的问题是技术选择问题,即在特定的经济环境条件下,选择什么样的技术去实现特定的目标。技术选择分宏观技术选择和微观技术选择。宏观技术选择是指涉及面较广的技术采用问题,其影响的广泛性和深远性超出一个企业的范围,影响到整个国民经济的发展和社会进步。例如,从近期来看,发展中国的电力工业,是优先发展火电,还是优先发展水电,或者是优先发展核电,从长远来看又应作何选择;又如,要解决中国的城市交通问题,是大力发展小汽车,还是采用发展公共交通加自行车的办法;再如,中国铁路运输的牵引动力,应该以蒸汽机车为主,还是以内燃机车为主,或者是以电力机车为主。这些都是涉及范围很广的宏观决策问题,每一项决策都与采用和发展什么技术有关,而且最终都会影响到整个国家经济、技术和社会的发展。微观技术选择是指企业范围内的产品、工艺和设备的选择。企业生产什么产品,用怎样的方式生产,采用什么样的工艺过程,选用什么样的设备等等,是影响企业市场竞争能力和经济效益的关键性问题,所以,技术选择是企业经营活动中的重要决策。微观技术选择虽然直接涉及的是各个企业的生存与发展,但最终也将影响到整个国民经济的发展。

指导各个层次技术选择的是各级技术政策。每个企业都应该根据自己的发展目标,资源条件和外部环境制订出企业的技术政策,在这种技术政策的指导下进行具体的技术选择,以适应竞争和发展的需要。每个产业部门也应该根据国民经济发展对本部门的要求、本部门技术发展的趋势及各种客观条件制订出本产业部门的技术政策，用以指导本产业部门的技术选择和发展规划。同样，国家也必须有明确的技术政策，用以指导、控制全国范围内各个层次的技术选择。国家的技术政策影响到整个国家长远的经济发展和技术进步。这些政策的制订必须建立在充分了解世界技术发展的大趋势，客观分析国情，深入研究技术与经济之间关系的基础之上。

世界各国的经济、文化和科学技术的发展是不平衡的，自然条件和资源条件也千差万别。这种不平衡和差别使得不同的国家不可能按照相同的模式进行技术选择。尤其是发展中国家不能照搬发达国家的技术选择模式。过去许多发展中国家曾出现过盲目效仿发达国家，片面追求最新技术的现象，结果由于缺乏必要的技术力量和管理经验、基础设施和配套工业不健全等原因，使引进的技术无法吸收，更难以扩散，达不到应有的效果，造成了资源的浪费。

技术的发展具有继承性和累进性，任何新技术的应用都要求相应的社会环境、经济结构、资源条件和相关技术系统的支持。对于发展中国家来说，技术选择要考虑本国现存的技术体系和技术基础，要与本国的技术水平、生产发展水平、社会成员的文化教育水平、生产要素条件、市场需求结构及历史文化背景相适应。技术选择首先要强调技术采用后的效果，而不仅仅是技术的新颖程度。所选择的技术可以是世界上的最新技术，也可以是不那么新的技术，关键在于技术的采用必须能对社会目标、经济目标和环境目标作出最大的贡献。

中国是一个发展中国家，必须根据实际情况确定技术选择的原则。总的来说，我国的技术选择要注意经济效果，兼顾技术的适用性与先进性。要防止两种倾向：一方面，要防止不顾国情，忽视现有的经济技术现状，盲目追求技术先进性的倾向；另一方面，要防止故步自封,片面强调现有基础,看不到发展的潜力与优势,不敢采用先进技术的倾向。我国现阶段的技术体系应该同时包容多种层次的技术,即要有国际先进水平的新技术、高技术,也要有某些在工业发达国家已被淘汰的传统技术。当然,随着我国经济技术的发展,在整个技术体系中,前一种技术的比例会不断增加,后一种技术的比例会不断减少。

第三,技术经济学是研究如何通过技术创新推动技术进步,进而获得经济增长的科学。

所谓经济增长是指在一国范围内,年生产的商品和劳务总量的增长,通常用国民收入或国民生产总值的增长来表示。经济增长可以通过多种途径来取得,例如,可以通过增加投入要素、增加投资(最终形成新的生产能力)、增加劳动力的投入等以实现经济增长。亦可通过提高劳动生产率,即提高单位投入资源的产出量实现经济增长。十分明显,资金和劳动力投入的增长速度会直接影响经济增长的速度。但是,各国的经济发展历史也表明,经济增长的速度与科学技术的发展也有着密切的关系。人们发现,在工业发达的国家中,后期与前期相比,产出量增长的差额往往大于投入要素增长量的差额,显然,这是技术进步因素的作用所致。

这里所说的技术进步并不仅指人们通常理解的技术的发展和进步,而是指在经济增长中,除资金和劳动力两个投入要素增加以外所有使产出增长的因素,即经济增长因素中去掉资金和劳动力增长外的"余值"。

技术进步可分为体现型和非体现型两类。体现型技术进步是指被包含在新生产出来的资产(如机器设备、原材料、燃料动力等资金的物化形式)之中,或者与新训练和教育出来的劳动力结合在一起的技术进步。事实上,随着科技的发展,新投入资金形成的资产,必然把新的科技成就物化在其中,使之与过去的资产相比,具有更高的功能。同样,由于教育的发展,劳动力已不再仅仅是单纯的体力提供者,而是具有相当高的科学知识水平和劳动技能的生产者或创造者。非体现型技术进步则不体现于新生产出来的资产或新训练和教育出来的劳动力身上,而体现在生产要素的重新组合、资源配置的改善、规模经济的效益以及管理技术的完善化等方面。在现实的经济生活中,两种技术进步同时共存并在经济增长中共同发挥作用。

应该承认,同发达国家相比,无论是体现型技术进步,还是非体现型技术进步,我国都有比较大的差距,这无疑影响了我国经济增长的速度与质量。在当今世界上,技术进步已经成为影响经济发展的最重要的因素,依靠技术进步促进经济发展,是我国实现现代化的必由之路。

技术创新是技术进步中最活跃的因素,它是生产要素一种新的组合,是创新者将科学知识与技术发明用于工业化生产,并在市场上实现其价值的一系列活动,是科学技术转化为生产力的实际过程。

技术创新包括:新产品的生产,新技术新工艺在生产过程中的应用,新资源的开发,新市场的开辟。

技术创新是在商品的生产和流通过程中实现的。单纯的创造发明不成其为技术创新,只有当它们被用于经济活动时,才成为技术创新。技术创新是通过由科技开发、生产、流通和消费这样四个环节构成的完整系统,实现其促进经济增长的作用。其中生产和流通是使技术创新获得经济意义的关键环节,缺少这两个环节,科技发明就不能转化为社会财富,就没有经济价值,同时,消费者(指广义的用户)也不能将各自的反映或评价传递给科技人员,发明创造就只能停留在实验室中,不能进入经济领域,无法转化为生产力。也就不是技术经济学中所要研究的技术创新。

各国经济发展的实践经验表明,哪里技术创新最活跃,哪里的经济就最发达。技术创新不断促进新产业的诞生和传统产业的改造，不断为经济注入新的活力，因此，各工业发达国家，无不想尽各种办法，利用各种经济技术政策，力图形成一种推动技术创新的机制与环境。

像中国这样一个发展中的大国，不能总是靠一代代地引进国外的技术和产品过日子。只有加速技术创新，才能从根本上解决技术落后、效率低下的问题。这是经济发展和国家富强的根本之路。

技术经济学面临的一项重要任务是，从实际出发，研究我国技术创新的规律及其与经济发展的关系。探求如何建立和健全技术创新的机制，为制定有关的经济政策和技术政策提供理论依据。

以上介绍了技术经济学研究的三个主要领域。本书作为理工科大学生学习技术经济学的教科书，仅选择本学科最基本的内容，即第一方面的内容作了较详尽的论述，旨在帮助读者掌握解决技术经济问题的基本理论和方法，并为有兴趣对本学科进行深入研究的读者打下基础。

第二节　学习技术经济学的必要性

技术和经济是紧密联系着的，作为一个现代的工程技术人员，不仅需要精通本专业的技术，同时必须具有经济头脑。强调这一点，对于我国的理工科高等院校学生尤为重要。这是因为，长期以来，在我国的高等教育中，工程技术教育与经济管理教育是相互分离的，学工程技术专业的学生不学经济，这样就造就出大量只懂技术，不懂经济的工科毕业生。他们走上工程技术岗位之后，由于缺少经济知识，没有经济头脑，所以不关心与自己所从事的工作有关的经济问题，在设计产品和制订工艺时不考虑如何降低成本，增加利润，或者不会进行必要的经济分析。因而不能完全适应社会主义现代化建设的需要。

我们的工程技术人员应当知道，尽管产品是由工人在生产过程中制造出来的，但是产品的技术先进程度和制造费用高低在很大程度上是由工程技术人员在设计产品和选择工艺过程中早已决定了的。如果工程技术人员在设计产品，选择工艺时不考虑市场需要，不考虑生产成本，产品就会没有竞争能力。我们现在所处的是社会主义市场经济环境。工程技术人员所设计的产品要作为商品到市场上进行竞争，如果产品没有竞争能力，无人购买，就不能实现其价值和使用价值，生产这种产品的企业也就无法生存与发展。要提高产品的竞争能力，就必须在产品设计与制造的全过程中既注意提高其性能和质量，又注意降低生产成本，做到"物美价廉"。一个理工科大学生，如果不学习必要的经济知识，就不能在未来的工作中正确处理技术与经济的关系，就难以做到使自己的工作真正有益于社会。

美国麻省理工学院电机专业的早期毕业生到一家公司工作后，设计了一种电机，技术上够得上一流水平，但因成本太高，价格太贵，在市场上却卖不出去。美国的教育家从这里找出的原因是学生不懂经济。后来就在这所著名的学校里成立了斯隆管理学院，对未来的工程师们进行经济知识教育，让他们懂得什么是市场，什么是竞争，什么是成本，以及如何使产品做到既物美又价廉。美国贝尔电话研究所的工程技术人员曾在 1960 年研制成功一种电子电话交换机，经过联机试验，证明性能很好，优于当时世界上广泛使用的纵横式电话交换机。但是，开发出来的这种新产品并没有马上投入生产，其原因就在于成本太高，物虽然美，价却不廉。为使这种产品具有经济上的竞争力，确能在市场上替代老式的纵横式交换机，贝尔研究所和西方电器公司组织设计师和工艺师们以低于纵横式交换机的成本为目标，设法降低电子交换机的成本。贝尔研究所的工程技术人员经过三年努力，终于把电子交换机的成本降低到了纵横式交换机的水平，至此，西方电器公司的董事会才决定停止纵横交换机的生产，转而生产电子交换机。可见，如果要把工程设计付诸生产,实现其真正的价值,仅有技术上的先进性是不行的。因此,作为一个工程师,不仅必须精通本行的专业技术,具有较强的解决技术问题的实际能力,而且还要有强烈的经济意识和解决实际生产问题的本领,能够进行经济分析和经济决策。

在企业中工作的工程技术人员,最终的发展方向可能有三个:管理人员、专业技术人员或学者。从国内外的实际情况看,工程师们存在着担任企业最高层领导职务的广泛可能性。已有越来越多的工程师成为公司的负责人,或关键部门的领导人,或决策者最亲近的参谋人员。所以,工程师们必须克服单纯技术观点,学习经济知识,掌握进行经济分析和经济决策的本领。

经济分析是为经济决策服务的。决策是一个过程,它包括提出问题,制定目标,拟定方案,分析评价,最后从若干个备选的方案中选出最佳的或比较理想的方案。在经济工作中和技术工作中做到决策科学化,是时代提出的要求。要达到这一要求,未来的工程师或管理者必须做到:

1. 正确了解国家的经济、技术发展战略和有关政策

国家的发展战略和有关政策是牵动全局,影响长远的东西。其中国民经济发展战略是在各项具体工作中确定决策目标的依据。没有明确的目标,拟定方案就是盲目的,分析评价就没有正确的标准,也就谈不上决策的科学化。我国经济工作中的许多失误都可归纳为缺乏统一的明确的决策目标。国家的各项经济、技术政策是为实现发展战略服务的,是在具体工作中进行各项决策时所要考虑的重要的外部条件。例如,产业政策反映了国家从国民经济整体发展的角度对重要资源在各产业部门间配置与流动的总体布局。技术政策表明了国家对技术发展方向与发展重点的总体要求。只有在各项经济技术工作中都严格执行国家的产业政策和技术政策,才能保证整个国民经济的健康发展。国家的各项税收政策,金融政策、物价政策、外资、外贸、外汇政策等等也都会对具体的经济技术

决策产生实际的影响。所以,正确了解国家的发展战略和有关政策是实现决策科学化的重要前提。

2. 要会作预测工作

在复杂的经济和技术工作中,单靠对本部门、本企业所处环境的某种感觉或直觉来进行决策,越来越变得不管用了,而且还会导致很多失误。因此,对经济和技术的未来发展情况做出准确的预测,无疑就能为我们作出正确的决策提供依据,减少或避免发生决策失误,少犯错误。所以,对任何决策来说,预测都是一个关键问题。所谓预测就是对与决策问题有关的各种内部外部情况所进行的预计,是对尚未发生的或目前还不明确的事物所进行的事先估计和推测,是对事物发展将要导致的结果进行探讨和研究。科学的预测是决策科学化的一个重要组成部分,是科学化决策的一项重要工具。

3. 要学会拟定多种替代方案并从中选择最优方案

事物的好与坏、优与劣,都是就相互比较而言的。所以,在决策过程中只有拟定一定数目的具有一定质量的备选方案,进行对比选择,才能保证决策的科学性。如果只搞一个方案,没有任何替代方案可资比较选择,这样作出决策是很危险的。

在当代的经济技术条件下,要解决一个问题,总是可以根据不同的经验,从不同的角度构思出多种途径和方法的。在构思出多种方案之后,还要进一步确定各个方案的细节,估计各个方案的执行结果。这就要求将预计到的各个方案影响决策目标的全部后果,毫无遗漏地揭示出来,客观地加以描述。这里自然应该既考虑直接后果,又考虑间接后果,既考虑有形后果,又考虑无形后果,既考虑有利方面,又考虑不利方面,通过综合比较从中选出最好的方案。不应该先验地对某个方案有主观的偏爱,更不应为了争取上级批准某个方案而夸大一面、掩盖一面,使项目的可行性变成上级的"可批准性",使严肃的技术经济分析工作流于形式。

4. 要善于把定性分析和定量分析结合起来

以定性分析为主的传统的决策方法，是一种在占有一定资料的基础上，根据决策人员的经验、直觉、学识、洞察力和逻辑推理能力来进行决策的方法。这种决策方法具有主观性，属于经验型决策。

50年代以后，随着应用数学和计算机的发展，在经济决策中引入了更多的定量分析方法。由于定量分析方法的引入，使得决策不再仅以感觉为基础，而是以定量分析为基础，使决策更具有科学化的色彩。这是因为，定量计算不仅能使与决策问题有关因素的研究更加精确化和深刻化，而且定量计算还有利于发现研究对象的实质和规律。特别是对决策中不确定性因素和风险问题，通过定量分析，可以做出相对准确的判断，便于决策者选择。因此可以说，定量分析使决策的质量更上了一层楼。

当然，采用以定量分析为主的决策方法并不排斥定性分析，甚至可以说，定性分析还是少不了的。这是因为经济问题十分复杂，变化很多，有的指标还根本无法用数量表示，因此还必须作定性分析。正确的做法应该是把定量分析和定性分析结合起来，同时加强调查研究，提高定性分析的客观性，减少主观成份。

综上所述，学一点技术经济学，树立经济观点，建立经济意识，掌握经济分析和经济决策的方法与技能，提高解决实际的技术经济问题的能力对于理工科大学生和工程技术人员来说是十分必要的。这是社会主义现代化建设对新一代工程师提出的要求。本书将在这方面为读者提供一定的帮助。

第二章 现金流量构成与资金等值计算

第一节 现金流量的构成

一、现金流量

对工业生产活动可以从物质形态与货币形态两个方面进行考察。从物质形态来看,工业生产活动表现为人们使用各种工具、设备,消耗一定量的能源,将各种原材料加工、转化成所需要的产品。从货币形态来看,工业生产活动表现为投入一定量的资金,花费一定量的成本,通过产品销售获取一定量的货币收入。对于一个特定的经济系统而言(这个经济系统可以是一个企业,也可以是一个地区、一个部门或者是一个国家),投入的资金,花费的成本,获取的收益,都可看成是以货币形式(包括现金和其他货币支付形式)体现的资金流出或资金流入。在技术经济分析中,把各个时间点上实际发生的这种资金流出或资金流入称为现金流量,流出系统的资金称现金流出,流入系统的资金称现金流入,现金流入与现金流出之差称净现金流量。技术经济分析的目的就是要根据特定系统所要达到的目标和所拥有的资源条件,考察系统在从事某项经济活动过程中的现金流出与现金流入,选择合适的技术方案,以获取最好的经济效果。

对一项经济活动的现金流量的考察与分析,因考察角度和所研究系统的范围不同会有不同的结果。例如,国家对企业经济活动征收的税金,从企业角度看是现金流出,从整个国民经济的角度看既不是现金流出也不是现金流入,而是在国家范围内资金分配权与使用权的一种转移。在技术经济分析中,必须在明确考察角度和系统范围的前提下正确区分现金流入与现金流出。

对于一般的工业生产活动来说,投资、成本、销售收入、税金和利润等经济量是构成经济系统现金流量的基本要素,也是进行技术经济分析最重要的基础数据。下面分别加以阐述。

二、投资

(一) 投资的基本概念

广义的投资是指人们的一种有目的的经济行为,即以一定的资源投入某项计划,以获取所期望的报酬。投资可分为生产性投资和非生产性投资,所投入的资源可以是资金,也可以是人力、技术或其他资源。本章所讨论的投资是狭义的,是指人们在社会经济活动中为实现某种预定的生产、经营目标而预先垫支的资金。

对于一般的工业投资项目来说,总投资包括建设投资和生产经营所需要的流动资金。如果建设投资所使用的资金中含有借款,则建设期的借款利息也应计入总投资。对于某些投资项目,国家要征收投资方向调节税,这类项目的总投资中还包括投资方向调节税。

项目建设投资最终形成相应的固定资产、无形资产和递延资产。

固定资产指使用期限较长(一般在一年以上),单位价值在规定标准以上,在生产过程中为多个生产周期服务,在使用过程中保持原来物质形态的资产,包括房屋及建筑物、机器设备、运输设备、工具器具等。无形资产指企业长期使用,能为企业提供某些权利或利益但不具有实物形态的资产,如专利权、非专利技术、商标权、版权、土地使用权、商誉等。递延资产指集中发生但在会计核算中不能全部记入当年损益,应当在以后年度内分期摊销的费用,包括开办费、租入固定资产的改良支出等。

流动资金指在工业项目投产前预先垫付,在投产后的生产经营过程中用于购买原材料、燃料动力、备品备件,支付工资和其他费用以及被在产品、半成品、产成品和其它存货占用的周转资金。在生产经营活动中,流动资金以现金及各种存款、存货、应收及预付款项等流动资产的形态出现。在整个项目寿命期内,流动资金始终被占用并且周而复始地流动。到项目寿命期结束时,全部流动资金才能退出生产与流通,以货币资金的形式被回收。

(二) 投资构成与资产价值

一般工业项目建设投资的构成如图 2-1 所示。

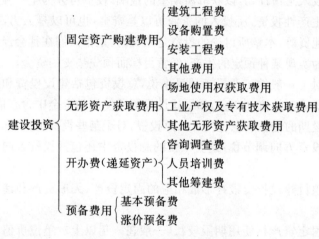

图 2-1　工业项目建设投资构成

项目建成后,建设投资转化为固定资产、无形资产和递延资产。在会计核算中,购建固定资产的实际支出(包括建设期借款利息、外币借款汇兑差额及固定资产投资方向调节税)即为固定资产的原始价值,简称为固定资产原值。同样,获取无形资产的实际支出即为无形资产的原始价值。在项目筹建期内实际发生的各项费用,除应计入固定资产和无形资产价值者外,均应计入开办费,视为递延资产。

工业项目投入运营之后,固定资产在使用过程中会逐渐磨损和贬值,其价值逐步转移到产品中去。这种伴随固定资产损耗发生的价值转移称为固定资产折旧。转移的价值以折旧费的形式计入产品成本,并通过产品的销售以货币形式收回到投资者手中。从产品销售收入中提取的折旧费可以看作是补偿固定资产损耗的准备金。固定资产使用一段时间后,其原值扣除累计的折旧费总额称为当时的固定资产净值。

折旧费是按国家的有关规定计算的。在许多情况下,由于各种原因,固定资产净值往往不能反映当时的固定资产真实价值,需要根据社会再生产条件和市场情况对固定资产的价值重新进行评估,重新评估所确定的固定资产价值称为重估值。对固定资产价值进行重新评估时,往往需要估算在当前情况下重新购建该固定资产所需要的全部费用,所估得的重新购建费用称为固定资产的重置成本或重置值。

工业项目寿命期结束时固定资产的残余价值称为期末残值,原理上讲期末残值是指当时市场上可实现的价值。对于工业项目的投资者来说,固定资产期末残值是一项在期末可回收的现金流入。

与固定资产类似,无形资产通常也有一定的有效服务期,无形资产的价值也要在服务期内逐步转移到产品价值中去。无形资产的价值转移是以无形资产在其有效服务期内逐年摊销的形式体现的。递延资产也应在项目投入运营后的一定年限内平均摊销。无形资产和递延资产的摊销费均计入产品成本。

项目总投资中的流动资金形成项目运营过程中的流动资产。流动资产的构成如图 2-2 所示。

工业项目投资中流动资金数额的大小,主要取决于生产规模、生产技术、原材料及燃料动力消耗指标和生产周期的长短等,此外,原材料、燃料的供应条件、产品销售条件、运输条件及管理水平等也都会影响流动资金的占用额。项目运营过程中,供、产、销形势的变化还会引起流动资金占用额的波动。

图 2-2　流动资产构成

三、费用和成本

（一）费用和成本的概念及构成

在工业生产经营活动中,费用泛指企业在生产经营过程中发生的各项耗费;成本通常指企业为生产商品和提供劳务所发生的各项费用。

工业项目运营过程中的总费用按其经济用途与核算层次可分为直接费用、制造费用和期间费用。

直接费用包括直接材料费用、直接工资和其他直接费用。直接材料是指在生产中用来形成产品主要部分的材料,直接工资是指在产品生产过程中直接对材料进行加工使之变成产品的人员的工资。

制造费用是指为组织和管理生产所发生的各项间接费用,包括生产单位(车间或分厂)管理人员工资、职工福利费、折旧费、矿山维简费、修理费及其他制造费用(办公费、差旅费、劳动保护费等)。

直接费用和相应的制造费用构成产品生产成本。已销售产品的生产成本通常称为商品销售成本。

期间费用包括销售费用、管理费用和财务费用。

销售费用是指销售商品过程中发生的费用,包括应由企业负担的运输费、装卸费、包装费、保险费、差旅费、广告费,以及专设销售机构的人员工资及福利费、折旧费和其他费用。

管理费用是指企业行政管理部门为管理和组织经营活动发生的各项费用,包括管理部门人员工资及福利费、折旧费、修理费、物料消耗、办公费、差旅费、保险费、工会经费、职工教育经费、技术开发费、咨询费、诉讼费、房产税、车船税、土地使用税、无形资产摊销、开办费摊销、业务招待费及其他管理费用。

财务费用是指企业在筹集资金等财务活动中发生的费用,包括生产经营期间发生的利息净支出、汇兑净损失、银行手续费以及为筹集资金发生的其他费用。

在技术经济分析中,为了便于计算,通常按照各费用要素的经济性质和表现形态将其归并,把总费用分成以下九项:

(1)外购材料(包括主要材料、辅助材料、半成品、包装物、修理用备件和低值易耗品等);(2)外购燃料;(3)外购动力;(4)工资及福利费;(5)折旧费;(6)摊销费;(7)利息支出;(8)修理费;(9)其他费用。

应当指出,在技术经济分析中对费用与成本的理解与企业财务会计中的理解不完全相同。主要表现在三个方面:其一,财务会计中的费用和成本是对企业经营活动和产品生产过程中实际发生的各种耗费的真实记录,所得到的数据是唯一的,而技术经济分析中使用的费用和成本数据是在一定的假定前提下对拟实施投资方案的未来情况预测的结果,带有不确定性;其二,会计中对费用和成本的计量分别针对特定会计期间的企业生产经营活动和特定产品的生产过程,而技术经济分析中对费用和成本的计量则一般针对某一投资项目或技术方案的实施结果;其三,技术经济分析强调对现金流量的考察分析,在这个意义上费用和成本具有相同的性质,在本书后面的叙述中如无特殊说明一般不严格区分费用与成本的概念,另外,为了分析与计算的方便,还要引入财务会计中不常使用的一些费用与成本概念,这些费用与成本的经济涵义有别于会计中的费用与成本。

(二)费用和成本中的折旧与摊销

会计中的生产经营成本与期间费用含有固定资产折旧费与无形资产和递延资产摊销费。下面分别说明它们的计算方法。

企业常用的计算、提取折旧的方法有年限平均法、工作量(或产量)法和加速折旧法等。我国企业一般采用年限平均法或工作量法,在符合国家有关规定的情况下,经批准也可采用加速折旧法。

年限平均法也称直线折旧法,是使用最广泛的一种折旧计算方法。按照年限平均法,固定资产每年折旧额的计算公式为:

$$年折旧额 = \frac{固定资产原值 - 固定资产净残值}{折旧年限}$$

固定资产净残值是预计的折旧年限终了时的固定资产残值减去清理费用后的余额。固定资产净残值与固定资产原值之比称为净残值率,净残值率一般为 3%—5%。各类固定资产的折旧年限由财政部统一规定。

实际工作中常用折旧率计算固定资产折旧额,年折旧率的计算公式为:

$$年折旧率 = \frac{年折旧额}{固定资产原值} \times 100\% = \frac{1 - 预计净残值率}{折旧年限}$$

工作量法一般用于计算某些专业设备和交通运输车辆的折

旧,是以固定资产完成的工作量(行驶里程、工作小时、工作台班、生产的产品数量)为单位计算折旧额。计算公式为:

$$单位工作量折旧额 = \frac{固定资产原值 - 固定资产净残值}{预计使用期限内可以完成的工作量}$$

年折旧额 = 单位工作量折旧额 × 年实际完成工作量

加速折旧的方法有多种,使用较多的有年数总和法和双倍余额递减法。

采用年数总和法计算折旧,折旧率是逐年递减的,各年折旧率的计算公式为:

$$年折旧率 = \frac{折旧年限 - 固定资产已使用年数}{折旧年限 \times (折旧年限 + 1) \div 2} \times 100\%$$

上式的分子是固定资产尚可使用的年数,分母是固定资产折旧年限内各年年数的总和。例如,若固定资产折旧年限为5年,则年数总和为:

$$1 + 2 + 3 + 4 + 5 = \frac{5 \times (5 + 1)}{2} = 15$$

第三年的折旧率为:

$$\frac{5 - 2}{15} \times 100\% = 20\%$$

按照年数总和法,各年固定资产折旧额的计算公式为:

年折旧额 = (固定资产原值 - 固定资产净残值) × 当年折旧率

按双倍余额递减法计算各年折旧额是在不考虑固定资产净残值的情况下用年初固定资产净值(即固定资产价值余额)乘以直线折旧率的2倍。计算公式为:

$$年折旧率 = \frac{2}{折旧年限} \times 100\%$$

年折旧额 = 固定资产净值 × 年折旧率

折旧年限到期前的最后两年,年折旧额的计算公式为:

$$年折旧额 = \frac{固定资产净值 - 固定资产净残值}{2}$$

采用加速折旧法,并不意味着固定资产提前报废或多计折旧。不论采用何种方法计提折旧,在整个固定资产折旧年限内,折旧总额都是一样的。采用加速折旧法只是在固定资产使用前期计提折旧较多而使用后期计提折旧较少。一般来说,加速折旧有利于企业进一步发展。

无形资产从开始使用之日起,应按照有关的协议、合同在受益期内分期平均摊销,没有规定受益期的按不少于10年的期限分期平均摊销。

递延资产中的开办费应在企业开始生产经营之日起,按照不短于5年的期限分年平均摊销。租入固定资产改良及大修理支出应当在租赁期内分年平均摊销。

固定资产折旧费与无形资产、递延资产摊销费在技术经济分析中具有相同的性质。虽然在会计中折旧费与摊销费被计入费用和成本,但在作现金流量分析时,折旧费与摊销费既不属于现金流出也不属于现金流入。

(三)经营成本、沉没成本与机会成本

技术经济分析中常常用到经营成本这一概念。简单地说,经营成本是为经济分析方便从总成本费用中分离出来的一部分费用。

经营成本=总成本费用-折旧与摊销费-借款利息支出

在对工业项目或技术方案进行技术经济分析时,必须考察特定经济系统的现金流出与现金流入。按照会计核算方法,总成本费用(包括产品生产成本和期间费用)中含有既不属于现金流出也不属于现金流入的折旧费与摊销费。因此,要计算项目运营期间各年的现金流出,必须从总成本费用中将折旧费与摊销费剔除。借款利息是使用借贷资金所要付出的代价,对于企业来说是实际的现金流出。但在评价工业项目全部投资的经济效果时,并不考虑资金来源问题,也不将借款利息计入现金流量。为了计算与分析的方便,技术经济分析中通常将经营成本作为一个单独的现金流出项。如果分析中需要考虑借款利息支出,则另列一个现金流出项。

技术经济分析中有时还用到沉没成本与机会成本的概念。

沉没成本是指以往发生的与当前决策无关的费用。经济活动在时间上是具有连续性的,但从决策的角度来看,以往发生的费用只是造成当前状态的一个因素,当前状态是决策的出发点,当前决策所要考虑的是未来可能发生的费用及所能带来的收益,不考虑以往发生的费用。

机会成本是指将一种具有多种用途的有限资源置于特定用途时所放弃的收益。当一种有限的资源具有多种用途时,可能有许多个投入这种资源获取相应收益的机会,如果将这种资源置于某种特定用途,必然要放弃其他的资源投入机会,同时也放弃了相应的收益,在所放弃的机会中最佳的机会可能带来的收益,就是将这种资源置于特定用途的机会成本。

显然,在技术经济分析中,沉没成本不会在现金流量中出现,而机会成本则会以各种方式影响现金流量。

四、销售收入、利润和税金

(一) 销售收入

销售收入是指向社会出售商品或提供劳务的货币收入。

$$销售收入 = 商品销售量 \times 商品单价$$

企业的销售收入与总产值是有区别的。总产值是企业生产的成品、半成品和处于加工过程中的在制品的价值总和,可按当前市场价格或不变价格计算。而销售收入是指出售商品的货币收入,是按出售时的市场价格计算的。企业生产的产品只有在市场上被出售,才能成为给企业和社会带来收益的有用的劳动成果。因此销售收入才是反映工业项目真实收益的经济参数。技术经济分析中将销售收入作为现金流入的一个重要项目。

(二) 利润

利润是企业经济目标的集中表现。工业投资项目投产后所获得的利润可分为销售利润和税后利润两个层次：

销售利润＝销售收入－销售成本－销售费用
　　　　－管理费用－财务费用－销售税金及附加

税后利润＝销售利润－所得税

对于企业来说，除国家另有规定者外，税后利润一般按下列顺序进行分配：

（1）弥补以前年度亏损；

（2）提取法定公积金，法定公积金用于弥补亏损及按照国家规定转增资本金等；

（3）提取公益金，公益金主要用于职工集体福利设施支出；

（4）向投资者分配利润。

（三）税金

税金是国家依据法律对有纳税义务的单位和个人征收的财政资金。国家采用的这种筹集财政资金的手段叫税收。税收是国家凭借政治权力参与国民收入分配和再分配的一种方式，具有强制性、无偿性和固定性的特点。税收不仅是国家取得财政收入的主要渠道，也是国家对各项经济活动进行宏观调控的重要杠杆。

我国工业企业应当缴纳的税有十多种，可以分为以下五大类：

1. 流转税类：指以商品生产、商品流通和劳务服务的流转额为征税对象的各种税，包括增值税、消费税和营业税。

增值税以商品生产、流通和劳务服务各个环节的增值额为征税对象，在我国境内销售货物或者提供加工、修理修配劳务以及进口货物的单位或个人都应缴纳增值税。增值税的计税依据为纳税人销售货物或者提供应税劳务的销售额。增值税是价外税，销售价格内不含增值税款。按销售额和规定的税率计算出的增值税额称为销项税额，由纳税人向购买方在销售价格外收取。

销项税额＝销售额×税率

增值税税率一般为17％。在计算纳税人的应纳增值税额时，采取购进扣税法，即允许在规定的范围内从当期销项税额中抵扣纳税人购进货物或者应税劳务时所支付或者所负担的增值税额（即进项税额），

应纳税额＝当期销项税额－当期进项税额

进口货物按组成计税价格和规定的税率计算应纳税额，不得抵扣任何税额。

组成计税价格＝关税完税价格＋关税＋消费税

应纳税额＝组成计税价格×税率

小规模纳税人销售货物或者应税劳务，按照销售额和规定的征收率计算应纳税额，不得抵扣进项税额。

应纳税额＝销售额×征收率

由于增值税是价外税，既不进入成本费用，也不进入销售收入，从企业角度进行投资项目现金流量分析时可不考虑增值税。

消费税的纳税义务人为在我国境内生产、委托加工和进口某些消费品的单位和个人。征收消费税的消费品大体分五类：第一类是一些过度消费会对人类健康、社会秩序、生态环境等造成危害的特殊消费品，如烟、酒、鞭炮等；第二类是奢侈品、非生活必须品；第三类是高能耗及高档消费品；第四类是不可再生稀缺资源消费品；第五类是消费普遍、税基宽广、征税不会明显影响人民生活水平但有一定财政意义的产品。消费税的计税依据是应税消费品的销售额或者销售量，税率或单位销售量税额依不同消费品类别分若干档次，采用从价定率计税和从量定额计税两种办法。

从价定率计税时，

应纳税额＝应税消费品销售额×消费税税率，

从量定额计税时，

应纳税额＝应税消费品销售数量×消费税单位税额

消费税是价内税，同增值税是交叉征收的，即对于应税消费品

既要征消费税,又要征增值税。

营业税是对在我国境内从事交通运输、建筑业、金融保险、邮政电讯、文化体育、娱乐业、服务业、转让无形资产、销售不动产等业务的单位和个人,就其营业收入或转让收入征收的一种税。不同行业采用不同的适用税率。

$$应纳税额＝营业额×税率$$

对于符合国家规定的出口产品,国家免征或退还已征的增值税、消费税及为出口产品支付的各项费用中所含的营业税。

2. 资源税类:指以被开发或占用的资源为征税对象的各种税,包括资源税、土地使用税等。

资源税对在我国境内开采原油、天然气、煤炭、其它非金属矿原矿、黑色金属矿原矿、有色金属矿原矿及生产盐的单位和个人征收。征收资源税的主要目的在于调节因资源条件差异而形成的资源级差收入,促使国有资源的合理开采与利用,同时为国家取得一定的财政收入。资源税的应纳税额按照应税产品的课税数量和规定的单位税额计算。

$$应纳税额＝课税数量×单位税额$$

国家依照产品类别和不同的资源条件规定相应的单位税额。对于矿产品,征收资源税后不再征收增值税,对于盐,除征收资源税外还要征收增值税。

土地使用税是国家在城市、农村、县城、建制镇和工矿区,对使用土地的单位和个人征收的一种税。土地使用税以纳税人实际占用的土地面积为计税依据,按大、中、小城市和县城、建制镇、工矿区、农村分别规定单位面积年税额。

$$应纳税额＝使用土地面积×单位面积税额$$

国家规定对农、林、牧、渔业的生产用地,国家机关、人民团体、军队及事业单位的自用土地免征土地使用税。对一些重点发展产业,也有相应的减免税规定。

3. 所得税类:指以单位(法人)或个人(自然人)在一定时期内的纯所得额为征税对象的各个税种,包括企业所得税、外商投资企业和外国企业所得税以及个人所得税。

企业所得税的纳税人是在我国境内实行独立经济核算的企业(外商投资企业和外国企业除外)。纳税人每一纳税年度的收入总额减去准予扣除项目后的余额为应纳税所得额。收入总额中包括生产经营收入、财产转让收入、利息收入、租赁收入、特许权使用费收入、股息收入及其他收入,准予扣除的项目是指与纳税人取得收入有关的成本、费用和损失。对于工业企业来说,

应纳税所得额＝利润总额±税收调整项目金额

其中,

利润总额＝产品销售利润＋其他业务利润＋投资净收益＋营业外收入－营业外支出

税收调整项目是指将会计利润转换为应税所得额时按照税法规定应当调整的项目。企业所得税税率一般为33%,

应纳所得税额＝应纳税所得额×税率。

外商投资企业和外国企业所得税的纳税人包括:中外合资经营企业;中外合作经营企业;外资企业;在中国境内设立机构、场所,从事生产经营的外国公司、企业和其他经济组织;在中国境内没有设立机构、场所而有来源于中国的股息、利息、租金、特许权使用费和财产收益等项所得的外国公司、企业和其他经济组织。总机构设在中国境内,按照中国法律组成独立法人实体的外商投资企业属于中国法人居民,应就来源于中国境内、境外的所得缴纳所得税。而总机构不设在中国境内,但在中国境内设立机构、场所从事生产经营和虽未设立机构、场所,而有来源于中国境内的所得的外国公司、企业和其他经济组织,不属于中国法人居民,仅应就来源于中国境内的所得缴纳所得税。对于在中国境内设立机构、场所,从事生产、经营的外商投资企业和外国企业,其每一纳税年度的收

入总额减除成本、费用以及损失后的余额为应税所得额,要按应税所得额缴纳30%的所得税和3%的地方所得税,两项合计负担率为33%。对于在中国境内没有设立机构、场所,而有来源于中国境内的股息、利息、租金、特许权使用费和财产收益等各项所得的外国公司、企业和其他经济组织,除另有规定者外,其收入金额即为应税所得额,要按应税所得额的20%缴纳预提所得税。生产性外商投资企业和符合有关规定的其他外商投资企业可以享受一定的减、免税优惠待遇。

4. 财产税类:指以法人和自然人拥有及转移的财产的价值或增值额为征税对象的各种税,主要包括车船税、房地税和土地增值税等。

车船税是对行驶于公共道路的车辆或航行于国内河流、湖泊和领海口岸的船舶,按照其种类(如机动车船、非机动车船、载人汽车、载货汽车等)、吨位和规定的税额计算征收的一种税。拥有车船的单位和个人为纳税义务人。

房产税以房屋为征收对象,以房产评估值为计税依据。拥有房屋产权的单位和个人为纳税义务人。税率为房产评估值的1%—5%。

土地增值税的纳税义务人是有偿转让国有土地使用权及地上建筑物和其他附着物产权(简称转让房地产)并取得收入的单位和个人,征税对象是转让房地产所取得的增值收益。土地增值税的计税依据是土地增值额,即纳税人转让房地产所取得的收入减除规定的扣除项目金额后的余额。计算增值额的扣除项目包括:取得土地使用权所支付的金额;开发土地的成本、费用;新建房及配套设施的成本、费用,或者旧房及建筑物的评估价格;与转让房地产有关的税金以及规定的其他扣除项目。土地增值税实行四级超额累进税率:增值额未超过扣除项目金额50%的部分,税率为30%;增值额超过扣除项目金额50%、未超过扣除项目金额100%的部分,税率为40％；增值额超过扣除项目金额100％、未超过扣除项目金额200％的部分，税率为50％；增值额超过扣除项目金额200％的部分，税率为60％。

5. 特定目的税类：指国家为达到某种特定目的而设立的各种税，主要有固定资产投资方向调节税、城乡维护建设税等。

固定资产投资方向调节税（简称投资方向调节税）是以投资行为为征税对象的一种税，国家征收投资方向调节税的目的在于利用经济手段对投资活动进行宏观调控，贯彻产业政策，控制投资规模，引导投资方向，保证重点建设。在中国境内进行固定资产投资的单位和个人（外商投资企业和外国企业除外）都是投资方向调节税的纳税义务人。投资方向调节税的计税依据是固定资产投资项目实际完成的投资额。更新改造项目按其建筑工程实际完成的投资额计税，基本建设项目和其他固定资产投资项目按其实际完成的投资总额计税。投资方向调节税根据国家产业政策确定的产业发展序列和经济规模要求，实行差别税率，税率分0％、5％、10％、15％和30％五个档次。

城乡维护建设税是为保证城乡维护和建设有稳定的资金来源而征收的一种税。凡有经营收入的单位和个人，除另有规定外，都是城乡维护建设税的纳税义务人。城乡维护建设税以纳税人的产品销售收入额、营业收入额及其他经营收入额为计税依据，税率一般为0.2％—0.6％，由各省、市、自治区根据当地经济状况与需要确定不同市县的适用税率。

对于工业企业来说，以上各种税中，房产税、车船税和土地使用税可以计入成本费用（可计入成本费用的还有印花税及进口原材料和备品备件的关税等）。增值税属价外税，不含在销售收入中。应从销售收入中缴纳的税主要包括消费税、营业税、资源税和城乡维护建设税，计算企业销售利润（或营业利润）时，从销售（营业）收入中减除的销售税金是指这几种税（还包括教育费附加）。固定资产投资方向调节税应计入建设项目总投资,最终计入固定资产原值。企业所得税应从销售利润中缴纳。

第二节 资金等值计算

一、资金的时间价值

任何工业项目的建设与运行,任何技术方案的实施,都有一个时间上的延续过程。对于投资者来说,资金的投入与收益的获取往往构成一个时间上有先有后的现金流量序列。要客观地评价工业项目或技术方案的经济效果,不仅要考虑现金流出与现金流入的数额,还必须考虑每笔现金流量发生的时间。

在不同的时间付出或得到同样数额的资金在价值上是不等的。也就是说,资金的价值会随时间发生变化。今天可以用来投资的一笔资金,即使不考虑通货膨胀因素,也比将来可获得的同样数额的资金更有价值。因为当前可用的资金能够立即用来投资并带来收益,而将来才可取得的资金则无法用于当前的投资,也无法获取相应的收益。不同时间发生的等额资金在价值上的差别称为资金的时间价值。

对于资金的时间价值,可以从两个方面理解。

首先,资金随着时间的推移,其价值会增加。这种现象叫资金增殖。资金是属于商品经济范畴的概念,在商品经济条件下,资金是不断运动着的。资金的运动伴随着生产与交换的进行,生产与交换活动会给投资者带来利润,表现为资金的增殖。资金增殖的实质是劳动者在生产过程中创造了剩余价值。从投资者的角度来看,资金的增殖特性使资金具有时间价值。

其次,资金一旦用于投资,就不能用于现期消费。牺牲现期消费是为了能在将来得到更多的消费,个人储蓄的动机和国家积累的目的都是如此。从消费者的角度来看,资金的时间价值体现为对放弃现期消费的损失所应作的必要补偿。

资金时间价值的大小取决于多方面的因素。从投资角度来看主要有：

1. 投资收益率，即单位投资所能取得的收益；

2. 通货膨胀因素，即对因货币贬值造成的损失所应作的补偿；

3. 风险因素，即对因风险的存在可能带来的损失所应作的补偿。

在技术经济分析中，对资金时间价值的计算方法与银行利息的计算方法相同。实际上，银行利息也是一种资金时间价值的表现方式。

二、利息与利率

（一）利息和利率

利息是指占用资金所付的代价（或放弃使用资金所得的补偿）。如果将一笔资金存入银行，这笔资金就称为本金。经过一段时间之后，储户可在本金之外再得到一笔利息，这一过程可表示为：

$$F_n = P + I_n \tag{2-1}$$

式中：F_n——本利和

P——本金

I_n——利息

下标 n 表示计算利息的周期数。计息周期是指计算利息的时间单位，如"年"、"月"等。

利息通常根据利率来计算。利率是在一个计息周期内所得的利息额与借贷金额（即本金）之比，一般以百分数表示。用 i 表示利率，其表达式为：

$$i = \frac{I_1}{P} \times 100\% \qquad (2\text{-}2)$$

式中：I_1 为一个计息周期的利息。

上式表明，利率是单位本金经过一个计息周期后的增值额。

（二）单利和复利

利息的计算有单利计息和复利计息之分。

单利计息指仅用本金计算利息，利息不再生利息。单利计息时的利息计算式为：
$$I_n = P \cdot n \cdot i \qquad (2\text{-}3)$$
n 个计息周期后的本利和为：
$$F_n = P(1 + i \cdot n) \qquad (2\text{-}4)$$

我国国库券的利息就是以单利计算的，计息周期为"年"。

复利计息时，是用本金和前期累计利息总额之和进行计息，即除最初的本金要计算利息外，每一计息周期的利息都要并入本金，再生利息。复利计算的本利和公式为：
$$F_n = P(1+i)^n \qquad (2\text{-}5)$$

式(2-5)的推导如下：

计息周期 n	本利和 F_n
1	$F_1 = P(1+i)$
2	$F_2 = P(1+i) + P(1+i) \cdot i = P(1+i)^2$
3	$F_3 = P(1+i)^2 + P(1+i)^2 \cdot i = P(1+i)^3$
⋮	⋮
n	$F_n = P(1+i)^{n-1} + P(1+i)^{n-1} \cdot i = P(1+i)^n$

商业银行的贷款是按复利计息的。

复利计息比较符合资金在社会再生产过程中运动的实际状况，在技术经济分析中，一般采用复利计息。

复利计息有间断复利和连续复利之分。如果计息周期为一定的时间区间(如年、季、月),并按复利计息,称为间断复利;如果计息周期无限缩短,则称为连续复利。从理论上讲,资金是在不停地运动,每时每刻都通过生产和流通在增殖,但是在实际商业活动中,计息周期不可能无限缩短,因而都采用较为简单的间断复利计息。

(三) 名义利率和实际利率

在技术经济分析中,复利计算通常以年为计息周期。但在实际经济活动中,计息周期有年、季、月、周、日等多种。这样就出现了不同计息周期的利率换算问题。

假如按月计算利息,且其月利率为1%,通常称为"年利率12%,每月计息一次"。这个年利率12%称为"名义利率"。也就是说,名义利率等于每一计息周期的利率与每年的计息周期数的乘积。若按单利计息,名义利率与实际利率是一致的。但是,按复利计算,上述"年利率12%,每月计息一次"的实际年利率则不等于名义利率。

例如本金1000元,年利率12%,若每年计息一次,一年后本利和为:

$$F = 1000 \times (1 + 0.12) = 1120(元)$$

按年利率12%,每月计息一次,一年后本利和为:

$$F = 1000 \times (1 + 0.12/12)^{12} = 1126.8(元)$$

实际年利率i为:

$$i = \frac{1126.18 - 1000}{1000} \times 100\% = 12.68\%$$

这个"12.68%"就是实际利率。

设名义利率为r,一年中计息次数为m,则一个计息周期的利率应为r/m,一年后本利和为:

$$F = P(1 + r/m)^m$$

利息为 $I = F - P = P(1 + r/m)^m - P$

按利率定义得实际利率 i 为：

$$i = \frac{P(1 + r/m)^m - P}{P} = (1 + r/m)^m - 1$$

所以，名义利率与实际利率的换算公式为：

$$i = (1 + r/m)^m - 1 \qquad (2\text{-}6)$$

当 $m=1$ 时，名义利率等于实际利率；当 $m>1$ 时，实际利率大于名义利率。当 $m\to\infty$ 时，即按连续复利计算时，i 与 r 的关系为：

$$\begin{aligned} i &= \lim_{m\to\infty}[(1 + r/m)^m - 1] \\ &= \lim_{m\to\infty}[(1 + r/m)^{m/r}]^r - 1 = e^r - 1 \end{aligned} \qquad (2\text{-}7)$$

在上例中，若按连续复利计算，实际利率为：

$$i = e^{0.12} - 1 = 1.1275 - 1 = 12.75\%$$

表 2-1 给出了当名义利率为 12% 时，对应于不同计息周期的年实际利率计算结果

表 2-1 不同计息周期情况下的实际利率的计算比较

计息周期	一年内计息周期数(m)	年名义利率(r)%	各期利率(r/m)%	年实际利率(i)%
年	1		12.000	12.000
半年	2		6.000	12.360
季	4	12.0	3.000	12.551
月	12	(已知)	1.000	12.683
周	52		0.2308	12.736
日	365		0.03288	12.748
连续	∞		—	12.750

三、现金流量图和资金等值概念

（一）现金流量图

一个工业项目的实施，往往要延续一段时间。在项目寿命期内，各种现金流入和现金流出的数额和发生的时间都不尽相同，为了便于分析，通常采用表格和图的形式表示特定系统在一段时间内发生的现金流量。关于现金流量表的形式和内容的阐述详见本书第五章，本节着重介绍现金流量图。

现金流量图如图2-3所示。图中的横轴是时间轴，向右延伸表示时间的延续。轴线等分成若干间隔，每一间隔代表一个时间单位，通常是"年"（在特殊情况下也可以是季或半年等）。时间轴上的点称为时点，时点通常表

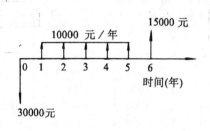

图2-3 现金流量图举例

示的是该年的年末，同时也是下一年的年初。零时点即为第一年开始之时点。整个横轴又可看成是我们所考察的"系统"。

与横轴相连的垂直线，代表流入或流出这个"系统"的现金流量。垂直线的长度根据现金流量的大小按比例画出。箭头向下表示现金流出；箭头向上表示现金流入。现金流入和现金流出亦可分别称为正现金流量和负现金流量。现金流量图上还要注明每一笔现金流量的金额。

（二）资金等值的概念

在资金时间价值的计算中，等值是一个十分重要的概念。资金等值是指在考虑时间因素的情况下，不同时点发生的绝对值不等的资金可能具有相等的价值。例如现在的100元与一年后的106元，数量上并不相等，但如果将这笔资金存入银行，年利率为6%，则两者是等值的。因为现在存入的100元，一年后的本金和利息之和为

$$100 \times (1 + 6\%) = 106(元)$$

下面以借款、还本付息的例子来进一步说明等值的概念。

例 2-1 某人现在借款 1000 元,在五年内以年利率 6% 还清全部本金和利息,则有如表 2-2 中的四种偿付方案。

表 2-2 四种典型的等值形式　　（金额单位:元）

偿还方案	年数(1)	年初所欠金额(2)	年利息额(3)=(2)×6%	年终所欠金额(4)=(2)+(3)	偿还本金(5)	年终付款总额(6)=(3)+(5)
1	1	1000	60	1060	0	60
	2	1000	60	1060	0	60
	3	1000	60	1060	0	60
	4	1000	60	1060	0	60
	5	1000	60	1060	1000	1060
	Σ		300			1300
2	1	1000	60	1060	0	0
	2	1060	63.6	1123.6	0	0
	3	1123.6	67.4	1191.0	0	0
	4	1191.0	71.5	1262.5	0	0
	5	1262.5	75.7	1338.2	1000	1338.2
	Σ		338.3			1338.2
3	1	1000	60	1060	200	260
	2	800	48	848	200	248
	3	600	36	636	200	236
	4	400	24	424	200	224
	5	200	12	212	200	212
	Σ		180			1180
4	1	1000	60	1060	177.4	237.4
	2	822.6	49.4	872	188.0	237.4
	3	634.6	38.1	672.7	199.3	237.4
	4	435.3	26.1	461.4	211.3	237.4
	5	224.0	13.4	237.4	224.0	237.4
	Σ		187			1187

第 1 方案：在五年中每年年底仅偿付利息 60 元，最后第五年末在付息同时将本金一并归还。

第 2 方案：在五年中对本金、利息均不作任何偿还，只在最后一年年末将本利一次付清。

第 3 方案：将所借本金作分期均匀摊还，每年年末偿还本金 200 元，同时偿还到期利息。由于所欠本金逐年递减，故利息也随之递减，至第五年末全部还清。

第 4 方案：也将本金作分期摊还，每年偿付的本金额不等，但每年偿还的本金加利息总额却相等，即所谓等额分付。

从上面的例子可以看出，如果年利率为 6% 不变，上述四种不同偿还方案与原来的 1000 元本金是等值的。从贷款人立场来看，今后以四种方案中任何一种都可以抵偿他现在所贷出的 1000 元，因此现在他愿意提供 1000 元贷款。从借款人立场来看，他如果同意今后以四种方案中任何一种来偿付借款，他今天就可以得到这 1000 元的使用权。

利用等值的概念，可以把在一个时点发生的资金金额换算成另一时点的等值金额，这一过程叫资金等值计算。把将来某一时点的资金金额换算成现在时点的等值金额称为"折现"或"贴现"。将来时点上的资金折现后的资金金额称为"现值"。与现值等价的将来某时点的资金金额称为"终值"或"将来值"。需要说明的是，"现值"并非专指一笔资金"现在"的价值，它是一个相对的概念。一般地说，将 $t+k$ 个时点上发生的资金折现到第 t 个时点，所得的等值金额就是第 $t+k$ 个时点上资金金额的现值。

进行资金等值计算中使用的反映资金时间价值的参数叫折现率。在例 2-1 中，我们是以银行利率作为折现率的。

四、资金等值计算公式

在技术经济分析中，为了考察投资项目的经济效果，必须对项目寿命期内不同时间发生的全部费用和全部收益进行计算和分析。在考虑资金时间价值的情况下,不同时间发生的收入或支出,其数值不能直接相加或相减,只能通过资金等值计算将它们换算到同一时间点上进行分析。资金等值计算公式和复利计算公式的形式是相同的。现将主要计算公式介绍如下。

(一) 一次支付类型

一次支付又称整付,是指所分析系统的现金流量,无论是流入还是流出,均在一个时点上一次发生。其典型现金流量图如图2-4所示。

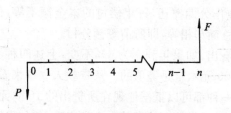

图 2-4 一次支付现金流量图

对于所考虑的系统来说,如果在考虑资金时间价值的条件下,现金流入恰恰能补偿现金流出,则 F 与 P 就是等值的。

一次支付的等值计算公式有两个:

1. 一次支付终值公式

$$F = P(1 + i)^n \tag{2-8}$$

上式与复利计算的本利和公式(2-5)是一样的。但在等值计算中,一般称 P 为现值;F 为终值;i 为折现率;n 为时间周期数。此公式表示在折现率为 i,周期数为 n 的条件下,终值 F 和现值 P 之间的等值关系。系数 $(1+i)^n$ 称为一次支付终值系数,也可用符号 $(F/P, i, n)$ 表示。其中,斜线右边字母表示已知的数据与参数,左边表示欲求的等值现金流量。

例 2-2 某企业为开发新产品,向银行借款 100 万元,年利率为 10%,借期 5 年,问 5 年后一次归还银行的本利和是多少?

解:5 年后归还银行的本利和应与现在的借款金额等值,折现率就是银行利率。由式(2-8)可得出:

$$F = P(1+i)^n = 100 \times (1+0.1)^5$$
$$= 100 \times 1.611 = 161.1(万元)$$

也可以查复利系数表(见本书附录),当折现率为10%时,$n=5$ 的一次支付终值系数$(F/P, 10\%, 5)$为1.611。故
$$F = P(F/P, i, n) = 100(F/P, 10\%, 5)$$
$$= 100 \times 1.611 = 161.1(万元)$$

2. 一次支付现值公式

这是已知终值 F 求现值 P 的等值公式,是一次支付终值公式的逆运算。由式(2-8)可直接导出:

$$P = F\left[\frac{1}{(1+i)^n}\right] \quad (2-9)$$

符号意义同前。系数 $\frac{1}{(1+i)^n}$ 称为一次支付现值系数,亦可记为 $(P/F, i, n)$。它和一次支付终值系数$(1+i)^n$ 互为倒数。

例 2-3 如果银行利率为12%,假定按复利计息,为在5年后获得10000元款项,现在应存入银行多少?

解:由式(2-9)可得出
$$P = F(1+i)^{-n} = 10000 \times (1+0.12)^{-5}$$
$$= 10000 \times 0.5674 = 5674(元)$$

或 先查表求出一次支付现值系数,再作计算:
$$P = F(P/F, i, n) = 10000(P/F, 12\%, 5)$$
$$= 1000 \times 0.5674 = 5674(元)$$

(二) 等额分付类型

等额分付是多次支付形式中的一种。多次支付是指现金流入和流出在多个时点上发生,而不是集中在某个时点上。现金流数额的大小可以是不等的,也可以是相等的。当现金流序列是连续的,且数额相等,则称之为等额系列现金流。下面介绍等额系列现金流的四个等值计算公式。

1. 等额分付终值公式

如图 2-5 所示,从第 1 年末至第 n 年末有一等额的现金流序列,每年的金额均为 A,称为等额年值。如果在考虑资金时间价值的条件下,n 年内系统的总现金流出等于总现金流

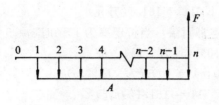

图 2-5 等额序列现金流之一

入,则第 n 年末的现金流入 F 应与等额现金流出序列等值。F 相当于等额年值序列的终值。

若已知每年的等额年值 A,欲求终值 F,依据图 2-5,可把等额序列视为 n 个一次支付的组合,利用一次支付终值公式推导出等额分付终值公式:

$$F = A + A(1+i) + A(1+i)^2 + \cdots \\ + A(1+i)^{n-2} + A(1+i)^{n-1}$$
$$= A[1 + (1+i) + (1+i)^2 + \cdots \\ + (1+i)^{n-2} + (1+i)^{n-1}]$$

利用等比级数求和公式,得:

$$F = A\left[\frac{(1+i)^n - 1}{i}\right] \qquad (2\text{-}10)$$

式(2-10)即为等额分付终值公式。$\frac{(1+i)^n - 1}{i}$ 称为等额分付终值系数,亦可记为 $(F/A, i, n)$。

例 2-4 某公司为设立退休基金,每年年末存入银行 2 万元,若存款利率为 10%,按复利计息,第 5 年末基金总额为多少?

解:由式(2-10)可得出:

$$F = A\left[\frac{(1+i)^n - 1}{i}\right] = 2 \times \left[\frac{(1+0.1)^5 - 1}{0.1}\right]$$
$$= 2 \times 6.105 = 12.21(万元)$$

2. 等额分付偿债基金公式

等额分付偿债基金公式是等额分付终值公式的逆运算。即已知终值 F,求与之等价的等额年值 A。由式(2-10)可直接导出:

$$A = F\left[\frac{i}{(1+i)^n - 1}\right] \qquad (2\text{-}11)$$

式中系数 $\frac{i}{(1+i)^n-1}$ 称为等额分付偿债基金系数,也可以用符号记为 $(A/F, i, n)$。

利用式(2-10)和式(2-11)进行等值计算时,必须注意的一点是,这两个公式适用于图 2-5 所示的现金流量图。如果现金流量图是图 2-6 的形式,则不能直接套用式(2-10)、式(2-11),必须进行一定的变换。

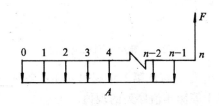

图 2-6 等额序列现金流之二

例 2-5 某厂欲积累一笔福利基金,用于 3 年后建造职工俱乐部。此项投资总额为 200 万元,银行利率 12%,问每年末至少要存款多少?

解:由式(2-11)可得出:

$$A = F\left[\frac{i}{(1+i)^n - 1}\right] = 200\left[\frac{0.12}{(1+0.12)^3 - 1}\right]$$
$$= 200 \times 0.29635$$
$$= 59.27(万元)$$

例 2-6 某学生在大学四年学习期间,每年年初从银行借款 2000 元用以支付学费,若按年利率 6% 计复利,第四年末一次归还全部本息需要多少钱?

解:本例不能直接套用式(2-10),由于每年的借款发生在年初,需要先将其折算成年末的等价金额。

$$F = 2000 \times (1 + 0.06) \times \left[\frac{(1+0.06)^4 - 1}{0.06}\right]$$
$$= 2000 \times 1.06 \times 4.375$$
$$= 9275(元)$$

3. 等额分付现值公式

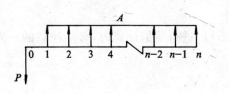

图 2-7 等额序列现金流之三

等额分付现值公式推导时所依据的现金流量图见图 2-7。如果在考虑资金时间价值的条件下，n 年内系统的总现金流出等于总现金流入，则第 0 年末的现金流出 P 应与从第 1 年到第 n 年的等额现金流入序列等值，P 就相当于等额年值序列的现值。

将式(2-10)两边各乘以 $\frac{1}{(1+i)^n}$，可得到：

$$P = A\left[\frac{(1+i)^n - 1}{i(1+i)^n}\right] \tag{2-12}$$

上式即为等额分付现值公式。$\frac{(1+i)^n - 1}{i(1+i)^n}$ 称为等额分付现值系数，也可记为 $(P/A, i, n)$。式(2-12)表示在折现率为 i 时，n 个等额年值 A 与期初现值 P 的等价关系，适用于已知 A 求 P 的情况。

例 2-7 如果某工程 1 年建成并投产，寿命 10 年，每年净收益为 2 万元，按 10% 的折现率计算，恰好能够在寿命期内把期初投资全部收回。问该工程期初所投入的资金为多少？

解：由式(2-12)可得出：

$$P = A\left[\frac{(1+i)^n - 1}{i(1+i)^n}\right] = 2 \times \left[\frac{(1+0.1)^{10} - 1}{0.1 \times (1+0.1)^{10}}\right]$$
$$= 2 \times 6.1445$$
$$= 12.289(万元)$$

由于

$$\lim_{n\to\infty} \frac{(1+i)^n - 1}{i(1+i)^n} = \frac{1}{i}$$

当周期数 n 足够大时,可近似认为:

$$P = \frac{A}{i}$$

4. 等额分付资本回收公式

等额分付资本回收公式是等额分付现值公式的逆运算,即已知现值,求与之等价的等额年值 A。由式(2-12)可直接导出:

$$A = P\left[\frac{i(1+i)^n}{(1+i)^n - 1}\right] \tag{2-13}$$

式中 $\frac{i(1+i)^n}{(1+i)^n - 1}$ 称为等额分付资本回收系数,亦可记为$(A/P, i, n)$。这是一个重要的系数,对工业项目进行技术经济分析时,它表示在考虑资金时间价值的条件下,对应于工业项目的单位投资,在项目寿命期内每年至少应该回收的金额。如果对应于单位投资的实际回收金额小于这个值,在项目的寿命期内就不可能将全部投资收回。

资本回收系数与偿债基金系数之间存在如下关系:

$$(A/P, i, n) = (A/F, i, n) + i$$

例 2-8 一套运输设备价值 30000 元,希望在 5 年内等额收回全部投资,若折现率为 8%,问每年至少应回收多少?

解:由式(2-13)可得出:

$$\begin{aligned}
A &= P\left[\frac{i(1+i)^n}{(1+i)^n - 1}\right] \\
&= 30000 \times \left[\frac{0.08(1+0.08)^5}{(1+0.08)^5 - 1}\right] \\
&= 30000 \times 0.25046 \\
&= 7514(元)
\end{aligned}$$

为了便于理解,将以上 6 个公式汇总于表 2-3。

表 2-3　6个常用资金等值公式

类　别		已知	求解	公　式	系数名称及符号	现金流量图
一次支付	终值公式	现值 P	终值 F	$F=P(1+i)^n$	一次支付终值系数 $(F/P,i,n)$	
	现值公式	终值 F	现值 P	$P=\dfrac{F}{(1+i)^n}$	一次支付现值系数 $(P/F,i,n)$	
等额分付	终值公式	年值 A	终值 F	$F=A\cdot\dfrac{(1+i)^n-1}{i}$	等额分付终值系数 $(F/A,i,n)$	
	偿债基金公式	终值 F	年值 A	$A=F\cdot\dfrac{i}{(1+i)^n-1}$	等额分付偿债基金系数 $(A/F,i,n)$	
	现值公式	年值 A	现值 P	$P=A\cdot\dfrac{(1+i)^n-1}{i(1+i)^n}$	等额分付现值系数 $(P/A,i,n)$	
	资本回收公式	现值 P	年值 A	$A=P\cdot\dfrac{i(1+i)^n}{(1+i)^n-1}$	等额分付资本回收系数 $(A/P,i,n)$	

(三)等差序列现金流的等值计算

等差序列现金流量如图 2-8 所示。

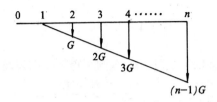

图 2-8 等差序列现金流

等差序列现金流量的通用公式为:
$$A_t = (t-1)G$$
$$t = 1, 2, \cdots, n \tag{2-14}$$

式中:G——等差额

t——时点

等差序列现金流 n 年末的终值为:
$$F = \sum_{t=1}^{n} A_t(1+i)^{n-t}$$

F 也可以看成是 $n-1$ 个等额序列现金流的终值之和,这些等额序列现金流的年值均为 G,年数分别为 $1, 2, \cdots, n-1$。即

$$F = \sum_{j=1}^{n-1} G \cdot \frac{(1+i)^j - 1}{i}$$
$$= G\left[\frac{(1+i)-1}{i} + \frac{(1+i)^2-1}{i} + \cdots + \frac{(1+i)^{n-1}-1}{i}\right]$$
$$= \frac{G}{i}\left[(1+i) + (1+i)^2 + \cdots + (1+i)^{n-1} - (n-1)\right]$$

$$= \frac{G}{i}[1 + (1+i) + (1+i)^2 + \cdots + (1+i)^{n-1}] - \frac{n \cdot G}{i}$$

故
$$F = \frac{G}{i}\left[\frac{(1+i)^n - 1}{i}\right] - \frac{n \cdot G}{i} \quad (2\text{-}15)$$

上式两端乘以系数$(1+i)^{-n}$，则可得等差序列现值公式。

$$F\left[\frac{1}{(1+i)^n}\right] = \frac{G}{i}\left[\frac{(1+i)^n - 1}{i} - n\right] \cdot \frac{1}{(1+i)^n}$$

即
$$P = G\left[\frac{1}{i^2} - \frac{(1+in)}{i^2(1+i)^n}\right]$$

或
$$P = G\left[\frac{(1+i)^n - in - 1}{i^2(1+i)^n}\right] \quad (2\text{-}16)$$

式中$\frac{(1+i)^n - in - 1}{i^2(1+i)^n}$称为等差序列现值系数，可记作$(P/G, i, n)$。

等差序列现金流与等额序列现金流之间存在以下关系：
$$A = P(A/P, i, n)$$
$$= G(P/G, i, n)(A/P, i, n)$$
$$= G\left\{\frac{(1+i)^n - in - 1}{i[(1+i)^n - 1]}\right\}$$

式中$\frac{(1+i)^n - in - 1}{i[(1+i)^n - 1]}$称为等差序列年值系数，可记作$(A/G, i, n)$。

例 2-9 某公司发行的股票目前市场价值每股 120 元，年股息 10 元，预计每股年股息每年增加 2 元，若希望达到 16% 的投资收益率，目前投资购进该公司股票是否合算？

解：股票可看作是寿命期$n=\infty$的永久性财产，由

$$(P/A, i, \infty) = \frac{1}{i},$$

$$(P/G, i, \infty) = \frac{1}{i^2}$$

可得：
$$P = 10(P/A, i, \infty) + 2(P/G, i, \infty)$$

$$=10 \times \frac{1}{0.16} + 2 \times \frac{1}{0.16^2} = 140.625(元)$$

现在购进该公司股票是合算的。

(四) 等比序列现金流的等值计算

等比序列现金流量如图 2-9 所示。

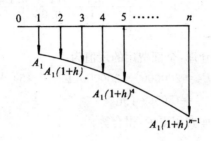

图 2-9 等比序列现金流

等比序列现金流的通用公式为：

$$A_t = A_1(1+h)^{t-1}$$
$$t = 1, 2, \cdots, n \tag{2-17}$$

式中：A_1——定值

h——等比系数

因此，等比序列现金流的现值为：

$$P = \sum_{t=1}^{n} A_1(1+h)^{t-1}(1+i)^{-t}$$

$$= \frac{A_1}{1+h} \sum_{t=1}^{n} \left(\frac{1+h}{1+i}\right)^t$$

利用等比级数求和公式可得：

$$P = \begin{cases} A_1 \left[\dfrac{1-(1+h)^n(1+i)^{-n}}{i-h}\right] & i \neq h \\ \dfrac{nA_1}{1+i} & i = h \end{cases} \tag{2-18}$$

例 2-10 若租用某仓库,目前年租金为 23000 元,预计租金水平今后 10 年内每年将上涨 5%。若将该仓库买下来,需一次支付 20 万元,但十年后估计仍可以 20 万元的价格售出。按折现率 15% 计算,是租合算,还是买合算?

解:若租用该仓库,10 年内全部租金的现值为:

$$P_1 = 23000\left[\frac{1-(1+0.05)^{10}(1+0.15)^{-10}}{0.15-0.05}\right]$$

$$=137393 (元)$$

若购买该仓库,全部费用的现值为:

$$P_2 = 200000 - 200000(1+0.15)^{-10}$$

$$=150563 (元)$$

显然租用该仓库费用更少,租合算。

习 题

[2-1] 什么是现金流量?企业从事的工业投资活动中常见的现金流出与现金流入有哪些项?

[2-2] 固定资产投资与流动资金的主要区别是什么?

[2-3] 解释固定资产原值、固定资产净值及固定资产残值的涵义。

[2-4] 影响工业投资项目流动资金数额大小的因素有哪些?

[2-5] 工业企业的成本费用分哪些项目?由哪些费用要素构成?

[2-6] 什么是经营成本?为什么要在技术经济分析中引入经营成本的概念?

[2-7] 什么是机会成本?试举例说明之。

[2-8] 简述税收的性质与特点。为什么说税收是国家对各项经济活动进行宏观调节的重要杠杆?增值税、资源税、所得税的征税对象分别是什么?

[2-9] 现金流量图(图2-10)中,考虑资金的时间价值以后,总现金流出等于总现金流入。利用各种资金等值计算系数,用已知项表示未知项。

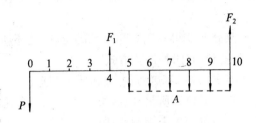

图 2-10

(1) 已知 F_1、F_2、A,求 P。
(2) 已知 F_1、F_2、P,求 A。

[2-10] 某企业拟向银行借款1500万元,5年后一次还清。甲银行贷款年利率17%,按年计息;乙银行贷款年利率16%,按月计息。问企业向哪家银行贷款较为经济?

[2-11] 如果某人想从明年开始的10年中,每年年末从银行提取600元,若按10%利率计年复利,此人现在必须存入银行多少钱?

[2-12] 某人每年年初存入银行500元钱,连续8年,若银行按8%利率计年复利,此人第8年年末可从银行提取多少钱?

[2-13] 某企业年初从银行借款1200万元,并商定从第二年开始每年年末偿还250万元,若银行按12%年利率计复利,那么该企业大约在第几年可还清这笔贷款?

[2-14] 某企业兴建一工业项目,第一年投资1000万元,第二年投资2000万元,第三年投资1500万元,投资均在年初发生,其中第二年和第三年的投资使用银行贷款,年利率为12%。该项目从第三年起开始获利并偿还贷款,10年内每年年末获净收益

1500万元,银行贷款分5年等额偿还,问每年应偿还银行多少万元?画出企业的现金流量图。

[2-15] 连续8年每年年末支付一笔款项,第一年2万元,以后每年递增1500元,若年利率为8%,问全部支付款项的现值是多少?

[2-16] 某企业获得一笔80000元的贷款,偿还期为4年,按年利率10%计复利,有四种还款方式:

(1) 每年年末偿还20000元本金和所欠利息;

(2) 每年年末只偿还所欠利息,第4年年末一次还清本金;

(3) 在4年中每年年末等额偿还;

(4) 在第4年末一次还清本息。

试计算各种还款方式所付出的总金额。

[2-17] 某工程项目借用外资折合人民币1.5亿元,年利率10%,项目两年后投产,投产两年后达到设计能力。投产后各年的盈利和提取的折旧费如下表(单位:万元)。

年份	0	1	2	3	4	5—20
借款	15000					
盈利				1000	1000	2000
折旧				1000	1000	1000

项目投产后应根据还款能力尽早偿还外资贷款。试问:

(1) 用盈利和折旧偿还贷款需要多少年?还本付息累计总额为多少?

(2) 若延迟两年投产,用盈利和折旧偿还贷款需多少年?分析还款年限变动的原因。

(3) 如果只用盈利偿还贷款,情况又如何?为什么?

第三章 经济效果评价方法

经济效果评价是投资项目评价的核心内容。为了确保投资决策的正确性和科学性,研究经济效果评价的指标和方法是十分必要的。

经济效果评价的指标是多种多样的,它们从不同角度反映项目的经济性。本书所讨论的仅是那些重要而又常用的指标。这些指标主要可以分作两大类:一类是以货币单位计量的价值型指标,例如净现值、净年值、费用现值、费用年值等;另一类是反映资金利用效率的效率型指标,如投资收益率、内部收益率、净现值指数等。由于这两类指标是从不同角度考察项目的经济性,所以,在对项目方案进行经济效果评价时,应当尽量同时选用这两类指标而不仅是单一指标。又由于项目方案的决策结构是多种多样的,各类指标的适用范围和应用方法也是不同的。本章将结合各种不同的决策结构特征讨论评价方法。

第一节 经济效果评价指标

按是否考虑资金的时间价值,经济效果评价指标分为静态评价指标和动态评价指标。不考虑资金时间价值的评价指标称静态评价指标;考虑资金时间价值的评价指标称动态评价指标。静态评价指标主要用于技术经济数据不完备和不精确的项目初选阶段;动态评价指标则用于项目最后决策前的可行性研究阶段。

一、静态评价指标

(一) 投资回收期

投资回收期(Pay back period)就是从项目投建之日起,用项目各年的净收入(年收入减年支出)将全部投资收回所需的期限。能使公式

$$\sum_{t=0}^{T_P} NB_t = \sum_{t=0}^{T_P} (B-C)_t = K \qquad (3\text{-}1)$$

成立的 T_P 即为投资回收期。式(3-1)中:

K——投资总额

B_t——第 t 年的收入

C_t——第 t 年的支出(不包括投资)

NB_t——第 t 年的净收入,$NB_t = B_t - C_t$

T_P——投资回收期

如果投资项目每年的净收入相等,投资回收期可以用下式计算:

$$T_P = \frac{K}{NB} + T_K$$

式中:NB——年净收入

T_K——项目建设期

对于各年净收入不等的项目,投资回收期通常用列表法求得,如表 3-1 所示。

根据投资项目财务分析中使用的现金流量表亦可计算投资回收期,其实用公式为:

$$T_P = T - 1 + \frac{第(T-1)年的累积净现金流量的绝对值}{第 T 年的净现金流量}$$

式中,T 为项目各年累积净现金流量首次为正值或零的年份。计算实例可参见本书第五章投资项目的财务分析中的有关内容。

表 3-1　某项目的投资及年净收入表 （单位：万元）

项\年份	0	1	2	3	4	5	6	7	8	9	10	合计
1. 建设投资	180	240	80									500
2. 流动资金			250									250
3. 总投资 (1+2)	180	240	330									750
4. 收入				300	400	500	500	500	500	500	500	3700
5. 支出(不包括投资)				250	300	350	350	350	350	350	350	2650
6. 净收入 (4—5)				50	100	150	150	150	150	150	150	1050
7. 累积未回收的投资	180	420	750	700	600	450	300	150	0			

用投资回收期评价投资项目时，需要与根据同类项目的历史数据和投资者意愿确定的基准投资回收期相比较。设基准投资回收期为 T_b，判别准则为：

若 $T_P \leqslant T_b$，则项目可以考虑接受；

若 $T_P > T_b$，则项目应予以拒绝。

例 3-1　某投资项目的投资及年净收入如表 3-1 所示，求投资回收期。

解：据(3-1)式，将计算结果列于表 3-1 最末一行。累积净收入等于总投资的年限为 8 年(即累积未回收投资首次为零的年限)，故该项目投资回收期为 8 年。若将此年限与给定的基准回收年限比较，即可知项目在本项指标上能否被接受。

投资回收期指标的缺点在于：第一，它没有反映资金的时间价值；第二，由于它舍弃了回收期以后的收入与支出数据，故不能全面反映项目在寿命期内的真实效益，难以对不同方案的比较选择作出正确判断。

投资回收期指标的优点：第一是概念清晰、简单易用；第二，也是最重要的，该指标不仅在一定程度上反映项目的经济性，而且反映项目的风险大小。项目决策面临着未来的不确定性因素的挑战，这种不确定性所带来的风险随着时间的延长而增加，因为离现时愈远，人们所能确知的东西就愈少。为了减少这种风险，就必然希望投资回收期越短越好。因此，作为能够反映一定经济性和风险性的回收期指标，在项目评价中具有独特的地位和作用，被广泛用作项目评价的辅助性指标。

（二）投资收益率

投资收益率就是项目在正常生产年份的净收益与投资总额的比值。其一般表达式为：

$$R = \frac{NB}{K} \tag{3-2}$$

式中：K——投资总额，$K = \sum_{t=0}^{m} K_t$，K_t 为第 t 年的投资额，m 为完成投资的年份，根据不同的分析目的，K 可以是全部投资额，也可以是投资者的权益投资额；

NB——正常年份的净收益，根据不同的分析目的，NB 可以是利润，可以是利润税金总额，也可以是年净现金流入等；

R——投资收益率，根据 K 和 NB 的具体含义，R 可以表现为各种不同的具体形态。

投资收益率常见的具体形态有：

$$\text{全部投资收益率} = \frac{\text{年利润} + \text{折旧与摊销} + \text{利息支出}}{\text{全部投资额}}$$

$$\text{权益投资收益率} = \frac{\text{年利润} + \text{折旧与摊销}}{\text{权益投资额}}$$

$$\text{投资利税率} = \frac{\text{年利润} + \text{税金}}{\text{全部投资额}}$$

$$投资利润率 = \frac{年利润}{权益投资额}$$

对于权益投资收益率和投资利润率来说,还有所得税前与所得税后之分。

投资收益率指标未考虑资金的时间价值,而且舍弃了项目建设期、寿命期等众多经济数据,故一般仅用于技术经济数据尚不完整的项目初步研究阶段。

用投资收益率指标评价投资方案的经济效果,需要与根据同类项目的历史数据及投资者意愿等确定的基准投资收益率作比较。设基准投资收益率为 R_b,判别准则为:

若 $R \geq R_b$,则项目可以考虑接受;

若 $R < R_b$,则项目应予以拒绝。

例 3-2 某项目经济数据如表 3-1 所示,假定全部投资中没有借款,现已知基准投资收益率 $R_b = 15\%$,试以投资收益率指标判断项目取舍。

解:由表 3-1 数据可得:
$$R = 150/750 = 0.2 = 20\%$$

由于 $R > R_b = 15\%$,故项目可以考虑接受。

二、动态评价指标

动态经济评价指标不仅计入了资金的时间价值,而且考察了项目在整个寿命期内收入与支出的全部经济数据。因此,它们是比静态指标更全面、更科学的评价指标。

(一) 净现值(NPV)

净现值(net present value)指标是对投资项目进行动态评价的最重要指标之一。该指标要求考察项目寿命期内每年发生的现金流量。按一定的折现率将各年净现金流量折现到同一时点(通常是期初)的现值累加值就是净现值。净现值的表达式为:

$$NPV = \sum_{t=0}^{n}(CI-CO)_t(1+i_0)^{-t}$$
$$= \sum_{t=0}^{n}(CI-K-CO')_t(1+i_0)^{-t} \quad (3\text{-}3)$$

式中：NPV——净现值

CI_t——第 t 年的现金流入额

CO_t——第 t 年的现金流出额

K_t——第 t 年的投资支出

CO'_t——第 t 年除投资支出以外的现金流出，即

$$CO'_t = CO_t - K_t$$

n——项目寿命年限

i_0——基准折现率

判别准则：对单一项目方案而言，

若 $NPV \geqslant 0$，则项目应予接受；若 $NPV < 0$，则项目应予拒绝。

多方案比选时，净现值越大的方案相对越优（净现值最大准则）。

例 3-3 某项目的各年现金流量如表 3-2 所示，试用净现值指标判断项目的经济性（$i_0 = 10\%$）。

表 3-2 某项目的现金流量表 （单位：万元）

项　　　年份	0	1	2	3	4—10
1. 投资支出	20	500	100		
2. 除投资以外的其他支出				300	450
3. 收入				450	700
4. 净现金流量（3—1—2）	−20	−500	−100	150	250

解：据表中各年净现金流量和(3-3)式，

$NPV(i_0 = 10\%)$
$= -20 - 500(P/F, 10\%, 1) - 100(P/F, 10\%, 2)$
$+ 150(P/F, 10\%, 3) + \sum_{t=4}^{10} 250(P/F, 10\%, t)$
$= 469.94(万元)$

由于 $NPV > 0$，故项目在经济效果上是可以接受的。

净现值指标用于多方案比较时，不考虑各方案投资额的大小，因而不直接反映资金的利用效率。为了考察资金的利用效率，人们通常用净现值指数($NPVI$)作为净现值的辅助指标。净现值指数是项目净现值与项目投资总额现值之比，其经济涵义是单位投资现值所能带来的净现值。其计算公式为：

$$NPVI = \frac{NPV}{K_P} = \frac{\sum_{t=0}^{n}(CI - CO)_t(1+i_0)^{-t}}{\sum_{t=0}^{n}K_t(1+i_0)^{-t}} \quad (3-4)$$

式中：K_P——项目总投资现值

对于单一项目而言，若 $NPV \geqslant 0$，则 $NPVI \geqslant 0$（因为 $K_P > 0$）；若 $NPV < 0$，则 $NPVI < 0$。故用净现值指数评价单一项目经济效果时，判别准则与净现值相同。

下面讨论与 NPV 有关的两个问题：

1. 净现值函数以及 NPV 对 i 的敏感性问题

所谓净现值函数就是 NPV 与折现率 i 之间的函数关系。表 3-3 列出了某项目的净现金流量及其净现值随 i 变化而变化的对应关系。

若以纵坐标表示净现值，横坐标表示折现率 i，上述函数关系如图 3-1 所示。

表 3-3 某项目的净现金流量及其净现值函数

年份	净现金流量(万元)	$i(\%)$	$NPV(i)=-2000+800$ $(P/A,i,4)$(万元)
0	-2000	0	1200
1	800	10	536
2	800	20	71
3	800	22	0
4	800	30	-267
		40	-521
		50	-716
		∞	-2000

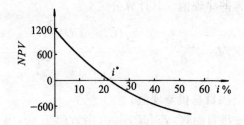

图 3-1 净现值函数曲线

从图 3-1 中,可以发现净现值函数一般有如下特点:

(1) 同一净现金流量的净现值随折现率 i 的增大而减小。故基准折现率 i_0 定得越高,能被接受的方案越少。

(2) 在某一个 i^* 值上(本图中 $i^*=22\%$),曲线与横坐标相交,表示该折现率下的 $NPV=0$,且当 $i<i^*$ 时,$NPV(i)>0$;$i>i^*$ 时。$NPV(i)<0$。i^* 是一个具有重要经济意义的折现率临界值,后面还要对它作详细分析。

净现值对折现率 i 的敏感性问题是指,当 i 从某一值变为另一值时,若按净现值最大的原则优选项目方案,可能出现前后结论相悖的情况。表 3-4 列出了两个互相排斥的方案 A 与 B 的净现金流量及其在折现率分别为 10% 和 20% 时的净现值。

表 3-4 方案 A,B 在基准折现率变动时的净现值 （万元）

方案	每份及 NPV	0	1	2	3	4	5	NPV (10%)	NPV (20%)
A		-230	100	100	100	50	50	83.91	24.81
B		-100	30	30	60	60	60	75.40	33.58

由表 3-4 可知,在 i 为 10% 和 20% 时,两方案的净现值均大于零。根据净现值越大越好的原则,当 $i=10\%$ 时,$NPV_A>NPV_B$,故方案 A 优于方案 B;当 $i=20\%$ 时,$NPV_B>NPV_A$,则方案 B 优于方案 A。这一现象对投资决策具有重要意义。例如,假设在一定的基准折现率 i_0 和投资总限额 K_0 下,净现值大于零的项目有 5 个,其投资总额恰为 K_0,故上述项目均被接受;按净现值的大小,设其排列顺序为 A,B,C,D,E。但若现在的投资总额必须压缩,减至 K_1 时,新选项目是否仍然会遵循 A,B,C……的原顺序排列直至达到投资总额为止呢? 一般说不会的。随着投资限额的减少,为了减少被选取的方案数(准确地说,是减少被选取项目的投资总额),应当提高基准折现率。但基准折现率由 i_0 提高到 i_1 后,由于各项目方案净现值对基准折现率的敏感性不同,原先净现值小的项目,其净现值现在可能大于原先净现值大的项目。因此,在基准折现率随着投资总额变动的情况下,按净现值准则选取项目不一定会遵循原有的项目排列顺序。

基准折现率 i_0 是投资项目经济效果评价中一个十分重要的参数。基准折现率的涵义及其确定方法稍后将作深入分析。

2. 净现值指标的经济合理性

技术经济分析的主要目的在于进行投资决策——是否进行投

资,以多大规模进行投资。体现在投资项目经济效果评价上,要解决两个问题:什么样的投资项目可以接受;有众多备选投资方案时,哪个方案或哪些方案的组合最优。方案的优劣取决于它对投资者目标贡献的大小,在不考虑其它非经济目标的情况下,企业追求的目标可以简化为同等风险条件下净盈利的最大化,而净现值就是反映这种净盈利的指标,所以,在多方案比选中采用净现值指标和净现值最大准则是合理的。

对于工业项目而言,经济效果的好坏与其生产规模有密切关系,确定最佳生产规模一直是技术经济学十分关心的问题。生产规模取决于投资规模,最佳投资规模也就是使企业获得最大净现值的投资规模。设项目投资现值为 K_P,项目寿命期内各年净收入为 NB_t,各年净收入的现值之和为:

$$NB_P = \sum_{t=1}^{n} NB_t (1 + i_0)^{-t}$$

净现值的表达式可以写成:

$$NPV = NB_P - K_P$$

NB_P 可以看成是 K_P 的函数,按照规模经济原理,随着投资规模增大,边际投资带来的边际净收入现值 NB_P 开始时递增,超过最佳投资规模后递减。NB_P 与 K_P 的关系曲线如图 3-2 所示。要使企业获得的 NPV 最大,须满足:

$$\frac{\mathrm{d}NPV}{\mathrm{d}K_P} = \frac{\mathrm{d}NB_P}{\mathrm{d}K_P} - 1 = 0$$

亦即:
$$\mathrm{d}NB_P = \mathrm{d}K_P \tag{3-5}$$

在图 3-2 中,NB_P 为纵坐标,K_P 为横坐标,与横坐标成 45°角的直线是 $NPV=0$(即 $NB_P=K_P$)的方案集合。

NB_P 曲线上满足式(3-5)的点是 A 点,A 点的切线斜率与净现值为零的直线斜率相同。A 点所对应的投资规模 K_P^* 为最佳规模,这一投资规模下的净现值 NPV^* 最大。

满足式(3-5)表示投资带来的边际净收入现值之和(dNB_P)与边际投资现值(dK_P)相等,对应的 NPV 最大。这实际上是经济学中边际原理的一种具体应用。边际原理认为,边际收入等于边际成本时企业实现的利润最大。因此,从经济学原理的角

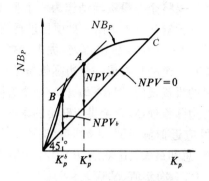

图 3-2 最佳经济规模的确定

度看,在对投资额不等的备选方案进行比选时,应该采用净现值最大准则。

应该指出,若采用净现值指数指标对投资额不等的备选方案进行比选,可能会导致不正确的结论。净现值指数的表达式可以写成:

$$NPVI = \frac{NB_P - K_P}{K_P}$$

要使 $NPVI$ 最大,须满足:

$$dNPVI = \frac{1}{K_P}\left(\frac{dNB_P}{dK_P} - 1\right) - \frac{1}{K^2}(NB_P - K_P) = 0$$

亦即:
$$\frac{dNB_P}{dK_P} = \frac{NB_P}{K_P} \qquad (3-6)$$

图 3-2 中,满足式(3-6)的点是 B 点,这一点的切线 OB 的斜率等于 NB_P/K_P,B 点所对应的投资规模为 K_P^b,小于最佳投资规模 K_P^*,相应的净现值 NPV_b 也小于 NPV^*。因此,在进行多方案比选时,以 $NPVI$ 最大为准则,有利于投资规模偏小的项目。$NPVI$ 指标仅适用于投资额相近的方案比选。

如果将企业投资活动作为一个整体进行考察,往往需要从众多备选投资项目中选出一批项目进行投资。可以将所有备选项目按其 NPV 的大小依次排列,优先选择 NPV 大的项目进行投资。若把每一个项目看成一个边际投资单位,即把 dK_P 看成一个边际项目的投资现值,把 dNB_P 看成一个边际项目的净收入现值总和,按照边际原理,在资金供应充足的条件下,最后一个被选中的边际项目应近似满足式(3-5)。这时企业从全部投资项目中获取的 NPV 总和最大。这就是以 $NPV \geqslant 0$ 作为可接受项目标准的道理。

(二) 净年值(NAV)

净年值是通过资金等值换算将项目净现值分摊到寿命期内各年(从第 1 年到第 n 年)的等额年值。

表达式为:

$$NAV = NPV(A/P, i_0, n)$$

$$= \sum_{t=0}^{n}(CI-CO)_t(1+i_0)^{-t}(A/P, i_0, n)$$

式中:NAV——净年值

$(A/P, i_0, n)$——资本回收系数

其余符号意义同式(3-3)。

判别准则:

若 $NAV \geqslant 0$,则项目在经济效果上可以接受;

若 $NAV < 0$,则项目在经济效果上不可接受。

将净年值的计算公式及判别准则与净现值的作一比较可知,由于 $(A/P, i_0, n) > 0$,故净年值与净现值在项目评价的结论上总是一致的。因此,就项目的评价结论而言,净年值与净现值是等效评价指标。净现值给出的信息是项目在整个寿命期内获取的超出最低期望盈利的超额收益的现值,与净现值所不同的是,净年值给出的信息是寿命期内每年的等额超额收益。由于信息的含义不同,而且由于在某些决策结构形式下,采用净年值比采用净现值更为简

便和易于计算(后面再详述),故净年值指标在经济评价指标体系中占有相当重要的地位。

(三) 费用现值与费用年值

在对多个方案比较选优时,如果诸方案产出价值相同,或者诸方案能够满足同样需要但其产出效益难以用价值形态(货币)计量(如环保、教育、保健、国防)时,可以通过对各方案费用现值或费用年值的比较进行选择。

费用现值的表达式为:

$$PC = \sum_{t=0}^{n} CO_t(P/F, i_0, t) \tag{3-7}$$

费用年值的表达式为:

$$AC = PC(A/P, i_0, n)$$
$$= \sum_{t=0}^{n} CO_t(P/F, i_0, t)(A/P, i_0, n) \tag{3-8}$$

式中:PC——费用现值

AC——费用年值

其他符号意义同式(3-3)。

费用现值和费用年值指标只能用于多个方案的比选,其判别准则是:费用现值或费用年值最小的方案为优。

例 3-4 某项目有三个采暖方案 A, B, C,均能满足同样的需要。其费用数据如表 3-5 所示。在基准折现率 $i_0 = 10\%$ 的情况下,试用费用现值和费用年值确定最优方案。

表 3-5 三个采暖方案的费用数据表 (单位:万元)

方案	总投资(第 0 年末)	年运营费用 (第 1 到第 10 年)
A	200	60
B	240	50
C	300	35

各方案的费用现值计算如下：

$PC_A = 200 + 60(P/A, 10\%, 10) = 568.64(万元)$

$PC_B = 240 + 50(P/A, 10\%, 10) = 547.2(万元)$

$PC_C = 300 + 35(P/A, 10\%, 10) = 515.04(万元)$

各方案的费用年值计算如下：

$AC_A = 200(A/P, 10\%, 10) + 60 = 92.55(万元)$

$AC_B = 240(A/P, 10\%, 10) + 50 = 89.06(万元)$

$AC_C = 300(A/P, 10\%, 10) + 35 = 83.82(万元)$

根据费用最小的选优准则，费用现值和费用年值的计算结果都表明，方案 C 最优，B 次之，A 最差。

费用现值与费用年值的关系，恰如前述净现值和净年值的关系一样，所以就评价结论而言，二者是等效评价指标。二者除了在指标含义上有所不同外，就计算的方便简易而言，在不同的决策结构下，二者各有所长。

(四) 内部收益率(IRR)

在所有的经济评价指标中，内部收益率(internal rate of return)是最重要的评价指标之一。

什么是内部收益率？简单说，就是净现值为零时的折现率。

在图 3-1 中，随着折现率的不断增大，净现值不断减小。当折现率增至 22% 时，项目净现值为零。对该项目而言，其内部收益率即为 22%。一般而言，IRR 是 NPV 曲线与横坐标交点处对应的折现率。

内部收益率可通过解下述方程求得：

$$NPV(IRR) = \sum_{t=0}^{n}(CI - CO)_t(1 + IRR)^{-t} = 0 \quad (3-9)$$

式中：IRR——内部收益率

其他符号意义同式(3-3)

判别准则：设基准折现率为 i_0，

若 $IRR \geq i_0$，则项目在经济效果上可以接受；

若 $IRR < i_0$，则项目在经济效果上不可接受。

式(3-9)是一个高次方程，不容易直接求解，通常采用"试算内插法"求 IRR 的近似解。求解过程如下：

先给出一个折现率 i_1，计算相应的 $NPV(i_1)$，若 $NPV(i_1) > 0$，说明欲求的 $IRR > i_1$，若 $NPV(i_1) < 0$，说明 $IRR < i_1$，据此信息，将折现率修正为 i_2，求 $NPV(i_2)$ 的值。如此反复试算，逐步逼近，最终可得到比较接近的两个折现率 i_m 与 i_n($i_m < i_n$)，使得 $NPV(i_m) > 0$，$NPV(i_n) < 0$，然后用线性插值的方法确定 IRR 的近似值。计算公式为：

$$IRR = i_m + \frac{NPV(i_m) \cdot (i_n - i_m)}{NPV(i_m) + |NPV(i_n)|} \quad (3-10)$$

式(3-10)可参看图 3-3 证明如下：在图 3-3 中，当 $i_n - i_m$ 足够

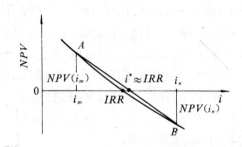

图 3-3 用内插法求 IRR 图解

小时，可以将曲线段 $\overparen{AB}$ 近似看成直线段 $\overline{AB}$，$\overline{AB}$ 与横坐标交点处的折现率 i^* 即为 IRR 的近似值。三角形 $\triangle Ai_m i^*$ 相似于三角形 $\triangle Bi_n i^*$，故有：

$$\frac{i^* - i_m}{i_n - i^*} = \frac{NPV(i_m)}{|NPV(i_n)|}$$

等比例变换可得：

$$\frac{i^* - i_m}{i_n - i_m} = \frac{NPV(i_m)}{NPV(i_m) + |NPV(i_n)|}$$

展开整理即可得式(3-10)。

由于上式计算误差与 $i_n - i_m$ 的大小有关,且 i_n 与 i_m 相差越大,误差也越大,为控制误差,i_n 与 i_m 之差一般不应超过 0.05。

例 3-5 某项目净现金流量如表 3-6 所示。当基准折现率 $i_0 = 12\%$ 时,试用内部收益率指标判断该项目在经济效果上是否可以接受。

表 3-6 某项目的净现金流量表 （单位：万元）

年末	0	1	2	3	4	5
净现金流量	-100	20	30	20	40	40

解：设 $i_1 = 10\%, i_2 = 15\%$,分别计算其净现值：

$NPV_1 = -100 + 20(P/F,10\%,1) + 30(P/F,10\%,2)$
$\qquad + 20(P/F,10\%,3) + 40(P/F,10\%,4)$
$\qquad + 40(P/F,10\%,5) = 10.16(万元)$

$NPV_2 = -100 + 20(P/F,15\%,1) + 30(P/F,15\%,2)$
$\qquad + 20(P/F,15\%,3) + 40(PF,15\%,4)$
$\qquad + 40(P/F,15\%,5) = -4.02(万元)$

再用内插法算出内部收益率 IRR：

$$IRR = 10\% + (15\% - 10\%)\frac{10.16}{10.16 + 4.02} = 13.5\%$$

由于 $IRR(13.5\%)$ 大于基准折现率 (12%),故该项目在经济效果上是可以接受的。

内部收益率被普遍认为是项目投资的盈利率,反映了投资的使用效率,概念清晰明确。比起净现值与净年值来,各行各业的实际经济工作者更喜欢采用内部收益率。

内部收益率指标的另一个优点,就是在计算净现值和净年值时都需事先给定基准折现率，这是一个既困难又易引起争论的问题；而内部收益率不是事先外生给定的，是内生决定的——由项目现金流计算出来的。当基准折现率 i_0 不易被确定为单一值而是落入一个小区间时，若内部收益率落在该小区间之外，则使用内部收益率指标的优越性是显而易见的。如图 3-4 所示，当 $i_1 \leqslant i_0 \leqslant i_2$ 时，若 $IRR > i_2$，或 $IRR < i_1$，根据 IRR 的判别准则，很容易判断项目的取舍。

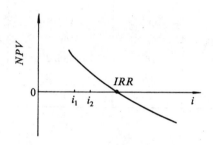

图 3-4　内部收益率 IRR 与基准折现率为一区间值 (i_1, i_2) 时的比较

当然，净现值（及净年值）与内部收益率各有自己的长处与不足，它们之间的比较分析将在下一节中进一步论述。

内部收益率的经济涵义可以这样理解：在项目的整个寿命期内按利率 $i = IRR$ 计算，如终存在未能收回的投资，而在寿命结束时，投资恰好被完全收回。也就是说，在项目寿命期内，项目始终处于"偿付"未被收回的投资的状况。因此，项目的"偿付"能力完全取决于项目内部，故有"内部收益率"之称谓。

在例 3-5 中，我们已经计算出其内部收益率为 13.5%，且是唯一的。下面，按此利率计算收回全部投资的年限，如表 3-7 所示。表 3-7 的现金流量图如图 3-5 所示。

由表 3-7 和图 3-5 不难理解内部收益率 IRR 的经济涵义的另外一种表达，即它是项目寿命期内没有回收的投资的盈利率。它不是初始投资在整个寿命期内的盈利率,因而它不仅受项目初始投资规模的影响,而且受项目寿命期内各年净收益大小的影响。

表 3-7 以 IRR 为利率的投资回收计算表

年	净现金流量① (年末发生) (万元)	年初未回收的投资② (万元)	年初未回收的投资到年末的金额③ ②×(1+IRR) (万元)	年末未回收的投资④ ③—① (万元)
0	—100			
1	20	100	113.5	93.5
2	30	93.5	106	76
3	20	76	86.2	66.2
4	40	66.2	75.2	35.2
5	40	35.2	40	0

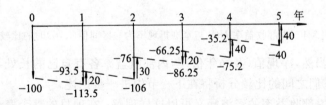

图 3-5 反映 IRR 涵义的现金流量图

下面讨论项目内部收益率的唯一性问题。

例 3-6 某项目净现金流量如表 3-8 所示。

表 3-8 正负号多次变化的净现金流序列

年	0	1	2	3
净现金流量(万元)	—100	470	—720	360

经计算知,使该项目净现值为零的折现率有三个:$i_1=20\%$,i_2

$=50\%, i_3=100\%$。其净现值曲线如图 3-6 所示。

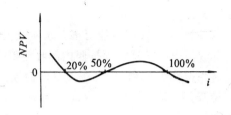

图 3-6 内部收益率方程多解示意图

实际上,求解内部收益率的方程式(3-9)是一个高次方程。为清楚起见,令 $(1+IRR)^{-1}=x$,$(CI-CO)_t=a_t(t=0,1,\cdots,n)$,则式(3-9)可写成：

$$a_0 + a_1 x + a_2 x^2 + \cdots + a_n x^n = 0$$

这是一个 n 次方程,必有 n 个根(包括复数根和重根),故其正实数根可能不止一个。根据笛卡尔符号法则,若方程的系数序列$\{a_0, a_1, a_2, \cdots, a_n\}$的正负号变化次数为 p,则方程的正根个数(1 个 k 重根按 k 个根计算)等于 p 或者比 p 少一个正偶数,当 $p=0$ 时,方程无正根,当 $p=1$ 时,方程有且仅有一个单正根。也就是说,在$-1 < IRR < \infty$ 的域内,若项目净现金流序列$(CI-CO)_t(t=0,1,2,\cdots,n)$的正负号仅变化一次,内部收益率方程肯定有唯一解,而当净现金流序列的正负号有多次变化,内部收益率方程可能有多解。

在例 3-6 中,净现金流序列$(-100,470,-720,360)$的正负号变化了 3 次,某内部收益率方程恰有 3 个正数根。

净现金流序列符号只变化一次的项目称作常规项目,如例3-5的项目;净现金流序列符号变化多次的项目称作非常规项目,如例 3-6 中的项目。

就典型情况而言,在项目寿命期初(投资建设期和投产初期),净现金流量一般为负值(现金流出大于流入),项目进入正常生产期后,净现金流量就会变成正值(现金流入大于流出)。所以,绝大多数投资项目属于常规项目。只要其累积净现金流量大于零,IRR 就有唯一的正数解。

非常规投资项目 IRR 方程可能有多个正实数根,这些根中是否有真正的内部收益率呢?这需要按照内部收益率的经济涵义进行检验:即以这些根作为盈利率,看在项目寿命期内是否始终存在未被回收的投资。以例 3-6 中的 $i_1=20\%$ 为例,表示投资回收过程的现金流量图如图 3-7 所示。

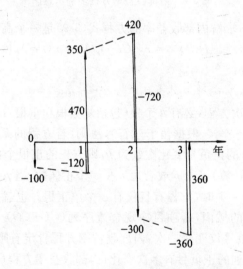

图 3-7 以 20% 利率回收投资的现金流量图

在图 3-7 中,初始投资(100 万元)在第 1 年末完全收回,且项目有净盈余 350 万元;第 2 年末又有未收回的投资(300 万元),第 3 年即寿命期末又全部收回。根据内部收益率的经济涵义可知,第 2 年初的 350 万元净盈余,其 20% 的盈利率不是在项目之内,而是在项目之外获得的,故这 20% 不是项目的内部收益率。同样,对 i_2

$=50\%$,$i_3=100\%$作类似的计算,就会发现寿命期内(第 1 年)都存在初始投资不但全部收回且有盈余的情况,故它们也不是项目的内部收益率。

可以证明,对于非常规项目,只要 IRR 方程存在多个正根,则所有的根都不是真正的项目内部收益率。但若非常规项目的 IRR 方程只有一个正根,则这个根就是项目的内部收益率。

在实际工作中,对于非常规项目可以用通常的办法(如试算内插法)先求出一个 IRR 的解,对这个解按照内部收益率的经济涵义进行检验,若满足内部收益率经济涵义的要求(项目寿命期内始终存在未被回收的投资),则这个解就是内部收益率的唯一解,否则项目无内部收益率,不能使用内部收益率指标进行评价。

对非常规项目 IRR 解的检验,既可以采用类似于图 3-7 的图示法,也可以采用下面的递推公式法。

令
$$F_0 = (CI-CO)_0$$
$$F_1 = F_0(1+i^*) + (CI-CO)_1$$
$$F_2 = F_1(1+i^*) + (CI-CO)_2$$
$$\vdots$$
$$F_t = F_{t-1}(1+i^*) + (CI-CO)_t$$
$$= \sum_{j=0}^{t}(CI-CO)_j(1+i^*)^{t-j} \tag{3-11}$$

式中,i^* 是根据项目现金流序列试算出的 IRR 的解,F_t 是项目 0 年至 t 年的净现金流以 t 年为基准年,以 i^* 为折现率的终值之和。

若 i^* 能满足
$$\begin{cases} F_t < 0 & (t=0,1,2,\cdots,n-1) \\ F_t = 0 & (t=n) \end{cases} \tag{3-12}$$

则 i^* 就是项目唯一的内部收益率,否则就不是项目内部收益率,这个项目也不再有其它的具有经济意义的内部收益率。

例 3-7 某项目的净现金流如表 3-9 所示,试判断这个项目有无内部收益率。

表 3-9 某项目的净现金流　　　　（单位：万元）

年末	0	1	2	3	4	5
净现金流量	−100	60	50	−200	150	100

解：该项目净现金流序列的正负号有多次变化,是一个非常规项目。先试算出内部收益率的一个解,$i^* = 12.97\%$,将有关数据代入递推公式(3-11),计算结果见表 3-10。

表 3-10 IRR 解检验的计算结果 ($i^* = 12.97\%$)

年份	0	1	2	3	4	5
F_t	−100	−52.97	−9.85	−211.12	−88.52	0

计算结果满足式(3-12),故 12.97% 就是项目的内部收益率。

（五）外部收益率

对投资方案内部收益率 IRR 的计算,隐含着一个基本假定,即项目寿命期内所获得的净收益全部可用于再投资,再投资的收益率等于项目的内部收益率。这种隐含假定是由于现金流计算中采用复利计算方法导致的。下面的推导有助于看清这个问题。

求解 IRR 的方程可写成下面的形式：

$$\sum_{t=0}^{n}(NB_t - K_t)(1 + IRR)^{-t} = 0$$

式中：K_t——第 t 年的净投资；

NB_t——第 t 年的净收益。

上式两端同乘以 $(1+IRR)^n$,也就是说,通过等值计算将式左端的现值折算成 n 年末的终值,可得：

$$\sum_{t=0}^{n}(NB_t - K_t)(1 + IRR)^{n-t} = 0$$

亦即：$\sum_{t=0}^{n} NB_t(1+IRR)^{n-t} = \sum_{t=0}^{n} K_t(1+IRR)^{n-t}$

这个等式意味着每年的净收益以 IRR 为收益率进行再投资，到 n 年末历年净收益的终值和与历年投资按 IRR 折算到 n 年末的终值和相等。

由于投资机会的限制，这种假定往往难以与实际情况相符。这种假定也是造成非常规投资项目 IRR 方程可能出现多解的原因。

外部收益率（external rate of return）实际上是对内部收益率的一种修正，计算外部收益率时也假定项目寿命期内所获得的净收益全部可用于再投资，所不同的是假定再投资的收益率等于基准折现率。求解外部收益率的方程如式(3-13)所示：

$$\sum_{t=0}^{n} NB_t(1+i_0)^{n-t} = \sum_{t=0}^{n} K_t(1+ERR)^{n-t} \qquad (3-13)$$

式中：ERR——外部收益率

K_t——第 t 年的净投资

NB_t——第 t 年的净收益

i_0——基准折现率

式(3-13)不会出现多个正实数解的情况，而且通常可以用代数方法直接求解。ERR 指标用于评价投资方案经济效果时，需要与基准折现率 i_0 相比较，判别准则是

若 $ERR \geqslant i_0$，则项目可以被接受；

若 $ERR < i_0$，则项目不可接受。

例 3-8 某重型机械公司为一项工程提供一套大型设备，合同签订后，买方要分两年先预付一部分款项，待设备交货后再分两年支付设备价款的其余部分。重型机械公司承接该项目预计各年的净现金流量如表 3-11 所示。

基准折现率 i_0 为 10%，试用收益率指标评价该项目是否可行。

表 3-11 某大型设备项目的净现金流表（单位：万元）

年份	0	1	2	3	4	5
净现金流	1900	1000	−5000	−5000	2000	6000

解：该项目是一个非常规项目，其 IRR 方程有两个解：$i_1 =10.2\%$，$i_2 = 47.3\%$，不能用 IRR 指标评价，可计算其 ERR。据式(3-13)列出如下方程：

$$1900(1+10\%)^5 + 1000(1+10\%)^4$$
$$+ 2000(1+10\%) + 6000$$
$$= 5000(1+ERR)^3 + 5000(1+ERR)^2$$

可解得：

$ERR = 10.1\%$，$ERR > i_0$，项目可接受。

ERR 指标的使用并不普遍，但是对于非常规项目的评价，ERR 有其优越之处。

（六）动态投资回收期

为了克服静态投资回收期未考虑资金时间价值的缺点，在投资项目评价中有时采用动态投资回收期。动态投资回收期是能使下式成立的 T_P^*。

$$\sum_{t=0}^{T_P^*}(CI-CO)_t(1+i_0)^{-t} = 0 \quad (3-14)$$

用动态投资回收期 T_P^* 评价投资项目的可行性需要与根据同类项目的历史数据和投资者意愿确定的基准动态投资回收期相比较。设基准动态投资回收期为 T_b^*，判别准则为：

若 $T_P^* \leqslant T_b^*$，项目可以被接受，否则应予以拒绝。

例 3-9 某项目有关数据如表 3-12 所示。基准折现率 $i_0 = 10\%$，基准动态投资回收期 $T_b^* = 8$ 年，试计算动态投资回收期，并判断该项目能否被接受。

表 3-12 动态投资回收期计算表 ($i_0=10\%$)

年 份	0	1	2	3	4	5
1. 投资支出	20	500	100			
2. 其他支出				300	450	450
3. 收入				450	700	700
4. 净现金流量	-20	-500	-100	150	250	250
5. 折现值	-20	-454.6	-82.6	112.7	170.8	155.2
6. 累积折现值	-20	-474.6	-557.2	-444.5	-273.7	-118.5

年 份	6	7	8	9	10
1. 投资支出					
2. 其他支出	450	450	450	450	450
3. 收入	700	700	700	700	700
4. 净现金流量	250	250	250	250	250
5. 折现值	141.1	128.3	116.6	106.0	96.4
6. 累积折现值	22.6	150.9	267.5	373.5	469.9

解：据(3-14)式,计算各年净现金流量的累积折现值。由于动态投资回收期就是净现金流量累积折现值为零的年限,所以本例不能直接得到 T_P^* (因为各年的累积折现值均不为零)。应按下式计算：

$$T_P^* = \begin{pmatrix} 累积折现值出 \\ 现正值的年数 \end{pmatrix} - 1 + \frac{上年累积折现值的绝对值}{当年净现金流的折现值}$$

(3-15)

(3-15)式是求动态投资回收期的实用公式。将表3-12最末一行的有关数据代入(3-15)式,得：

$$T_P^* = 6 - 1 + \frac{118.5}{141.1} = 5.84 (年)$$

$T_P^* < T_b^*$,按动态投资回收期检验,该项目可以接受。

本指标除考虑了资金的时间价值外,它具有静态投资回收期的同样特征,通常只宜用于辅助性评价。

(七)对基准折现率的讨论

基准折现率 i_0 是反映投资决策者对资金时间价值估计的一个参数,恰当地确定基准折现率是一个十分重要而又相当困难的问题。它不仅取决于资金来源的构成和未来的投资机会,还要考虑项目风险和通货膨胀等因素的影响。下面分析影响基准折现率的各种因素并讨论如何确定基准折现率。

1. 资金成本

资金成本(cost of capital)即使用资金进行投资活动的代价。通常所说的资金成本指单位资金成本,用百分数表示。

企业投资活动有三种资金来源:借贷资金,新增权益资本和企业再投资资金。

借贷资金是以负债形式取得的资金,如银行贷款、发行债券筹集的资金等。

新增权益资本指企业通过扩大资本金筹集的资金,增加权益资本的主要方式有接纳新的投资合伙人、增发股票等,按照国家规定将法定公积金转增资本金也是新增权益资本的一种方式。

再投资资金指企业为以后的发展从内部筹措的资金,主要包括保留盈余、过剩资产出售所得资金、提取的折旧费和摊销费以及会计制度规定用于企业再投资的其他资金。

(1)借贷资金成本

借贷资金的资金成本用年利率表示,如果是银行贷款,税前资金成本即为贷款的年实际利率。如果是通过发行债券筹集资金,则税前资金成本等于令下面等式成立的折现率 i:

$$P_0 = \sum_{t=1}^{n} \frac{I_t + P_t}{(1+i)^t} \qquad (3\text{-}16)$$

式中:P_0——发行债券所得的实际收入

I_t——第 t 年支付的利息

P_t——第 t 年归还的本金

n——债券到期的年限

通常债券到期才按票面额归还本金,所以上式中的 P_t 一般情况下除了 P_n 一项外,其余各项皆为零。

借贷资金的利息可以用所得税税前利润支付,所以如果忽略债券发行费用,借贷资金的税后资金成本可由下式求得:

$$K_d = K_b(1 - t) \quad (3\text{-}17)$$

式中: K_d——借贷资金税后资金成本

K_b——借贷资金税前资金成本

t——所得税税率

(2) 权益资本成本

权益资本指企业所有者投入的资本金,对于股份制企业而言即为股东的股本资金。股本资金分优先股和普通股,优先股股息相对稳定,支付股息需要用所得税税后利润。这种股本资金的税后资金成本可用下式估算:

$$K_s = \frac{D_P}{P_0} \quad (3\text{-}18)$$

式中: K_s——优先股股本资金的税后成本

D_P——优先股年股息总额

P_0——发行优先股筹集的资金总额

由于普通股股东收入是不确的,普通股股本资金的资金成本较难计算。从概念上讲,普通股股本资金的资金成本应当是股东进行投资所期望得到的最低收益率。这种期望收益率可以由股东在股票市场根据股票价格、预计的每股红利和公司风险状况所作的选择来反映。普通股股本资金的资金成本可以用下面两种方法近似估算。

第一种估算方法称为红利法。假定普通股帐面价值的收益率为 r,公司每年支付红利后的保留盈余在税后盈利中的比例为 b,

则普通股股本资金的税后成本可由下式求得：

$$K_e = \frac{D_0}{P_0} + rb \quad (3\text{-}19)$$

式中：K_e——普通股股本资金的税后成本

D_0——基期每股红利

P_0——基期股票的市场价格

式(3-19)更一般的形式为

$$K_e = \frac{D_0}{P_0} + g \quad (3\text{-}20)$$

式中：g——预计每股红利的年增长率

第二种估算方法即所谓"资本资产定价模型"，其常见的形式为：

$$K_e = R_f + \beta(R_m - R_f) \quad (3\text{-}21)$$

式中：R_f——无风险投资收益率

R_m——整个股票市场的平均投资收益率

β——本公司相对于整个股票市场的风险系数

一般可用国库券利率作为无风险投资收益率。β是一个反映本公司股票投资收益率对整个股票市场平均投资收益率变化响应能力的参数，$\beta=1$表示公司风险相当于市场平均风险，$\beta>1$表示公司风险大于市场平均风险，$\beta<1$表示公司风险小于市场平均风险。由此可知，用式(3-21)估算的股本资金成本包含了对公司整体风险的考虑。

在投资活动中使用借贷资金意味着企业要承担支付利息归还本金的法定义务。通过增加权益资本筹集投资活动所需资金虽然不必归还本金，但企业经营者有责任尽量满足股东的盈利期望。在这个意义上，对于进行投资决策的企业经营者来说，借贷资金和股本资金的资金成本都是实际成本。

企业再投资资金是企业经营过程中积累起来的资金，它是企业权益资本的一部分。这部分资金表面上不存在实际成本，但是用这部分资金从事投资活动要考虑机会成本。投资的机会成本是指在资金供应有限的情况下，由于将筹集到的有限资金用于特定投资项目而不得不放弃其他投资机会所造成的损失，这个损失等于所放弃的投资机会中的最佳机会所能获得的风险与拟投资项目相当的收益。例如，某企业若因拟投资于项目 A 而不得不放弃与项目 A 风险相当的项目 B 和其他投资机会，在所放弃的投资机会中项目 B 最佳，内部收益率可达 16%，则认为投资于项目 A 的资金机会成本为 16%。

这里所说的投资机会成本有两个层次的涵义，第一个层次是股东投资的机会成本，是指股东投资于某公司实际上意味着放弃了投资于其它公司的机会和相应的投资收益，所以，股东所期望的最低投资收益率包含了对投资机会成本的考虑。第二个层次是企业进行项目投资决策时所考虑的投资机会成本，在资金有限的情况下，选择某些投资项目意味着放弃其它一些投资项目和相应的投资收益。从原理上讲，在进行项目投资决策时，企业再投资资金的资金成本应该是第二个层次意义上的机会成本，但是当再投资资金只是项目总投资的一部分时，为了便于分析，可以将再投资资金视同于新增普通股本资金，即用股东期望的最低投资收益率作为其资金成本，这样做不会影响最终分析结果。

(3) 加权平均资金成本

为一项投资活动筹措资金，往往不止一种资金来源，所有各种来源资金的资金成本的加权平均值即为全部资金的综合成本。综合资金成本中各种单项资金成本的权重是各种来源的资金分别在资金总额中所占的比例。税后加权平均资金成本的计算公式为：

$$K^* = \sum_{j=1}^{m} P_{dj} K_{dj} + P_s K_s + P_e K_e \qquad (3-22)$$

式中：K_{dj}——第 j 种借贷资金的税后成本

K_s——优先股股本资金的税后成本

K_e——普通股股本资金的税后成本

K^*——全部资金税后加权平均成本

P_{dj}——第 j 种借贷资金在资金总额中所占的比例

P_s, P_e——分别是优先股和普通股股本资金在资金总额中所占的比例

例 3-10 某企业的资金结构及各种来源资金的税后成本如表 3-13 所示,求该企业的税后加权平均资金成本。

表 3-13 某企业的资金结构

资金来源	金额(万元)	资金税后成本
普通股本资金	900	15%
银行贷款	600	12%
发行债券	300	13%
总计	1800	

解:股本资金、银行贷款、发行债券筹资额分别占资金总额的比例为 $\frac{1}{2}$, $\frac{1}{3}$ 和 $\frac{1}{6}$,全部资金的税后加权平均资金成本为

$$K^* = 15\% \times \frac{1}{2} + 12\% \times \frac{1}{3} + 13\% \times \frac{1}{6}$$
$$= 13.67\%$$

2. 最低希望收益率($MARR$)

最低希望收益率(minimum attractive rate of return)又称最低可接受收益率或最低要求收益率。它是投资者从事投资活动可接受的下临界值。

确定一笔投资的最低希望收益率,必须对该项投资的各种条件做深入的分析,综合考虑各种影响因素。主要考虑以下几个方面:

第一,一般情况下最低希望收益率应不低于借贷资金的资金成本,不低于全部资金的加权平均成本,对于以盈利为主要目的的投资项目来说,最低希望收益率也不应低于投资的机会成本。

第二,确定最低希望收益率要考虑不同投资项目的风险情况,对于风险大的项目最低希望收益率要相应提高。一般认为,最低希望收益率应该是借贷资金成本、全部资金加权平均成本和项目投资机会成本三者中的最大值再加上一个投资风险补偿系数(风险贴水率)。即:

$$MARR = k + h_r \tag{3-23}$$

$$k = \text{Max}\{K_d, K^*, K_0\} \tag{3-24}$$

式中:$MARR$——最低希望收益率

K_d——借贷资金成本

K^*——全部资金加权平均成本

K_0——项目投资的机会成本

h_r——投资风险补偿系数

不同投资项目的风险大小是不同的。例如,拿在市场稳定的情况下进行技术改造降低生产费用提高产品质量的项目、现有产品扩大生产规模的项目、生产新产品开拓新市场的项目、高新技术项目等来比较,显然风险水平是依次递增的。投资决策的实质是对未来的投资收益与投资风险进行权衡。在确定最低希望收益率时对于风险大的项目应取较高的风险补偿系数。风险补偿系数反映投资者对投资风险要求补偿的主观判断,由于不同的投资者抗风险能力和对风险的态度可能不同,对于同一类项目,他们所取的风险补偿系数也可能不同。

值得指出,风险补偿系数是确定最低希望收益率时在资金成本的基础上根据项目风险大小进行调整的一个附加值。在式(3-23)中,如果 k 所代表的资金成本没有考虑任何投资风险,h_r 就应该反映对项目投资全部风险所要求的补偿;如果 k 所代表的资金成本已经考虑了企业整体风险,h_r 所反映的就仅是项目投资风险与企业整体风险之间差异部分所要求的补偿。

第三,在预计未来存在通货膨胀的情况下,如果项目现金流量是按预计的各年即时价格估算的,据此计算出的项目内部收益率中就含有通货膨胀因素。通货膨胀率对 IRR 的影响可用下式表示:

$$IRR_n = (1 + IRR_r)(1 + f) - 1$$
$$= IRR_r + f + IRR_r \cdot f \qquad (3\text{-}25)$$

式中:IRR_n——内部收益率名义值,即含通货膨胀的内部收益率

IRR_r——内部收益率实际值,即不含通货膨胀的内部收益率

f——通货膨胀率

因 IRR_r 与 f 一般均为小数,其积 $IRR_r \cdot f$ 很小,若将其忽略,式(3-25)变成:

$$IRR_n = IRR_r + f \qquad (3\text{-}26)$$

显然,在这种情况下,在确定最低希望收益率时就不能不考虑通货膨胀因素。

考虑通货膨胀因素不等于在式(3-23)的右端简单地加上一个通货膨胀率 f,要根据具体情况作具体分析。通常,在据以计算资金成本的银行贷款利率、债券利率和股东期望的最低投资收益率中已经包含了对通货膨胀的考虑,但可能不是通货膨胀影响的全部。因此,在确定最低希望收益率时,如果项目各年现金流量中含有通货膨胀因素,应在式(3-23)的右端再加上资金成本 k 中未包含的那部分通货膨胀率。

如果项目现金流是用不变价格估算的,则据此计算出的项目内部收益率就是实际值,相应的最低希望收益率也不应包含通货膨胀因素。

第四,企业的单项投资活动是为企业整体发展战略服务的,所

以单项投资决策应服从于企业全局利益和长远利益。出于对全局利益和长远利益的考虑,对于某些有战略意义的单项投资活动(如出于多角化经营战略的考虑对某些项目的投资,为增强竞争优势对先进制造技术项目的投资等)来说,取得直接投资收益只是投资目标的一部分(甚至不是主要目标)。对这类项目,有时应取较低(甚至低于资金成本)的最低希望收益率。

3. 截止收益率

截止收益率(cut off rate of return)是由资金的需求与供给两种因素决定的投资者可以接受的最低收益率。一般情况下,对于一个经济单位(企业、行业、地区或整个国家)而言,随着投资规模的扩大,筹资成本会越来越高。而在有众多投资机会的情况下,如果将筹集到的资金优先投资于收益率高的项目,则随着投资规模的扩大,新增投资项目的收益率会越来越低。当新增投资带来的收益仅能补偿其资金成本时,投资规模的扩大就应停止。使投资规模扩大得到控制的投资收益率就是截止收益率。截止收益率是资金供需平衡时的收益率,它是图 3-8 中的资金需求曲线和资金供给曲线交点所对应的收益率。

从经济学原理的角度看,当最后一个投资项目的内部收益率

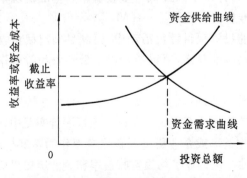

图 3-8 资金供需平衡时的截止收益率

等于截止收益率时,边际投资收益恰好等于边际筹资成本,企业获得的净收益总额最大。此时资金的机会成本与实际成本也恰好相等。

截止收益率的确定需要两个条件:第一,企业明确全部的投资机会,能正确估算所有备选投资项目的内部收益率并将不同项目的收益率调整到同一风险水平上;第二,企业可以通过各种途径筹集到足够的资金,并能正确估算出不同来源资金的资金成本。

4. 基准折现率

基准折现率是投资项目经济效果评价中的重要参数,可以分别从两个角度提出确定基准折现率的原则:一是从具体项目投资决策的角度,所取基准折现率应反映投资者对资金时间价值的估计;二是从企业(或其他经济单位)投资计划整体优化的角度,所取基准折现率应有助于作出使企业全部投资净收益最大化的投资决策。从前面的分析可以看出,最低希望收益率主要体现投资者对资金时间价值的估计,而截止收益率则主要体现投资计划整体优化的要求。如果企业追求投资净收益总额最大化的假定成立,由于在确定最低希望收益率时考虑了投资的机会成本,在信息充分、资金市场发育完善的条件下,对于企业全部投资项目选择的最终结果来说,在项目评价中以最低希望收益率为基准折现率和以截止收益率为基准折现率效果是一样的。

在实际的投资项目评价活动中,要满足确定截止收益率所需要的两个条件并非易事,所以通常以最低希望收益率作为基准折现率。

还要说明的是,最低希望收益率是针对具有特定资金结构和投资风险的具体项目而言的。在投资项目评价实践中常有人用行业平均投资收益率或企业历史投资收益率作为基准折现率,严格讲是不适当的。但行业平均投资收益率和企业历史投资收益率可以在某种程度上反映企业投资的机会成本(并非严格意义上的边际投资机会成本),当企业难以确定具体项目的投资机会成本时,如果行业平均投资收益率或企业历史投资收益率高于项目筹资成本,也可以作为确定基准折现率的参考值。

三、评价指标小结

本节讨论了从经济效果角度评价项目的常用指标,包括净现值、费用现值、净年值、费用年值、净现值指数、内部收益率、外部收益率、静态投资收益率、静态投资回收期和动态投资回收期。在这些指标中,净现值、内部收益率和投资回收期是最常用的项目评价指标。

就指标类型而言,净现值、净年值、费用现值和费用年值是以货币表述的价值型指标;内部收益率、外部收益率、投资收益率和净现值指数则是反映投资效率的效率型指标。

在价值型指标中,就考察的内容而言,费用现值和费用年值分别是净现值和净年值的特例,即在方案比选时,前二者只考察项目方案的费用支出。就评价结论而言,净现值与净年值是等效评价指标;费用现值和费用年值是等效评价指标。图3-9给出了各评价指标的类型及关系。

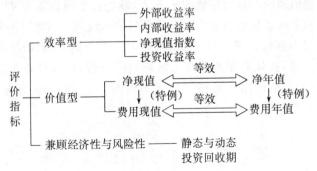

图3-9 评价指标的类型和关系树

一些主要指标在投资项目评价中的意义也可以由图 3-10 形象地表示出来。

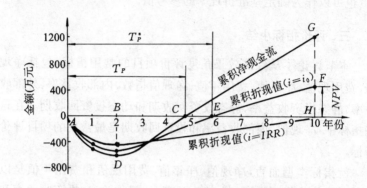

图 3-10 累积折现值和累积净现金流量曲线

图 3-10 是根据表 12 的有关数据绘出的示意图。图中项目寿命期为 10 年,第二年末投资结束并开始投资回收过程,投资总额为 BD。在不考虑资金时间价值的情况下,累积净现金流曲线在 C 点与横坐标轴相交,静态投资回收期为 AC,到项目寿命期末累积净现金流为 GH。当项目各年净现金流以基准折现率 i_0 折现时,累积折现值曲线与横坐标轴交于 E 点,动态投资回收期为 AE,项目寿命期末的累积折现值 FH 即为项目的净现值。当项目各年净现金流以内部收益率 IRR 折现时,在项目寿命期内,累积折现值始终为负值,意味着始终存在未被收回的投资,到项目寿命期结束时,投资恰被全部收回,这意味着若以内部收益率为折现率,项目净现值等于零。

第二节 决策结构与评价方法

如果对于任何投资决策,都能简单地采用前述经济评价指标以决定项目的取舍,投资决策就会变得简单易行。可是,在实践中,由于决策结构的复杂性,如果仅仅掌握几种评价指标,而不掌握正确的评价方法,就不能达到正确决策的目的。因此,本节在划分决策类型的基础上,讨论如何正确运用前面讲过的各种评价指标进行项目评价与选择。

一、独立方案的经济效果评价

独立方案,是指作为评价对象的各个方案的现金流是独立的,不具有相关性,且任一方案的采用与否都不影响其他方案是否采用的决策。如果决策的对象是单一方案,则可以认为是独立方案的特例。

独立方案的采用与否,只取决于方案自身的经济性,即只需检验它们是否能够通过净现值、净年值或内部收益率指标的评价标准。因此,多个独立方案与单一方案的评价方法是相同的。

用经济效果评价标准(如 $NPV \geqslant 0, NAV \geqslant 0, IRR \geqslant i_0$)检验方案自身的经济性,叫"绝对(经济)效果检验"。凡通过绝对效果检验的方案,就认为它在经济效果上是可以接受的,否则就应予以拒绝。

例 3-11 两个独立方案 A 和 B,其现金流如表 3-14 所示。试判断其经济可行性($i_0 = 15\%$)。

表 3-14 独立方案 A、B 的净现金流量(单位:万元)

方案	年末	0	1—10
	A	-200	45
	B	-200	30

解:本例为独立方案,可首先计算方案自身的绝对效果指标——净现值、或净年值、或内部收益率,然后根据各指标的判别准

则进行绝对效果检验并决定取舍。

(1) $NPV_A = -200 + 45(P/A, 15\%, 10) = 25.8(万元)$
$NPV_B = -200 + 30(P/A, 15\%, 10) = -49.4(万元)$

由于 $NPV_A > 0, NPV_B < 0$,据净现值判别准则,A 方案可予接受,B 方案应予拒绝。

(2) $NAV_A = NPV_A(A/P, 15\%, 10)$
$= -200(A/P, 15\%, 10) + 45 = 5.14(万元)$
$NAV_B = NPV_B(A/P, 15\%, 10)$
$= -200(A/P, 15\%, 10) + 30 = -9.85(万元)$

据净年值判别准则,由于 $NAV_A > 0, NAV_B < 0$,故应接受 A 方案,拒绝 B 方案。

(3) 设 A 方案内部收益率为 IRR_A,B 方案的内部收益率为 IRR_B,由方程:
$$-200 + 45(P/A, IRR_A, 10) = 0$$
和
$$-200 + 30(P/A, IRR_B, 10) = 0$$

解得各自的内部收益率为 $IRR_A = 18.3\%, IRR_B = 8.1\%$,由于 $IRR_A > i_0(15\%), IRR_B < i_0(15\%)$,故应接受 A 方案,拒绝 B 方案。

对于独立方案而言,经济上是否可行的判据是其绝对经济效果指标是否优于一定的检验标准。不论采用净现值、净年值和内部收益率当中哪种评价指标,评价结论都是一样的。

二、互斥方案的经济效果评价

方案之间存在着互不相容、互相排斥关系的称为互斥方案,在对多个互斥方案进行比选时,至多只能选取其中之一。

在方案互斥的决策结构形式下,经济效果评价包含了两部分内容:一是考察各个方案自身的经济效果,即进行绝对(经济)效果检验;二是考察哪个方案相对最优,称"相对(经济)效果检验。"两种检验的目的和作用不同,通常缺一不可,只有在众多互斥方案中必须选择其中之一时才可以只进行相对效果检验。

互斥方案经济效果评价的特点是要进行方案比选。参加比选的方案应具有可比性,主要应注意:考察时间段及计算期的可比性;收益与费用的性质及计算范围的可比性;方案风险水平的可比性和评价所使用假定的合理性。下面讨论互斥方案评价的方法及涉及的主要问题。

(一)增量分析法

先分析一个互斥方案评价的例子。

例 3-12 方案 A,B 是互斥方案,其各年的现金流如表 3-15 所示,试评价选择($i_0=10\%$)。

表 3-15 互斥方案 A,B 的净现金流量及经济效果指标

年 份	0	1—10	NPV	$IRR(\%)$
方案 A 的净现金流(万元)	-200	39	39.64	14.4
方案 B 的净现金流(万元)	-100	20	22.89	15.1
增量净现金流($A-B$)	-100	19	16.75	13.8

首先计算两个方案的绝对经济效果指标 NPV 和 IRR,计算结果示于表 3-15。

$$NPV_A = -200 + 39(P/A, 10\%, 10) = 39.64(万元)$$

$$NPV_B = -100 + 20(P/A, 10\%, 10) = 22.89(万元)$$

由方程式

$$-200 + 39(P/A, IRR_A, 10) = 0$$

$$-100 + 20(P/A, IRR_B, 10) = 0$$

可求得: $IRR_A = 14.4\%$, $IRR_B = 15.1\%$

NPV_A, NPV_B 均大于零,$IRR_A、IRR_B$ 均大于基准折现率(10%),所以方案 A 和方案 B 都能通过绝对经济效果检验,且使用 NPV 指标和使用 IRR 指标进行绝对经济效果检验结论是一致的。

由于 $NPV_A > NPV_B$，故按净现值最大准则方案 A 优于方案 B。但计算结果还表明 $IRR_B > IRR_A$，若以内部收益率最大为比选准则，方案 B 优于方案 A，这与按净现值最大准则比选的结论相矛盾。

到底按哪种准则进行互斥方案比选更合理呢？解决这个问题需要分析投资方案比选的实质。投资额不等的互斥方案比选的实质是判断增量投资（或称差额投资）的经济合理性，即投资大的方案相对于投资小的方案多投入的资金能否带来满意的增量收益。显然，若增量投资能够带来满意的增量收益，则投资额大的方案优于投资额小的方案；若增量投资不能带来满意的增量收益，则投资额小的方案优于投资额大的方案。

表 3-15 给出了方案 A 相对于方案 B 各年的增量净现金流，即方案 A 各年净现金流与方案 B 各年净现金流之差额。根据增量净现金流，可计算出差额净现值（也称增量净现值，记作 ΔNPV）和差额内部收益率（也称增量投资内部收益率，记作 ΔIRR）。对于例 3-12：

$$\Delta NPV = -100 + 19(P/A, 10\%, 10) = 16.75(万元)$$

由方程式： $-100 + 19(P/A, 10\%, \Delta IRR) = 0$

可解得： $\Delta IRR = 13.8\%$

计算结果表明：$\Delta NPV > 0, \Delta IRR > i_0(10\%)$，增量投资有满意的经济效果，投资大的方案 A 优于投资小的方案 B。

以上分析中采用的通过计算增量净现金流评价增量投资经济效果，对投资额不等的互斥方案进行比选的方法称为增量分析法或差额分析法(incremental analysis)。这是互斥方案比选的基本方法。

（二）增量分析指标及其应用

净现值、净年值、投资回收期、内部收益率等评价指标都可用于增量分析，下面就代表性指标净现值和内部收益率在增量分析中的应用作进一步讨论。

1. 差额净现值

设 A、B 为投资额不等的互斥方案，A 方案比 B 方案投资大，两方案的差额净现值可由下式求出：

$$\begin{aligned}\Delta NPV &= \sum_{t=0}^{n}[(CI_A - CO_A)_t - (CI_B - CO_B)_t](1+i_0)^{-t}\\ &= \sum_{t=0}^{n}(CI_A - CO_A)_t(1+i_0)^{-t}\\ &\quad - \sum_{t=0}^{n}(CI_B - CO_B)_t(1+i_0)^{-t}\\ &= NPV_A - NPV_B\end{aligned} \quad (3\text{-}27)$$

式中：ΔNPV——差额净现值

$(CI_A - CO_A)_t$——方案 A 第 t 年的净现金流

$(CI_B - CO_B)_t$——方案 B 第 t 年的净现金流

NPV_A, NPV_B——分别为方案 A 与方案 B 的净现值

用增量分析法进行互斥方案比选时，若 $\Delta NPV \geqslant 0$，表明增量投资可以接受，投资（现值）大的方案经济效果好；若 $\Delta NPV < 0$，表明增量投资不可接受，投资（现值）小的方案经济效果好。

由式(3-27)可知，差额净现值等于两个互斥方案的净现值之差。显然，用增量分析法计算两方案的差额净现值进行互斥方案比选，与分别计算两方案的净现值根据净现值最大准则进行互斥方案比选结论是一致的。因此，实际工作中应根据具体情况选择比较方便的比选方法。当有多个互斥方案时，直接用净现值最大准则选择最优方案比两两比较的增量分析更为简便。分别计算各备选方案的净现值，根据净现值最大准则选择最优方案可以将方案的绝对经济效果检验和相对经济效果检验结合起来，判别准则可表述为：净现值最大且非负的方案为最优方案。这一判别准则可以推广至净现值的等效指标净年值，即净年值最大且非负的方案为最

优方案。

对于仅有或仅需计算费用现金流的互斥方案,只须进行相对效果检验,通常使用费用现值或费用年值指标,一般情况下不需要进行增量分析,方案选择的判别准则是:费用现值或费用年值最小的方案是最优方案。

2. 差额内部收益率

计算差额内部收益率的方程式为:

$$\sum_{t=0}^{n}(\Delta CI - \Delta CO)_t(1 + \Delta IRR)^{-t} = 0 \qquad (3-28)$$

式中:ΔCI——互斥方案(A,B)的差额(增量)现金流入,
$$\Delta CI = CI_A - CI_B$$
ΔCO——互斥方案(A,B)的差额(增量)现金流出,
$$\Delta CO = CO_A - CO_B$$

差额内部收益率定义的另一种表述方式是:两互斥方案净现值(或净年值)相等时的折现率。其计算方程式也可以写成:

$$\sum_{t=0}^{n}(CI_A - CO_A)_t(1 + \Delta IRR)^{-t}$$
$$- \sum_{t=0}^{n}(CI_B - CO_B)_t(1 + \Delta IRR)^{-t} = 0 \qquad (3-29)$$

利用式(3-28)和式(3-29)求解 ΔIRR 的结果是一样的。

用差额内部收益率比选方案的判别准则是:若 $\Delta IRR > i_0$(基准折现率),则投资(现值)大的方案为优;若 $\Delta IRR < i_0$,则投资(现值)小的方案为优。用差额内部收益率进行方案比较的情形示于图 3-11。

在图 3-11 中,A 点为 F、G 两方案净现值曲线的交点,在这一点两方案净现值相等。A 点所对应的折现率即为两方案的差额内部收益率 ΔIRR。由图中可以看出,当 $\Delta IRR > i_0$ 时,$NPV_F > NPV_G$,当 $\Delta IRR < i_0$ 时,$NPV_G > NPV_F$。用 ΔIRR 与 NPV 比选方案的结论是一致的。

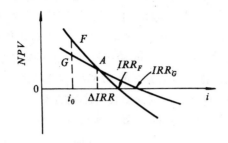

图 3-11 用于方案比较的差额内部收益率

由此可知，在对互斥方案进行比较选择时，净现值最大准则（以及净年值最大准则、费用现值和费用年值最小准则）是正确的判别准则。而内部收益率最大准则不能保证比选结论的正确性。

净现值最大准则的正确性，是由基准折现率——最低希望收益率的经济意义决定的。一般来说，最低希望收益率应该等于被拒绝的投资机会中最佳投资机会的盈利率，因此净现值就是拟采纳方案较之被拒绝的最佳投资机会多得的盈利，其值越大越好，这符合盈利最大化的决策目标的要求。

内部收益率最大准则只在基准折现率大于被比较的两方案的差额内部收益率的前提下成立。也就是说，如果将投资大的方案相对于投资小的方案的增量投资用于其他投资机会，会获得高于差额内部收益率的盈利率，用内部收益率最大准则进行方案比选的结论就是正确的。如图 3-11 所示，如果所取的基准折现率 i_0 大于 ΔIRR，则用内部收益率最大准则与净现值最大准则比选方案的结论就是一致的。但是倘若基准折现率小于差额内部收益率，用内部收益率最大准则选择方案就会导致错误的抉择。由于基准折现率是独立确定的，不依赖于具体待比选方案的差额内部收益率，故用内部收益率最大准则比选方案是不可靠的。

用内部收益率评价互斥方案的步骤和方法如下：

（1）根据每个方案自身的净现金流，计算每个方案的内部收益率（或 NPV，NAV），淘汰内部收益率小于基准折现率 i_0（或 $NPV<0$，$NAV<0$）的方案，即淘汰通不过绝对效果检验的方案。

（2）按照投资从大到小的顺序排列经绝对效果检验保留下来的方案。首先计算头两个方案的 ΔIRR。若 $\Delta IRR>i_0$，则保留投资大的方案；若 $\Delta IRR<i_0$，则保留投资小的方案。

（3）将第（2）步得到的保留方案与下一个方案进行比较——计算两方案的差额内部收益率，取舍判据同上。以此类推，直至检验过所有可行方案，找出最优方案为止。

值得指出的是，ΔIRR 只能反映增量现金流的经济性（相对经济效果），不能反映各方案自身的经济性（绝对经济效果）。故差额内部收益率只能用于方案间的比较（相对效果检验），不能仅根据 ΔIRR 数值的大小判定方案的取舍。图 3-12 对此作了说明。

图 3-12 中，在(a)、(b)所示的两种情况下，方案 A 与方案 B 均能通过绝对效果检验（$IRR_A>i_0$，$IRR_B>i_0$），可以根据 ΔIRR 与 i_0 的比较判定方案的取舍：(a)情况下，$\Delta IRR>i_0$，投资大的方案 A 优于投资小的方案 B；(b) 情况下，$\Delta IRR<i_0$，方案 B 优于方案 A。在(c)所示的情况下，方案 A 与方案 B 均不能通过绝对效果检验（$IRR_A<i_0$，$IRR_B<i_0$），故不管 ΔIRR 大小如何，两个方案都不应选取。在(d)所示的情况下，方案 A 通过绝对效果检验（$IRR_A>i_0$），且 $\Delta IRR>i_0$，可以判定方案 A 为最优可行方案。

差额内部收益率也可用于仅有费用现金流的互斥方案比选。比选结论与费用现值法和费用年值法一致。在这种情况下，实际上是把增量投资所导致的对其他费用的节约看成是增量收益。计算仅有费用现金流的互斥方案的差额内部收益率的方程，可以比照式(3-28)或式(3-29)，按两方案费用现值相等或增量费用现金流现值之和等于零的方式建立。

例 3-13 某两个能满足同样需要的互斥方案 A 与 B 的费用

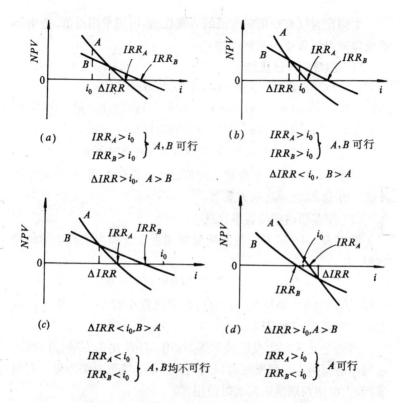

图 3-12 用内部收益率法比选方案示意图

现金流如表 3-16 所示。试在两个方案之间做出选择($i_0=10\%$)。

表 3-16 方案 A,B 的费用现金流　（单位：万元）

方案	年份	投资	其他费用支出
		0	1—15
A		100	11.68
B		150	6.55
增量费用现金流($B-A$)		50	−5.13

本问题为仅有费用现金流的方案比选,可用费用现值、费用年值或差额内部收益率判别优劣。

(1) 用费用现值比选

$PC_A = 100 + 11.68(P/A, 10\%, 15)$

$\quad = 100 + 11.68 \times 7.606 = 188.84(万元)$

$PC_B = 150 + 6.55(P/A, 10\%, 15)$

$\quad = 150 + 6.55 \times 7.606 = 199.82(万元)$

由于 $PC_A < PC_B$,根据费用现值最小的选优准则,可判定方案 A 优于方案 B,故应选取方案 A。

(2) 用差额内部收益率比选

根据表 3-16 最末一行的增量费用现金流列出求解 ΔIRR 的方程

$$50 - 5.13(P/A, \Delta IRR, 15) = 0$$

解得 $\Delta IRR = 6\%$,$\Delta IRR < i_0$,故可判定投资小的方案 A 优于投资大的方案 B,应选取方案 A。

当两个互斥方案投资额相等时,用 ΔIRR 比选方案会出现无法利用前面所述判别准则进行判别的情况。这里再提出另一判别准则,供前述判别准则失效时使用。

此判别准则为:在两个互斥方案的差额内部收益率 ΔIRR 存在的情况下,若 $\Delta IRR > i_0$,或 $-1 < \Delta IRR < 0$,则方案寿命期内"年均净现金流"大的方案优于"年均净现金流"小的方案;若 $0 < \Delta IRR < i_0$,则"年均净现金流"小的方案优于"年均净现金流"大的方案。对于仅有费用现金流的互斥方案比选,若 $\Delta IRR > i_0$,或 $-1 < \Delta IRR < 0$ 则方案寿命期内"年均费用现金流"小的方案优于"年均费用现金流"大的方案;若 $0 < \Delta IRR < i_0$,则"年均费用现金流"大的方案优于"年均费用现金流"小的方案。

设方案 j 的寿命期为 n_j,则

$$\text{方案 } j \text{ 的年均净现金流} = \sum_{t=0}^{n_j}(CI_j - CO_j)_t / n_j \quad (3\text{-}30)$$

对于只有费用现金流的方案

$$\text{方案 } j \text{ 的年均费用现金流} = \sum_{t=0}^{n_j} CO_{jt}/n_j \quad (3\text{-}31)$$

用差额内部收益率比较互斥方案的相对优劣具有经济概念明确、易于理解的优点。但若比选的互斥方案较多时,计算工作相对繁难。这一方法的主要问题是,有时可能出现差额内部收益率不存在的情况,例如图 3-13 所示的情形。另外,如前所述,内部收益率方程在净现金流符号多次变化的情况下可能存在多个实数解。一般来说,增量净现金流较之单一方案的净现金流更易出现符号多次变化的情况。所以,用差额内部收益率比选方案对此应特别注意,如果出现增量净现金流符号多次变化的情况,应按照内部收益率的经济涵义对其解进行检验(参见本章第一节有关内部收益率的论述)。

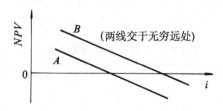

图 3-13 不存在差额内部收益率的一种情形

(三) 寿命不等的互斥方案比选

对于寿命相等的互斥方案,通常将方案的寿命期设定为共同的分析期(或称计算期),这样,在利用资金等值原理进行经济效果评价时,方案间在时间上就具有可比性。

对寿命不等的互斥方案进行比选,同样要求方案间具有可比性。满足这一要求需要解决两个方面的问题：一是设定一个合理的共同分析期；二是给寿命期不等于分析期的方案选择合理的方案接续假定或者残值回收假定。下面结合具体评价指标在寿命不等互斥方案比选中的应用讨论这两个问题的解决方法。

1. 年值法

在对寿命不等的互斥方案进行比选时，年值法是最为简便的方法，当参加比选的方案数目众多时，尤其是这样。年值法使用的指标有净年值与费用年值。

设 m 个互斥方案的寿命期分别为 $n_1, n_1, \cdots, n_m$，方案 $j(j=1, 2, \cdots, m)$ 在其寿命期内的净年值为：

$$NAV_j = NPV_j(A/P, i_0, n_j)$$
$$= \sum_{t=0}^{n_j}(CI_j - CO_j)_t(P/F, i_0, t)(A/P, i_0, n_j) \quad (3\text{-}32)$$

净年值最大且非负的方案为最优可行方案。

例 3-14 设互斥方案 A, B 的寿命分别为 3 年和 5 年，各自寿命期内的净现金流量如表 3-17 所示。试用年值法评价选择（$i_0 = 12\%$）。

表 3-17 方案 A, B 的净现金流表　　（单位：万元）

方案＼年份	0	1	2	3	4	5
A	−300	96	96	96	96	96
B	−100	42	42	42		

由式(3-20)，可得：

$$NAV_A = [-300 + 96(P/A, 12\%, 5)](A/P, 12\%, 5)$$
$$= -300 \times 0.27741 + 96 = 12.78 (万元)$$
$$NAV_B = [-100 + 42(P/A, 12\%, 3)](A/P, 12\%, 3)$$
$$= -100 \times 0.41635 + 42 = 0.365 (万元)$$

由于 $NAV_A > NAV_B > 0$，故可选取 A 方案。

用年值法进行寿命不等的互斥方案比选，实际上隐含着作出这样一种假定：各备选方案在其寿命结束时均可按原方案重复实施或以与原方案经济效果水平相同的方案接续。因为一个方案无论重复实施多少次，其年值是不变的，所以年值法实际上假定了各方案可以无限多次重复实施。在这一假定前提下，年值法以"年"为时间单位比较各方案的经济效果，从而使寿命不等的互斥方案间具有可比性。

对于仅有或仅需要计算费用现金流的互斥方案，可以比照净年值指标的计算方法，用费用年值指标进行比选。判别准则是：费用年值最小的方案为最优方案。

例 3-15 互斥方案 C,D 具有相同的产出，方案 C 寿命期 $n_C = 10$ 年，方案 D 寿命期 $n_D = 15$ 年。两方案的费用现金流如表 3-18 所示，试选优（$i_0 = 10\%$）。

本例为仅需计算费用现金流的寿命不等的互斥方案比选，可用费用年值指标比选。

表 3-18　方案 C,D 的费用现金流　（单位：万元）

方案＼年份	投资		经营费用	
	0	1	2—10	11—15
C	100	100	60	—
D	100	140	40	40

$$\begin{aligned}AC_C &= [100 + 100(P/F,10\%,1) \\ &\quad + 60(P/A,10\%,9)(P/F,10\%,1)](A/P,10\%,10) \\ &= (100 + 100 \times 0.9091 + 60 \times 5.759 \times 0.9091) \\ &\quad \times 0.16275 \doteq 82.2(万元)\end{aligned}$$

$$AC_D = [100 + 140(P/F, 10\%, 1)$$
$$+ 40(P/A, 10\%, 14)(P/F, 10\%, 1)](A/P, 10\%, 15)$$
$$= (100 + 140 \times 0.9091 + 40 \times 7.367 \times 0.9091)$$
$$\times 0.13147 \doteq 65.1 (万元)$$

由于 $AC_D < AC_C$,故选取 D 方案。

2. 现值法

当互斥方案寿命不等时,一般情况下,各方案的现金流在各自寿命期内的现值不具有可比性。如果要使用现值指标(净现值或费用现值)进行方案比选,必需设定一个共同的分析期。分析期的设定应根据决策的需要和方案的技术经济特征来决定。通常有以下几种处理方法:

(1) 寿命期最小公倍数法

此法假定备选方案中的一个或若干个在其寿命期结束后按原方案重复实施若干次,取各备选方案寿命期的最小公倍数作为共同的分析期。例如,有两个备选方案,A 方案的寿命期为 10 年,B 方案的寿命期为 15 年,假定 A 方案重复实施两次,B 方案重复实施一次,取两方案寿命期的最小公倍数 30 年作为分析期。

(2) 合理分析期法

根据对未来市场状况和技术发展前景的预测直接选取一个合理的分析期,假定寿命期短于此分析期的方案重复实施,并对各方案在分析期末的资产余值进行估价,到分析期结束时回收资产余值。在备选方案寿命期比较接近的情况下,一般取最短的方案寿命期作为分析期。

(3) 年值折现法

按某一共同的分析期将各备选方案的年值折现得到用于方案比选的现值。这种方法实际上是年值法的一种变形,隐含着与年值法相同的接续方案假定。设方案 $j(j=1,2,\cdots,m)$ 的寿命期为 n_j,共同分析期为 N,按年值折现法,方案 j 净现值的计算公式为:

$$NPV_j = \sum_{t=0}^{n_j}(CI_j - CO_j)_t(P/F, i_0, t)$$
$$\times (A/P, i_0, n_j)(P/A, i_0, N) \quad (3\text{-}33)$$

用年值折现法求净现值时,共同分析期 N 取值的大小不会影响方案比选结论,但通常 N 的取值不大于最长的方案寿命期,不小于最短的方案寿命期。

用上述方法计算出的净现值用于寿命不等互斥方案评价的判别准则是:净现值最大且非负的方案是最优可行方案。对于仅有或仅需计算费用现金流的互斥方案,可比照上述方法计算费用现值进行比选,判别准则是:费用现值最小的方案为最优方案。

例 3-16 根据例 3-14 的数据,用现值法比选方案。

取最短的方案寿命期 3 年作为共同分析期,用年值折现法求各方案的净现值:

$NPV_A = [-300 + 96(P/A, 12\%, 5)]$
  $\times (A/P, 12\%, 5)(P/A, 12\%, 3) = 30.70(万元)$
$NPV_B = -100 + 42(P/A, 12\%, 3) = 0.88(万元)$

由于 $NPV_A > NPV_B > 0$,故选取 A 方案。

对于某些不可再生资源开发型项目(如石油开采),在进行寿命不等的互斥方案比选时,方案可重复实施的假定不再成立。在这种情况下,不能用含有方案重复假定的年值法和前面介绍的现值法,也不能用含有同一假定的后面将介绍的内部收益率法。对于这类方案,可以直接按方案各自寿命期计算的净现值进行比选。这种处理方法所隐含的假定是:用最长的方案寿命期作为共同分析期,寿命短的方案在其寿命期结束后,其再投资按基准折现率(最低希望收益率)取得收益。

3. 内部收益率法

用内部收益率法进行寿命不等的互斥方案经济效果评价,需要首先对各备选方案进行绝对效果检验,然后再对通过绝对效果检验(净现值、净年值大于或等于零,内部收益率大于或等于基准折现率)的方案用计算差额内部收益率的方法进行比选。

求解寿命不等互斥方案间差额内部收益率的方程可用令两方案净年值相等的方式建立,其中隐含了方案可重复实施的假定。设互斥方案 A,B 的寿命期分别为 n_A, n_B,求解差额内部收益率 ΔIRR 的方程为:

$$\sum_{t=0}^{n_A}(CI_A - CO_A)(P/F, \Delta IRR, t)(A/P, \Delta IRR, n_A)$$
$$= \sum_{t=0}^{n_B}(CI_B - CO_B)(P/F, \Delta IRR, t)(A/P, \Delta IRR, n_B)$$

也可以写成:

$$\sum_{t=0}^{n_A}(CI_A - CO_A)(P/F, \Delta IRR, t)(A/P, \Delta IRR, n_A)$$
$$- \sum_{t=0}^{n_B}(CI_B - CO_B)(P/F, \Delta IRR, t)(A/P, \Delta IRR, n_B)$$
$$= 0 \tag{3-34}$$

就一般情况而言,用差额内部收益率进行寿命不等的互斥方案比选,应满足下列条件之一:

(1) 初始投资额大的方案年均净现金流大,且寿命期长;
(2) 初始投资额大的方案年均净现金流小,且寿命期短。

年均净现金流的计算公式见式(3-30)。

方案比选的判别准则为:在 ΔIRR 存在的情况下,若 $\Delta IRR > i_0$,则年均净现金流大的方案为优;若 $0 < \Delta IRR < i_0$,则年均净现金流小的方案为优。

例 3-17 根据例 3-14 的数据,用内部收益率法比选方案:

首先进行绝对效果检验,计算每个方案在各自寿命期内现金流的内部收益率。列出求解内部收益率的方程式

$$-300 + 96(P/A, IRR_A, 5) = 0$$

$$-100 + 42(P/A, IRR_B, 3) = 0$$

可求得：$IRR_A = 18.14\%$；$IRR_B = 12.53\%$。

由于 IRR_A，IRR_B 均大于基准折现率（$i_0 = 12\%$），故，方案 A、方案 B 均能通过绝对效果检验。

方案比选应采用差额内部收益率指标。根据(3-30)式计算，初始投资额大的方案 A 的年均净现金流（$-300/5 + 96 = 36$）大于初始投资额小的方案 B 的年均净现金流（$-100/3 + 42 = 8.7$），且方案 A 的寿命（5 年）长于方案 B 的寿命（3 年），差额内部收益率指标可以使用。

根据式(3-34)列出求解差额内部收益率的方程式：

$$[-300 + 96(P/A, \Delta IRR, 5)](A/P, \Delta IRR, 5)$$
$$- [-100 + 42(P/A, \Delta IRR, 3)](A/P, \Delta IRR, 3)$$
$$= 0$$

利用试算内插法，可求得：$\Delta IRR = 20.77\%$。

由于 $\Delta IRR > i_0$，据判别准则可知，应选择年均净现金流大的方案 A。

对于仅有或仅需计算费用现金流的寿命不等的互斥方案，求解方案间差额内部收益率的方程可用令两方案费用年值相等的方式建立。设 F, G 为仅有费用现金流的互斥方案，寿命期分别为 n_F，n_G，求解 ΔIRR 的方程为：

$$\sum_{t=0}^{F} CO_{Ft}(P/F, \Delta IRR, t)(A/P, \Delta IRR, n_F)$$
$$- \sum_{t=0}^{n_G} CO_{Gt}(P/F, \Delta IRR, t)(A/P, \Delta IRR, n_G)$$
$$= 0 \qquad (3-35)$$

根据费用现金流计算出的差额内部收益率用于寿命不等互斥方案比选应满足的条件为：

（1）初始投资额大的方案年均费用现金流小，且寿命期长；

(2) 初始投资额大的方案年均费用现金流大,且寿命期短。

方案比选的判别准则为:在 ΔIRR 存在的情况下,若 $\Delta IRR > i_0$,则年均费用现金流小的方案为优;若 $0 < \Delta IRR < i_0$,则年均费用现金流大的方案为优。

年均费用现金流的计算公式见(3-31)。

例 3-18 根据例 3-15 的数据,用差额内部收益率进行方案比选。

根据式(3-31)计算,初始投资额大的方案 D 的年均费用现金流(53.3)小于初始投资额小的方案 C 的年均费用现金流(74),且方案 D 的寿命期长于方案 C 的寿命期,差额内部收益率指标可以使用。

根据式(3-35)列出求解差额内部收益率的方程式:
$$[100 + 100(P/F, \Delta IRR, 1) + 60(P/A, \Delta IRR, 9)$$
$$\times (P/F, \Delta IRR, 1)](A/P, \Delta IRR, 10)$$
$$- [100 + 140(P/F, \Delta IRR, 1) + 40(P/A, \Delta IRR, 14)$$
$$\times (P/F, \Delta IRR, 1)](A/P, \Delta IRR, 15) = 0$$

利用内插法试算可求得:$\Delta IRR = 53.7\%$。

由于 $\Delta IRR > i_0$,据判别准则可知,应选择年均费用现金流小的方案 D。

三、相关方案的经济效果评价

在多个方案之间,如果接受(或拒绝)某一方案,会显著改变其他方案的现金流量,或者接受(或拒绝)某一方案会影响对其他方案的接受(或拒绝),我们说这些方案是相关的。方案相关的类型主要有以下几种:

(1) 完全互斥型:如果由于技术的或经济的原因,接受某一方案就必须放弃其他方案,那么,从决策角度来看这些方案是完全互斥的。这也是方案相关的一种类型。特定项目经济规模的确定,厂址方案的选择,特定水力发电站坝高方案的选择等等,都是这类方案完全互斥的例子。这种互斥方案的经济效果评价方法,我们在前面已作了较为充分的论述。

(2) 相互依存型和完全互补型:如果两个或多个方案之间,某一方案的实施要求以另一方案(或另几个方案)的实施为条件,则这两个(或若干个)方案具有相互依存性,或者说具有完全互补性。例如,在两个不同的军工厂分别建设生产新型火炮和与之配套的炮弹的项目,就是这种类型的相关方案。紧密互补方案的经济效果评价通常应放在一起进行。

(3) 现金流相关型:即使方案间不完全互斥,也不完全互补,如果若干方案中任一方案的取舍会导致其他方案现金流量的变化,这些方案之间也具有相关性。例如,有两种在技术上都可行的方案:一个是在某大河上建一座收费公路桥(方案 A);另一个是在桥址附近建收费轮渡码头(方案 B)。即使这两个方案间不存在互不相容的关系,但任一方案的实施或放弃都会影响另一方案的收入,从而影响方案经济效果评价的结论。同样,也存在互补性的现金流相关方案。

(4) 资金约束导致的方案相关:如果没有资金总额约束,各方案具有独立性质,但在资金有限的情况下,接受某些方案则意味着不得不放弃另外一些方案,这也是方案相关的一种类型。

(5) 混合相关型:在方案众多的情况下,方案间的相关关系可能包括多种类型,我们称之为混合相关型。

下面就后三种类型的相关方案选择方法作一简单介绍:

(一) 现金流量具有相关性的方案选择

当各方案的现金流量之间具有相关性,但方案之间并不完全互斥时,我们不能简单地按照独立方案或互斥方案的评价方法进行决策。而应当首先用一种"互斥方案组合法",将各方案组合成互斥方案,计算各互斥方案的现金流量,再按互斥方案的评价方法进行评价选择。

例 3-19 为了满足运输要求,有关部门分别提出要在某两地之间上一铁路项目和(或)一公路项目。只上一个项目时的净现金流量如表 3-19 所示。若两个项目都上,由于货运分流的影响,两项目都将减少净收入,其净现金流量如表 3-20 所示。当基准折现率为 $i_0=10\%$ 时应如何决策?

表 3-19　只上一个项目时的净现金流量 (单位:百万元)

方案 \ 年	0	1	2	3—32
铁路 A	-200	-200	-200	100
公路 B	-100	-100	-100	60

表 3-20　两个项目都上时的净现金流量 (单位:百万元)

方案 \ 年	0	1	2	3—32
铁路 A	-200	-200	-200	80
公路 B	-100	-100	-100	35
两项目合计(A+B)	-300	-300	-300	115

为保证决策的正确性,先将两个相关方案组合成三个互斥方案,再分别计算其净现值,如表 3-21 所示。

表 3-21　组合互斥方案的净现金流量及其净现值表

(单位:百万元)

方案 \ 年	0	1	2	3—32	净现值($i_0=10\%$) $\sum_{t=0}^{32}(CI_j-CO_j)_t(1+10\%)^{-t}$ $j=1,2,3$
1. 铁路 A	-200	-200	-200	100	231.98
2. 公路 B	-100	-100	-100	60	193.90
3. A+B	-300	-300	-300	115	75.29

根据净现值判别准则,在三个互斥方案中,A 方案净现值最大且大于零($NPV_A > NPV_B > NPV_{A+B} > 0$),故 A 方案为最优可行方案。

若用净年值法和内部收益率法对表 3-21 中的互斥组合方案进行评价选择,亦会得出相同的结论。

(二)受资金限制的方案选择

在资金有限的情况下,局部看来不具有互斥性的独立方案也成了相关方案。如何对这类方案进行评价选择,以保证在给定资金预算总额的前提下取得最大的经济效果(即实现净现值最大化),就是所谓"受资金限制的方案选择"问题。

受资金限制的方案选择使用的主要方法有"净现值指数排序法"和"互斥方案组合法"。

1. 净现值指数排序法

所谓净现值指数排序法,就是在计算各方案净现值指数的基础上,将净现值指数大于或等于零的方案按净现值指数大小排序,并依此次序选取项目方案,直至所选取方案的投资总额最大限度地接近或等于投资限额为止。本法所要达到的目标是在一定的投资限额约束下使所选项目方案的净现值最大。

例 3-20 某地区投资预算为 1000 万元。备选项目方案、各方案现金流及其有关指标值如表 3-22 所示。按净现值指数排序法做出方案选择($i_0 = 12\%$)。

表 3-22 各方案净现金流量及其有关指标计算表

方案	第 0 年投资(万元)	1—10 年的净收入(万元)	净现值 NPV(万元)	净现值指数 NPV/K_P	按 NPV/K_P 排序
A	−100	20	13	0.13	4
B	−150	28	8.2	0.055	7

续表

方案	第0年投资（万元）	1—10年的净收入（万元）	净现值 NPV（万元）	净现值指数 NPV/K_P	按 NPV/K_P 排序
C	-100	18	1.7	0.017	9
D	-120	24	15.6	0.13	4
E	-140	25	1.25	0.009	10
F	-80	19	27.35	0.34	1
G	-120	25	21.25	0.177	3
H	-80	17	16.05	0.20	2
I	-120	22	4.3	0.036	8
J	-110	22	14.3	0.13	4
K	-90	15	-5.25	-0.058	12
L	-130	23	-0.05	-3.8×10^{-4}	11

将净现值和净现值指数小于零的 K、L 方案淘汰。按净现值指数从大到小顺序选择方案，满足资金约束条件的方案组为 F,H,G,A,D,J,B,I,C。所用资金总额为980万元。上述选择为最优选择，净现值总额为121.75万元。

按净现值指数排序原则选择项目方案，其基本思想是单位投资的净现值越大，在一定投资限额内所能获得的净现值总额就越大。净现值指数排序法简便易算，这是它的主要优点。但是，由于投资项目的不可分性，净现值指数排序法在许多情况下，不能保证现有资金的充分利用，不能达到净现值最大的目标。只有在下述情况下，它才能达到或接近于净现值最大的目标：

① 各方案投资占投资预算的比例很小；

② 或各方案投资额相差无几；

③ 或各入选方案投资累加额与投资预算限额相差无几。

实际上，在各种情况下都能保证实现最优选择（净现值最大）的更可靠的方法是互斥方案组合法。

2. 互斥方案组合法

例 3-21 现有三个非直接互斥的项目方案 A,B,C，其初始投资（第 0 年末）及各年净收入如表 3-23 所示。投资限额为 450 万元。基准折现率为 8%，各方案的净现值与净现值指数的计算结果也列于该表中。

表 3-23 A,B,C 方案的净现金流量与经济指标

方案	第 0 年投资（万元）	1—10 年净收入（万元）	净现值（万元）	净现值指数
A	−100	23	54.33	0.543
B	−300	58	89.18	0.297
C	−250	49	78.79	0.315

各方案净现值与净现值指数均大于零，按净现值指数由大到小排序选择，应选 $A+C$ 方案，净现值总额为 54.33+78.79=133.12（万元）。

上述选择是否是最佳选择？下面用"互斥方案组合法"的选择结果进行验证。互斥方案组合法的工作步骤如下：

第一步：对于 m 个非直接互斥的项目方案，列出全部的相互排斥的组合方案，共 (2^m-1) 个。本例原有 3 个项目方案，互斥组合方案共 7 个 (2^3-1)。这 7 个方案彼此互不相容，互相排斥。其具体构成及相应指标列于表 3-24 中。

第二步：保留投资额不超过投资限额且净现值或净现值指数大于等于零的组合方案，淘汰其余组合方案。保留的组合方案中净现值最大的即为最优可行方案。本例中，由于投资限额为 450 万元，因此组合方案 6,7 为不可行方案，首先淘汰掉。其余保留的可行方案中以第 4 组合方案净现值最大（且大于零），即为最优可行方案——$(A+B)$ 方案。

表 3-24 A,B,C 的互斥组合方案

互斥组合方案序号	组合状态①			第 0 年投资（万元）	1—10 年净收入（万元）	净现值（万元）
	A	B	C			
1	1	0	0	−100	23	54.33
2	0	1	0	−300	58	89.18
3	0	0	1	−250	49	78.79
4	1	1	0	−400	81	143.51
5	1	0	1	−350	72	133.12
6	0	1	1	−550	107	167.97（不可行）
7	1	1	1	−650	130	222.3（不可行）

① "1"表示方案入选；"0"表示方案不入选。

本例中，按互斥方案组合法选择的最优方案（$A+B$）的净现值总额为 143.51 万元，所以，按净现值指数排序法所选择的 $A+C$ 方案（净现值总额为 133.12 万元）不是最优选择。

（三）混合相关方案的选择——Weingartner 优化选择模型

该模型以净现值最大为目标函数。在该目标函数及一定的约束条件下，力图寻求某一组合方案，使其净现值比任何其他可能的组合方案的净现值都大。

该模型将影响项目方案相关性的各种因素以约束方程的形式表达出来，这些因素有六类：

(1) 资金、人力、物力等资源可用量限制；

(2) 方案之间的互斥性；

(3) 方案之间的依存关系；

(4) 方案之间的紧密互补关系；

(5) 非紧密互补关系；

(6) 项目方案的不可分性。

模型的数学表达式如下：

目标函数：所选方案的净现值最大，即：

$$\text{Max} \sum_{j=1}^{m} \sum_{t=0}^{n} (CI_j - CO_j)_t (1+i_0)^{-t} \cdot x_j \qquad (3-36)$$

式中：j——项目方案序号，$j=1,2,\cdots,m$

　　　x_j——决策变量，

$$x_j = \begin{cases} 0 & \text{拒绝 } j \text{ 方案} \\ 1 & \text{接受 } j \text{ 方案} \end{cases}$$

该目标函数表明，模型将在 m 个待选项目方案中选择净现值最大的那个组合方案。

满足下列约束：

（1）资金、人力、物力等资源约束

$$\sum_{j=1}^{m} C_{jt} x_j \leqslant b_t \qquad (t=0,1,\cdots,n) \qquad (3-37)$$

式中：C_{jt}——方案 j 在第 t 年资源需用量；

　　　b_t——某种资源第 t 年的可用量。

（2）互斥方案约束

$$x_a + x_b + \cdots + x_k \leqslant 1 \qquad (3-38)$$

式中：$x_a, x_b, \cdots, x_k$ 是 m 个待选项目方案中的互斥方案 $a,b,\cdots,k$ 的决策变量。

该式表明互斥方案中至多选一个。

（3）依存关系约束

$$x_a \leqslant x_b \qquad (3-39)$$

式中：a 是依存于 b 的项目方案。即若 b 不选取（$x_b=0$），则 a 定不选取（$x_a=0$）；若 b 被选取（$x_b=1$），才可考虑 a 的选取（$x_a=0$ 或 1）。

（4）紧密互补型约束

$$x_c = x_d \qquad (3-40)$$

式中：项目方案 c,d 为紧密互补型方案，即二者或者都不选取，或者同被选取。

（5）非紧密互补型约束
$$\begin{cases} x_e + x_{ef} \leqslant 1 \\ x_f + x_{ef} \leqslant 1 \end{cases} \quad (3-41)$$

上式中，e,f 为非紧密型互补方案。如 e 为生产橡胶的项目方案，f 为生产轮胎的项目方案，两者同被选取(ef)也是一个待选组合方案——橡胶轮胎联合生产项目，而且可能会由于其专业化生产和规模经济性带来额外的节约和收益。但 ef 与 e 和 f 是互斥方案，这就是上述公式的意义。

（6）项目方案不可分性约束
$$x_j = 0,1 \quad (j=1,2,\cdots,m) \quad (3-42)$$

即任一方案 j，或者被选取($x_j=1$)，或者被拒绝($x_j=0$)，不允许只取完整方案的一个局部而舍弃其余部分，用数学语言表述即不允许 x_j 为一小数($0 < x_j < 1$)。

习　题

[3-1] 某项目净现金流量如表1所示。

表1

年	0	1	2	3	4	5	6
净现金流量	−50	−80	40	60	60	60	60

（1）试计算静态投资回收期、净现值、净年值、内部收益率、净现值指数和动态投资回收期($i_0=10\%$)；

（2）画出累积净现金流量曲线与累积净现金流量现值曲线。

[3-2] 某拟建项目，第一年初投资 1000 万元，第二年初投资 2000 万元，第三年初投资 1500 万元，从第三年起连续 8 年每年可

获净收入1450万元。若期末残值忽略不计,最低希望收益率为12%,试计算净现值和内部收益率,并判断该项目经济上是否可行。

[3-3] 购买某台设备需80000元,用该设备每年可获净收益12600元,该设备报废后无残值。
(1) 若设备使用8年后报废,这项投资的内部收益率是多少?
(2) 若最低希望收益率为10%,该设备至少可使用多少年才值得购买?

[3-4] 某项产品发明专利有效期12年,专利使用许可合同规定制造商每销售一件产品应向发明人支付250元专利使用费。据预测,下一年度该产品可销售1000件,以后销售量每年可增加100件。若发明人希望制造商将专利使用费一次付清,制造商同意支付的最高金额会是多少? 制造商的最低希望收益率为15%,发明人的最低希望收益率是10%。

[3-5] 一个工程师要选一台流量为900升/秒的泵,泵的工作扬程为3.4米,所输送液体的比重为1.40,每年工作300天,每天工作12小时。有两种型号的泵可供选择:A型泵效率为75%,购置安装费158000元,预计可使用20年;B型泵效率为70%,购置安装费70000元,两种泵日常维护费用相等,报废后均无残值。可以获得年利息率10%的贷款,电价为每千瓦·时0.50元。问:B型泵至少可以使用多少年,才应该选择它?

[3-6] 拟建一座用于出租的房屋,获得土地的费用为30万元。房屋有四种备选高度,不同建筑高度的建造费用和房屋建成后的租金收入及经营费用(含税金)见表2。房屋寿命为40年,寿命期结束时土地价值不变,但房屋将被拆除,残值为零。若最低希望收益率为15%,用增量分析法确定房屋应建多少层。

表2　　　　　　　　　　　　　　　　　　　　　　（单位：万元）

层　　数	2	3	4	5
初始建造费用	200	250	310	385
年运行费用	15	25	30	42
年收入	40	60	90	106

[3-7] 某海岛拟建海滨收费浴场。备选场址有三个(A,B,C)。若只建一个浴场，其现金流如表3所示。若建A,B两个浴场，则除了投资不变外，A的年净收入减少2/3，B减少1/3；若建B,C两个浴场，B的年净收入减少1/3，C减少2/3；若同时建A,B,C，则A,B,C的年净收入均减少2/3。问应如何决策？（$i_0=10\%$）

表3　　　　　　　　　　　　　　　　　　　　　　（单位：万元）

年	第1年末投资	2—21年的年净收入
A	−100	20
B	−100	20
C	−100	20

[3-8] 非直接互斥方案A,B,C的净现金流量如表4所示，已知资金预算为600万元，请做出方案选择（$i_0=10\%$）。

表4　　　　　　　　　　　　　　　　　　　　　　（单位：万元）

年	投资	年净收入
	0	1—10
A	−300	50
B	−400	70
C	−500	75

[3-9] 某企业现有若干互斥型投资方案,有关数据如表 5 所示。

表 5 (单位：万元)

方　案	初始投资	年净收入
O	0	0
A	2000	500
B	3000	900
C	4000	1100
D	5000	1380

以上各方案寿命期均为 7 年,试问：
(1) 当折现率为 10% 时,资金无限制,哪个方案最佳?
(2) 折现率在什么范围内时,B 方案在经济上最佳?
(3) 若 $i_0=10\%$,实施 B 方案企业在经济上的损失是多少?

[3-10] 某企业有 6 个相互独立的备选投资方案,各方案的投资额和年净收益见表 6：

表 6 (单位：万元)

方　案	A	B	C	D	E	F
初始投资	50	70	40	75	90	85
年净收益	17.1	22.8	15	16.7	23.5	15.9

各方案的寿命期均为 8 年,资金预算总额为 300 万元。
(1) 最低希望收益率为 12%,应选择哪些方案?
(2) 资金成本随投资总额变化,投资总额在 60 万元以内时,取基准折现率 $i_0=12\%$,投资总额超过 60 万元,每增加 30 万元投资,i_0 增加 2%,试在这种条件下作出正确选择。

[3-11] 某城市拟建一套供水系统,有两种方案可供选择：第一种方案是先花费 350 万元建一套系统,供水能力可满足近十

年的需要,年运行费用26万元。到第十年末由于用水量增加,需要再花费350万元另建一套同样的系统,两套系统年总运行费用52万元。可以认为供水系统的寿命无限长,但每套系统每隔20年需要花费125万元更新系统中的某些设备。第二种方案是一次花费500万元建一套比较大的供水系统,近10年仅利用其能力的一半,年运行费用28万元。10年后其能力全部得到利用,年运行费用50万元。可以认为系统寿命无限长,但每隔20年需要花费200万元更新系统中的某些设备。若最低希望收益率为15%,试分析应采用哪种方案。

[3-12] 某公司欲购置一台2000千伏安的变压器,有两家制造商给出报价,制造商A的产品报价15万元,其产品满载时效率为98%,3/4负载时效率为97%,半负载时效率为93%;制造商B的产品报价10万元,其产品满载效率为97%,3/4负载时效率为96%,半负载效率为92%。公司希望该变压器工作15年,预计15年后制造商A的产品残值为3000元,制造商B的产品残值为2750元。变压器年工作情况是:满载600小时,3/4负载1800小时,半负载600小时,假定公司负载的功率因数为1,故满负载时变压器输出功率为2000千瓦,两种变压器均能满足工作要求。若电价为每千瓦·时0.40元,公司的最低希望收益率为15%,试对两家制造商的产品作出选择。

[3-13] 购置一台设备初始费用60000元,该设备可使用7年,使用1年后设备价值降为36000元,以后每年递降4000元。设备在其寿命期内运行费用和修理费用逐年增加,见表7。

表7 (单位:万元)

年 份	1	2	3	4	5	6	7
年运行费与修理费	1.0	1.1	1.2	1.4	1.6	2.2	3.0

假定设备可随时在市场上转让出去,若最低希望收益率为15%,

该设备使用几年最经济?

[3-14] 可花费 40000 元在某建筑物外表面涂上一层寿命为 5 年的漆, 也可花费 30000 元涂一层寿命为 3 年的漆。假定重新油漆的费用不变, 若最低希望收益率为 20%, 应选择哪种漆? 如果寿命较短的漆预计至多两年内价格将下跌, 油漆费用可降为 20000 元, 而寿命较长的漆价格保持不变, 应作何选择?

[3-15] 为一条蒸汽管道敷设不同厚度绝热层的初始费用以及蒸汽管道运行中不同绝热层厚度对应的热损失费用见表 8。

表 8

绝热层厚度(厘米)	0	2	2.5	3	4.5	6	7.5
初始费用(元)	0	18000	25450	33400	38450	43600	57300
年热损失费用(元)	18000	9000	5900	4500	3910	3600	3100

估计该蒸汽管道要使用 15 年, 若最低希望收益率为 8%, 分别用年值法、现值法和内部收益率法分析多大厚度的绝热层最经济。

[3-16] 投资方案 A 与 B 各年的净现金流如表 9 所示。

表 9 (单位: 万元)

年 份	0	1	2	3	4	5
方案 A 的净现金流	−100	60	50	−200	150	100
方案 B 的净现金流	−100	80	80	−200	150	100

试判断这两个方案是否可以用内部收益率指标进行评价。

[3-17] 有 5 个备选投资项目, 各项目的净现金流序列见表 10。这些项目之间的关系是: A 与 B 互斥, C 与 D 互斥, 接受项目 C 与项目 D 均要以接受项目 B 为前提, 接受项目 E 要以接受项目 C 为前提。最低希望收益率为 10%, 试分别就: (1) 资金无限制; (2) 资金限额为 500 万元这两种情况选择最优项目组合。

表 10   （单位：万元）

年 份	0	1—4
项目 A	-500	200
项目 B	-300	120
项目 C	-140	40
项目 D	-150	50
项目 E	-110	70

[3-18] 某企业产品市场前景看好，需要立即改造生产线扩大生产能力。根据企业发展规划，若干年后还要再进行一次技术改造进一步扩大生产能力。有两种方案均可满足生产能力扩大的要求。第一种方案需要立即投资 200 万元，下次改造再投资 400 万元；第二种方案需要立即投资 250 万元，下次改造再投资 320 万元。若最低希望收益率为 10%，试分析下次改造在哪一年之前进行可以接受第二种方案。

第四章 不确定性分析

作为投资决策依据的技术经济分析是建立在分析人员对未来事件所作的预测与判断基础之上的。由于影响各种方案经济效果的政治、经济形势、资源条件、技术发展情况等因素未来的变化带有不确定性,加上预测方法和工作条件的局限性,对方案经济效果评价中使用的投资、成本、产量、价格等基础数据的估算与预测结果不可避免地会有误差。这使得方案经济效果的实际值可能偏离其预期值,从而给投资者和经营者带来风险。例如,投资超支,建设工期拖长,生产能力达不到设计要求,原材料价格上涨,劳务费用增加,产品售价波动,市场需求量变化,贷款利率及外币汇率变动等都可能使一个工业投资项目达不到预期的经济效果,甚至发生亏损。

为了尽量避免决策失误,我们需要了解各种外部条件发生变化时对投资方案经济效果的影响程度,需要了解投资方案对各种外部条件变化的承受能力,以及对应于可能发生的外部条件的变化,投资方案经济效果的概率分布,需要掌握风险条件下正确的决策原则与决策方法。本章介绍的内容将有助于解决这些问题。

第一节 盈亏平衡分析

各种不确定因素(如投资、成本、销售量、产品价格、项目寿命期等)的变化会影响投资方案的经济效果,当这些因素的变化达到某一临界值时,就会影响方案的取舍。盈亏平衡分析的目的就是找出这种临界值,判断投资方案对不确定因素变化的承受能力,为决策提供依据。

一、独立方案盈亏平衡分析

独立方案盈亏平衡分析的目的是通过分析产品产量、成本与方案盈利能力之间的关系找出投资方案盈利与亏损在产量、产品价格、单位产品成本等方面的界限,以判断在各种不确定因素作用下方案的风险情况。

(一)销售收入、成本费用与产品产量的关系

投资项目的销售收入与产品销售量(如果按销售量组织生产,产品销售量等于产品产量)的关系有两种情况:

第一种情况,该项目的生产销售活动不会明显地影响市场供求状况,假定其他市场条件不变,产品价格不会随该项目的销售量的变化而变化,可以看作一个常数。销售收入与销售量呈线性关系,即:

$$B = PQ \tag{4-1}$$

式中:B——销售收入

P——单位产品价格

Q——产品销售量

第二种情况,该项目的生产销售活动将明显地影响市场供求状况,随着该项目产品销售量的增加,产品价格有所下降,这时销售收入与销售量之间不再是线性关系,对应于销售量 Q_0,销售收入为:

$$B = \int_0^{Q_0} P(Q) \mathrm{d}Q \tag{4-2}$$

项目投产后,其总成本费用可以分为固定成本与变动成本两部分。固定成本指在一定的生产规模限度内不随产量的变动而变动的费用,变动成本指随产品产量的变动而变动的费用。变动成本总额中的大部分与产品产量成正比例关系。也有一部分变动成本

与产品产量不成正比例关系,如与生产批量有关的某些消耗性材料费用,工夹模具费及运输费等,这部分变动成本随产量变动的规律一般是呈阶梯型曲线,通常称这部分变动成本为半变动成本。由于半变动成本通常在总成本费用中所占比例很小,在经济分析中一般可以近似地认为它也随产量成正比例变动。

总成本费用是固定成本与变动成本之和,它与产品产量的关系也可以近似地认为是线性关系,即

$$C = C_f + C_v Q \tag{4-3}$$

式中:C——总成本费用

C_f——固定成本

C_v——单位产品变动成本

(二)盈亏平衡点及其确定

将式(4-1)与式(4-3)在同一坐标图上表示出来,可以构成线性量—本—利分析图(图4-1)。

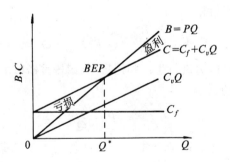

图 4-1 线性量—本—利分析图

图4-1中纵坐标表示销售收入与成本费用,横坐标表示产品产量。销售收入线 B 与总成本线 C 的交点称盈亏平衡点(Break even Point,简称BEP),也就是项目盈利与亏损的临界点。在BEP的左边,总成本大于销售收入,项目亏损,在BEP的右边,销售收

入大于总成本,项目盈利,在 BEP 点上,项目不亏不盈。

在销售收入及总成本都与产量呈线性关系的情况下,可以很方便地用解析方法求出以产品产量、生产能力利用率、产品销售价格、单位产品变动成本等表示的盈亏平衡点。

在盈亏平衡点,销售收入 B 等于总成本费用 C,设对应于盈亏平衡点的产量为 Q^*,则有:

$$PQ^* = C_f + C_v Q^*$$

盈亏平衡产量:

$$Q^* = \frac{C_f}{P - C_v} \quad (4\text{-}4)$$

若项目设计生产能力为 Q_c,则:

盈亏平衡生产能力利用率

$$E^* = \frac{Q^*}{Q_c} \times 100\% = \frac{C_f}{(P - C_v)Q_c} \times 100\% \quad (4\text{-}5)$$

若按设计能力进行生产和销售,则:

盈亏平衡销售价格

$$P^* = \frac{B}{Q_c} = \frac{C}{Q_c} = C_v + \frac{C_f}{Q_c} \quad (4\text{-}6)$$

若按设计能力进行生产和销售,且销售价格已定,则盈亏平衡单位产品变动成本:

$$C_v^* = P - \frac{C_f}{Q_c} \quad (4\text{-}7)$$

例 4-1 某工业项目年设计生产能力为生产某种产品 3 万件,单位产品售价 3000 元,总成本费用为 7800 万元,其中固定成本 3000 万元,总变动成本与产品产量成正比例关系,求以产量、生产能力利用率、销售价格、单位产品变动成本表示的盈亏平衡点。

解:首先计算单位产品变动成本:

$$C_v = \frac{(7800 - 3000) \times 10^4}{3 \times 10^4} = 1600(\text{元}/\text{件})$$

盈亏平衡产量

$$Q^* = \frac{3000 \times 10^4}{3000 - 1600} = 21400(件)$$

盈亏平衡生产能力利用率

$$E^* = \frac{3000 \times 10^4}{(3000 - 1600) \times 3 \times 10^4} \times 100\% = 71.43\%$$

盈亏平衡销售价格

$$P^* = 1600 + \frac{3000 \times 10^4}{3 \times 10^4} = 2600(元/件)$$

盈亏平衡单位产品变动成本

$$C_v^* = 3000 - \frac{3000 \times 10^4}{3 \times 10^4} = 2000(元/件)$$

通过计算盈亏平衡点,结合市场预测,可以对投资方案发生亏损的可能性作出大致判断。在例 4-1 中,如果未来的产品销售价格及生产成本与预期值相同,项目不发生亏损的条件是年销售量不低于 21400 件,生产能力利用率不低于 71.43%;如果按设计能力进行生产并能全部销售,生产成本与预期值相同,项目不发生亏损的条件是产品价格不低于 2600 元/件;如果销售量、产品价格与预期值相同,项目不发生亏损的条件是单位产品变动成本不高于 2000 元/件。

(三) 成本结构与经营风险的关系

销售量、产品价格及单位产品变动成本等不确定因素发生变动所引起的项目盈利额的波动称为项目的经营风险(business risk)。由销售量及成本变动引起的经营风险的大小与项目固定成本占总成本费用的比例有关。

设对应于预期的年销售量 Q_c 和预期的年总成本费用 C_c,固定成本占总成本费用的比例为 S,则:

固定成本 $\qquad\qquad C_f = C_c \cdot S$

单位产品变动成本

$$C_v = \frac{C_c(1-S)}{Q_c}$$

当产品价格为 P 时,盈亏平衡产量

$$Q^* = \frac{C_c S}{P - \frac{C_c(1-S)}{Q_c}} = \frac{Q_c C_c}{\frac{1}{S}(PQ_c - C_c) + C_c} \quad (4\text{-}8)$$

盈亏平衡单位产品变动成本

$$C_v^* = P - \frac{C_c S}{Q_c} \quad (4\text{-}9)$$

由式(4-8)及式(4-9)可以看出,固定成本占总成本的比例 S 越大,盈亏平衡产量越高,盈亏平衡单位产品变动成本越低。高的盈亏平衡产量和低的盈亏平衡单位产品变动成本会导致项目在面临不确定因素的变动时发生亏损的可能性增大。

设项目的年净收益为 NB,对应于预期的固定成本和单位产品变动成本

$$\begin{aligned} NB &= PQ - C_f - C_v Q \\ &= PQ - C_c S - \frac{C_c(1-S)}{Q_c} Q \end{aligned} \quad (4\text{-}10)$$

$$\frac{\mathrm{d}(NB)}{\mathrm{d}Q} = P - \frac{C_c(1-S)}{Q_c}$$

显然,当销售量发生变动时,S 越大,年净收益的变化率越大。也就是说,固定成本的存在扩大了项目的经营风险,固定成本占总成本的比例越大,这种扩大作用越强。这种现象称为运营杠杆效应(Operating leverage)。

固定成本占总成本的比例取决于产品生产的技术要求及工艺设备的选择。一般来说,资金密集型的项目固定成本占总成本的比例比较高,因而经营风险也比较大。

二、互斥方案盈亏平衡分析

在需要对若干个互斥方案进行比选的情况下,如果是某一个共有的不确定因素影响这些方案的取舍,可以采用下面介绍的盈亏平衡分析方法帮助决策。

设两个互斥方案的经济效果都受某不确定因素 x 的影响,我们可以把 x 看作一个变量,把两个方案的经济效果指标都表示为 x 的函数:

$$E_1 = f_1(x)$$
$$E_2 = f_2(x)$$

式中 E_1 和 E_2 分别为方案 1 与方案 2 的经济效果指标。当两个方案的经济效果相同时,有

$$f_1(x) = f_2(x)$$

解出使这个方程式成立的 x 值,即为方案 1 与方案 2 的盈亏平衡点,也就是决定这两个方案孰优孰劣的临界点。结合对不确定因素 x 未来取值范围的预测,就可以作出相应的决策。

例 4-2 生产某种产品有三种工艺方案,采用方案 1,年固定成本 800 万元,单位产品变动成本为 10 元;采用方案 2,年固定成本 500 万元,单位产品变动成本为 20 元;采用方案 3,年固定成本 300 万元,单位产品变动成本为 30 元。分析各种方案适用的生产规模。

解: 各方案年总成本均可表示为产量 Q 的函数:

$$C_1 = C_{f1} + C_{v1}Q = 800 + 10Q$$
$$C_2 = C_{f2} + C_{v2}Q = 500 + 20Q$$
$$C_3 = C_{f3} + C_{v3}Q = 300 + 30Q$$

各方案的年总成本函数曲线如图 4-2 所示。

由图 4-2 可以看出,三个方案的年总成本函数曲线两两相交于 L、M、N 三点,各个交点所对应的产量就是相应的两个方案

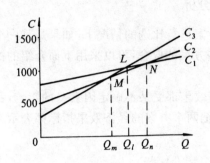

图 4-2 各方案的年总成本函数曲线

的盈亏平衡点。在本例中，Q_m 是方案 2 与方案 3 的盈亏平衡点，Q_n 是方案 1 与方案 2 的盈亏平衡点。显然，当 $Q < Q_m$ 时，方案 3 的年总成本最低；当 $Q_m < Q < Q_n$ 时，方案 2 的年总成本最低；当 $Q > Q_n$ 时，方案 1 的年总成本最低。

当 $\quad Q = Q_m$ 时，$C_2 = C_3$，即
$$C_{f2} + C_{v2}Q_m = C_{f3} + C_{v3}Q_m$$

于是 $\quad Q_m = \dfrac{C_{f2} - C_{f3}}{C_{v3} - C_{v2}} = \dfrac{500 - 300}{30 - 20} = 20（万件）$

当 $\quad Q = Q_n$ 时，$C_1 = C_2$，即
$$C_{f1} + C_{v1}Q_n = C_{f2} + C_{v2}Q_n$$

于是 $\quad Q_n = \dfrac{C_{f1} - C_{f2}}{C_{v2} - C_{v1}} = \dfrac{800 - 500}{20 - 10} = 30（万件）$

由此可知，当预期产量低于 20 万件时，应采用方案 3；当预期产量在 20 万件至 30 万件之间时，应采用方案 2；当预期产量高于 30 万件时，应采用方案 1。

在例 4-2 中，我们是用产量作为盈亏平衡分析的共有变量，根据年总成本费用的高低判断方案的优劣。在各种不同的情况下，根据实际需要，也可以用投资额、产品价格、经营成本、贷款利率、项目寿命期、期末固定资产残值等作为盈亏平衡分析的共有变量，用净现值、净年值、内部收益率等作为衡量方案经济效果的评价指标。

例 4-3 生产某种产品有两种方案,方案 A 初始投资为 50 万元,预期年净收益 15 万元;方案 B 初始投资 150 万元,预期年净收益 35 万元。该产品的市场寿命具有较大的不确定性,如果给定基准折现率为 15%,不考虑期末资产残值,试就项目寿命期分析两方案取舍的临界点。

解:设项目寿命期为 x

$$NPV_A = -50 + 15(P/A, 15\%, x)$$
$$NPV_B = -150 + 35(P/A, 15\%, x)$$

当 $NPV_A = NPV_B$ 时,有:

$$-50 + 15(P/A, 15\%, x) = -150 + 35(P/A, 15\%, x)$$
$$(P/A, 15\%, x) = 5$$

即

$$\frac{(1+0.15)^x - 1}{0.15 \times (1+0.15)^x} = 5$$

解这个方程,可得:

$$x \approx 10(年)$$

这就是以项目寿命期为共有变量时方案 A 与方案 B 的盈亏平衡点。由于方案 B 年净收益比较高,项目寿命期延长对方案 B 有利。故可知:如果根据市场预测项目寿命期少于 10 年,应采用方案 A;如果项目寿命期在 10 年以上,则应采用方案 B。

第二节 敏感性分析

所谓敏感性分析,是通过测定一个或多个不确定因素的变化所导致的决策评价指标的变化幅度,了解各种因素的变化对实现预期目标的影响程度,从而对外部条件发生不利变化时投资方案的承受能力作出判断。敏感性分析是经济决策中常用的一种不确定性分析方法。

一、单因素敏感性分析

单因素敏感性分析是就单个不确定因素的变动对方案经济效果的影响所作的分析。在分析方法上类似于数学上多元函数的偏微分,即在计算某个因素的变动对经济效果指标的影响时,假定其它因素均不变。

单因素敏感性分析的步骤与内容如下:

(一)选择需要分析的不确定因素,并设定这些因素的变动范围。

影响投资方案经济效果的不确定因素有很多,严格说来,凡影响方案经济效果的因素都在某种程度上带有不确定性。但事实上没有必要对所有的不确定因素都进行敏感性分析,可以根据以下原则选择主要的不确定因素加以分析:第一,预计在可能的变动范围内,该因素的变动将会比较强烈地影响方案的经济效果指标;第二,对在确定性经济分析中采用的该因素的数据的准确性把握不大。

对于一般的工业投资项目来说,要作敏感性分析的因素通常从下列因素中选定:

1. 投资额,包括固定资产投资与流动资金占用,根据需要还可将固定资产投资划分为设备费用、建筑安装费用等;

2. 项目建设期限、投产期限、投产时的产出能力及达到设计能力所需时间;

3. 产品产量及销售量;

4. 产品价格;

5. 经营成本,特别是其中的变动成本;

6. 项目寿命期;

7. 项目寿命期末的资产残值;

8. 折现率;

9. 外币汇率。

在选择需要分析的不确定因素的过程中,应根据实际情况设定这些因素可能的变动范围。

(二)确定分析指标。

本书第三章讨论的各种经济效果评价指标,如净现值、净年值、内部收益率、投资回收期等,都可以作为敏感性分析的指标。由于敏感性分析是在确定性经济分析的基础上进行的,就一般情况而言,敏感性分析的指标应与确定性经济分析所使用的指标相一致,不应超出确定性分析所用指标的范围另立指标。当确定性经济分析中使用的指标比较多时,敏感性分析可围绕其中一个或若干个最重要的指标进行。

(三)计算各不确定因素在可能的变动范围内发生不同幅度变动所导致的方案经济效果指标的变动结果,建立起一一对应的数量关系,并用图或表的形式表示出来。

(四)确定敏感因素,对方案的风险情况作出判断。

所谓敏感因素就是其数值变动能显著影响方案经济效果的因素。判别敏感因素的方法有两种:第一种是相对测定法,即设定要分析的因素均从确定性经济分析中所采用的数值开始变动,且各因素每次变动的幅度(增或减的百分数)相同,比较在同一变动幅度下各因素的变动对经济效果指标的影响,据此判断方案经济效果对各因素变动的敏感程度。第二种方法是绝对测定法,即设各因素均向对方案不利的方向变动,并取其有可能出现的对方案最不利的数值,据此计算方案的经济效果指标,看其是否可达到使方案无法被接受的程度。如果某因素可能出现的最不利数值能使方案变得不可接受,则表明该因素是方案的敏感因素。方案能否接受的判据是各经济效果指标能否达到临界值,例如,使用净现值指标要看净现值是否大于或等于零,使用内部收益率指标要看内部收益率是否达到基准折现率。绝对测定法的一个变通方式是先设定有关经济效果指标为其临界值,如令净现值等于零,令内部收益率等于基准折现率,然后求待分析因素的最大允许变动幅度,并与其可能出现的最大变动幅度相比较。如果某因素可能出现的变动幅度超过最大允许变动幅度,则表明该因素是方案的敏感因素。

在实践中可以把确定敏感因素的两种方法结合起来使用。

例 4-4 有一个生产城市用小型电动汽车的投资方案,用于确定性经济分析的现金流量表见表 4-1,所采用的数据是根据对未来最可能出现的情况的预测估算的。由于对未来影响经济环境的某些因素把握不大,投资额、经营成本和产品价格均有可能在 ±20% 的范围内变动。设基准折现率为 10%,不考虑所得税,试分别就上述三个不确定因素作敏感性分析。

表 4-1 小型电动汽车项目现金流量表(单位:万元)

年 份	0	1	2—10	11
投 资	15000			
销售收入			19800	19800
经营成本			15200	15200
期末资产残值				2000
净现金流量	−15000	0	4600	4600+2000

解:设投资额为 K,年销售收入为 B,年经营成本为 C,期末资产残值为 L。用净现值指标评价本方案的经济效果,计算公式为:

$$NPV = -K + (B-C)(P/A, 10\%, 10)(P/F, 10\%, 1) + L(P/F, 10\%, 11)$$

按照表 4-1 的数据

$$\begin{aligned}NPV =& -15000 + 4600 \times 6.144 \times 0.9091 \\ & + 2000 \times 0.3505 \\ =& 11394(万元)\end{aligned}$$

下面用净现值指标分别就投资额、产品价格和经营成本等三个不确定因素作敏感性分析：

设投资额变动的百分比为 x，分析投资额变动对方案净现值影响的计算公式为：

$$NPV = -K(1+x) + (B-C)(P/A, 10\%, 10)$$
$$\times (P/F, 10\%, 1) + L(P/F, 10\%, 11)$$

设经营成本变动的百分比为 y，分析经营成本变动对方案净现值影响的计算公式为：

$$NPV = -K + [B - C(1+y)](P/A, 10\%, 10)$$
$$\times (P/F, 10\%, 1) + L(P/F, 10\%, 11)$$

设产品价格变动的百分比为 z，产品价格的变动将导致销售收入的变动，销售收入变动的比例与产品价格变动的比例相同，故分析产品价格变动对方案净现值影响的计算公式可写成：

$$NPV = -K + [B(1+z) - C](P/A, 10\%, 10)$$
$$\times (P/F, 10\%, 1) + L(P/F, 10\%, 11)$$

按照上述三个公式，使用表 4-1 的数据，分别取不同的 x, y, z 值，可以计算出各不确定因素在不同变动幅度下方案的净现值。计算结果见表 4-2。根据表中数据可以绘出敏感性分析图（图 4-3）。

由表 4-2 和图 4-3 可以看出，在同样的变动率下，产品价格的变动对方案净现值的影响最大，经营成本变动的影响次之，投资额变动的影响最小。

分别使用前面的三个公式，不难计算出，当 $NPV=0$ 时：

$$x = 76.0\%; y = 13.4\%; z = -10.3\%$$

也就是说，如果投资额与产品价格不变，年经营成本高于预期值 13.4% 以上，或者投资额与经营成本不变，产品价格低于预期值 10.3% 以上，方案将变得不可接受。而如果经营成本与产品价格不变，投资额增加 76.0% 以上，才会使方案变得不可接受。

表4-2 不确定因素的变动对净现值的影响（单位：万元）

不确定因素 \ 变动率	−20%	−15%	−10%	−5%	0
投 资 额	14394	13644	12894	12144	11394
经营成本	28374	24129	19884	15639	11394
产品价格	−10725	−5195	335	5864	11394

不确定因素 \ 变动率	+5%	+10%	+15%	+20%	
投 资 额	10644	9894	9144	8394	
经营成本	7149	2904	−1341	−5586	
产品价格	16924	22453	27983	33513	

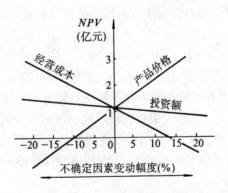

图4-3 敏感性分析图

根据上面的分析，对于本投资方案来说，产品价格与经营成本都是敏感因素。在作出是否采用本方案的决策之前，应该对未来的产品价格和经营成本及其可能变动的范围作出更为精确的预测与估算。如果产品价格低于原预期值10.3%以上或经营成本高于原预期值13.4%以上的可能性较大，则意味着这笔投资有较大的风险。另外，经营成本的变动对方案经济效益有较大影响这一分析结果还提醒我们，如果实施这一方案，严格控制经营成本将是提高项目经济效益的重要途径。至于投资额，显然不是本方案的敏感因素，即使增加20%甚至更多一些也不会影响决策结论。

二、多因素敏感性分析

在进行单因素敏感性分析的过程中，当计算某特定因素的变动对经济效果指标的影响时，假定其它因素均不变。实际上，许多因素的变动具有相关性，一个因素的变动往往也伴随着其它因素的变动。例如，对于例4-4中生产电动汽车这个方案，如果世界市场上石油价格上涨，电动汽车的市场需求量有可能增加，这将导致销售量和产品价格的上升，然而，石油价格上升还会引起其它生产资料价格的上涨，这将导致生产成本的增加。所以，单因素敏感性分析有其局限性。改进的方法是进行多因素敏感性分析，即考察多个因素同时变动对方案经济效果的影响，以判断方案的风险情况。

多因素敏感性分析要考虑可能发生的各种因素不同变动幅度的多种组合，计算起来要比单因素敏感性分析复杂得多。如果需要分析的不确定因素不超过三个，而且经济效果指标的计算比较简单，可以用解析法与作图法相结合的方法进行分析。下面举例说明。

例4-5 根据例4-4给出的数据进行多因素敏感性分析。

解：沿用例4-4中使用的符号，如果同时考虑投资额与经营成本的变动，分析这两个因素同时变动对方案净现值影响的计算公式为：

$$NPV = -K(1+x) + [B - C(1+y)](P/A, 10\%, 10)$$
$$\times (P/F, 10\%, 1) + L(P/F, 10\%, 11)$$

将表4-1中的数据代入上式，经过整理得：

$$NPV = 11394 - 15000x - 84900y$$

取 NPV 的临界值,即令 $NPV=0$,则有:

$$11394 - 15000x - 84900y = 0$$
$$y = -0.1767x + 0.1342$$

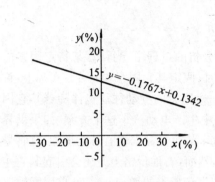

图 4-4 双因素敏感性分析图

这是一个直线方程。将其在坐标图上表示出来(如图 4-4 所示)。即为 $NPV=0$ 的临界线。在临界线上,$NPV=0$,在临界线左下方的区域,$NPV>0$,在临界线右上方的区域,$NPV<0$。也就是说,如果投资额与经营成本同时变动,只要变动范围不超出临界线左下方的区域(包括临界线上的点),方案都是可以接受的。

如果同时考虑投资额、经营成本和产品价格这三个因素的变动,分析其对净现值影响的计算公式为:

$$NPV = -K(1+x) + [B(1+z) - C(1+y)] \\ \times (P/A, 10\%, 10)(P/F, 10\%, 1) \\ + L(P/F, 10\%, 11)$$

代入有关数据,经过整理得:

$$NPV = 11394 - 15000x - 84900y + 110593z$$

取不同的产品价格变动幅度代入上式,可以求出一组 $NPV=0$ 的临界线方程:

当 $z=+20\%$ 时 $y=-0.1767x+0.3947$

当 $z=+10\%$ 时 $y=-0.1767x+0.2645$

当 $z=-10\%$ 时 $y=-0.1767x+0.0039$

当 $z=-20\%$ 时　　$y=-0.1767x-0.1263$

在坐标图上,这是一组平行线(如图 4-5 所示)。

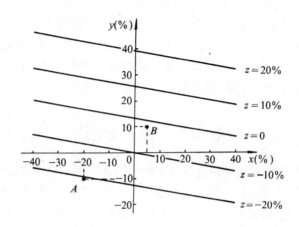

图 4-5　三因素敏感性分析图

由图 4-5 可以看出,产品价格上升,临界线往右上方移动,产品价格下降,临界线往左下方移动。根据这种三因素敏感性分析图,我们可以直观地了解投资额、经营成本和产品价格这三个因素同时变动对决策的影响。在本例中,如果产品价格下降 20%,同时投资额下降 20%,经营成本下降 10%,则投资额与经营成本变动的状态点 A 位于临界线 $z=-20\%$ 的左下方,方案仍具有满意的经济效果。而如果产品价格下降 10%,同时投资额上升 5%,经营成本上升 10%,则投资额与经营成本变动的状态点 B 位于临界线 $z=-10\%$ 的右上方,方案就变得不可接受了。

敏感性分析在一定程度上就各种不确定因素的变动对方案经济效果的影响作了定量描述。这有助于决策者了解方案的风险情况,有助于确定在决策过程中及方案实施过程中需要重点研究与控制的因素。但是,敏感性分析没有考虑各种不确定因素在未来发生变动的概率，这可能会影响分析结论的准确性。实际上，各种不确定因素在未来发生某一幅度变动的概率一般是有所不同的。可能有这样的情况，通过敏感性分析找出的某一敏感因素未来发生不利变动的概率很小，因而实际上所带来的风险并不大，以致于可以忽略不计，而另一不太敏感的因素未来发生不利变动的概率却很大，实际上所带来的风险比那个敏感因素更大。这种问题是敏感性分析所无法解决的，必须借助于概率分析方法。

第三节 概率分析

概率分析是通过研究各种不确定因素发生不同幅度变动的概率分布及其对方案经济效果的影响，对方案的净现金流量及经济效果指标作出某种概率描述，从而对方案的风险情况作出比较准确的判断。

一、随机现金流的概率描述

严格说来，影响方案经济效果的大多数因素（如投资额、成本、销售量、产品价格、项目寿命期等）都是随机变量。我们可以预测其未来可能的取值范围，估计各种取值或值域发生的概率，但不可能肯定地预知它们取什么值。投资方案的现金流量序列是由这些因素的取值所决定的，所以，实际上方案的现金流量序列也是随机变量。为了与确定性分析中使用的现金流量概念有所区别，我们称概率分析中的现金流量为随机现金流。

要完整地描述一个随机变量，需要确定其概率分布的类型和参数。常见的概率分布类型有均匀分布、二项分布、泊松分布、指数分布和正态分布等，在经济分析与决策中使用最普遍的是均匀分布与正态分布。关于这些概率分布类型的条件、特征及其参数的计算方法，读者可以参阅有关概率统计方面的文献。通常可以借鉴已经发生过的类似情况的实际数据,并结合对各种具体条件的判断,确定一个随机变量的概率分布。在某些情况下,也可以根据各种典型分布的条件,通过理论分析确定随机变量的概率分布类型。

一般来说,工业投资项目的随机现金流要受许多种已知或未知的不确定因素的影响,可以看成是多个独立的随机变量之和,在许多情况下近似地服从正态分布。

描述随机变量的主要参数是期望值与方差。期望值是在大量的重复事件中随机变量取值的平均值,换句话说,是随机变量所有可能取值的加权平均值,权重为各种可能取值出现的概率。方差是反映随机变量取值的离散程度的参数。

假定某方案的寿命期为 n 个周期(通常取 1 年为一个周期),净现金流序列为 $y_0, y_1, \cdots, y_n$。周期数 n 和各周期的净现金流 $y_t (t=0,1,\cdots,n)$ 都是随机变量。为便于分析,我们设 n 为常数。从理论上讲,某一特定周期的净现金流 y_t 可能出现的数值有无限多个,我们将其简化为若干个离散数值 $y_t^{(1)}, y_t^{(2)}, \cdots, y_t^{(m)}$。这些离散数值有的出现的概率要大一些,有的出现的概率要小一些,设与各离散数值对应的发生概率为 $P_1, P_2, \cdots, P_m \left(\sum_{j=1}^{m} P_j = 1 \right)$,则第 t 周期净现金流 y_t 的期望值为:

$$E(y_t) = \sum_{j=1}^{m} y_t^{(j)} P_j \tag{4-11}$$

第 t 周期净现金流 y_t 的方差为:

$$D(y_t) = \sum_{j=1}^{m} [y_t^{(j)} - E(y_t)]^2 \cdot P_j \tag{4-12}$$

二、方案净现值的期望值与方差

我们以净现值为例讨论方案经济效果指标的概率描述。由于各个周期的净现金流都是随机变量,所以把各个周期的净现金流现值加总得到的方案净现值必然也是一个随机变量,我们称之为随机净现值。多数情况下,可以认为随机净现值近似地服从正态分布。设各周期的随机现金流为 $y_t(t=0,1,\cdots,n)$,随机净现值的计算公式为:

$$NPV = \sum_{t=0}^{n} y_t (1+i_0)^{-t} \tag{4-13}$$

设方案寿命期的周期数 n 为一个常数,根据各周期随机现金流的期望值 $E(y_t)$ $(t=0,1,\cdots,n)$,可以求出方案净现值的期望值:

$$E(NPV) = \sum_{t=0}^{n} E(y_t) \cdot (1+i_0)^{-t} \tag{4-14}$$

方案净现值的方差的大小与各周期随机现金流之间是否存在相关关系有关,如果方案寿命期内任意两个随机现金流之间不存在相关关系或者不考虑随机现金流之间的相关关系,方案净现值的方差的计算公式为:

$$D(NPV) = \sum_{t=0}^{n} D(y_t) \cdot (1+i_0)^{-2t} \tag{4-15}$$

如果考虑随机现金流之间的相关关系,方案净现值的方差的计算式为:

$$D(NPV) = \sum_{t=0}^{n} \frac{D(y_t)}{(1+i_0)^{2t}} + 2 \sum_{\tau=0}^{n-1} \sum_{\theta=1}^{n} \frac{Cov(y_\tau,y_\theta)}{(1+i_0)^{\tau+\theta}} \tag{4-16}$$

式中, $y_\tau, y_\theta (\tau \in t, \theta \in t, \tau < \theta)$ 分别是第 τ 周期和第 θ 周期的相关现金流量, $Cov(y_\tau,y_\theta)$ 是 y_τ 和 y_θ 这两个随机变量的协方差。式(4-16)也可写成:

$$D(NPV) = \sum_{t=0}^{n} \frac{\sigma_t^2}{(1+i_0)^{2t}} + 2 \sum_{\tau=0}^{n-1} \sum_{\theta=1}^{n} \frac{\rho_{\tau\theta}\sigma_\tau\sigma_\theta}{(1+i_0)^{\tau+\theta}} \tag{4-17}$$

式中, $\sigma_t, \sigma_\tau, \sigma_\theta$ 分别是第 t 周期、第 τ 周期、第 θ 周期随机现金流 y_t, y_τ, y_θ 的标准差, $\sigma_t = \sqrt{D(y_t)}$, $\sigma_\tau = \sqrt{D(y_\tau)}$, $\sigma_\theta = \sqrt{D(y_\theta)}$; $\rho_{\tau\theta}$ 是 y_τ 与 y_θ 的相关系数 $(-1 \leqslant \rho_{\tau\theta} \leqslant +1)$,当 $\rho_{\tau\theta} = -1$ 或 $+1$ 时, y_τ 与 y_θ

完全相关;当 $\rho_{\tau\theta}=0$ 时,y_τ 与 y_θ 相互独立;当 $-1<\rho_{\tau\theta}<+1$ 且 $\rho_{\tau\theta}\neq 0$ 时,y_τ 与 y_θ 部分相关。

在实际工作中,如果能通过统计分析或主观判断给出在方案寿命期内影响方案现金流量的不确定因素可能出现的各种状态及其发生概率,就可通过对各种因素的不同状态进行组合,求出所有可能出现的方案净现金流量序列及其发生概率,在此基础上,可以不必计算各年净现金流量的期望值与方差,而直接计算方案净现值的期望值与方差。

如果影响方案现金流量的不确定因素在方案寿命期内可能出现的各种状态均可视为独立事件,则由各因素的某种状态组合所决定的方案净现金流序列的发生概率应为各因素的相应状态发生概率的乘积。设有 A,B,C 三个影响方案现金流量的不确定因素,它们分别有 p,q,r 种可能出现的状态,三个因素可能的状态组合有 $p\times q\times r$ 种。每一种状态组合对应着一种可能出现的方案净现金流量序列。由 A 因素的第 i 种可能状态 θ_{Ai},B 因素的第 j 种可能状态 θ_{Bj} 与 C 因素的第 k 种可能状态 θ_{Ck} 的组合 $\theta_{Ai}\cap\theta_{Bj}\cap\theta_{Ck}$ 所决定的方案净现金流量序列的发生概率为:

$$P = P_{Ai} \cdot P_{Bj} \cdot P_{Ck} \tag{4-18}$$

式中,P_{Ai},P_{Bj},P_{Ck} 分别为 $\theta_{Ai},\theta_{Bj},\theta_{Ck}$ 的发生概率。

在需要考虑的不确定因素及其可能出现的状态不太多的情况下,可以借助如图 4-6 所示的概率树对各种因素的不同状态进行组合并计算出各种状态组合所对应的方案净现金流序列的发生概率。

图 4-6 中有 A,B,C 三种需要考虑的不确定因素,A 因素有两种可能出现的状态,B 因素与 C 因素各有三种可能出现的状态。可能的状态组合共有 18 种,在概率树上表现为 18 个分枝。从概率树根部到各分枝末端的每一条路径都代表一种状态组合,每一种状态组合对应着一种方案现金流量状态。图中概率树各分枝的末

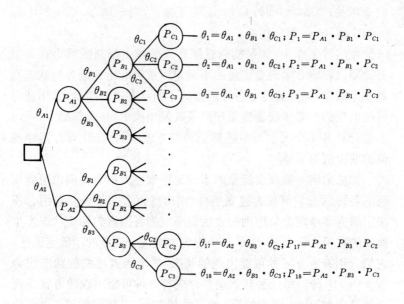

图 4-6 概率树

端给出了相应的不确定因素状态组合的表达式及所对应的方案现金流量状态发生概率的计算式。

在得知所有可能出现的方案现金流量状态及其发生概率的基础上,不难计算出方案净现值的期望值与方差。

设有 l 种可能出现的方案现金流量状态,各种状态所对应的现金流序列为 $\{y_t | t=0,1,\cdots,n\}^{(j)} (j=1,2,\cdots,l)$,各种状态的发生概率为 $P_j (j=1,2,\cdots,l, \sum_{j=1}^{l} P_j = 1)$,则在第 j 种状态下,方案的净现值为:

$$NPV^{(j)} = \sum_{t=0}^{n} y_t^{(j)} \cdot (1+i_0)^{-t} \quad (4-19)$$

式中,$y_t^{(j)}$ 为在第 j 种状态下,第 t 周期的净现金流。方案净现值的期望值为：

$$E(NPV) = \sum_{j=1}^{l} NPV^{(j)} \cdot P_j \quad (4\text{-}20)$$

式(4-20)与式(4-14)等效。净现值方差的计算公式为：

$$D(NPV) = \sum_{j=1}^{l} [NPV^{(j)} - E(NPV)]^2 \cdot P_j \quad (4\text{-}21)$$

式(4-21)考虑了不同周期现金流之间的相关性。

净现值的方差与净现值具有不同的量纲，为了便于分析，通常使用与净现值具有相同量纲的参数标准差反映随机净现值取值的离散程度。方案净现值的标准差可由下式求得：

$$\sigma(NPV) = \sqrt{D(NPV)}$$

例 4-6 影响某新产品生产项目未来现金流量的主要不确定因素是产品市场前景和原材料价格水平。据分析，项目面临三种可能的产品市场状态（畅销、销路一般、滞销，分别记作 $\theta_{m1}, \theta_{m2}, \theta_{m3}$）和三种可能的原材料价格水平状态（高价位、中价位、低价位，分别记作 $\theta_{r1}, \theta_{r2}, \theta_{r3}$）。产品市场状态与原材料价格水平状态之间是相互独立的。各种产品市场状态和原材料价格水平状态的发生概率如表 4-3 所示。可能的状态组合共有 9 种，各种状态组合及其对应的项目方案现金流如表 4-4 所示。计算方案净现值的期望值与方差（$i_0 = 12\%$）。

表 4-3 不确定因素状态及其发生概率

产品市场状态	θ_{m1}	θ_{m2}	θ_{m3}
发生概率	$P_{m1}=0.2$	$P_{m2}=0.6$	$P_{m3}=0.2$
原材料价格水平	θ_{r1}	θ_{r2}	θ_{r3}
发生概率	$P_{r1}=0.4$	$P_{r2}=0.4$	$P_{r3}=0.2$

表 4-4　各种状态组合的净现金流量及发生概率

序号	状态组合	发生概率 P_j	现金流量（万元）		净现值 $NPV^{(j)}$ ($i_0=12\%$)
			0 年	1—5 年	
1	$\theta_{m1} \cap \theta_{r1}$	0.08	-1000	390	405.86
2	$\theta_{m1} \cap \theta_{r2}$	0.08	-1000	450	622.15
3	$\theta_{m1} \cap \theta_{r3}$	0.04	-1000	510	838.44
4	$\theta_{m2} \cap \theta_{r1}$	0.24	-1000	310	117.48
5	$\theta_{m2} \cap \theta_{r2}$	0.24	-1000	350	261.67
6	$\theta_{m2} \cap \theta_{r3}$	0.12	-1000	390	405.86
7	$\theta_{m3} \cap \theta_{r1}$	0.08	-1000	230	-170.90
8	$\theta_{m3} \cap \theta_{r2}$	0.08	-1000	250	-98.81
9	$\theta_{m3} \cap \theta_{r3}$	0.04	-1000	270	-26.71

解：参照式(4-18)和式(4-19)计算各种可能的状态组合的发生概率及相应的方案净现值，计算结果见表 4-4。由式(4-20)可求得方案净现值的期望值：

$$E(NPV) = \sum_{j=1}^{9} NPV^{(j)} \cdot P_j = 232.83 (万元)$$

由式(4-21)可求出净现值的方差：

$$D(NPV) = \sum_{j=1}^{9} [NPV^{(j)} - 232.83]^2 \cdot P_j = 60710.07$$

方案净现值的标准差为：

$$\sigma(NPV) = \sqrt{D(NPV)} = \sqrt{60710.07} = 246.39 (万元)$$

三、投资方案风险估计

通常采用的估计投资方案风险的方法有解析法、图示法与模拟法等，下面分别举例说明。

（一）解析法

在方案经济效果指标（如净现值）服从某种典型概率分布的情

况下,如果已知其期望值与标准差,可以用解析方法进行方案风险估计。

例4-7 假定在例4-6中方案净现值服从正态分布,利用例4-6的计算结果求

(1) 净现值大于或等于0的概率。

(2) 净现值小于-100万元的概率。

(3) 净现值大于或等于500万元的概率。

解: 根据概率论的有关知识我们知道,若连续型随机变量X服从参数为μ,σ的正态分布,X具有分布函数

$$F(x) = \frac{1}{\sqrt{2\pi}\sigma}\int_{-\infty}^{x} e^{-\frac{(t-\mu)^2}{2\sigma^2}}dt$$

令$u=\dfrac{t-\mu}{\sigma}$,上式可化为标准正态分布函数

$$F(x) = \frac{1}{\sqrt{2\pi}}\int_{-\infty}^{\frac{x-\mu}{\sigma}} e^{-u^2/2}du = \Phi\left(\frac{x-\mu}{\sigma}\right)$$

令$Z=\dfrac{x-\mu}{\sigma}$,由标准正态分布表可直接查出$x<x_0$的概率值

$$P(x<x_0) = P\left(Z<\frac{x_0-\mu}{\sigma}\right)$$

$$=\Phi\left(\frac{x_0-\mu}{\sigma}\right)$$

在本例中,我们若把方案净现值看成是连续型随机变量,已知:

$$\mu = E(NPV) = 232.83(万元)$$
$$\sigma = \sigma(NPV) = 246.39(万元)$$

则

$$Z = \frac{NPV - E(NPV)}{\sigma(NPV)} = \frac{NPV - 232.83}{246.39}$$

由此可以计算出各项待求概率:

(1) 净现值大于或等于0的概率

$$P(NPV \geqslant 0) = 1 - P(NPV < 0)$$
$$= 1 - P\left(Z < \frac{0 - 232.83}{246.39}\right)$$
$$= 1 - P(Z < -0.9450)$$
$$= P(Z < 0.9450)$$

由标准正态分布表可查得 $P(Z<0.9450)=0.8276$，故可知：$P(NPV\geqslant 0)=0.8276$

（2）净现值小于 -100 万元的概率

$$P(NPV < -100) = P\left(Z < \frac{-100 - 232.83}{246.39}\right)$$
$$= P(Z < -1.351)$$
$$= 1 - P(Z < 1.351)$$
$$= 1 - 0.9115 = 0.0885$$

（3）净现值大于或等于 500 万元的概率

$$P(NPV \geqslant 500) = 1 - P(NPV < 500)$$
$$= 1 - P\left(Z < \frac{500 - 232.83}{246.39}\right)$$
$$= 1 - P(Z < 1.084)$$
$$= 1 - 0.8608 = 0.1392$$

由以上计算可知，本项目能够取得满意经济效果（$NPV\geqslant 0$）的概率为 82.76%，不能取得满意经济效果（$NPV<0$）的概率为 17.24%，净现值小于 -100 万元的概率为 8.85%，净现值大于或等于 500 万元的概率为 13.92%。

对于随机净现值服从正态分布的投资方案，只要计算出了净现值的期望值与标准差，即使不进行像例 4-7 那样的概率计算，也可以根据正态分布的特点，对方案的风险情况作出大致判断。在正态分布条件下，随机变量的实际取值在 $\mu\pm\sigma$（μ 为期望值，σ 为标准差）范围内的概率为 68.3%，在 $\mu\pm 2\sigma$ 范围内的概率为 95.4%，在 $\mu\pm 3\sigma$ 范围内的概率为 99.7%。对于例 4-7 来说，这意味着方案的实际净现值在 232.83±246.39 万元范围内的可能性有68.3%，在 232.83±492.78 万元范围内的可能性有 95.4%，几乎不可能出现偏离期望值 739.17 万元以上的情况。

（二）图示法

如果已知所有可能出现的方案现金流量状态所对应的经济效果指标（如净现值）及其发生概率，可以绘出投资风险图表明方案的风险情况。下面通过简例说明投资方案风险估计的图示方法。

例 4-8 根据例 4-6 中表 4-4 所给出的数据估计项目风险。

解：将表 4-4 中的各种状态组合按所对应的方案净现值的大小重新排序，并按重新排序后的状态组合序号依次计算出累计概率，排序及计算结果见表 4-5。

表 4-5　各种状态组合的方案净现值及累计概率

序号	状态组合	净现值（万元）	发生概率	累计概率
1	$\theta_{m3} \cap \theta_{r1}$	−170.90	0.08	0.08
2	$\theta_{m3} \cap \theta_{r2}$	−98.81	0.08	0.16
3	$\theta_{m3} \cap \theta_{r3}$	−26.71	0.04	0.20
4	$\theta_{m2} \cap \theta_{r1}$	117.48	0.24	0.44
5	$\theta_{m2} \cap \theta_{r2}$	261.67	0.24	0.68
6	$\theta_{m2} \cap \theta_{r3}$	405.86	0.12	0.80
7	$\theta_{m1} \cap \theta_{r1}$	405.86	0.08	0.88
8	$\theta_{m1} \cap \theta_{r2}$	622.15	0.08	0.96
9	$\theta_{m1} \cap \theta_{r3}$	838.44	0.04	1.00

根据表 4-5 的数据绘制投资风险图如图 4-7 所示。

图 4-7 清楚地表明了方案净现值的累计概率分布。对于本例来说，净现值小于零的概率约为 0.23，也就是说净现值大于或等于零的概率约为 0.77。这与用解析法求得的结果（0.83）相近，但也有一定差别。造成差别的原因在于，图示法直接使用随机净现值

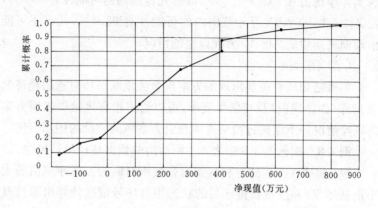

图 4-7 投资风险图

的离散数据绘制风险分析图,未对概率分布类型作任何假定,而解析法则假定方案净现值是服从正态分布的连续型随机变量,在使用离散数据求得概率分布参数(期望值与标准差)后按连续分布函数进行风险估计。

利用图示法进行方案风险估计不仅适合于方案经济效果指标服从典型概率分布的情况,也适合于方案经济效果指标的概率分布类型不明或无法用典型分布描述的情况。在后一种情况下,解析法是无能为力的。

(三)模拟法

模拟法也称蒙特卡罗技术,是用反复进行随机抽样的方法模拟各种随机变量的变化,进而通过计算了解方案经济效果指标的概率分布的一种分析方法。

例 4-9 对于某拟议中的工业投资项目,可以比较准确地估算出其初始投资为 150 万元,投资当年即可获得正常收益。项目寿命期估计为 12 年到 16 年,呈均匀分布。年净收益估计呈正态分布,年净收益的期望值为 25 万元,标准差为 3 万元。设期末资产残值为零,用风险模拟的方法描述该方案内部收益率的概率分布。

解:在本例中,需要模拟的随机变量有项目寿命期和年净收益。项目寿命期呈均匀分布,为便于计算我们只取其整数值,根据均匀分布的特点画出其累计概率分布图(图4-8),图中横坐标表示项目寿命期,纵坐标表示项目寿命期的取值从12年到16年发生概率的累计值。年净收益呈正态分布,根据正态分布函数画出其累计概率分布图(图4-9),图中横坐标为参数 $Z = \dfrac{x-\mu}{\sigma}$($x$ 为年净收益的随机值,μ 为期望值,σ 为标准差),纵坐标为 Z 值从 -3.0 到 3.0 发生概率的累计值。

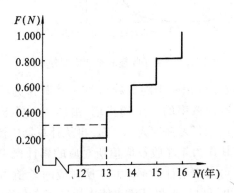

图4-8 项目寿命期的累计概率布分图

在风险模拟方法中,随机变量的变化常用随机数来模拟。在本例中,我们是用在 0.000—0.999 范围内抽取的随机数作为累计概率的随机值,根据累计概率的随机值由概率分布图求出相应的项目寿命期或年净收益的随机值。反复抽取随机数,就可以模拟累计概率的变化,进而模拟项目寿命期与年净收益的变化。随机数可直接用普通函数计算器发生。

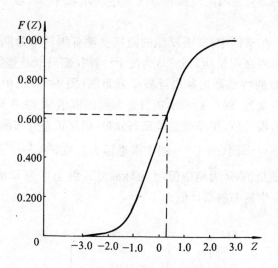

图 4-9 年净收益的累计概率分布图

从计算器中读出一个随机数 0.303,将其作为项目寿命期取值所对应的累计概率的一个随机值,由图 4-8 可求出累计概率 0.303 所对应的项目寿命期为 13 年。再从计算器中读出一个随机数 0.623,将其作为年净收益取值所对应的累计概率的一个随机值,由图 4-9 可求出累计概率 0.623 所对应的 Z 值为 0.325(实际工作中 Z 值也可以根据累计概率值由标准正态分布表查出)。由 $Z=\dfrac{x-\mu}{\sigma}$ 可得:

$$x = \mu + Z\sigma = 25 + 0.325 \times 3$$
$$= 25.98(万元)$$

即年净收益为 25.98 万元。也就是说,我们抽取的第一套随机样本数据为:项目寿命期 13 年,年净收益 25.98 万元。由计算内部收益率的公式:

$$-150 + 25.98(P/A, IRR, 13) = 0$$

可解出内部收益率的第一个随机值
$$IRR = 14.3\%$$

重复上述过程可以得到项目寿命期和年净收益的其它随机样本数据及相应的内部收益率计算结果。表4-6是25套随机样本数据及相应的内部收益率计算结果。在实际应用中,需要更多的样本数据。

将表4-6中的内部收益率计算结果以1%为级差划分为若干级,求出内部收益率的随机值出现在每一级的频率,就可以画出直观地反映内部收益率概率分布的直方图(如图4-10所示)。

表4-6 随机样本数据和 *IRR* 计算结果

序号	随机数	项目寿命期(年)	随机数	Z 值	年净收益(万元)	内部收益率(%)
1	0.303	13	0.623	0.325	25.98	14.3
2	0.871	16	0.046	−1.685	19.95	10.7
3	0.274	13	0.318	−0.475	23.58	12.2
4	0.752	15	0.318	−0.475	23.58	13.2
5	0.346	13	0.980	2.055	31.15	18.5
6	0.365	13	0.413	−0.220	24.34	12.9
7	0.466	14	0.740	0.640	27.22	15.8
8	0.021	12	0.502	0.005	25.02	12.7
9	0.524	14	0.069	−1.485	20.55	10.2
10	0.748	15	0.221	−0.770	22.69	12.6
11	0.439	14	0.106	−1.245	21.27	10.8
12	0.984	16	0.636	0.345	26.04	15.7
13	0.234	13	0.394	−0.270	24.19	12.7
14	0.531	15	0.235	−0.725	22.83	12.7
15	0.149	12	0.427	−0.185	24.45	12.2
16	0.225	13	0.190	−0.880	22.36	11.1
17	0.873	16	0.085	−1.370	20.89	11.5

续表

序号	随机数	项目寿命期（年）	随机数	Z 值	年净收益（万元）	内部收益率（％）
18	0.135	12	0.126	−1.145	21.57	9.6
19	0.961	16	0.106	−1.245	21.27	11.8
20	0.381	13	0.780	0.770	27.31	15.4
21	0.439	14	0.450	−0.125	24.63	13.7
22	0.289	13	0.651	0.390	26.17	14.4
23	0.245	13	0.654	0.395	26.19	14.4
24	0.069	12	0.599	0.250	25.75	13.4
25	0.040	12	0.942	1.570	29.71	16.7

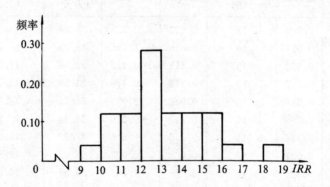

图 4-10 反映 IRR 概率分布的直方图

由图 4-10，我们可以很方便地求出内部收益率的取值发生在某一区间的相对频率，这个频率可以看作是相应的内部收益率取值发生概率的近似值。模拟中取的样本数据越多，相对频率与实际概率越接近。了解了内部收益率取值的概率分布情况，结合给定的基准折现率，就可以对方案的风险情况作出判断。

在本例中，不确定因素项目寿命期和年净收益分别服从均匀分布与正态分布。实际上,本例中介绍的模拟方法适合于不确定因素的任何概率分布类型,包括无法用解析模型加以描述的经验分布。

用模拟法进行风险分析,计算工作量是非常大的,通常要做50—300次模拟试验,靠手工计算进行大样本模拟往往很困难,在实际工作中一般需要借助计算机进行模拟计算。

第四节 风险决策

概率分析可以给出方案经济效果指标的期望值和标准差以及经济效果指标的实际值发生在某一区间的概率,这为人们在风险条件下决定方案取舍提供了依据。但是,概率分析并没有给出在风险条件下方案取舍的原则和多方案比选的方法。而这正是我们下面所要讨论的内容。

一、风险决策的条件

风险决策的条件包括:
(1) 存在着决策人希望达到的目标(如收益最大或损失最小);
(2) 存在着两个或两个以上的方案可供选择;
(3) 存在着两个或两个以上不以决策者的主观意志为转移的自然状态(如不同的市场条件或其他经营条件);
(4) 可以计算出不同方案在不同自然状态下的损益值(损益值指对损失或收益的度量结果,在经济决策中即为经济效果指标);
(5) 在可能出现的不同自然状态中,决策者不能肯定未来将出现哪种状态,但能确定每种状态出现的概率。

下面举例说明:

例 4-10 某企业拟开发一种新产品取代将要滞销的老产品,新产品的性能优于老产品,但生产成本要比老产品高,投入市场后可能面临四种前景:

(1) 很受欢迎,能以较高的价格在市场上畅销(我们称之为状态1,记作θ_1);

(2) 销路一般,能以适当的价格销售出去(θ_2);

(3) 销路不太好(θ_3);

(4) 没有销路(θ_4)。

经过周密的市场研究,销售部门作出判断:

状态 1 出现的概率　　　$P(\theta_1)=0.3$

状态 2 出现的概率　　　$P(\theta_2)=0.4$

状态 3 出现的概率　　　$P(\theta_3)=0.2$

状态 4 出现的概率　　　$P(\theta_4)=0.1$

技术部门提出了三种方案:

A_1 立即停止老产品的生产,改造原生产线生产新产品,这一方案投资比较少但有停产损失,而且生产规模有限;

A_2 改造原生产线生产新产品,并把部分零部件委托其他厂生产,以扩大生产规模;

A_3 暂时维持老产品生产,新建一条高效率的生产线生产新产品,这一方案投资较大。

这三个方案在不同的状态下具有不同的经济效果,在一定计算期内,各方案在不同状态下的净现值见表 4-7。

这个例子是一个典型的风险决策问题。企业的目标是取得最好的经济效果,决策者面临三个备选方案四种可能状态,并且已了解各种方案在不同状态下的经济效果指标及各种状态发生的概率,决策者要解决的问题是确定应选择哪个方案。

表 4-7 例 4-10 各方案在不同状态下的净现值

净现值(万元) \ 方案 \ 状态 概率	θ_1 $P(\theta_1)=0.3$	θ_2 $P(\theta_2)=0.4$	θ_3 $P(\theta_3)=0.2$	θ_4 $P(\theta_4)=0.1$
A_1	140	100	10	-80
A_2	210	150	50	-200
A_3	240	180	-50	-500

二、风险决策的原则

要解决风险决策问题,首先要确定风险决策的原则,通常采用的风险决策原则有五种:

（一）优势原则

在 A 与 B 两个备选方案中,如果不论在什么状态下 A 总是优于 B,则可以认定 A 相对于 B 是优势方案,或者说 B 相对于 A 是劣势方案。劣势方案一旦认定,就应从备选方案中剔除,这就是风险决策的优势原则。在有两个以上备选方案的情况下,应用优势原则一般不能决定最佳方案,但能减少备选方案的数目,缩小决策范围。在采用其他决策原则进行方案比选之前,应首先运用优势原则剔除劣势方案。

（二）期望值原则

期望值原则是指根据各备选方案损益值的期望值大小进行决策,如果损益值用费用表示,应选择期望值最小的方案,如果损益值用收益表示,则应选择期望值最大的方案。

在例 4-10 中,设方案 A_1, A_2, A_3 的净现值的期望值为 $E(NPV)_1, E(NPV)_2, E(NPV)_3$,根据表 4-7 中的数据由式(4-16)可求出

$$E(NPV)_1 = 76(万元)$$

$$E(NPV)_2 = 113(万元)$$
$$E(NPV)_3 = 84(万元)$$

按照期望值原则应当选择方案 A_2。

(三) 最小方差原则

由于方差越大，实际发生的方案损益值偏离其期望值的可能性越大，从而方案的风险也越大，所以有时人们倾向于选择损益值方差较小的方案，这就是最小方差原则。在备选方案期望值相同或收益期望值大（费用期望值小）的方案损益值方差小的情况下，期望值原则与最小方差原则没有矛盾，最小方差原则无疑是一种有效的决策原则。但是，在许多情况下，期望值原则与最小方差原则并不具有一致性。

在例 4-10 中，设方案 A_1，A_2，A_3 的净现值的方差为 $D(NPV)_1$，$D(NPV)_2$，$D(NPV)_3$，由式(4-17)可计算出：

$$D(NPV)_1 = 4764$$
$$D(NPV)_2 = 13961$$
$$D(NPV)_3 = 48684$$

按照最小方差原则，应当选择方案 A_1，这显然与按照期望值原则选择的结论不一致。对于在按照期望值原则与最小方差原则选择结论不一致的情况下如何权衡的问题，目前还没有找到广泛接受的解决办法，这是因为不同的投资者对于风险大小的判断是不一样的。投资者对风险的判断及态度一方面取决于决策者本人的胆略与冒险精神，另一方面取决于投资主体对风险的承受能力。一般来说，风险承受能力较强的投资者倾向于按期望值原则进行决策，而风险承受能力较弱的投资者则宁可按最小方差原则选择期望收益不太高但更安全的方案。

(四) 最大可能原则

在风险决策中，如果一种状态发生的概率显著大于其他状态，那么就把这种状态视作肯定状态，根据这种状态下各方案损益值的大小进行决策,而置其余状态于不顾,这就是最大可能原则。按照最大可能原则进行风险决策实际上是把风险决策问题化为确定性决策问题求解。

值得指出的是,只有当某一状态发生的概率大大高于其他状态发生的概率,并且各方案在不同状态下的损益值差别不很悬殊时,最大可能原则才是适用的。在例 4-10 中,状态 θ_2 发生的概率最大,如果按最大可能原则决策,应选择在 θ_2 下净现值最大的方案 A_3,但是,必须注意到,θ_2 发生的概率 $P(\theta_2)=0.4$,与其它状态发生的概率差别不大,而且方案 A_3 在不同状态下净现值相差较大,所以,在例 4-10 中用最大可能原则进行决策是不太合适的。

(五) 满意原则

对于比较复杂的风险决策问题,人们往往难以发现最佳方案,因而采用一种比较现实的决策原则——满意原则,即定出一个足够满意的目标值,将各备选方案在不同状态下的损益值与此目标值相比较,损益值优于或等于此满意目标值的概率最大的方案即为当选方案。

在例 4-10 中,假定满意目标是净现值不小于 30 万元,则各方案达到此目标的概率分别为

方案 A_1 $P(NPV \geqslant 30) = P(\theta_1) + P(\theta_2) = 0.7$
方案 A_2 $P(NPV \geqslant 30) = P(\theta_1) + P(\theta_2) + P(\theta_3) = 0.9$
方案 A_3 $P(NPV \geqslant 30) = P(\theta_1) + P(\theta_2) = 0.7$

方案 A_2 达到满意目标的可能性最大,故按满意原则应选择 A_2。

三、风险决策方法

常用的风险决策方法有矩阵法和决策树法,这两种方法采用的决策原则都是期望值原则。

(一) 矩阵法

表 4-7 实际上就是一个风险决策的矩阵模型,它给出了进行风险决策的所有要素,包括状态、状态发生的概率、备选方案以及各备选方案在不同状态下的损益值。风险决策矩阵模型的一般形式如表 4-8 所示。

表 4-8 风险决策矩阵模型

损益值\方案 \ 状态\概率	θ_1	θ_2	……	θ_j	……	θ_n
	P_1	P_2	……	P_j	……	P_n
A_1	v_{11}	v_{12}	……	v_{1j}	……	v_{1n}
A_2	v_{21}	v_{22}	……	v_{2j}	……	v_{2n}
⋮	⋮	⋮		⋮		⋮
A_i	v_{i1}	v_{i2}	……	v_{ij}	……	v_{in}
⋮	⋮	⋮		⋮		⋮
A_m	v_{m1}	v_{m2}	……	v_{mj}	……	v_{mn}

令

$$V = \begin{bmatrix} v_{11} & v_{12} & \cdots & v_{1n} \\ v_{21} & v_{22} & \cdots & v_{2n} \\ \vdots & \vdots & & \vdots \\ v_{m1} & v_{m2} & \cdots & v_{mn} \end{bmatrix}$$

$$P = \begin{bmatrix} P_1 \\ P_2 \\ \vdots \\ P_n \end{bmatrix} \quad E = \begin{bmatrix} E_1 \\ E_2 \\ \vdots \\ E_m \end{bmatrix}.$$

V 称损益矩阵,P 称概率向量,E 称损益期望值向量,E 中的元素 $E_i(i=1,2,\cdots,m)$ 为方案 A_i 的损益期望值。利用矩阵运算可以很

方便地求出

$$E = VP \tag{4-22}$$

当损益值为费用时,$\text{Min}\{E_i | i=1,2,\cdots,m\}$ 对应的方案为最优方案,当损益值为收益时,$\text{Max}\{E_i | i=1,2,\cdots,m\}$ 对应的方案为最优方案。

当备选方案数目和状态数目都很大时,采用矩阵法便于利用现代化的计算手段进行风险决策。

(二)决策树法

风险决策问题可以利用一种树型决策网络描述与求解,称决策树法。图4-11为用决策树描述的例4-10中的风险决策问题。

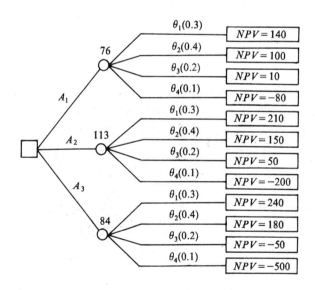

图4-11 用决策树描述的风险决策问题

决策树由不同的节点与分枝组成。符号"□"表示的节点称决策点,从决策点引出的每一分枝表示一个可供选择的方案;符号

"○"表示的节点称状态点,从状态点引出的每一分枝表示一种可能发生的状态。图 4-11 中 $\theta_j(j=1,2,3,4)$ 表示第 j 种状态,θ_j 后括号内的数值表示该状态发生的概率,每一状态分枝末端的数值为相应的损益值。根据各种状态发生的概率与相应的损益值分别计算每一方案的损益期望值,并将其标在相应的状态点上,就可以直观地判断出应该选择哪个方案。

决策树法常用于多阶段风险决策,下面举例说明。

例 4-11 某计算机公司拟生产一种新研制的微型计算机,根据技术预测与市场预测,该产品可行销 10 年,有三种可能的市场前景:

θ_1——10 年内销路一直很好,发生的概率为 $P(\theta_1)=0.6$;

θ_2——10 年内销路一直不好,发生的概率为 $P(\theta_2)=0.3$;

θ_3——前两年销路好,后 8 年销路不好,发生的概率为 $P(\theta_3)=0.1$。

公司目前需要作出的决策是建一个大厂还是建一个小厂:如果建大厂,需投资 400 万元,建成后无论产品销路如何,10 年内将维持原规模;如果建小厂,需投资 150 万元,两年后还可根据市场情况再作是扩建还是不扩建的新决策,如果扩建小厂需再投资 300 万元。各种情况下每年的净收益见表 4-9。

表 4-9 例 4-11 不同情况下各年净收益(单位:万元)

市场前景 年净收益 方案 年份		θ_1		θ_2		θ_3	
		1—2 年	3—10 年	1—2 年	3—10 年	1—2 年	3—10 年
建大厂		100	100	50	50	100	60
建小厂	两年后扩建	30	80	/	/	30	50
	不 扩 建	30	30	18	18	30	18

本例是一个两阶段风险决策问题,根据以上数据,可以构造如图 4-12 所示的决策树。

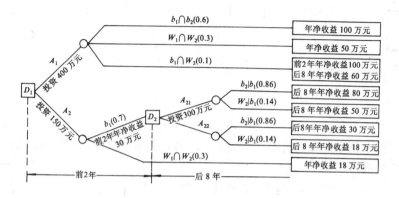

图 4-12 例 4-10 的决策树

在图 4-12 所示的决策树上有两个决策点:D_1 为一级决策点,表示目前所要作的决策,备选方案有两个,A_1 表示建大厂,A_2 表示建小厂;D_2 为二级决策点,表示在目前建小厂的前提下两年后所要作的决策,备选方案也有两个,A_{21} 表示扩建,A_{22} 表示不扩建。

三种市场前景可以看作是四个独立事件的组合,这四个独立事件是:前 2 年销路好(记作 b_1);后 8 年销路好(记作 b_2);前 2 年销路不好(记作 W_1);后 8 年销路不好(记作 W_2)。决策树上各种状态的发生概率可以配定如下:
已知:10 年内销路一直很好的概率
$$P(b_1 \cap b_2) = P(\theta_1) = 0.6$$
10 年内销路一直不好的概率
$$P(W_1 \cap W_2) = P(\theta_2) = 0.3$$
前 2 年销路好,后 8 年销路不好的概率
$$P(b_1 \cap W_2) = P(\theta_3) = 0.1$$

则有 前2年销路好的概率
$$P(b_1) = P(b_1 \cap b_2) + P(b_1 \cap W_2) = 0.7$$
在前2年销路好的条件下,后8年销路好的概率
$$P(b_2|b_1) = \frac{P(b_1 \cap b_2)}{P(b_1)} = \frac{0.6}{0.7} = 0.86$$
在前2年销路好的条件下,后8年销路不好的概率
$$P(W_2|b_1) = \frac{P(b_1 \cap W_2)}{P(b_1)} = \frac{0.1}{0.7} = 0.14$$

利用决策树进行多阶段风险决策要从最末一级决策点开始,在本例中要先计算第二级决策点各备选方案净现值的期望值。设基准折现率 $i_0=10\%$。

扩建方案净现值的期望值(以第二年末为基准年)
$$E(NPV)_{21} = 80(P/A,10\%,8) \times 0.86 + 50(P/A,10\%,8) \\ \times 0.14 - 300 = 104.4(万元)$$

不扩建方案净现值的期望值(以第二年末为基准年)
$$E(NPV)_{22} = 30(P/A,10\%,8) \times 0.86 + 18(P/A,10\%,8) \\ \times 0.14 = 151.1(万元)$$

$E(NPV)_{21} > E(NPV)_{22}$,根据期望值原则,在第二级决策点应选择不扩建方案(如果两方案净现值的期望值相等,可按方差原则进行选择)。

用不扩建方案净现值的期望值 $E(NPV)_{22}$ 代替第二级决策点,可得到如图4-13所示的缩减决策树。

根据缩减决策树计算第一级决策点各备选方案净现值的期望值(如果缩减决策树有多个决策点,仍应从最末一级决策点开始计算)。

建大厂方案净现值的期望值(以第0年末为基准年):
$$E(NPV)_1 = 100(P/A,10\%,10) \times 0.6 + 50(P/A,10\%,10) \\ \times 0.3 + [100(P/A,10\%,2)$$

$$+ 60(P/A,10\%,8)(P/F,10\%,2)]$$
$$\times 0.1 - 400$$
$$=104.6(万元)$$

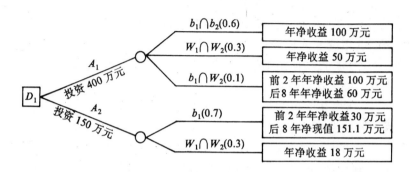

图 4-13 缩减决策树

建小厂方案净现值的期望值(以第 0 年末为基准年):
$$E(NPV)_2 = [151.1(P/F,10\%,2) + 30(P/A,10\%,2)]$$
$$\times 0.7 + 18(P/A,10\%,10) \times 0.3 - 150$$
$$=7(万元)$$

$E(NPV)_1$ 与 $E(NPV)_2$ 均大于零,由于 $E(NPV)_1 > E(NPV)_2$,故在第一级决策点应选择建大厂方案。

习 题

[4-1] 某工厂生产一种化工原料,设计生产能力为月产 6000 吨,产品售价为 1300 元/吨,每月的固定成本为 145 万元。单位产品变动成本为 930 元/吨,试分别画出月固定成本、月变动成本、单位产品固定成本、单位产品变动成本与月产量的关系曲线,并求出以月产量、生产能力利用率、销售价格、单位产品变动成本表示的盈亏平衡点。

[4-2] 加工某种产品有两种备选设备,若选用设备 A 需初始投资 20 万元,加工每件产品的费用为 8 元;若选用设备 B 需初始投资 30 万元,加工每件产品的费用为 6 元。假定任何一年的设备残值均为零,试回答下列问题:

(1) 若设备使用年限为 8 年,基准折现率为 12%,年产量为多少时选用设备 A 比较有利?

(2) 若设备使用年限为 8 年,年产量 13000 件,基准折现率在什么范围内选用设备 A 较有利?

(3) 若年产量 15000 件,基准折现率为 12%,设备使用年限多长时选用设备 A 比较有利?

[4-3] 某工厂拟安装一种自动装置,据估计每台装置的初始投资为 1000 元,该装置安装后可使用 10 年,每年可节省生产费用 300 元,设基准折现率为 10%,试作如下分析:

(1) 分别就初始投资和生产费用节省额变动 $\pm 5\%$、$\pm 10\%$、$\pm 15\%$、$\pm 20\%$ 及使用年限变动 $\pm 10\%$、$\pm 20\%$ 对该方案的净现值和内部收益率作单因素敏感性分析,画出敏感性分析图,指出敏感因素。

(2) 就初始投资与生产费用节省额两个变量对方案净现值作双因素敏感性分析,指出方案的可行区域。

(3) 就初始投资、生产费用节省额与使用年限等三个变量对方案净现值作三因素敏感性分析。

[4-4] 已知某工业投资方案各年净现金流的期望值与标准差(见表1),假定各年的随机现金流之间互不相关,基准折现率为 12%,求下列概率,并对方案的风险大小作出自己的判断。

(1) 净现值大于或等于零的概率;

(2) 净现值小于 -50 万元的概率;

(3) 净现值大于 500 万元的概率。

表1

年　　末	0	1	2	3	4	5
净现金流期望值(万元)	−900	500	500	500	500	500
净现金流标准差(万元)	300	300	350	400	450	500

[4-5] 某工业项目建设期需要1年,项目实施后第二年可开始生产经营,但项目初始投资总额、投产后每年的净收益以及项目产品的市场寿命期是不确定的,表2给出了各不确定因素在乐观状态、最可能状态以及悲观状态下的估计值,各不确定因素间相互独立。设最低希望收益率为20%,试求出各种可能的状态组合的发生概率及相应的方案净现值,分别用解析法与图示法进行风险估计。

表2

状　态	发生概率	初始投资(万元)	寿命期(年)	年净收益(万元)
乐观状态	0.17	900	10	500
最可能状态	0.66	1000	7	400
悲观状态	0.17	1200	4	250

[4-6] 某公司拟投资生产一种目前畅销的电子产品,根据技术预测与市场预测,该产品很可能在两年后开始换代,有三种可能的市场前景:

θ_1—— 两年后出现换代产品,出现换代产品后,换代产品畅销,现有产品滞销,这情况发生的概率为50%;

θ_2—— 两年后出现换代产品,但出现换代产品后6年内,换代产品与现有产品都能畅销,这种情况发生的概率为40%;

θ_3—— 8年内不会出现有竞争力的换代产品,现有产品一直畅销,这种情况出现的概率为10%。

公司面临一个两阶段风险决策问题,目前需要作出的选择是立即建厂生产现有产品还是暂不投资。如果立即建厂生产现有产品需投资 300 万元,两年后要根据市场情况决定是否对生产线进行改造以生产换代产品,生产线改造需投资 150 万元;如果目前暂不投资则要待两年后视市场情况决定是建厂生产现有产品还是建厂生产换代产品,两年后建厂生产现有产品需投资 340 万元,建厂生产换代产品需投资 380 万元。设计算期为 8 年,基准折现率 15%,在各种情况下可能采取的方案及各方案在不同情况下的年净收益(包括期末设备残值)见表 3。试用决策树法进行决策。

表 3 (单位:万元)

方案	市场前景 年份	θ_1				θ_2				θ_3			
年净收益		1—2	3	4—7	8	1—2	3	4—7	8	1—2	3	4—7	8
立即建厂	两年后改造	120	60	130	180	120	60	130	180				
	两年后不改造	120	100	60	90	120	120	120	150	120	120	120	150
暂不投资	两年后建厂生产换代产品	0	60	130	200	0	60	130	200				
	两年后建厂生产现有产品					0	60	120	180	0	60	120	180

第五章 投资项目的财务分析

前几章阐述了技术经济分析的基础和一般评价方法,本章我们将进一步详细讨论企业如何对具体的投资项目进行评价。为了使读者对投资项目全过程有一个整体概念并明确本章内容与项目评价其他内容的关系,我们先概略介绍一下"可行性研究"的内容。

第一节 可行性研究和项目财务分析概述

一、可行性研究的主要内容

一个投资项目要经历投资前期、投资时期及生产时期三个时期,其全过程可大致用图 5-1 表示。

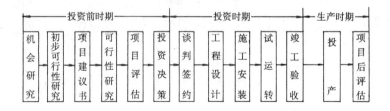

图 5-1 投资项目进展过程

投资前时期是决定项目效果的关键时期,是我们研究的重点。在机会研究阶段,企业根据市场需求和国家的产业政策,结合企业发展和经营规划,提出投资项目的设想,并对设想进行粗略分析。

初步可行性研究和可行性研究(后者有时也叫详细可行性研究)基本内容相同,只是研究的详细程度、深度与精度不同,有时可合并或省略一个,尤其是中小型项目是如此。我国建设项目管理程序要求在对拟投资项目进行初步论证后,向有关主管部门提交项目建议书;在可行性研究完成后,主管部门或银行要组织专家进行评估。不难看出,投资前时期的主要工作是可行性研究。下面对此作进一步说明。

可行性研究就是对拟建项目技术上、经济上及其他方面的可行性进行论证。其目的是为了给投资决策者提供决策依据,同时为银行贷款、合作者签约、工程设计等提供依据和基础资料。可行性研究是决策科学化的必要步骤和手段。其主要内容如下:

(1) 项目的背景和历史:建设项目的目的,自然资源情况,国内和本地区同行业的历史和现状,国家和地区产业政策,本项目的特点、优势和劣势等。

(2) 市场调查和拟建规模:国内外市场供求情况,本项目产品预计市场占有份额,进入国际市场前景,产品方案和工厂规模制定。

(3) 资源、原材料、燃料及协作条件:资源储量、品位,勘察及审批情况,原材料、辅助材料、燃料、动力、外协件供应情况及价格。

(4) 建厂条件及厂址选择方案:厂区地理位置、地质条件,交通运输条件,水、电、汽供应情况,移民搬迁情况,对不同厂址的比较。

(5) 环境保护:"三废"排放浓度、排放量及对环境的影响程度,治理方案。

(6) 技术方案:项目的构成,工艺、设备选择,公用、辅助设施方案选择,工厂布置方案。

(7) 企业组织和定员:机构设置,劳动定员,人员培训等。

(8) 项目实施计划和进度。

(9) 项目的财务分析。

(10) 项目的国民经济分析。

(11) 项目的综合评价及建议：对项目的非经济性效果，如就业、技术扩散等进行定量或定性描述，并综合各方面效果进行评价，对不同方案作出比较，提出决策建议。

二、财务分析的目的和主要内容

财务分析，又称财务评价，是从投资项目或企业角度对项目进行的经济分析。与财务分析对应的是从国家或社会的角度进行的经济分析。从原则上说，为了在全国范围内合理地分配资源，项目的取舍应当考虑国民经济分析的结果。但是企业是独立的经营单位，是投资后果的直接承担者，因此财务分析是企业投资决策的基础。

财务分析的主要目的是：

(1) 从企业或项目角度出发，分析投资效果，判明企业投资所获得的实际利益。

(2) 为企业制定资金规划。

(3) 为协调企业利益和国家利益提供依据。

当项目的财务效果和国民经济效果发生矛盾时，国家需要用经济手段予以调节。财务分析可以通过考察有关经济参数（如价格、税收、利率等）变动对分析结果的影响，寻找经济调节的方式和幅度，使企业利益和国家利益趋于一致。

财务分析的主要内容有：

(1) 在对投资项目的总体了解和对市场、环境、技术方案充分调查与掌握的基础上，收集预测财务分析的基础数据。这些数据主要包括：预计的产品销售量及各年度产量；预计的产品价格，包括近期价格和预计的价格变动幅度；固定资产、流动资金投资及其他投资估算;成本费用及其构成估算。这些数据大部分是预测数,因此这一步骤又称为财务预测。财务预测的质量是决定财务分析成败和质量的关键。财务预测的结果可用若干基础财务报表归纳整理,主要是:投资估算表、折旧表、成本费用表、损益表等。

（2）编制资金规划与计划。对可能的资金来源与数量进行调查和估算,如:可筹集到的银行贷款种类、数量,可能发行的股票、债券,企业可能用于投资的自有资金数量,企业未来各年可用于偿还债务的资金量等;根据项目实施计划,估算出逐年投资量;计算逐年债务偿还额。在此基础上编制出项目寿命期内资金来源与运用计划。这个计划可用资金来源与运用表（也称资金平衡表）来表示。一个好的资金规划不仅要能满足资金平衡的要求,即保证各项收入足以支付各项费用;而且要在各种可行的资金筹集、运用方案中挑选最好的方案。也就是说,资金规划是保证项目可行和提高财务效果的重要手段。

（3）计算和分析财务效果。根据财务基础数据和资金规划,编制财务现金流量表,据此可计算出财务分析的经济效果指标。此项内容有时要和资金规划交叉进行,利用财务分析的结果可进一步分析和调整资金规划。

三、项目财务分析和可行性研究其他各环节的关系

项目财务分析几乎与可行性研究的前几个环节都有关系,它所需要的基础数据,如投资、成本、利润等,来源于前期的各项调查,资金规划除了与投资、成本、利润相关外,还与项目实施计划相联系。

项目财务分析和可行性研究其他各环节的关系可大致用图5-2来表示。

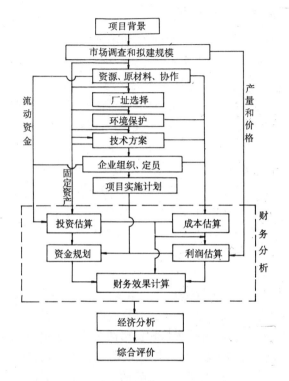

图 5-2 财务分析和可行性研究各环节的关系

第二节 费用、收益识别和基础财务报表编制

识别费用、收益是编制财务报表的前提。概略地说,识别费用、收益的准则是目标,凡削弱目标的就是费用,凡对目标有贡献的就是收益。目标是和评价角度相联系的。对于财务分析来说,主要目标是盈得利润。

一、费用、收益的识别

要识别费用和收益,首先必须明确计算费用、收益的范围。一个项目的投资可能不仅涉及所在的厂区,而且牵涉厂外运输、能源等公共设施;除了用于直接生产的厂房、设备,还可能用于辅助设施;除了有物料、燃料的直接消耗,还可能有其它间接消耗或损失;项目建成后,除了为本企业提供收益外,还可能对社会有利,等等。由于财务分析以企业盈利性为标准,所以在判断费用、收益的计算范围时只计入企业的支出和收入。对于那些虽由项目实施所引起但不为企业所支付或获取的费用及收益,则不予计算。

在进行财务分析时,必须逐一识别费用项和收益项,对每一个投资项目的费用、收益必须进行具体分析。这里只对工业投资项目常见的费用和收益项作一分析。

(一) 收益

企业收益主要由以下几部分组成:

1. 销售收入　这是企业获得收入的主要形式。销售收入(包括提供服务的收入)由销售量和价格两个要素决定。对于增加产量的项目,如果价格不变,会直接导致销售收入的增加,但如果销售量增加后价格下降,则须按降价后的价格计算。当投资的目的在于提高质量时,如果价格随之提高,则按提价后的价格计算收入,如果不提价,则没有收入的增加。

2. 资产回收　寿命期末可回收的固定资产残值和回收的流动资金应视为收入。

3. 补贴　国家为鼓励和扶持某项目的开发所给予的补贴应视为收入。在价格、汇率、税收上的优惠已体现在收入的增加和支出的减少上,不再另计。

(二) 费用

1. 投资　包括固定资产投资(含工程费用、预备费用及其他费用)、固定资产投资方向调节税、无形资产投资、建设期借款利息、流动资金投资及开办费(形成递延资产)等。

2. 销售税　包括销售税金及附加。其计算口径应与销售收入口径相对应,即:凡需从销售收入中支付的税金均须列入;凡不由销售收入支付的税金均不列入。

3. 经营成本　经营成本是生产、经营过程中的支出。它和总成本费用的关系如下:

经营成本＝总成本费用－折旧和摊销费－利息支出

经营成本是为进行经济分析从总成本费用中分离出来的一种费用。按照国家财政部门的规定,利息支出可以列入成本费用,在经济效果分析中,则将其单列。折旧是固定资产价值转移到产品中的部分,是成本的组成部分,似应作为费用,但由于设备和原材料等不同,不是一次随产品出售而消失,而是随产品一次次销售而将其补偿基金储存起来,到折旧期满,原投资得到回收。可见,折旧并没有从项目系统中流出,而是保留在系统内。我们已将投资当作支出,如果再将折旧作为支出,就重复计算了费用。在项目寿命期内如果初期投入的固定资产需要更新,其费用应由折旧基金支出,但一般说来更新投资与折旧额并不相等,为准确起见,仍将投资和折旧分开处理。总之,折旧不作为费用。有人按照财务习惯,在现金流量表中将成本列入"流出"项,此时在"流入"项内应补回折旧。

(三) 价格和汇率

财务分析中的收益和费用的计算都涉及到价格,使用外汇或产品(服务)出口的项目还涉及汇率问题。财务分析的价格一律采用成交价格(市场价格或计划价格)。汇率采用实际结算的汇率,一般可按国家公布的汇率计算。

二、基础财务报表编制

为了进行企业经济效果计算和进行资金规划与分析,需编制的主要财务报表有:损益表、资金来源与运用表、资产负债表和现金流量表,对于大量使用外汇和创汇的项目,还要编制外汇平衡表。

为编制这些主要报表,需要编制一些基础性报表,主要有:

投资估算表　包括固定资产投资估算、流动资金投资估算、无形资产投资估算及其他投资估算。

投资计划与资金筹措表　显示各年度分类投资使用额及资金来源。

折旧与摊销估算表　包括固定资产折旧估算、无形资产及递延资产摊销估算,其数值根据投资形成的资产估算值及财政部门规定的折旧及摊销办法计算。

债务偿还表　根据借款计划、与银行商谈的还款办法及可供还款的资金来源编制。

成本费用估算表　按成本构成分项估算各年预测值,并计算各年成本费用总额。为便于计算经营成本,表中须列出各年折旧与摊销额和借款利息额。

销售收入、税金估算表　销售收入由预测的销售量和价格计算;销售税金按税务部门规定计算。本表亦可并入损益表。

需要指出,在编制基础性报表过程中,往往还要编制更详尽的预测资料明细及汇总表,在此不一一列举。

主要财务报表和基础性财务报表的关系如图5-3所示。

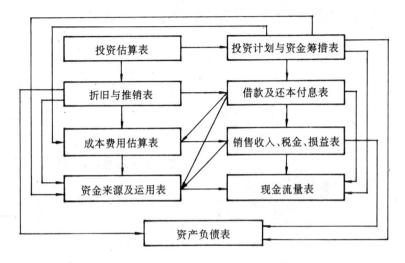

图 5-3 各种财务报表之间的关系图

第三节 资金规划

资金规划的主要内容是资金筹措与资金的使用安排。资金筹措包括资金来源的开拓和对来源、数量的选择；资金的使用包括资金的投入、贷款偿还、项目运营的计划。下面分别阐述这些问题。

一、投资的资金来源

投资项目的资金来源可分为国内、国外两大类。国内资金包括企业自有资金和借入资金。企业自有资金指企业用于项目投资的新增资本金、资本公积金、提取的折旧与摊销费以及未分配的税后利润等。借入资金指银行和非银行金融机构的贷款及发行债券的收入。

投资项目中有很多是采用引进技术的方式进行的。这就需要使用外汇。筹措外汇比筹措国内资金更加困难,外汇的偿还也是一些投资项目的重要负担,因此在外汇使用上,尤其要瞻前顾后、精打细算。

项目投资所需要的外汇可以通过引进国外资金来筹集,引进国外资金的主要方式有以下几种:

(1) 从国外银行贷款,这种贷款利率较高,但用途不限。

(2) 利用我国在国外开设的银行的部分存款,这与借用国外银行贷款性质相似。

(3) 取得外国政府贷款,这种贷款大多是低息或无息的,期限也较长,故被称为"软贷款"。

(4) 从国际金融机构(主要指世界银行和国际货币基金组织)贷款,这种贷款一般比较优惠,有些是软贷款。

(5) 利用外国银行的出口信贷。出口信贷是指工业发达国家银行为鼓励本国设备出口而提供的贷款,一般条件也较优惠。出口信贷有两种方式:一种是"买方信贷",即外国银行向我(买方)提供贷款,用途限于购买该国设备;另一种是"卖方信贷",即外国银行向外商提供贷款,外商向我方提供设备,我方则延期付款。

(6) 补偿贸易,由外商提供设备,我方用本项目的产品或双方商定的其他产品归还。补偿贸易与出口信贷的性质相似。

(7) 在国外发行债券。

(8) 中外合资,外商以资金或设备、技术折价入股,中外双方共同投资、共同经营、共担风险,按投资比例分配利润。

(9) 中外合作经营,一般是外商提供资金、技术、设备等,中方合作者提供场地、现有厂房设施及劳动服务,双方的权利和义务由协议或合同加以规定。

由各种渠道得来的资金是否可用,在很大程度上取决于偿还能力;资金运用是否合理则要看资金的使用效益。

二、资金结构与财务风险

这里说的资金结构是指投资项目所使用资金的来源及数量构成;这里的财务风险是指与资金结构有关的风险。不同来源的资金所需付出的代价是不同的。选择资金来源与数量不仅与项目所需要的资金量有关,而且与项目的效益有关。因此有必要对资金结构加以分析。以下以自有资金与借款的比例结构为例说明资金结构和资金来源选择、使用量的关系。

一般说来,在有借贷资金的情况下,全部投资的效果与自有资金投资的效果是不相同的。拿投资利润率指标来说,全部投资的利润率一般不等于贷款利息率。这两种利率差额的后果将为企业所承担,从而使自有资金利润率上升或下降。

设全部投资为 K,自有资金为 K_0,贷款为 K_L,全部投资收益率(付息前)为 R,贷款利率为 R_L,自有资金收益率为 R_0,由投资收益率公式,可有:

$$K = K_0 + K_L$$

$$R_0 = \frac{K \cdot R - K_L \cdot R_L}{K_0}$$

$$= \frac{(K_0 + K_L) \cdot R - K_L \cdot R_L}{K_0}$$

$$= R + \frac{K_L}{K_0} \cdot (R - R_L) \tag{5-1}$$

由式(5-1)可知,当 $R > R_L$ 时,$R_0 > R$;当 $R < R_L$ 时,$R_0 < R$;而且自有资金收益率与全投资收益率的差别被资金构成比 K_L/K_0 所放大。这种放大效应称为财务杠杆效应。贷款与全部投资之比 K_L/K 称为债务比。

例 5-1 某项工程有三种方案,全投资收益率 R 分别为 6%,10%,15%,贷款利息率为 10%,试比较债务比为 0(不借债)、0.5

和 0.8 时的自有资金收益率。

解：全部投资由自有资金和贷款构成，因此，若债务比 $K_L/K=0.5$，则 $K_L/K_0=1$，余类推。利用公式(5-1)计算结果列于表 5-1。

表 5-1　不同债务比下的自有资金收益率

自有资金收益率 R_0 债务比 方案	$K_L/K=0$ ($K_L/K_0=0$)	$K_L/K=0.5$ ($K_L/K_0=1$)	$K_L/K=0.8$ ($K_L/K_0=4$)
方案Ⅰ ($R=6\%$)	6%	2%	−10%
方案Ⅱ ($R=10\%$)	10%	10%	10%
方案Ⅲ ($R=15\%$)	15%	20%	35%

方案Ⅰ $R<R_L$，债务比越大，R_0 越低，甚至为负值；方案Ⅱ $R=R_0$，R_0 不随债务比改变；方案Ⅲ $R>R_L$，债务比越大，R_0 越高。

假设投资在 20 万元至 100 万元的范围内上述三个方案的投资收益率不变，贷款利息率为 10%，若有一企业拥有自有资金 20 万元，现在来分析该企业在以上三种情况下如何选择资金构成。

对于方案Ⅰ，如果全部投资为自有资金(20万元)，则企业每年可得利润 1.2 万元；如果自有资金和贷款各 20 万元，则可得总利润 2.4 万元，在贷款偿还之前，每年要付利息 2 万元，企业获利 0.4 万元；如果除自有资金 20 万元以外又贷款 80 万元，则总利润为 6 万元，每年应付利息 8 万元，企业亏损 2 万元。显然，在这种情况下，企业是不宜贷款的，贷款越多，损失越大。

对于方案Ⅱ，贷款多少对企业的利益都没有影响。

对于方案Ⅲ，如果仅用自有资金投资，企业每年获利为 3 万元；如果贷款 20 万元，则在偿付利息后，企业可获利 4 万元；如果贷款 80 万元，在付利息后企业获利可达 7 万元。在这种情况下，对企业来说，有贷款比无贷款有利，贷款越多越有利。

可见，选择不同的资金结构对企业的利益会产生很大的影响。

以上是在项目投资效益具有确定性时的情形。当项目的效益不确定时,选择不同的资金结构,所产生的风险是不同的。在上述例子中,若项目的投资收益率估计在6%与15%之间,企业如果选择自有资金和贷款各半的结构,企业利润将在0.4万元至4万元之间;如果自有资金占20%,贷款占80%,则企业利润将在-2万元与7万元之间。此时,使用贷款,企业将承担风险,贷款比例越大,风险也越大;当然,相应地,获得更高利润的机会也越大。对于这种情况,企业要权衡风险与收益的关系进行决策。采用风险分析方法对项目本身和资金结构做进一步分析,对企业决策会有所帮助。关于风险分析可参看第四章及其他参考书。

从资金供给者的角度来看,为减少资金投放风险,常常拒绝过高的贷款比例。企业在计划投资时,须与金融机构协商借款比例和数量。

三、资金平衡

项目的资金安排有两个任务:一是要满足项目实施与运转的需要,保证项目寿命期内资金运行的可行性;二是要寻求较好的资金分期投入和项目投产计划,以提高项目的经济效果。后一任务与项目实施计划紧密相连,在此不作详细讨论。下面主要讨论资金运行可行性问题。

项目的资金安排必须使每期(年、月或季)资金保证项目的正常运转,即每期的资金来源加上上期的结余必须足以支付本期的资金使用需要。否则,即使项目的经济效果很好,也无法实施。项目的资金安排集中体现在"资金来源与运用表"上,该表亦称为"资金平衡表"。资金来源与运用表由"资金来源"、"资金运用"、"盈余资金"和"累计盈余资金"四项构成,计算时不计资金的时间因素。不难看出,满足资金运行可行性的条件是:

各年的"累计盈余资金"$\geqslant 0$

项目寿命期末的累计盈余资金表明项目经营的总效果。当其为正时,项目有盈余;当其为负时,项目亏损。在此,我们不仅要考察项目总效果,而且要考察各期运行情况。如果某期的累计盈余资金项出现负值,就必须筹集资金弥补缺口。通常采取的做法是借短期贷款以补当期资金来源之不足。但是,如果某一期或某数期资金缺口较大,需借贷的短期贷款数额大,银行往往要重新考虑对该项目贷款的可能性,甚至拒绝大笔的短期借款。当这种情况发生时,项目的业主就要另筹资金,或者修改项目计划甚至重新制定项目方案。

四、债务偿还

在我国,项目投资的资金构成中,贷款普遍占有很大比重。就贷款的使用者——企业方面来说,自然要关心自身偿还债务的能力;就贷款的提供者——银行方面来说,则要关心借出的资金能否如期收回本息。因此,偿债分析是财务分析中的一项重要内容。

(一)还款方式及其计算公式

国内外贷款的还款方式有许多种,其中主要者有:

(1)等额利息法:每期付息额相等,期中不还本金,最后一期归还本金和当期利息。

(2)等额本金法:每期还相等的本金和相应的利息。

(3)等额摊还法:每期偿还本利额相等。

(4)"气球法":期中任意偿还本利,到期末全部还清。

(5)一次性偿付法:最后一期偿还本利。

(6)偿债基金法:每期偿还贷款利息,同时向银行存入一笔等额现金,到期末存款正好偿付贷款本金。

不同还款方式每期还本付息额的计算公式如表 5-2 所列(借款期为第 0 期)。

表 5-2　各种还款方式的计算公式

还款方式	偿还利息额	偿还本金额
等额利息法	$INT_t = La \cdot i \quad t=1,2,\cdots,n$	$CP_t = \begin{cases} 0 & t=1,2,\cdots,n-1 \\ La & t=n \end{cases}$
等额本金法	$INT_t = i \cdot \left[La - \dfrac{La}{n}(t-1)\right]$ $t=1,2,\cdots,n$	$CP_t = \dfrac{La}{n} \quad t=1,2,\cdots,n$
偿债基金法	$INT_t = La \cdot t \quad t=1,2,\cdots,n$	$CP_t = La \cdot \dfrac{i_s}{(1+i_s)^n - 1}$ $t=1,2,\cdots,n$
等额摊还法	$INT_t + CP_t = La \cdot \dfrac{i(1+i)^n}{(1+i)^n - 1} \quad t=1,2,\cdots,n$	
一次性偿付法	$INT_t + CP_t = \begin{cases} 0 & t=1,2,\cdots,n-1 \\ La(1+i)^n & t=n \end{cases}$	

注：INT_t——第 t 期付息额；CP_t——第 t 期还本额；n——贷款期限；i——银行贷款利率；i_s——银行存款利率；La——贷款总额。

不同还款方式对企业经济效益会产生不同的影响，这一点将在第四节作进一步说明。企业要通过分析，选择有利的还款方式。

(二) 偿还贷款的资金来源

企业偿还国内贷款的资金来源通常有：利润、折旧、其他收入等。国家及地方有关部门对企业偿还贷款的资金有一定的限制，企业必须弄清有关法规、规定。在此基础上，可根据企业逐年利润、折旧、其他收入计算出每年可用于还款的资金数额。

对于国外债务，通常要用外汇来偿还。外汇比国内资金更为紧缺，需要进行专门分析。这里着重讨论一下外汇贷款的偿还途径。偿还国外贷款所需外汇可按以下情况区别处理：

1. 项目投产后有产品出口。在这种情况下，外汇贷款一般应由企业偿还。不过,当有以下情况时要区别加以对待。

(1)产品外销利润高于内销利润。此时,产品除了满足国内必不可少的供应量外,应尽量外销,以求外汇收入用于偿债后仍有结余。

(2)产品外销利润小于内销利润。此时,从企业的角度看,外销量应控制在保证偿还外汇贷款的水平上。如果外销利润过低是由于国内价格过高、工贸利益分配不合理等原因造成的,应由有关部门加以协调,以鼓励企业多出口。

(3)产品外销亏本,内销盈利,此时,产品外销越多,项目经济效益指标(如 NPV,IRR 等)将下降越大。若为了取得外汇不得不出口产品,外销量也应控制在保证项目有盈利的水平上(如内部收益率应保持大于基准折现率,净现值大于零)。如果因此而致外汇贷款偿还能力不足,就要看国内对这种产品的需要程度是否值得国家或地方承担外汇缺口。如果国家和地方不能承担所缺的外汇,企业就必须重新修改投资方案。

2. 项目投产后产品不能出口。在这种情况下,企业的外汇贷款要由国家和地方从外汇收入中偿还。这里也有几种情况需要区别对待。

(1)产品可替代进口而且是国内必需的,若不生产就得进口。这时可按进口替代节汇量来计算项目的名义外汇收入。只要名义外汇收入不小于偿还贷款所需外汇量,国家或地方就应给予外汇支持。

(2)产品可替代进口,但不是国内必需的,若不生产,也可以不进口。此时如果项目有较高的盈利水平,地方可根据自己的外汇支付能力给予外汇支持。

(3)项目产品是不能外销的零部件,但组装后的整机产品可以出口。此时,应由有关部门组织相关项目统一筹划外汇的平衡问题。

3. 当企业可在外汇市场上以本国货币换取外汇时，企业只须考虑以外汇市场的汇率折算后，本国货币的偿债能力。在考虑产品出口与否及出口比例时，则以企业经济效益作衡量标准。

(三) 偿债能力分析

1. 贷款偿还期分析

偿债能力分析可在编制贷款偿还表的基础上进行。为了显示出企业偿债能力，可按尽早还款的"气球法"计算。"气球法"的利息计算不能采用上面介绍的还款计算公式，必须逐年计算。贷款利息如果按实际提款、还款日期计算将十分繁杂，一般可作如下简化：长期借款当年贷款按半年计息，当年归还的贷款计全年利息。计息公式如下：

$$\frac{\text{建设期年利息额}}{\text{（纯借款期）}} = \left(\text{年初借款累计} + \frac{\text{本年借款额}}{2}\right) \times \text{年利率}$$

$$\frac{\text{生产期年利息额}}{\text{（还款期）}} = \text{年初借款累计} \times \text{年利率}$$

流动资金借款及其他短期借款的借款当年均计全年利息。

下面用一个例子说明外汇偿还表的编制方法（国内贷款偿还表编制方法相同）。

例 5-2 某日化厂的香皂产品供不应求。经调查分析确认，香皂的国内外市场销售前景良好。为扩大产量，增加品种，提高质量，增加出口，拟引进设备和专利、专有技术对工厂进行改造。根据预测数据，其外汇贷款偿还表如表 5-3 所示（利率按 8% 计算）。

表中第(1)行（年初贷款累计）为上年尚未归还的贷款本利和。第(3)行（本年可用于还款的外汇总额）是由外汇收入减外汇支出计算出来的。第(4)、(5)行（本年偿还贷款利息、本金）是按每年付息并按偿还能力还本的方式计算的。根据简化的利息公式，第 1 年借款 133 万美元，当年计息额为：$133/2 \times 0.08 = 5.32$；第 2 年初应付本利总额为：$133 + 5.32 = 138.32$；按偿还能力，第 2 年可还本金和利息 36.98 万美元,根据简化的计息公式,当年应付利息额为:$138.32\times0.08=11.07$;以后各年依此类推。表的第(6)行(偿债后的余额)开始出现大于零的数值时即为还清贷款的年份。

表 5-3 外汇贷款偿还表 （单位：万美元）

年　　份	1	2	3	4	5
年初贷款累计(1)	0	138.32	112.41	75.85	23.65
本年借款(2)	133	0	0	0	0
本年可用于还款的外汇总额(3)	0	36.98	45.55	58.27	58.27
本年偿还贷款利息(4)	0	11.07	8.99	6.07	1.89
本年偿还贷款本金(5)	0	25.91	36.56	52.20	23.65
偿债后的余额(6)	0	0	0	0	32.73

根据贷款偿还表,可计算出贷款偿还期(即企业偿清债务所需要的时间)。计算出的贷款偿还期如果小于银行所规定的期限,则表明企业有足够的偿还能力。如果计算出的贷款偿还期大于银行规定的还款期限,则说明企业还款能力不足,当这种情况出现时,要进行分析,并在财务上、甚至在技术方案及投资计划上采取措施,直至偿债能力与银行的限定期一致。

贷款偿还期计算公式与投资回收期计算公式相似,公式为：

贷款偿还期 = 偿清债务年份数 − 1 + $\dfrac{\text{偿清债务当年应付的本息}}{\text{当年可用于偿债的资金总额}}$

例如,由表 5-3 可计算出该项目的外汇偿还期为：

$$5-1+\frac{23.65+1.89}{58.27}=4.44(\text{年})$$

2. 资产负债比率分析

企业拥有的资产是偿还债务的基础和后盾,通过分析债务占资产的比例,可反映企业偿还债务的能力。主要有以下指标:

(1) 资产负债比率

$$资产负债比率 = 负债总额 / 资产总额$$

资产负债比率反映企业总体偿债能力。这一比率越低,则偿债能力越强。

(2) 流动比率

$$流动比率 = 流动资产总额 / 流动负债总额$$

流动比率反映企业在短期内(通常指一年)偿还债务的能力。该比率越高,则偿还短期负债的能力越强。

(3) 速动比率

$$速动比率 = 速动资产总额 / 流动负债总额$$

速动比率反映企业在很短的时间内偿还短期负债的能力。速动资产指流动资产中变现最快的部分,通常以流动资产总额减去存货后的余额计算。速动比率越高,则在很短的时间内偿还短期负债的能力越强。

为了衡量企业偿还债务的能力,需将上述指标与基准值比较。基准值根据行业平均水平、银行信贷政策及有关法规等因素确定。各年的资产负债率、流动比率和速动比率可根据资产负债表计算得出。

第四节 财务效果计算

不难看出,投资、产量、成本、价格等因素直接影响企业投资的经济效果,这些因素是由技术方案和市场环境决定的,即由项目本身的特性决定的,它们是影响经济效果的主要因素。同时应该看到,资金来源的构成、借贷资金偿还方式等因素也影响现金流,从而影响企业的经济效果,这些因素与项目特性无关,而只与财务条件有关。在进行财务分析时,须分两步考察经济效果。第一步,排除财务条件的影响。把全部资金都看作自有资金。这种分析称为"全投资"财务效果评价。第二步,分析包括财务条件在内的全部因素影响的结果。称为"自有资金"财务效果评价。"全投资"评价是在企业范围内考察项目的经济效果,"自有资金"评价则是考察企业投资的获利性,反映企业的利益。

一、全投资财务效果评价

首先要编制出全投资现金流量表,然后根据此表进行有关指标计算。

（一）全投资现金流量表

全投资不考虑资金借贷、偿还,投入项目的资金一律视为自有资金。其净现金流公式为：

年净现金流＝销售收入＋资产回收－投资－经营成本－销售税金

式中各项数据可由基础财务报表得到。以例 5-1 为例,由表 5-1 至表 5-3 计算出相应数据,现金流量表如表 5-8 所示。

（二）全投资经济效果指标计算

1. 静态和动态投资回收期

财务效果评价的静态投资回收期（即不考虑资金时间因素的投资回收期）公式可写成：

$$\sum_{t=0}^{m} K_t = \sum_{t=0}^{T_P} (B_t - C_{0t} - TA_t) \tag{5-2}$$

式中：K_t ── 第 t 年的投资

m ── 项目建设期

T_P ── 回收期（静态）

n ── 寿命期

C_{0t} ── 第 t 年经营成本

B_t ── 第 t 年收入

TA_t——第 t 年销售税金

静态投资回收期的具体计算可根据现金流量表的"累计净现金流"数据进行。

动态投资回收期 T_P^*（即考虑资金时间因素的回收期）公式为：

$$\sum_{t=0}^{m} K_t \frac{1}{(1+i_0)^t} = \sum_{t=0}^{T_P^*} (B_t - C_{0t} - TA_t) \cdot \frac{1}{(1+i_0)^t} \quad (5-3)$$

式中：i_0——基准折现率

T_P^*——动态投资回收期

其余符号同前

具体计算亦可根据现金流量表进行。

2. 净现值和内部收益率

有了现金流量表，只要按标准折现率折算净现金就可得到净现值。取不同的折现率试算，用插值法可算出内部收益率。

二、自有资金财务效果评价

为显示财务条件对企业经济效果的影响，必须分析资金结构因素，具体方法是编制"自有资金现金流量表"。该表与"全投资现金流量表"的主要区别在于对借贷资金的处理上，其编制原则是：站在企业财务的角度考察各项资金的收入和支出。对于贷款来说，企业从银行取得贷款是资金收入，用于项目建设是资金支出，偿还贷款本利也是资金支出。不难看出，企业对贷款的真正支出的只是偿还贷款本利。

自有资金现金流量表可在全投资现金流量表和资金来源与运用表基础上编制。

还款方式不同，自有资金现金流量表也不同，因而自有资金投资效果指标也不同。当全投资内部收益率大于贷款利率时，晚还款的内部收益率比早还款的内部收益率大。

自有资金财务效果与全投资财务效果的区别表现在:当全投资内部收益率大于贷款利率时,自有资金内部收益率大于全投资内部收益率;且若贷款比例越高,则自有资金内部收益率越高;当全投资内部收益率大于基准折现率、且基准折现率大于借款利率时,自有资金净现值大于全投资净现值。

第五节 案例分析

以下以一个新建项目为例,说明基础财务报表、主要财务报表编制方法及财务效果计算方法。

一、案例财务预测及基础财务报表

例 5-3 新建一个特种建筑材料项目,预计从项目建设开始寿命期 12 年。项目建设期 2 年,投产后经 2 年达到设计能力。

项目所需各项投资额及投入时间列于表 5-4;

投资的资金来源构成见表 5-4;

表 5-4 投资计划及资金筹措表 (单位:万元)

序号	年份 项目	建设期		投产期		合计
		1	2	3	4	
1	总投资	605	800	200	200	1805
1.1	固定资产投资①	550	700			1250
1.2	固定资产投资方向调节税②	55	70			125
1.3	建设期利息③		30			30
1.4	流动资金			200	200	400
2	资金筹措	605	800	200	200	1805

续表

序号	项目 \ 年份	建设期 1	建设期 2	投产期 3	投产期 4	合计
2.1	自有资金	605	200		100	905
2.2	借款					
2.2.1	长期借款		600			600
2.2.2	流动资金借款			200	100	300
2.3	其他					

① 固定资产投资额预测值中已包含基本预备费和涨价预备费；
② 固定资产投资方向调节税按固定资产投资额的10%计；
③ 固定资产投资长期借款当年计半年利息。

借款的还款方式为：建设期利息由自有资金支付；长期借款年利率10%，于第4年（项目投产第2年）开始还本，方式为等额本金法；流动资金贷款年利率8%，假定连续借用，项目寿命期末还本，每年付息；还本付息计算结果列于表5-5；

成本费用预测结果列于表5-6，其中财务费用数据来源于表5-5；

项目运行中所需现金及预计的存货、应收帐款、应付帐款列于表5-9中；

收入预测结果列于表5-7。

二、主要财务报表

损益计算结果及税后利润分配见表5-7；

资金来源运用表见表5-8；

资产负债表见表5-9；

全投资现金流量表和自有资金现金流量表分别见表5-10和5-11。基准折现率取12%。

表 5-5 借款还本付息表

(单位：万元)

序号	项目		建设期		投产期			达到设计能力生产期						
	年份		1	2	3	4	5	6	7	8	9	10	11	12
1	借款及还本付息													
1.1	年初欠款累计	长		600	600	600	450	300	150					
		流				200	300	300	300	300	300	300	300	300
1.2	本年借款	长	600											
		流			200	100								
1.3	本年付息	长	30	30	60	60	45	30	15					
		流			16①	24	24	24	24	24	24	24	24	24
1.4	本年还本	长				150	150	150	150					
		流												300②

2	偿还贷款本金的资金来源[3]								
2.1	利润	30	30	30	30	30			
2.2	折旧与摊销		120	120	120	120			
2.3	自有资金								
2.4	资产回收								300[4]
2.5	其他								
	合计								

① 流动资金借款当年计全年利息;
② 假定流动资金借款在项目寿命期内连续借用,项目寿命期末归还本金;
③ 本栏待损益表作出后完成,并根据需要进行调整;
④ 假定项目寿命期末流动资产全额回收。

表 5-6　成本费用表

(单位：万元)

序号	项目 \ 年份	投产期			达到设计能力生产期							
		3	4	5	6	7	8	9	10	11	12
1	直接材料费	320	440	690	690	690	690	690	690	690	690
2	直接人工费	90	130	190	190	190	190	190	190	190	190
3	制造费用	145	150	160	160	160	160	160	160	160	160
4	管理费用	30	45	60	60	60	60	60	60	60	60
5	销售费用	25	40	50	50	50	50	50	50	50	50
6	利息支出	76	84	69	54	39	24	24	24	24	24
7	总成本费用	686	889	1219	1204	1189	1174	1174	1174	1174	1174
	其中：折旧与摊销	130	130	130	130	130	130	130	130	130	130
8	经营成本	480	675	1020	1020	1020	1020	1020	1020	1020	1020

表 5-7 损益表

(单位:万元)

序号	项 目	年份	达产期			达到设计能力生产期							
		3	4	5	6	7	8	9	10	11	12
1	产品销售收入	700	1000	1500	1500	1500	1500	1500	1500	1500	1500
2	销售税金及附加①	6	9	12	12	12	12	12	12	12	12
3	总成本费用	686	889	1219	1204	1189	1174	1174	1174	1174	1174
4	利润总额(1-2-3)	8	102	269	284	299	314	314	314	314	314
5	所得税(4×33%)	2.6	33.7	88.8	93.7	98.7	103.6	103.6	103.6	103.6	103.6
6	税后利润(4-5)	5.4	68.3	180.2	190.3	200.3	210.4	210.4	210.4	210.4	210.4
6.1	盈余公积金②	0.8	10.3	27	28.5	30	31.6	31.6	31.6	31.6	31.6
6.2	应付利润	1.6	30	120	130	140	145	145	145	145	145
6.3	未分配利润	3	28	33.2	31.8	30.3	33.8	33.8	33.8	33.8	33.8
7	累计未分配利润	3	31	64.2	96	126.3	160.1	193.9	227.7	261.5	295.3

① 只包括城市维护建设税及教育费附加;
② 含盈余公积金和盈余公益金

表 5-8 资金来源与运用表

(单位:万元)

年份 项目	建设期		投产期			达到设计能力生产期						
序号	1	2	3	4	5	6	7	8	9	10	11	12
1 资金来源	605	800	338	432	399	414	429	444	444	444	444	949
1.1 利润总额			8	102	269	284	299	314	314	314	314	314
1.2 折旧及摊销费			130	130	130	130	130	130	130	130	130	130
1.3 长期借款		600										
1.4 流动资金借款			200	100								
1.5 其他短期借款												
1.6 自有资金	605	200										
1.7 其他												
1.8 回收固定资余值												105
1.9 回收流动资金												400①

2 资金运用	605	800	204.2	413.7	358.8	373.7	388.7	248.6	248.6	248.6	248.6	548.6
2.1 固定资产投资②	605	770										
2.2 建设期利息		30										
2.3 流动资金投资			200	200								
2.4 所得税			2.6	33.7	88.8	93.7	98.7	103.6	103.6	103.6	103.6	103.6
2.5 应付利润			1.6	30	120	130	140	145	145	145	145	145
2.6 长期借款还本				150	150	150	150					
2.7 流动资金借款还本												300
2.8 其他短期借款还本												
3 盈余资金	0	0	133.8	18.3	40.2	40.3	40.3	195.4	195.4	195.4	195.4	400.4
4 累计盈余资金	0	0	133.8	152.1	192.3	232.6	272.9	468.3	663.7	859.1	1054.5	1454.9

① 其中回收的自有资金 100 万元，借款 300 万元；
② 含投资方向调节税。

表 5-9 资产负债表

(单位:万元)

序号	项目 年份	建设期 1	建设期 2	投产期 3	投产期 4	投产期 5	达到设计能力生产期 6	达到设计能力生产期 7	达到设计能力生产期 8	达到设计能力生产期 9	达到设计能力生产期 10	达到设计能力生产期 11	达到设计能力生产期 12
1	资产	605	1405	1648.8	1777.1	1687.1	1597.3	1507.9	1573.6	1638.3	1704.7	1769.1	1454.9
1.1	流动资产总额			373.8	632.1	672.3	712.6	752.9	948.3	1143.7	1339.1	1534.5	
1.1.1	现金			30	50	50	50	50	50	50	50	50	①
1.1.2	累计盈余资金			133.8	152.1	192.3	232.6	272.9	468.3	663.7	859.1	1054.5	1454.9
1.1.3	应收帐款			40	80	80	80	80	80	80	80	80	①
1.1.4	存货			170	350	350	350	350	350	350	350	350	①
1.2	在建工程	605②	1405	1275	1145	1015	885	755	625	495	365	235	
1.3	固定资产净值												
1.4	无形和递延资产净值												③

	负债和所有者权益												
2	负债和所有者权益	605	1405	1648.8	1777.1	1687.3	1597.3	1507.9	1573.3	1638.7	1704.1	1769.5	1454.9
2.1	流动负债总额			240	380	380	380	380	380	380	380	380	
2.1.1	应付帐款			40	80	80	80	80	80	80	80	80	
2.1.2	流动资金借款			200	300	300	300	300	300	300	300	300	
2.1.3	其他短期借款												
2.2	长期借款			600	450	300	150						
	负债小计			600	830	680	530	380	380	380	380	380	
2.3	所有者权益												
2.3.1	资本金	605	805	805	905	905	905	905	905	905	905	905	
2.3.2	资本公积金												
2.3.3	累计盈余公积金			0.8	11.1	38.1	66.6	96.6	128.2	159.8	191.4	223	254.6
2.3.4	累计未分配利润			3	31	64.2	96	126.3	160.1	193.9	227.7	261.5	295.3
	资产负债率(%)		42.7	51.0	46.7	40.3	33.2	25.2	24.2	23.2	22.3	21.5	
	流动比率(%)			155.8	166.3	176.9	187.5	198.1	249.6	301.0	352.4	403.8	
	速动比率(%)			84.9	74.2	84.8	95.4	106.0	157.4	208.9	260.3	311.7	

① 假定项目寿命期末(第12年末)停止经营,用于经营运行的现金退出经营,存货全部出售,应收帐款全部收回;
② 含固定资产投资、投资方向调节税和建设期利息;
③ 寿命期末回收的固定资产余值(105万元)包含在"累计盈余资金"内。

表 5-10 现金流量表(全部投资)

(单位:万元)

序号	年份 项目	建设期		投产期		达到设计能力生产期							
		1	2	3	4	5	6	7	8	9	10	11	12
1	现金流入			700	1000	1500	1500	1500	1500	1500	1500	1500	1500
1.1	产品销售收入			700	1000	1500	1500	1500	1500	1500	1500	1500	1500
1.2	回收固定资产余值												105
1.3	回收流动资金												400
2	现金流出												
2.1	固定资产投资①	605	770										
2.2	流动资金投资			200	200								
2.3	经营成本			480	675	1020	1020	1020	1020	1020	1020	1020	1020
2.4	销售税金及附加			6	9	12	12	12	12	12	12	12	12
2.5	所得税			2.6	33.7	88.8	93.7	98.7	103.6	103.6	103.6	103.6	103.6
3	净现金流量(所得税前)	−605	−770	14	116	468	468	468	468	468	468	468	973
4	净现金流量(所得税后)	−605	−770	11.4	82.3	379.2	374.3	369.3	364.4	364.4	364.4	364.4	869.4
5	累计净现金流量(税后)	−605	−1375	−1363.6	−1281.3	−902.1	−527.8	−158.5	205.9	570.3	934.7	1299.1	2168.5
6	$(P/F,0.12,t)$	0.8929	0.7972	0.7118	0.6355	0.5674	0.5066	0.4523	0.4039	0.3606	0.3220	0.2875	0.2567
7	净现金流现值(税后)	−540.2	−613.8	8.1	52.3	215.2	189.6	167.0	147.2	131.4	117.3	104.8	223.2
8	累计净现金流现值(税后)	−540.2	−1154	−1145.9	−1093.6	−878.4	−688.8	−521.8	−374.6	−243.2	−125.9	−21.1	202.1

① 含投资方向调节税

表 5-11 现金流量表（自有资金）

（单位：万元）

序号	项目	建设期		投产期					达到设计能力生产期				
	年份	1	2	3	4	5	6	7	8	9	10	11	12
1	现金流入												
1.1	产品销售收入			700	1000	1500	1500	1500	1500	1500	1500	1500	1500
1.2	回收固定资产余值												105
1.3	回收流动资金												400
2	现金流出												
2.1	自有资金投入	605	200										
2.2	长期借款还本付息		30	60	100 150	150 45	150 30	150 15					
2.3	流动资金借款还本付息				60								300 24
2.4	其他短期借款还本付息			16	24	24	24	24	24	24	24	24	
2.5	经营成本			480	675	1020	1020	1020	1020	1020	1020	1020	1020
2.6	销售税金及附加			6	9	12	12	12	12	12	12	12	12
2.7	所得税			2.6	33.7	88.8	93.7	98.7	103.6	103.6	103.6	103.6	103.6
3.	净现金流量	−605	−230	135.4	−51.7	160.2	170.3	180.3	340.4	340.4	340.4	340.4	545.4
4	累计净现金流量	−605	−835	−669.6	−751.3	−591.1	−420.8	−240.5	99.9	440.3	780.7	1121.1	1666.5
5	$(P/F, 0.12, t)$	0.8929	0.7972	0.7118	0.6355	0.5674	0.5066	0.4523	0.4039	0.3606	0.3220	0.2875	0.2567
6	净现金流量现值	−540.2	−183.4	96.4	−32.9	90.9	86.3	81.5	137.5	122.7	109.6	97.9	140
7	累计净现金流量现值	−540.2	−723.6	−627.2	−660.1	−569.2	−482.9	−401.4	−263.9	−141.2	−31.6	66.3	206.3

三、分析与说明

1. 资金平衡及偿债能力分析：

由表 5-8（资金来源与运用表）可以看出，由项目筹措的资金和项目的净收益足可支付各项支出，不需借短期借款即可保证资金收支相抵有余。表现在表 5-8 中，各年的累计盈余资金均大于零，可满足项目运行要求。

由表 5-5 可以看出，项目可筹集足够的资金按与银行商定的还款办法偿还贷款。从表 5-9（资产负债表）的资产负债率、流动比率、速动比率三项指标来看，项目的负债比率除个别年份外，均在 50% 以下，流动比率和速动比率较高；在项目达到设计能力后，三项指标更为好转。从整体看，该项目偿债能力较强。

2. 经济效果分析

在全投资现金流量表（表 5-10）中，分别列出了所得税前后的净现金流，由此可计算所得税前后的各项经济效果指标，并可进行对比。一般说来，以所得税后的指标为主要判断依据。本例中仅计算所得税后的各项指标。

由表 5-10 计算的各项全投资效果指标如下：

由表 5-10 第 5 栏（累计净现金流量）可计算出投资回收期（静态）T_P：

$$T_P = 7 + \frac{158.3}{364.4} = 7.4（年）$$

由表 5-10 第 8 栏（累计净现金流现值）可计算出动态投资回收期 T_P^*，并可得出净现值结果：

$$T_P^* = 11 + \frac{21.1}{223.2} = 11.1（年）$$

$$NPV = 202.1 \text{ 万元}$$

再取折现率 $i_1 = 0.15$，可求得 $NPV(i=15\%) = -10.9$，用插

值法可计算出：
$$IRR = 0.12 + \frac{202.1 \times (0.15 - 0.12)}{202.1 + 10.9} = 14.8\%$$

由表 5-11 计算出的自有资金投资效果指标为：
$$NPV = 206.3(万元)$$
$$IRR = 16.3\%$$

需要说明的是，表 5-11 的净现金流量序列正负号变化 3 次，上述 IRR 值需经验证。本例经检验，16.3% 是内部收益率。

本例中全投资内部收益率(14.8%)大于基准折现率(12%)，而基准折现率大于贷款利率。按原理，全投资净现值和内部收益率均应分别小于自有资金净现值和内部收益率。上述计算结果符合这一结论。

从总体看，该项目投资效果较好。

第六节 改建、扩建和技术改造项目的财务分析

改建、扩建和技术改造（以下简称改扩建和技改）项目是在企业原有基础上建设的，这和新建项目是不同的。对于新建项目来说，所发生的费用、收益都可归于项目；而改扩建和技改项目的费用和收益既涉及到新投资部分，又涉及到原有基础部分，从而给评价项目的效果带来新的问题。

如果改扩建和技改项目所涉及的费用、收益可以清楚地从企业原有基础产生的费用和收益分离出来，那么这样的项目就和新建项目没有区别，其评价方法已作了充分讨论。在一定条件下，这种分离是可能做到的。但是，对多数改扩建和技改项目来说，实现这种分离是困难的，下面着重讨论这种情形。

改扩建和技改项目效果评价方法总的原则是：考察项目建设

与不建设两种情况下费用和收益的差别,这种差别就是项目引起的,也就是其效果所在。评价方法有两种:总量效果评价法(简称总量法)和增量效果评价法(简称增量法)。

一、总量法

不进行改扩建和技改与进行改扩建和技改实际上是有待决策的两个方案,这两个方案是互相排斥的,因此,这类项目评价的实质是对互斥方案比较的研究。对于互斥方案,我们可以首先计算各方案的绝对效果(如 NPV),然后进行比较。所以,我们可以首先分别计算改扩建、技改与否两种情况下的净现值,然后加以比较,这就是我们所说的总量法,其含义是,从总量上衡量各自的效果。很显然,分别考察各种情况下的效果时,不涉及费用、收益的划分问题,即不需要判断它们是属于新上项目还是属于原有基础。

(一)总量法的现金流和评价指标

让我们结合一个例子来说明总量法现金流的鉴别。

例 5-4 某企业现有固定资产 500 万元,流动资产 200 万元,若进行技术改造须投资 140 万元,改造当年生效。改造与不改造的每年收入、支出如表 5-12 所列,假定改造、不改造的寿命期均为 8 年,基准折现率 $i_0=10\%$,问该企业是否应当进行技术改造?

表 5-12 某企业改造与不改造的收支预测

方案	不改造		改造	
年份	1—7	8	1—7	8
销售收入	600	600	650	650
资产回收		250		300
支出	495	495	520	520

对于这样一个问题,人们可能画出如图 5-4(a)那样的现金流

图;也可能画出如图 5-4(b)那样的现金流图。二者的区别在于原有资产是否当作投入处理。从方案比较的角度来看,如果要在两个互斥方案中挑选一个较好的方案,那么各方案中相同的现金流都可以省略,例如,二方案收益相同,只要比较费用就行了,即省略了收入的现金流。但是,这样做已经谈不上是总量评价了,因为这样计算出来的任何一个被比较方案的效果已不是绝对效果。图 5-4(a)中的现金流略去了原有资产部分,改造和不改造的现金流都已不是完整的现金流,按照这样的现金流计算出来的改造、不改造的效果就不是总量效果,因而其方法也不是我们所说的总量法。

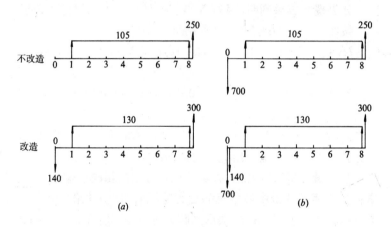

图 5-4　总量法的现金流图

出现这种情况的原因在于:分析者认为原有资产已经存在,不是新投资,因此不必当作流出。这种看法表面上看似乎有道理,但从经济原理上分析,是不正确的。因为原有资产不仅有其实物形态,而且具有价值形态,设想拥有者不使用这笔资产,他可将其出让从而获得相当于资产价值的收入;现在,拥有者不出让,就意味着他失去了获得这笔收入的机会,这是一种机会损失,在经济分析中应将其视为支出才能反映出使用这笔资产的效果。

项目评价的目的是为了正确的决策,如果按照图 5-4(a)的分析方法不会导致错误的决策,那么这种方法仍然是有效的。为此,我们来进一步讨论其结论的正确性。

按图 5-4(a)的现金流,可计算出不改造的净现值 NPV_1 和改造的净现值 NPV_2:

$NPV_1 = 105(P/A, 0.10, 8) + 250(P/F, 0.10, 8) = 676.8$

$NPV_2 = -140 + 130(P/A, 0.10, 8) + 300(P/F, 0.10, 8)$
$= 693.5$

如果按此结果判断,因为 $NPV_2 > NPV_1 > 0$,所以应当改造。

按图 5-4(b)的现金流,计算结果为:

$NPV_1 = -700 + 105(P/A, 0.10, 8) + 250(P/F, 0.10, 8)$
$= -23.2$

$NPV_2 = -840 + 130(P/A, 0.10, 8) + 300(P/F, 0.10, 8)$
$= -6.5$

此时,虽然 $NPV_2 > NPV_1$,但二者都不能通过绝对效果检验,因此我们不能轻易地作出应当改造的结论。

从以上分析可以看出,省略被比较方案的相同现金流(在改扩建和技改项目评价中最常见的是省略原有资产)的最主要危害在于可能将实际上不可行的项目判断为可行。因此,在总量法中必须将原有资产视为投资列入现金流出中。总量法的优点也正在于它不仅能够显示出改扩建、技改与否的相对效果,而且能够显示其绝对效果。

在评价改扩建和技改项目的总量效果(以及增量效果)时,还应注意企业部分原有资产转让出售的可能性。如果由于改扩建与技改而使部分原有资产不再有用并能转让出售或作其他有价处理,应把转让资产的收入视作现金流入。

总量法是对改扩建、技改与否的总量效果指标进行比较,按照互斥方案比较的要求,只能使用价值型指标(如净现值等),而不能使用效率型指标(如内部收益率等)。

(二)寿命不等问题的处理

如果进行改扩建、技改与不进行改扩建、技改两种情况下的项目寿命不等,则不能简单地比较各自的净现值指标。

对于某些改扩建、技改项目来说,可采用互斥方案比较中对寿命不等问题的处理方法,如寿命期最小公倍数法、年值法,或经变换的净现值法(先计算年值,再将年值按计算期折算成现值),其计算公式已在第三章作了阐述,在此不再重复。对很多改扩建和技改项目来说,假定对原企业或技改方案作多次重复往往是不合理的,此时比较可行的办法是设定一个不长于方案寿命的分析期(计算期),一般可以用寿命短的方案的寿命期作为分析期,长寿命方案分析期末的资产残值计入现金流中。资产残值可凭经验估算或将初始投资按年等值分摊再计算出分析期末残值。

一般说来,进行改扩建、技改方案的寿命期比不进行改扩建、技改方案的寿命期长。综合考虑原有资产处理和寿命期不等问题,两种方案净现值的计算公式可表示如下:

$$NPV_1 = -V_a + \sum_{t=0}^{n_1}(BK_{1t} + CI'_{1t} - CO_{1t})(P/F, i_0, t)$$
$$+ S_1(P/F, i_0, n_1) \tag{5-4}$$

$$NPV_2 = -V_a + \sum_{t=0}^{n_1}(BK_{2t} + CI'_{2t} - K_t - CO'_{2t})$$
$$\times (P/F, i_0, t) + S_2(P/F, i_0, n_1) \tag{5-5}$$

式中:NPV_1——不进行改扩建和技改的净现值

NPV_2——进行改扩建和技改的净现值

V_a——原有资产价值

BK_{1t}——不进行改扩建和技改第 t 年可获得的资产转让收入

BK_{2t}——进行改扩建和技改第 t 年可获得的资产转让收入

CI'_{1t}——不进行改扩建和技改第 t 年的现金流入(不含资产转让收入和期末资产残值回收)

CO_{1t}——不进行改扩建和技改第 t 年的实际现金流出

CI'_{2t}——进行改扩建和技改第 t 年的现金流入(不含资产转让收入和期末资产残值回收)

CO'_{2t}——进行改扩建和技改第 t 年的现金流出(不含改扩建和技改投资)

K_t——第 t 年的改扩建和技改投资

S_1——不进行改扩建和技改 n_1 年末的资产残值

S_2——进行改扩建和技改 n_1 年末的资产残值

n_1——不进行改扩建和技改的项目寿命期

i_0——基准折现率

其中,按投资分摊法计算的 S_2 为:

$$S_2 = \left[V_a + \sum_{t=0}^{n_1} K_t(P/F, i_0, t)\right](A/P, i_0, n_2) \times (P/A, i_0, n_2 - n_1) \tag{5-6}$$

式中:n_2——进行改扩建和技改的项目寿命期

二、增量法

总量法虽有同时显示方案绝对效果和相对效果的优点,但是需要将原有资产视为投资,从而需要对原有资产进行估价,而资产估价是一件十分复杂和困难的工作,其工作量和难度往往超过项目评价本身。另外,总量法不能显示用于改扩建、技改的投资可达到的收益水平,因而只能对进行改扩建、技改与不进行改扩建、技改两种方案的相对优劣作出判断,无法揭示当存在其他投资机会时改扩建、技改项目是否最优。因此,总量法并不是改扩建和技改项目评价的理想方法,需要寻求更合理、更简便可行的方法。下面,我们来研究一下增量法。

增量法是对改扩建和技改所产生的增量效果进行评价的方法。

(一)增量法的效果计算和适用范围

增量法的程序是:首先计算改扩建和技改产生的增量现金流,然后根据增量现金流进行增量效果指标计算,最后根据指标计算结果作决策判断。增量法可以采用净现值和内部收益率指标,称为增量净现值和增量内部收益率。当出现寿命不等问题时,可采取与总量法相同的方法处理。我们仍沿用总量法公式的符号,则增量净现值 NPV_d 计算公式如下:

$$NPV_d = \sum_{t=0}^{n_1} [-K_t + (BK_{2t} - BK_{1t}) + (CI'_{2t} - CI'_{1t}) \\ - (CO'_{2t} - CO_{1t})] \cdot (P/F, i_0, t) + (S_2 - S_1) \\ \times (P/F, i_0, n_1) \tag{5-7}$$

增量内部收益率 IRR_d 可按以下方程求解:

$$\sum_{t=0}^{n_1} [-K_t + (BK_{2t} - BK_{1t}) + (CI'_{2t} - CI'_{1t}) \\ - (CO'_{2t} - CO_{1t})] \cdot (P/F, IRR_d, t) \\ + (S_2 - S_1) \times (P/F, IRR_d, n_1) = 0 \tag{5-8}$$

式(5-7)和(5-8)中的 S_2 仍可按式(5-6)计算。

由于进行改扩建和技改与不进行改扩建和技改两种情况下都有相同的原有资产 V_a,在进行增量现金流计算时互相抵销,在公式(5-7)和(5-8)中不再出现 V_a,这样就不必进行原有资产的估价,这是我们所希望的。按照通常的理解,在计算出增量效果指标后,若 $NPV_d > 0$,或 $IRR_d > i_0$,则应进行改扩建和技术改造投资。然而,能否这样下结论仍然是个有待讨论的问题。

我们仍用例 5-4 的数据来分析,不难看出,其 NPV_d 为:
$$NPV_d = -140 + (130 - 105)(P/A, 0.10, 8)$$
$$+ (300 - 250)(P/F, 0.10, 8) = 16.7$$

如果我们根据 $NPV_d = 16.7 > 0$ 作出应当改造的结论是过于草率了,因为我们知道,无论改造与否,该项目都未通过绝对效果检验。这里的问题在于:增量法所体现的仅仅是相对效果,它不能体现绝对效果。相对效果只能解决方案之间的优劣问题,绝对效果才能解决方案能否达到规定的最低标准问题。从理论上说,互斥方案比较应该同时通过绝对效果和相对效果检验。

不难证明,在若干个互斥方案中,若前一方案通过了绝对效果检验,后一方案与前一方案比较通过了相对效果检验,那么后一方案必然通过绝对效果检验。因此,在改扩建和技改项目评价中,若满足下列条件之一就是完善的:

条件一,不进行改扩建和技改通过总量评价,改扩建和技改通过增量效果评价;

条件二,进行改扩建同时通过总量效果和增量效果评价。

这样,我们仍至少要做某一种情况的总量效果评价。这与我们希望回避资产估价的愿望是不相符的。为此,我们来作进一步的分析,以寻求新的可能性。

假定增量效果已经计算出来,而总量效果尚不清楚。我们列出增量效果和总量效果的全部可能性于表 5-13,表中"＋"表示通过评价标准,"－"表示不能通过评价标准。

全部排列有 8 种,但是显然按表中①②③的顺序,"＋","＋","－"和"－","－","＋"的可能是不存在的,因此可能性只有 6 种。

在(1),(2),(5),(6)4 种情况下,增量效果和改扩建、技改后的总量效果方向一致,根据增量效果决策不会发生错误。在第(4)种情况下,尽管通过了总量效果评价,但由于不能通过增量效果评价,仍不应进行改扩建和技改,即根据增量效果决策不会发生错

表 5-13　增量效果和总量效果的可能性排列

效果序号 \ 效果类别	增量效果 ①	总量效果 不进行改扩建和技改 ②	总量效果 进行改扩建和技改 ③	按增量效果应作的决策 ④
(1)	+	+	+	改扩建和技改
(2)	+	−	+	同上
(3)	+	−	−	同上
(4)	−	+	+	不进行改扩建和技改
(5)	−	+	−	同上
(6)	−	−	−	同上

误。现在只剩下第(3)种情况有待讨论。从总量效果看，在这种情况下改扩建和技改与不进行改扩建和技改企业的总体经济效益都不好，但改扩建和改造后有所改善。此时企业可选择的决策方案有：

方案一　不改扩建和技改，继续生产经营；

方案二　进行改扩建和技改；

方案三　关闭工厂，拍卖现有资产。

方案一和方案二比较，由于增量效果好，所以二优于一，即方案一应淘汰。现在可供选择的方案只剩下二和三。它表明：当需要判断是否应关闭、拍卖工厂时，需要作总量评价。而这种情况在现实经济生活中并不具有普遍性，多数情况下可以不困难地排除关闭、拍卖工厂这种选择。

根据以上分析可以得出结论：在改扩建和技改项目评价中，一般情况下只需要进行增量效果评价；只有当现有企业面临亏损，需要就将企业关闭、拍卖还是进行改扩建和技术改造作出决策时，才需要同时作增量效果评价和总量效果评价(只须对上述方案二作总量评价)。

（二）增量现金流的计算

增量现金流的计算是增量法的关键步骤。常见的计算增量现金流的方法是将进行改扩建和技改后(简称项目后)的现金流减去改扩建和技改前(简称项目前)的对应现金流,这种方法称为"前后"比较法,或前后法。我们知道,方案比较中的现金流比较必须保证诸方案在时间上的一致性,即必须用同一时间的现金流相减。前后法用项目后的量减项目前的量,实际上存在着一个假设:若不上项目,现金流将保持项目前的水平不变。当实际情况不符合这一假设时,就将产生误差。因此,前后法是一种不正确的方法。计算增量现金流的正确方法是"有无"法,即用进行改扩建和技改(有项目)未来的现金流减不进行改扩建和技改(无项目)对应的未来的现金流。有无法不作无项目时现金流保持项目前水平不变的假设,而要求分别对有、无项目未来可能发生的情况进行预测。

按前后法计算增量现金流,可能在以下几种情况下发生错误(参看图 5-5):

1. 市场需求和企业自身有潜力,在没有项目的条件下也能通过改进技术和生产经营使企业净收益逐年增加;有了项目则会使净收益增加更多。如果按前后法计算,则会把本属于靠挖掘潜力增加的收入归入有项目的收入,即高估了增量效果。如图 5-5(a)所示,按有无法计算的增量净收益为 ABC,而前后法计算的增量净收益为 ADC,多算了 ADB。

2. 由于种种原因若不进行改扩建和技改企业净收益将逐年下降,有项目则可保持原来的净收入水平或减缓下降。此时按前后法计算,增量效果为零或负值,而按有无法计算则增量效果为正值。如图 5-5(b)所示,前后法的增量净收益为零,有无法的增量净收益为 AED;在图 5-5(c)中,前后法的增量净收益为负,有无法的增量净收益为 AEF,少算了净收益 AFD 和 AEF。

无项目时企业净收益逐年下降,有项目时净收益逐年上升,按前后法计算也会低估增量效果。如图 5-5(d)所示,前后法的增量

净收益为 ADC,有无法的增量净收益为 AEC,少算了净收益 AED。

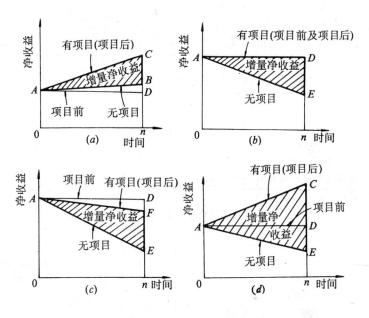

图 5-5 用前后法和有无法计算增量净收益的比较

很明显,当无项目的未来净收益保持项目前的水平不变时,有无法和前后法的结果相同。因此前后法仅是有无法的一种特例。

例 5-5 某厂现有固定、流动资产 800 万元,技改前(即现在,第 0 年)和假定不改造未来 8 年的有关预测数据如表 5-14 所列;如果进行技改,须投资 180 万元,假设改造当年生效,其未来 8 年的预测数据见表 5-15。若基准折现率 $i_0=10\%$,该厂不存在关停并转问题,问该厂是否应当进行技术改造?

解:作为对比,分别用前后法和有无法分析。首先计算增量现金流于表 5-16 和 5-17。

表 5-14 某厂不改造现在和未来 8 年数据（单位：万元）

费用、收益项 \ 年份	0	1	2	3	4	5—7	8
销售收入	600	600	600	550	550	500	500
资产回收							200
经营成本和其他支出	430	430	440	417.5	417.5	385	385

表 5-15 某厂进行技改未来 8 年数据（单位：万元）

费用、收益项 \ 年份	1	2	3	4	5—7	8
销售收入	650	650	650	650	650	650
资产回收						250
经营成本及其他支出	447.5	447.5	447.5	452.5	457.5	457.5

表 5-16 用前后法计算的增量现金流（单位：万元）

费用、收益项 \ 年份	0	1	2	3	4	5—7	8
销售收入	50	50	50	50	50	50	50
资产回收							50
投资	180						
经营成本及其他支出		17.5	17.5	17.5	22.5	27.5	27.5

注：本表数据由表 5-14 对应年份减表 5-13 第 0 年（技改前）得出。

表 5-17 用有无法计算的增量现金流（单位：万元）

费用、收益项 \ 年份	0	1	2	3	4	5—7	8
销售收入		50	50	100	100	150	150
资产回收							50
投资	180						
经营成本及其他支出		17.5	7.5	30	35	72.5	72.5

注：本表由表 5-14 减表 5-13 对应年份数据得出。

由表 5-16 算出增量净现金流,再计算净现值,其结果为 -8.4,不应改造。由表 5-17 算出增量净现金流后计算出的净现值为 172.7,显然应进行改造。

产生以上悬殊差别的原因是,如果不改造该厂生产能力下降,从而销售收入呈逐年减少趋势,且成本呈上升趋势;若进行改造则可使销售收入有所增加,同时减缓了成本的上升。因此,实际上该厂技改的效果是相当好的,应当进行改造。

由这个例子可以看出,前后法有时会造成严重偏差,导致决策的错误。

三、财务分析步骤和实例分析

改扩建和技改项目财务分析主要步骤如下:

(1) 考察企业是否存在关停、转让的可能性,并决定是否要作总量分析;

(2) 若要作总量分析,根据具体情况进行企业现有资产估价;

(3) 作有项目和无项目的财务预测,分别列出有项目和无项目的成本、收入(含销售收入和利润等)表及有项目时的投资表,如果无项目时也有资金投入,也宜列出其投资表;

(4) 对于增量分析,列出有项目和无项目的增量资金平衡表及贷款偿还表;

(5) 分别列出有项目和无项目的现金流量表和有、无项目的增量现金流量表(若不须作总量分析可仅列出增量现金流量表);

(6) 计算有、无项目的增量效果指标,判断是否通过增量效果评价;若要作总量分析,则计算有项目情况下的总量效果指标,判断项目是否通过总量效果评价。只有既通过增量效果评价,又通过总量效果评价,项目在经济上才是可行的。

下面结合一个实例说明分析方法。

例 5-6 某水泵厂引进单级泵机加工线改造旧生产线项目。

某水泵厂是以生产 B 型单级离心泵为主的专业厂,其产品已达到国际先进水平并已打入国际市场。据预测,国内、国际市场对这种高效节能泵均有持续的大量需求。但该厂设备陈旧落后,不能适应扩大生产提高质量的要求。经过调查研究,该厂提出引进日本单级泵机加工专用生产线改造原生产线的设想。据考察,这条生产线设备能满足加工精度要求,效率比国内现有设备大大提高。

该厂生产、经营状况良好,在近期及可预见的将来都不存在关停并转问题,因此只需要分析增量效果就可满足评价要求。

经过对引进项目的询价及对国内配套设备、厂房等投资估算,列出投资估算、投资计划与资金筹措、折旧与摊销测算表于表 5-18 至表 5-21;经与银行协商的还款办法,列出还款表于表 5-22;成本费用预测结果列于表 5-23。损益表、资金来源与运用表、现金流量表列于表 5-24 至表 5-27。

按增量法原理,上述报表按增量(差额)数据计算、列示。在计算差额数据时,考虑到以下因素:目前该厂的生产能力尚有一定潜力,若不进行技术改造,经过调整,可于第 3 年增加产量 0.1 万台,为此须增加流动资金 30 万元,但以后挖潜增产已很困难。

在技术改造期间(第 1,2 年)所借长期借款利息用企业现有财务费用支付,即计入原有成本费用,从而与不改造相比企业成本费用增加。此增加部分所导致的结果是:利润总额减少,因此所得税后利润和所得税均减少。

取基准折现率为 12%,根据表 5-26 和表 5-27 可求得各项经济效果指标如下:

全投资(所得税后)效果:

静态投资回收期 $T_P = 7.2$(年)

动态投资回收期 $T_P^* = 10.6$(年)

净现值 $NPV = 513.2$(万元)

内部收益率 $IRR = 21.6\%$

自有资金效果：

净现值　$NPV=547.7$（万元）

内部收益率　$IRR=30.3\%$

从以上分析可以看出,本技术改造项目增量财务效果良好,全部通过评价标准。

表 5-18　设备投资估算表

投资项	金额(万元)
进口设备	67.2
进口设备包装运输费	8.6
出国考察、联络费	2.8
国内设备	239
设备安装调试费	13
工位器具	23.4
设备投资合计	354

表 5-19　投资估算表

投资项	金额(万元)	备注
设备投资	354	
设备投资基本预备费	35	取设备投资的 10%
设备投资涨价预备费	46	取以上二项的 10%,分年计算
土建工程投资	20	
土建工程基本预备费	3	取土建工程费的 15%
土建工程涨价预备费	4	取以上二项的 18%
投资方向调节税	3	取以上三项之和的 10%
固定资产投资小计	465	
专有技术购置费	10	
流动资金投资	1000	
合计	1475	

表 5-20　投资计划及资金筹措表　　（单位：万元）

序号	项目 \ 年份	建设期 1	建设期 2	生产期 3	生产期 4	合计
1	总投资	408	99.5	270	700	1477.5
1.1	固定资产投资①	388	77			465
1.2	建设期利息	10②	22.5③			32.5
1.3	无形资产投资	10				10
1.4	流动资金			300－30⑤	700	970
2	资金筹措	408	99.5	270	700	1477.5
2.1	自有资金④	198+6.7	27+15.1	300－30		516.8
2.2	借款					
2.2.1	长期借款	200	50			250
2.2.2	流动资金借款				700	700
2.3	其他⑥	3.3	7.4			10.7

① 含投资方向调节税；
② 为当年长期借款 200 万元的利息（计半息）；
③ 为上年 200 万元借款利息（全年）与本年借款 50 万元利息（半年）之和；
④ 其中 6.7 万元和 15.1 万元为建设期利息 10 万元和 22.5 万元进入成本后的税后利润减少额；
⑤ 其中 30 万元为不改造时须增加的投入，270 万元为其差额；
⑥ 3.3 万元和 7.4 万元为所得税减少额。

表 5-21　折旧与摊销估算表

新增资产原值（万元）			折旧或摊销年限	年折旧（摊销）额	折旧（摊销）年份
固定资产①	设备	435	14	31	3—12
	房屋建筑	30	40	0.75	3—12
无形资产		10	5	2	3—7

① 含基本预备费、涨价预备费及投资方向调节税

表 5-22 借款还本付息表 (单位：万元)

序号	项目	年份	建设期		投产期			达到设计能力生产期						
			1	2	3	4	5	6	7	8	9	10	11	12
1	借款及还本付息													
1.1	年初欠款累计 {长 / 流			200	250	220	110 700	700	700	700	700	700	700	700
1.2	本年借款 {长 / 流		200	50		700								
1.3	本年付息② {长 / 流		10①	22.5①	25	22 56	11 56	56	56	56	56	56	56	56
1.4	本年还本 {长 / 流				30	110	110							
2	偿还本金的资金来源②													
2.1	利润				10	80	80							
2.2	折旧与摊销				20	30	30							
2.3	自有资金													
2.4	资产回收													
2.5	其他													
	合计													

① 计入企业现有的成本费用中；
② 长期借款年利率10%，流动资金借款年利率8%；
② 本栏待损益表完成后补充完。

表 5-23 成本费用估算表

(单位:万元)

序号	年份 项目	建设期		投产期			达到设计能力生产期			
		1	2	3	4	5	6	7	8—12
1	产量(万台)	1.2	1.2	1.3	1.3	1.3	1.3	1.3	1.3
2	原材料(外购)	275.8	275.8	298.8	298.8	298.8	298.8	298.8	298.8
3	燃料动力(外购)	8.8	8.8	9.5	9.5	9.5	9.5	9.5	9.5
4	工资及福利费	15.5	15.5	16.8	16.8	16.8	16.8	16.8	16.8
5	折旧与摊销	27	27	27	27	27	27	27	27
6	利息支出	20①	20	22.4②	22.4	22.4	22.4	22.4	22.4
7	其他费用	80.5	80.5	85.5	85.5	85.5	85.5	85.5	85.5
8	总成本费用	427.6	427.6	460	460	460	460	460	460
9	经营成本	380.6	380.6	410.6	410.6	410.6	410.6	410.6	410.6

不进行技术改造

		1	产量(万台)	1.2	1.2	2.5	4.5	4.5	4.5	4.5	4.5
		2	原材料动力(外购)	275.8	275.8	574	1033	1033	1033	1033	1033
		3	燃料动力(外购)	8.8	8.8	18.3	33	33	33	33	33
进行技术改造		4	工资及福利费	15.5	15.5	32.3	58.1	58.1	58.1	58.1	58.1
		5	折旧与摊销	27	27	61	61	61	61	61	59
		6	利息支出	30③	42.5④	45	98	87	76	76	76
		7	其他费用	80.5	80.5	153	250.7	250.7	250.7	250.7	250.7
		8	总成本费用	437.6	450.1	883.6	1533.8	1522.8	1511.8	1511.8	1509.8
		9	经营成本	380.6	380.6	777.6	1374.8	1374.8	1374.8	1374.8	1374.8
差额		1	总成本费用	10	22.5	423.6	1073.8	1062.8	1051.8	1051.8	1049.8
		2	经营成本	0	0	367	964.2	964.2	964.2	964.2	964.2

① 企业原有流动资金借款250万元,年利率8%;
② 原有流动资金借款250万元和增加的30万元借款利息之和;
③ 含技改长期借款200万元的利息10万元在内;
④ 含技改长期借款250万元的利息22.5万元在内。

表 5-24 损 益 表

(单位:万元)

序号		年份 项目	建设期		投产期			达到设计能力生产期			8—12
			1	2	3	4	5	6	7		
1	不进行技术改造	产销量(万台)	1.2	1.2	1.3	1.3	1.3	1.3	1.3	1.3
2		产品销售收入	523.2	523.2	566.8	566.8	566.8	566.8	566.8	566.8
3		销售税金及附加①	3.7	3.7	4	4	4	4	4	4
4		总成本费用	427.6	427.6	460	460	460	460	460	460
5		利润总额	91.9	91.9	102.8	102.8	102.8	102.8	102.8	102.8
6		所得税	30.3	30.3	33.9	33.9	33.9	33.9	33.9	33.9
7		税后利润	61.6	61.6	68.9	68.9	68.9	68.9	68.9	68.9
7.1		盈余公积金	9.2	9.2	10.6	10.6	10.6	10.6	10.6	10.6
7.2		应付利润	37	37	40	40	40	40	40	40
7.3		未分配利润	15.4	15.4	18.3	18.3	18.3	18.3	18.3	18.3
7.4		累计未分配利润	15.4	30.8	49.1	67.4	85.7	104	122.3	140.6

进行技术改造	1	产销量（万台）	1.2	1.2	2.5	4.5	4.5	4.5	4.5	4.5
	2	产品销售收入	523.2	523.2	1090	1962	1962	1962	1962	1962
	3	销售税金及附加	3.7	3.7	7.6	13.7	13.7	13.7	13.7	13.7
	4	总成本费用	437.6	450.1	883.6	1533.8	1522.8	1511.8	1511.8	1509.8
	5	利润总额	81.9	69.4	198.8	414.5	425.5	436.5	436.5	438.5
	6	所得税	27	22.9	65.6	136.8	140.4	144	144	144.7
	7	税后利润	54.9	46.5	133.2	277.7	285.1	292.5	292.5	293.8
	7.1	盈余公积金	8.2	7	20	41.7	42.8	43.9	43.9	44.1
	7.2	应付利润	37	37	79	165	170	174	174	175
	7.3	未分配利润	9.7	2.5	34.2	71	72.3	74.6	74.6	74.7
	7.4	累计未分配利润	9.7	12.2	46.4	117.4	189.7	264.3	338.9	413.6
差额	1	产品销售收入	0	0	523.2	1395.2	1395.2	1395.2	1395.2	1395.2
	2	销售税金及附加	0	0	3.6	9.7	9.7	9.7	9.7	9.7
	3	利润总额	−10	−22.5	96	311.7	322.7	333.7	333.7	335.7
	4	所得税	−3.3	−7.4	31.7	102.9	106.5	110.1	110.1	110.8
	5	应付利润	0	0	39	125	130	134	134	135
	6	未分配利润	−5.7	−12.9	15.9	52.7	54	56.3	56.3	56.4

① 仅包括城市维护建设税及教育费附加，以下同。

表 5-25 资金来源与运用表(差额)

(单位:万元)

序号	项目\年份	建设期		投产期		达到设计能力生产期							
		1	2	3	4	5	6	7	8	9	10	11	12
1	资金来源	394.7	69.6	400	1045.7	356.7	367.7	367.7	367.7	367.7	367.7	367.7	1482.7
1.1	利润总额	−10	−22.5	96	311.7	322.7	333.7	333.7	335.7	335.7	335.7	335.7	335.7
1.2	折旧与摊销			34	34	34	34	34	32	32	32	32	32
1.3	长期借款	200	50										
1.4	流动资金借款				700								
1.5	其他短期借款												
1.6	自有资金	198+6.7+15.1	27	270									
1.7	其他												
1.8	回收固定资产余值												145①
1.9	回收流动资金												970

2	资金运用	394.7	69.6	370.7	1037.9	346.5	244.1	244.1	245.8	245.8	245.8	245.8	945.8
2.1	固定资产投资	388											
2.2	无形资产投资	10	77										
2.3	流动资金投资			270	700								
2.4	所得税	−3.3	−7.4	31.7	102.9	106.5	110.1	110.1	110.8	110.8	110.8	110.8	110.8
2.5	应付利润			39	125	130	134	134	135	135	135	135	135
2.6	长期借款还本			30	110	110							
2.7	流动资金借款还本												700
2.8	其他短期借款还本												
3	盈余资金	0	0	29.3	7.8	10.2	123.6	123.6	121.9	121.9	121.9	121.9	536.9
4	累计盈余资金	0	0	29.3	37.1	47.3	170.9	294.5	416.4	558.3	660.2	782.1	1319

① 为新增固定资产原值（465万元）与累计折旧（320万元）之差

表 5-26 全部投资现金流量表（差额）

（单位：万元）

序号	项目	建设期 1	建设期 2	投产期 3	投产期 4	投产期 5	达到设计能力生产期 6	达到设计能力生产期 7	达到设计能力生产期 8	达到设计能力生产期 9	达到设计能力生产期 10	达到设计能力生产期 11	12
1	现金流入			523.2	1395.2	1395.2	1395.2	1395.2	1395.2	1395.2	1395.2	1395.2	1395.2
1.1	产品销售收入			523.2	1395.2	1395.2	1395.2	1395.2	1395.2	1395.2	1395.2	1395.2	1395.2
1.2	回收固定资产余值												145
1.3	回收流动资金												970
2	现金流出												
2.1	固定资产投资	388	77										
2.2	无形资产投资	10											
2.3	流动资金投资			270	700								
2.4	经营成本			367	964.2	964.2	964.2	964.2	964.2	964.2	964.2	964.2	964.2
2.5	销售税金及附加			3.6	9.7	9.7	9.7	9.7	9.7	9.7	9.7	9.7	9.7
2.6	所得税	-3.3	-7.4	31.7	102.9	106.5	110.1	110.1	110.8	110.8	110.8	110.8	110.8
3	净现金流（所得税前）	-398	-77	-117.4	-278.7	421.3	421.3	421.3	421.3	421.3	421.3	421.3	1536.3
4	累计净现金流（所得税前）	-398	-475	-592.4	-871.1	-449.8	-28.5	392.8	814.1	1235.4	1656.7	2078	3614.3
5	净现金流（所得税后）	-394.7	-69.6	-149.1	-381.6	314.8	311.2	311.2	310.5	310.5	310.5	310.5	1425.5
6	累计净现金流（税后）	-394.7	-464.3	-613.4	-995	-680.2	-369	-57.8	252.7	563.2	873.7	1184.2	2609.7
7	(P/F, 0.12, t)	0.8929	0.7972	0.7118	0.6355	0.5674	0.5066	0.4523	0.4039	0.3606	0.3220	0.2875	0.2567
8	净现金流现值（税后）	-352.4	-55.5	-106.1	-242.5	178.6	157.7	140.8	125.4	112.0	100.0	89.3	365.9
9	累计净现金现值（税后）	-352.4	-407.9	-514	-756.5	-577.9	-420.2	-279.4	-154	-42	-58	147.3	513.2

表5-27 自有资金现金流量表(差额) (单位:万元)

序号	项目	建设期 1	建设期 2	投产期 3	投产期 4	达到设计能力生产期 5	6	7	8	9	10	11	12
1	现金流入												
1.1	产品销售收入			523.2	1395.2	1395.2	1395.2	1395.2	1395.2	1395.2	1395.2	1395.2	1395.2
1.2	回收固定资产余值												145
1.3	回收流动资金												970
2	现金流出												
2.1	自有资金投入	204.7	42.1	270									
2.2	长期借款{还本/付息}	10	22.5	30/25	110/22	110/11							
2.3	流动资金借款{还本/付息}												700/56
2.4	其他短期借款{还本/付息}			56	56	56	56	56	56	56	56	56	56
2.5	经营成本			367	964.2	964.2	964.2	964.2	964.2	964.2	964.2	964.2	964.2
2.6	销售税金及附加			3.6	9.7	9.7	9.7	9.7	9.7	9.7	9.7	9.7	9.7
2.7	所得税	-3.3	-7.4	31.7	102.9	106.5	110.1	110.1	110.8	110.8	110.8	110.8	110.8
3	净现金流量	-211.4	-57.2	-204.1	130.4	137.8	255.2	255.2	254.5	254.5	254.5	254.5	669.5
4	累计净现金流量	-211.4	-268.6	-472.7	-342.3	-204.5	50.7	305.9	560.4	814.9	1069.4	1323.9	1993.4
5	$(P/F, 0.12, t)$	0.8929	0.7972	0.7118	0.6355	0.5674	0.5066	0.4523	0.4039	0.3606	0.3220	0.2875	0.2567
6	净现金流现值	-188.8	-45.6	-145.3	82.9	78.2	129.3	115.4	102.8	91.8	81.9	73.2	171.9
7	累计净现金流量现值	-188.8	-234.4	-379.7	-296.8	-218.6	-89.3	26.1	128.9	220.7	302.6	375.8	547.7

第七节 资产评估

项目评价有时会涉及资产评估。例如,当需要对技术改造项目进行总量评价时,就需要对现有资产进行评估。

所谓资产评估,就是依据国家规定和有关资料,根据特定目的,按照法定程序,运用科学方法,对资产在某一时点的价值进行评定估价。

资产评估的基本方法(或称基本途径)有三种:第一种,收益法,亦称收益现值法;第二种,成本法,亦称重置成本法;第三种,市场法,亦称现行市价法。以下分别对这三种方法作简要介绍。

一、资产评估的收益法

(一)收益法的适用条件及评估程序

收益法是通过估测由于获得资产而带来的未来预期收益的现值来确定被评估资产价值的。

在使用该方法时,对被评估对象有以下要求:第一,被评估资产的未来预期收益可以预测,并可以用货币量来计量;第二,与获得资产未来预期收益相联系的风险报酬也可以估算出来。

采用收益法进行资产评估的程序是:

(1)调查、分析影响资产未来收益的企业内部和外部因素;

(2)收集、验证与资产未来预期收益有关的经营、财务、市场、风险等数据资料;

(3)分析、测算与预期收益有关的经济参数;

(4)估算资产的未来预期收益;

(5)确定折现率;

(6)计算资产未来预期收益的现值;

(7)确定被评估资产的评估值。

(二) 收益法的计算公式

1. 收益法的基本计算公式

收益法的基本计算公式,或称原理公式,可表示如下:

$$PV = \sum_{t=1}^{N} B_t (1+i)^t \qquad (5\text{-}9)$$

式中: PV——资产评估值

B_t——第 t 年的资产预期收益

N——资产经营的期限(年)

i——折现率

实际操作中,根据资产经营的期限、收益的估计方式不同,直接应用以上公式或对原理公式进行变换。

2. 有限期收益的计算方法

当被评估资产在未来的经营期限是有限时间时,或需要评估有限期间的资产价值时,(5-9)式中的 N 是一个具体数字,此时可直接按(5-9)式进行计算。

3. 年金资本化计算方法

如果一项资产可以永久性经营下去,则可获得永续性收益,如企业、土地等就是这类资产。当资产的收益可认为是每年保持不变时,根据等额分付现值公式,公式(5-9)可变换成:

$$PV = B(P/A, i, N)$$

$$= B \cdot \frac{(1+i)^N - 1}{i(1+i)^N} = B \cdot \frac{1 - \dfrac{1}{(1+i)^N}}{i}$$

若期限 N 可认为很大,即经营期限很长时,上式中分子的第2项近似为零,因此:

$$PV = B \times \frac{1}{i} \qquad (5\text{-}10)$$

(5-10)式中的 B 实际上是等额年金,i 为折现率,在这里又称为资本化率。

例 5-7 一块土地,每年可稳定获得 4 万元租金净收入,评估人员分析,资本化率可定为 10%,则该地块的估价值为:

$$PV = 4 \times \frac{1}{0.10} = 40(万元)$$

4. 有限期限收益和年金资本化结合的计算方法

一般说来,资产的近期收益可以比较准确地预测,预测的期限越长,越难作出准确判断,而只能作出趋势性估计。由资金时间价值的概念和等值计算公式可以看出,近期收益的准确度远比远期收益的准确度对资产价值的估计重要。根据这种情况,可将收益分段计算,近期采用有限期公式,远期采用年金资本化公式。综合起来,可用以下公式表示:

$$PV = \sum_{t=1}^{m} B_t \cdot \frac{1}{(1+i)^t} + B' \cdot \frac{(1+i)-1}{i(1+i)^N} \times \frac{1}{(1+i)^m} \tag{5-11}$$

式中 PV 为资产估价值;B_t 为前 m 年中第 t 年收益;m 为近期年份数;B' 为远期年金(假定每年相等);N 为资产经营期限,当 N 可视为无限大(实际操作中 N 超过一定年数,如 40 年,即可视为无限大)时,(5-11)式可写为:

$$PV = \sum_{t=1}^{m} B_t \cdot \frac{1}{(1+i)^t} + \frac{B'}{i} \cdot \frac{1}{(1+i)^m} \tag{5-12}$$

例 5-8 被评估对象为一经营中企业,企业前 4 年预期净收益为 10 万元,11 万元,10 万元,12 万元;预计从第 5 年起每年净收益与第 4 年相同,经营期限可认为是无限的,折现率取 10%,则该企业的评估值为:

$$\begin{aligned}
PV = & 10 \times \frac{1}{1+0.1} + 11 \times \frac{1}{(1+0.1)^2} \\
& + 10 \times \frac{1}{(1+0.1)^3} + 12 \times \frac{1}{(1+0.1)^4} \\
& + 12 \times \frac{1}{0.1} \times \frac{1}{(1+0.12)^4} = 115.85(万元)
\end{aligned}$$

如果远期预测收益呈增长趋势，则可先估计增长率，再进行综合计算。在(5-10)基础上，如果远期年增长率为 g，则评估公式可写成：

$$PV = \sum_{t=1}^{m} B_t \cdot \frac{1}{(1+i)^t} + \frac{B_m(1+g)}{(i-g)} \cdot \frac{1}{(1+i)^m} \quad (5-13)$$

式中 g 为年收益增长率，从第 $m+1$ 年开始，以第 m 年收益为基数，逐年递增，其余符号意义同前。

例 5-9 上例中若从第 5 年开始年净收益逐年递增 4%，其余数据与例 5-8 相同，则该企业的评估值为：

$$PV = 10 \times \frac{1}{1+0.1} + 11 \times \frac{1}{(1+0.1)^2}$$
$$+ 10 \times \frac{1}{(1+0.1)^3} + 12 \times \frac{1}{(1+0.1)^4}$$
$$+ \frac{12 \times (1+0.04)}{0.10 - 0.04} \times \frac{1}{(1+0.1)^4}$$
$$= 175.96 (万元)$$

（三）收益法涉及的主要经济参数

1. 收益额

资产的收益额指因获得资产而取得的收益扣除为取得资产收益而发生的各种费用后的余额。资产收益额的计算与评估角度、被评估对象的具体情况、资产权益人的性质等有关，需根据实际情况处理，涉及收益额计算的方法有：税前收益和税后收益。

2. 折现率

折现率或资本化率，就是投资的最低希望收益率，本书第三章已作讨论。在资产评估中，要特别重视折现率中包含的风险报酬率的选取。

需要指出，折现率的确定必须和收益计算相对应，例如，税前收益的折现率与税后收益折现率不同，收益计算中考虑涨价因素与否直接影响折现率是否应包含通货膨胀率，等等。

二、资产评估的成本法

(一)成本法的基本概念

1. 成本法的原理公式

成本法的基本思路是:一项资产的价格不应高于重新建造的具有相同功能的资产的成本,若前者高,投资者将选择后者。因此,当被评估资产价值不易直接评估时,可用重新建造的具有相同功能的资产的成本来近似。重新建造的全新资产与已用多年的现有资产不能认为是完全相同的,为此必须进行适当扣除。用成本法评估的原理公式可表示为:

$$资产评估值 = 重置成本 - 实体性贬值 - 功能性贬值 - 经济性贬值$$

可见,采用成本法的关键在于估算重置成本和贬值大小。

2. 重置成本

重置成本,又称重置全价,指重新建造或购买相同或相似的全新资产的成本或价格。按照重置的不同方式,又可将重置成本分为两种:

(1)复原重置成本,又称复制成本,它是指使用与被评估资产相同的材料、相同的建造工艺,按照现行价格建造结构、功能与被评估资产完全相同的新资产的成本。显然,采用这种方法是在被评估资产未发生显著的技术进步的前提下才是合理的。如果市场上已出现新型的更先进的资产,则不能采用这种方法。

(2)更新重置成本,是指采用新材料、新工艺、新设计,按现行价格建造与被评估资产功能相同或相似的全新资产的成本。它适用于资产已出现明显技术进步的情形。

3. 实体性贬值,又称有形磨损贬值,它是指资产在使用中或闲置中磨损、变形、老化等造成实体性陈旧而引起的贬值。

4. 功能性贬值,又称无形磨损贬值,它是指由于技术进步,出现性能更优越的新资产而使原有资产部分或全部失去使用价值而造成的贬值。

5. 经济性贬值,指由于外界因素引起的与新置资产相比较获利能力下降而造成的损失。市场需求的减少、原材料供应的变化、成本的上升、通货膨胀、利率上升、政策变化等因素都可能使原有资产不能发挥应有的效能而贬值。

(二) 重置成本的估算

估算重置成本的方法有:重置核算法、功能成本法、规模成本法、物价指数法等。

1. 重置核算法

重置核算法是按资产的成本构成,以现行市价为标准,计算重置成本的一种方法。这种方法要求先对资产成本进行分解,然后逐项进行核算。资产成本可分为直接成本和间接成本两大类,对于直接成本,如原材料及燃料消耗、直接人工费等,可根据资产结构、制造工艺进行分析估算;对于间接成本,如管理费用等,可根据一定的分摊办法分摊求得。常用的分摊办法有:按工时分摊,按直接成本比例分摊等。

例 5-10 被评估资产为一台 2 年前购置的机床,据了解,该型号机床现尚无换代产品。该机床帐面原值 6.8 万元,经查验资料,机床购买价为 6 万元,运输、安装、调试费为 0.8 万元。据对同类型机床制造成本调查,现有机床材料、人工费及其他间接成本比 2 年前上涨 20%;另外,运费上涨 80%,安装费上涨 40%,调试费上涨 20%。据分析,运输、安装、调试费的比例为 25:50:25。根据以上资料,该机床的重置分解成本可作如下核算:

购置成本 $= 6 \times (1 + 20\%) = 7.2$(万元)

运输费用 $= 0.8 \times 25\% \times (1 + 80\%) = 0.36$(万元)

安装费用 $= 0.8 \times 50\% (1 + 40\%) = 0.56$(万元)

调试费用 $= 0.8 \times 25\% \times (1 + 20\%) = 0.24$(万元)

则重置全价为:$7.2+0.36+0.56+0.24=8.36$(万元)

2. 功能成本法

如果被评估资产已出现换代产品,且新资产的功能优越于被评估资产,那么,就必须采用更新重置成本法,即按新型资产的成本进行估算。具体做法是:先估算新型资产的重置成本,然后折算成与被评估资产的功能相应的成本。

当新旧资产的功能差别主要表现为生产效率时,可用以下公式计算:

被评估资产重置全价
= 参照的新资产重置全价 × $\dfrac{被评估资产年产量}{参照的新资产年产量}$

例 5-11 被评估的资产为一台年加工 50000 件零件的车床,重新购置安装一台新型车床的成本为 6 万元,新车床一年可加工同类零件 80000 件,则被评估车床的重置成本为:

$$6 \times \frac{50000}{80000} = 3.75(万元)$$

当新旧资产的功能差别不表现为生产效率或除生产效率以外还有其它方面时,就要根据情况进行分析。这里介绍一种功能成本分析方法。

一般说来,功能越好,成本越高。通过调查统计,可以建立功能与成本之间的关系函数,即功能成本函数。为此,先要对功能进行评价,将同类资产的功能按一个或多个指标划分为可量化的等级;然后对各相应功能资产的成本进行调查分析;将获得的成组数据标在平面直角坐标图上,如图 5-6 中的各离散点;用一条最近似于离散点的函数曲线拟合功能成本关系,即可得到功能成本函数。根据得出的功能成本函数即可求出相应于某一功能的被评估资产的重置成本。功能成本函数曲线拟合可采用最小二乘法等方法。

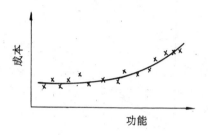

图 5-6 功能成本关系图

例 5-12 被评估资产为一台经改进的锻压设备。该设备由 50 吨压力机改装而成,能力为 70 吨。经调查,市场上有系列压力机出售,其能力与价格如表 5-28 所示。

表 5-28 锻压设备能力与现行市场价格表

能力(吨)F	3	5	10	30	50	80	100	150
价格(万元)P	33	35	40	60	85	115	130	175

将调查所得能力与价格的各组数据标在功能价格平面图上,如图 5-7。从趋势看,能力与价格的关系呈直线,由此可用一条直线近似。设直线方程为:

$$P = a + bF$$

用最小二乘法求得系数 $a=31.67, b=0.98$,则直线方程为:

$$P = 31.67 + 0.98F$$

被评估设备能力为 $F=70$(吨),代入上式,即可得到其重置成本:

$$P = 31.67 + 0.98 \times 70 = 100.27(万元)$$

3. 规模成本法

具有不同生产规模的资产的成本与规模之间存在一定的关

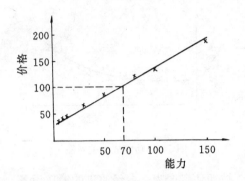

图 5-7 锻压设备的功能价格图

系,这种关系可能是线性的,也可能是非线性的。常遇到的情况是:成本的增加比规模增加的速度要慢,即存在规模经济现象。假如 A 资产和 B 资产属同类资产但具有不同的生产能力规模,若已知二资产的规模和 B 资产的重置成本,则 A 资产的重置成本可用以下公式表示:

$$A\text{ 资产的重置全价} = B\text{ 资产的重置全价} \times \left(\frac{A\text{ 资产生产能力}}{B\text{ 资产生产能力}}\right)^a$$

指数 a 可通过统计分析获得,不同的行业 a 值不同。通过行业分析得到的经验数据,可以引用。据国外分析,一般行业的 a 在 0.7 左右,房地产的 a 值在 0.9 左右。

规模成本法主要用于企业整体资产的评估,它是较为粗略的评估方法。在形式上,它是功能成本法的变型,但功能成本法更适合于单项资产的评估。

例 5-13 已知某被评估资产生产能力为 50 万件/年;与其相似的资产生产能力为 40 万件/年,重置成本为 600 万元,指数 a 为 0.7,则被评估资产重置成本为:

$$600 \times \left(\frac{50}{40}\right)^{0.7} = 600 \times 1.169 = 701(万元)$$

4. 物价指数法

这是用资产价格变动指数估算重置全价的方法。价格变动指数主要有定基价格指数和环比价格指数。定基价格指数是以某一年份价格为基数确定的指数,环比价格指数是逐年与前一年相比的指数。物价指数法可用于按帐面历史成本调整为现价的重置成本计算。

例5-14 被评估资产于1988年购置安装,帐面原值为12万元,1990年进行过一次改造,改造费用为2万元,若定基物价指数1988年为1.05,1990年为1.35,1993年为1.60。采用物价指数法计算该资产1993年的重置全价结果见表5-29。

表5-29 某资产的重置成本计算表

时间	投入费用（万元）	物价指数	调整系数	重置成本（万元）
1988	12	1.05	$\frac{1.60}{1.05}=1.52$	$12 \times 1.52 = 18.24$
1990	2	1.35	$\frac{1.60}{1.35}=1.19$	$2 \times 1.19 = 2.38$
1993		1.60	$\frac{1.60}{1.60}=1.0$	
合计				20.62

(三) 各种贬值的估算

1. 实体性贬值的估算

实体性贬值可通过对资产技术状态的观察、测量、分析估算或通过对使用年限的估计来估算。

(1) 观察法:通过有丰富经验的评估人员和工程技术人员的

观察和技术鉴定,估计资产磨损程度,判断成新率,其公式为:
  资产实体性贬值 = 重置成本 ×(1 − 成新率)
  若被评估资产的贬值仅需考虑实体性贬值,则重估值为:
  资产重估值 = 重置成本 − 实体性贬值
       = 重置成本 − 重置成本 ×(1 − 成新率)
       = 重置成本 × 成新率

例 5-15 例 5-10 所分析机床因尚无换代产品,因此可不考虑功能性贬值,假设也不存在经济性贬值,现经分析,其成新率为 0.8,则该机床的实体性贬值为:$8.36 \times (1-0.8) = 1.67$ 万元;重估值为:
$$8.36 \times 0.8 = 6.69 \text{ 万元}.$$

(2)使用年限法:通过观察和技术分析,估计被评估资产的使用年限,以此估算其实体性贬值。其公式为:

资产的实体性贬值

$$= \text{重置成本} \times \frac{\text{实际已使用年限}}{\text{总使用年限}}$$

$$= \text{重置成本} \times \frac{\text{实际已使用年限}}{\text{实际已使用年限} + \text{尚可使用年限}}$$

式中:实际已使用年限 = 名义使用年限 × 资产利用率

名义已使用年限是指资产自交付使用后到评估日为止的时间长度。尚可使用年限可通过预计的实体性损耗速度和技术进步的影响分析进行估计。

例 5-16 被评估对象为一条机械加工生产线,经评估,其重置成本为 85 万元,安装后投入使用已 5 年,平均利用率 80%,估计还可用 6 年。

则: 该生产线资产实体性贬值 $= 85 \times \dfrac{5 \times 80\%}{5 \times 80\% + 6}$

$$= 85 \times 0.4 = 34 \text{(万元)}$$

该生产线资产重估值 $= 85 - 34 = 51$(万元)

上述公式经变换可得出成新率：

$$成新率 = \frac{尚可使用年限}{实际已使用年限 + 尚可使用年限}$$

例 5-16 中，成新率为：

$$\frac{6}{5 \times 80\% + 6} = 0.6$$

由此可直接求得重估值：

$$85 \times 0.6 = 51 \text{ 万元}。$$

2. 功能性贬值的估算

若采用功能成本法进行重置成本的计算，那么功能性贬值就全部或部分地在估算重置成本时作了扣除，就不必再另计算功能性贬值，当采用功能成本法只考虑了部分功能贬值因素时，对于其他应计入的因素仍须加以评估。例如，若按生产效率对新旧资产功能作了修正处理，但未计算生产成本上的差异，那么还应对成本加以修正。在重置成本估算中未计入功能性因素的，若功能性贬值不可忽略，则仍应将功能性贬值扣除。

功能性贬值主要从以下几方面考虑：(1) 利用被评估资产与利用新型资产在生产产品的成本上的差异；(2) 由于新型资产的使用可导致产品质量提高、销售利润增加从而使旧资产相对贬值；(3) 由于新型资产效率提高而使旧资产相对贬值。

新旧资产效率上的差异可用类似功能成本法加以处理，这里介绍另两种情况的处理。

当新型资产在生产产品中可节约成本时，被评估资产功能性贬值公式为：

资产功能性贬值
= 被评估资产生产单位产品成本超支额 × 年产量
× 尚可使用年限内的年金现值系数

当新型资产生产产品质量提高导致利润增加时，被评估资产功能性贬值公式为：

$$\text{资产功能性贬值} = \text{被评估资产生产单位产品利润减少额} \times \text{年产量} \times \text{尚可使用年限内的年金现值系数}$$

例 5-17 被评估资产为一专用加工设备，据调查，市场上已有性能更好的设备出售，由于新设备在材料利用率、能耗等方面都优于被评估设备，测算出每生产一件产品节约成本 0.52 元，年产量为 1.5 万件，新旧设备产量相同，预计被评估设备尚可使用 6 年，折现率为 12%，则该设备功能性贬值为：

$$\text{资产功能性贬值} = 0.52 \times 1.5 (P/A, 0.12, 6)$$
$$= 0.52 \times 1.5 \times 4.1114 = 3.2 (\text{万元})$$

3. 经济性贬值的估算

经济性贬值可通过比较被评估资产与同类资产在经营环境等方面的差别进行估算。

例 5-18 被评估资产为一专用设备，由于市场竞争激烈，企业销售量将逐年减少，设备利用率因而降低，该设备已使用 6 年，预计尚可使用 4 年，4 年后产品将停止生产，届时该设备将报废。经评估，该设备重置成本为 8 万元。设备未来 4 年利用率分别为 80%，75%，65%，50%。折现率为 10%。对该设备的经济性贬值可作如下分析：

在无经济贬值的情况下，设每年设备的经济贡献为 A，则未来各年的 A 值的现值之和应等于该设备的重估值。根据前面的论述：

$$\text{设备的重估值} = \text{重置全价} \times \frac{\text{尚可使用年限}}{\text{已使用年限} + \text{尚可使用年限}}$$
$$= 8 \times \frac{4}{4+6} = 3.2 (\text{万元})$$
$$A = 3.2 (A/P, 0.10, 4) = 3.2 \times 0.3155 = 1.01 (\text{万元})$$

$$\begin{aligned}
\text{经济贬值额} &= A \times (1 - 0.80) \times \frac{1}{1 + 0.1} \\
&\quad + A \times (1 - 0.75) \times \frac{1}{(1 + 0.1)^2} \\
&\quad + A \times (1 - 0.65) \times \frac{1}{(1 + 0.1)^3} \\
&\quad + A \times (1 - 0.50) \times \frac{1}{(1 + 0.1)^4} \\
&= A \times (0.20 \times 0.9091 + 0.25 \times 0.8264 \\
&\quad + 0.35 \times 0.7513 + 0.50 \times 0.6830) \\
&= A \times 0.993 = 1.01 \times 0.993 \\
&= 1.001 (万元)
\end{aligned}$$

在存在经济贬值的条件下,该设备的重估值为:
$$3.2 - 1.0 = 2.2(万元)$$

三、资产评估的市场法

(一)市场法的应用条件和评估程序

资产评估的市场法,又称现行市价法,是以现行市场价格为依据评估资产的一种方法。其出发点是:构成资产的生产要素如同一般商品一样,可以在市场上交换,而且资产的绝大多数种类也确实在市场上流通。按照替换原则,市场可比较的价格就可作为被评估资产价格的依据。

1. 市场法的应用条件

用市场法评估资产必须具备以下条件:第一,市场上存在与被评估资产相同或相似的商品,这种商品称之为市场参照物。市场法的可用性取决于市场参照物的丰富程度,而这不仅有赖于充分发育的商品市场,而且有赖于充分发育的资产市场。第二,被评估资产的市场参照物的经济、技术参数可以获得。

2. 市场法的评估程序

用市场法进行资产评估的主要程序如下:

(1) 分析评估对象的特征及表明其特征的主要经济、技术指标;

(2) 进行市场调查,收集并分析与被评估资产相同或相似的商品信息,确定参照物;

(3) 比较被评估资产和参照物的异同点;

(4) 对影响资产价值的差异进行调整计算;

(5) 确定被评估资产的重估价值。

(二) 市场法的操作方法

1. 直接法

如果在市场上找到的参照物与被评估对象在结构、性能、新旧程度等方面相同,则参照物的市场价格可直接作为被评估对象的评估值。我国的旧自行车市场比较发达,估价旧自行车就可直接按市场成交价评估。类似这种情况,我国近年来旧设备市场日益活跃,其交易记录为资产评估的直接法提供了一定的基础。另外,若被评估资产是全新的或接近全新的资产,也可参照新资产的市场价格评估。

2. 市价折余法

当被评估资产是已用若干年的旧资产时,而且如果市场上仍有相同型号的资产出售,则市场参照物价格仍有引用的可能。此时只要将被评估资产的损耗贬值从全新价格中扣除就行了,其办法类似于重置成本法。其公式是:

$$资产重估值 = 全新资产现行价格 - 实体性贬值$$
$$= 全新资产现行价格 \times \frac{尚可使用年限}{已使用年限 + 尚可使用年限}$$

例 5-19 被评估资产是一台已使用 3 年的设备,据调查,市场上同型号新设备每台 12 万元,预计该设备还可使用 5 年。则被评估资产重估值为：

$$资产重估值 = 12 \times \frac{5}{3+5} = 7.5(万元)$$

3. 类比法

当市场上找不到相同资产作参照物时，可寻找功能相似的资产作参照物。在技术进步快、产品更新换代周期短的情况下，往往市场上可找到的只是换型、换代的参照物。此时，须对被评估资产和参照物进行比较、分析后方可评定被评估对象的价值。在比较时，特别要注意以下因素的对比：功能上的差异；地域上的差异；应用环境上的差异；参照物成交时间与评估时间差异等。

例 5-20 被评估对象为生产一种化工原料的装置，经过市场调查，参照物选定为生产相同产品的另一种装置。参照物购置时间为 2 个月前，可视为全新资产，但经分析，评估时价格约上升 5%，其他比较列于表 5-30。

表 5-30 评估对象与参照物比较表

比较因素	参照物	被评估对象
市场价格(万元)	75	
生产工人定员(人)	40	35
生产工人平均工资(元/年)	4800	4800
尚可使用时间(年)	20	15
成新率	100%	80%

分析与计算：

(1) 参照物价格调整：$75 \times (1+5\%) = 78.75$(万元)

(2) 功能比较调整：

① 按生产能力比较，采用规模价格指数法，经分析，指数定为 0.65，则：

$$\text{被评估对象全新时的价格} = 78.75 \times \left(\frac{20000}{25000}\right)^{0.65}$$
$$= 78.75 \times 0.865$$
$$= 68.12(\text{万元})$$

② 按生产成本比较:参照物效率高,平均单位产品用工少,按参照物类比如下:

$$\text{年工资差额} = [(35 \times 4800)/20000$$
$$- (40 \times 4800)/25000] \times 20000$$
$$= 14400(\text{元})$$

年工资差额的 15 年折现值,折现率取 12%

$$\text{工资差额现值} = 1.44(P/A, 0.12, 15)$$
$$= 1.44 \times 6.8109$$
$$= 9.81(\text{万元})$$

按功能比较后调整的价格为:

被评估对象调整全价 $= 68.12 - 9.81 = 58.31(\text{万元})$

③ 按成新率计算重估价值:

被评估对象重估价值 $= 58.31 \times 80\% = 46.65(\text{万元})$

习 题

[5-1] 有一投资项目,固定资产投资 50 万元,于第 1 年初投入;流动资金投资 20 万元,于第二年初投入,全部为贷款,利率 8%。项目于第 2 年投产,产品销售第 2 年为 50 万元,第 3—8 年为 80 万元;经营成本第 2 年为 30 万元,第 3—8 年为 45 万元;第 2—8 年折旧费每年为 6 万元;第 8 年末(项目寿命期末)处理固定资产可得收入 8 万元。根据以上条件列出的全投资现金流量表见表 1、表 2,是否正确?若有错,请改正过来。

表1 全投资现金流量表(一)　　(单位：万元)

年　　份	0	1	2	3—7	8
现金流入					
销售收入			50	80	80
固定资产回收					8
现金流出					
经营成本			30	45	45
固定资产投资	50				
流动资金投资		20			
折旧			6	6	6
净现金流	−50	−20	14	29	37

[5-2] 题[5-1]中,若固定资产投资50万元中企业自有资金为30万元,贷款为20万元,贷款期限2年,利率10%,流动资金全为贷款,利率8%。固定资金贷款归还办法:等额本金法(即每年还本额相等并归还相应利息);流动资金贷款每年付息,项目寿命期末还本。其余数据同问题[5-1]。据此,列出资金平衡表见表3,请判断其正确性,若有错误,请予改正,对必要的数据允许作合乎情理的假设。

表2 全投资现金流量表(二)　　(单位：万元)

年　　份	0	1	2	3—7	8
现金流入					
销售收入			50	80	80
固定资产回收					8
折旧			6	6	6
现金流出					
经营成本			30	45	45
固定资产投资	50				

续表

年份	0	1	2	3—7	8
流动资金投资		20			
流动资金利息			1.6	1.6	1.6
净现金流	-50	-20	24.4	39.4	47.4

表3 资金平衡表 （单位：万元）

年份	0	1	2	3—7	8
资金来源					
企业自有资金	30				
利润			11.5	25	25
折旧			6	6	6
固定资产回收					8
流动资金回收					20
固定资金贷款	20				
流动资金贷款		20			
资金运用					
固定资产投资	50				
流动资金投资		20			
固定资金贷款 还本			10	10	
付息			2	1	
流动资金归还					20
资金结余	0	-12	6.5	31	39
累计资金结余					

[5-3] 将题[5-2]中固定资金贷款还款办法改为到期一次还本付息,其余数据不变,自有资金现金流量表见表4,是否正确?若有错,请改正。

表4 自有资金现金流量表 （单位：万元）

年　份	0	1	2	3—7	8
现金流入					
销售收入			50	80	80
固定资产回收					8
现金流出					
经营成本			30	45	45
固定资产投资	50				
流动资金投资		20			
固定资金贷款 还本			24.2		
付息					
流动资金贷款 还本					20
付息			1.6	1.6	1.6
净现金流					

[5-4] 某企业拟进行的技术改造项目计划要引进专利和设备，经与有关方面商谈，外汇贷款必须用本项目的外汇收入归还。但该企业的产品出口获利不如内销，问：

1. 当外销量增大时，下列结果哪一个可能出现，或都可能，或都不可能出现：

(1) NPV 和 IRR 都会下降，但仍保持 $NPV>0$, $IRR>i$。

(2) 会使 $NPV<0$ 或 $IRR<i$。

2. 有人说，如果出口使 NPV 和 IRR 下降，外销量应满足以下两个条件：

(1) 使出口换汇足以偿还外汇贷款

(2) 保持 $NPV>0$, $IRR>i$。

这两个条件是否有矛盾？如果不能同时满足，应首先满足哪个条件？由此会产生什么后果？

[5-5] 原始资料：

1. 项目建设期 2 年,生产期 8 年,所得税税率 33%,基准折现率 12%。

2. 投资估算及资金来源:

建筑工程费 600 万元,设备费 2400 万元,综合折旧率 12.5%,固定资产残值不计,无形资产及开办费 500 万元(第 1 年投入),生产期内均匀摊入成本费用。

表5 资金投入计划及收益、成本预测表(单位:万元)

序号	项目	年份	1	2	3	4	5—10
1	建设投资						
	自 有		1200	300			
	借 款			2000			
2	流动资金						
	自 有				180	180	
	借 款				300	300	
3	年产(销)量(万件)				60	90	120
4	经营成本				1682	2360	3230

注:产品价格:40 元/件,产品及外购件价格均不含税(即价外税)

3. 还款方式:

建设投资借款利率 10%,借款当年计半年利息,还款当年计全年利息,投产后 8 年(即第 3 至第 10 年)按等额本金法偿还;流动资金借款利率 8%,每年付息,借款当年和还款当年均计全年利息,项目寿命期末还本。

作业要求:

1. 作借款还本付息表;

2. 作成本表;

3. 作损益表;

4. 作资金来源与运用表；

5. 作全投资现金流量表，计算 T_P, T_P^*, NPV, IRR；

6. 作自有资金现金流量表，计算 NPV, IRR；

7. 分别就建设投资、销售量、经营成本变动±5%、±10%、±15%、±20%，对该项目全投资内部收益率作敏感性分析。

[5-6] 某台钻厂现有固定资产价值 315 万元，占用流动资金 296 万元，年产台钻 1.45 万台。为提高产品质量，降低成本，占领国际市场，拟进行技术改造。项目计算寿命为 10 年。有关数据资料如下：

1. 不进行技术改造未来 10 年费用、收益预测见表 6。

表 6

年 份	1	2	3	4	5	6—9	10
零星技措投资（万元）（自筹资金）	2	2.5	3.5				
流动资金投资（万元）（贷款）	10.3	10.3	10.4				
年销售量（万台）（单价460元/台）	1.5	1.55	1.6	1.6	1.6	1.6	1.6
年经营成本（万元）	587	602	611	614	638	654	654
期末固定资产残值（万元）							85
年折旧额（万元）	23	23	24	24	24	24	24

2. 技术改造投资估计及资金来源：

(1) 固定资产投资 790 万元

　　其中　自筹资金 390 万元

　　　　　银行贷款 400 万元，年利率 10%

　　期限 5 年，还款办法：等额本金法或到期一次偿付本息（选择一种或两种都进行分析）。

(2) 流动资金投入 520 万元,由工商银行贷款,年利率 8%。

3. 进行技术改造未来 10 年费用、收益预测见表 7。

表 7

年 份	1	2	3	4	5	6—9	10
固定资产投资(万元)							
其中:自筹资金	200	120	70				
银行贷款		300	100				
流动资金投资(万元)	46	45	30	113	286		
年销售量(万台)	1.7	2	2.2	3	5	5	5
(单价 460 元/台)							
年经营成本(万元)	644	735	772	998	1579	1579	1579
期末固定资产残值(万元)							450
年折旧额(万元)	32	63	70	70	70	70	70

4. 其他参数:

基准折现率取 12%。

作业要求:用增量法计算以下结果:

(1) 列出该技改项目的还款表、成本费用表和损益表;

(2) 列出资金平衡表;

(3) 作全投资分析:列出现金流量表,计算静态、动态回收期、NPV、IRR;

(4) 作自有资金分析:列现金流量表,计算 NPV,IRR;

(5) 分别就销售收入及经营成本变动±5%,±10%,±15%,±20%,对该项目全投资净现值作敏感性分析。

第六章 公用事业项目的经济评价

公用事业项目投资的基本出发点是社会公众福利,而非商业利润,项目的产出或提供的服务往往不具有市场价格,因此,这类项目的成本与收益的识别和计量,以及经济评价的方法与标准,较之盈利性项目减少了规范性,增加了复杂性和困难。

第一节 公用事业项目的基本特点

公用事业项目通常是由政府(或社会团体)出资兴建的,它不以商业利润为基本追求,而以社会公众利益为主要目标。公用事业项目的上述特点是由项目产出的基本特性和政府目标的基本指向两个方面的因素决定的。

一、公用事业项目产出的公共品性和外部性

一个项目所能提供的产品或服务,按其使用或受益的性质可以区分为两类:公共品和私有品。公共品与私有品是相对而言的,区分它们的基本标志是使用或受益的排它性。私有品的使用具有明显排它性,即一旦某人享有了消费某物品或服务的权利,就排除了他人拥有这种权利,正如一人的衣物、饮食不能同时被他人所享有一样。相反,公共品不具有享用权上的排它性,而具有明显的公共性,即某人的享用不排除他人对同一物品或服务的享用权,正如一条市区道路和一座公园可同时为多人服务那样。公用事业项目所提供的产品或服务往往具有较强的公共品性,这是此类项目的显著特点之一。

从项目的成本与受益的角度来看,一个项目还会或多或少地存在外部性。所谓外部性,是外部收益和外部成本的统称。外部收益系指落在项目投资经营主体之外的收益,此收益由投资经营主体之外的人免费获取。例如某投资主体兴建了一座水电站,它可以通过电能出售获得收益,而电站下游居民也从电站大坝的修建中获得了减少洪水灾害的收益,这种收益尽管可能很大,但下游居民却是免费获得的。外部成本系指落在项目投资经营主体之外的社会成本,但此成本却不由该投资经营主体给予等价补偿,而由外部团体和个人无偿地或不等价地承担。例如烟尘和污水的排放损害生态环境进而损害他人,但受损害者却难从污染制造者那里获得等价赔偿。公用事业项目往往具有较强的外部性,这是此类项目的又一显著特点。

二、公用事业项目的制度特征

一个项目的产出是公共品还是私有品,外部性较大还是较小,不但与项目的产出特性有关,而且还与制度安排特别是产权制度的安排有关。正如修建一所小学,是政府出资公立免费还是私人出资私立收费,亦如修建一条道路,是政府出资免费公用还是私人出资谋取利润,是由相应的制度安排决定的。制度是人的行为规则,是一种受益或受损的权利。决定制度安排的基本因素是制度效率或制度成本。任何一种制度安排都有其相应的成本,即建立并实施某项制度的成本(费用),这种成本又称作交易成本或交易费用,交易成本小的安排即为有效率的制度安排。有些项目之所以适于政府投资且是不以盈利为基本目的公用事业项目,而另一些项目则是适于法人和私人投资且以盈利为基本追求的商业性项目,都与项目产出特性下的制度费用有关。

倘若一个项目所提供的产品或服务能够方便的计量和交易,使产品或服务的购买者能够获有排它性的享用权,即未经它的同意别人无权享用,使产品或服务的提供者能够获得排它性的全部收益,别人不能不付费的获取,那就可以推断,这类产出项目适于作为盈利性项目来安排,市场机制的价格系统可以有效地对其进行成本与收益的计算,并将其纳入投资经营主体之内,从而为追求利润的投资经营者提供足够的激励,使他们愿意投资于那些有利可图的项目,市场机制的竞争法则和供需法则能够有效地调节他们的行为,促使他们提高资源配置效率。

倘若一个项目的产出或服务不具有计量和交易的方便性,购买者不能实际拥有排它性的享用权,提供者不能通过产品或服务的出售而将全部或大部分收益内部化,别人可以免费从购买者或提供者那里获得收益,那就可以推断,这类产出或服务就会产生市场供给或(和)需求不足的问题:消费者将不愿花钱购买,他愿意别人购买而自己搭乘别人便车免费享用;提供者不愿投资经营,他不能从产品或服务的销售中获得全部或大部分收益,他的销售收入可能不足以抵偿他的投资支出和其他支出,他缺乏投资这类项目的利润激励。在这种情况下,即使这类项目具有很大的社会经济效益,但市场机制的竞争法则和供需法则将会失灵,市场机制的价格系统不能有效引导资源的优化配置。

从需求或消费的角度看,一种产品或服务的购买者能否实际获有排它性享用等权利,不仅仅取决于相应权利制度的规定,而且更取决于行使权利制度的费用,如果费用过高而使权利行使不经济,作为制度安排的权利规定或迟或早就会形同虚设而失去存在意义。举个例子,一个经常走夜道的人,他可能出于夜行安全需要而考虑是否买断路灯的照明享用权(他未买断道路通行权)。这里的问题出在该人是否能够真正独享路灯照明的收益。他可能无法阻止别人免费享受照明,他也无法同过往路人一一谈判收取照明费用,所以,他最终会因这一制度安排的交易费用过高而放弃购买打算。同样,别的过路人也会出于同样的考虑而放弃购买,这就导致了对路灯照明有偿使用的需求不足。

　　从供给或生产的角度看，产出的收益能否按等价交换原则落入投资经营主体之内，则不仅仅取决于具体的权利制度安排，而且更主要取决于执行制度的费用高低，如果制度费用过高，也终会由于不经济而失去意义。设想一个防洪水利设施的例子，该项目的投资经营者恐怕很难从设施下游的团体和居民那里收取与减少洪涝损失相当的费用。因为下游团体和居民的情况可能千差万别，他们会由于收入高低、财产多寡、地理位置与流动性差异以及对洪涝损失的估计差异，对减少洪涝损失的估价不同，进而产生支付意愿的差异，投资经营者难于知道他们各自的受益情况和支付意愿，收益者会出于免费受益动机的驱使，会使价格谈判陷于无休止的争论之中，即使勉强制定了收费标准，而在真正实行的时候又可能遭到众人抗拒与逃避。所以，过高的交易费用（成本）会使这种定价收费制度难以有效建立与运行。这个例子说明，作为市场机制基础的定价制度（等价交换制度）会由于某些产品或服务的交易费用过高而失效，在这种情况下，若把这些项目作为盈利性项目来安排，就会导致项目及其产出的供给不足。

　　上述分析表明，倘若产品或服务的排它性权利及相应定价制度的建立和运行的成本太高，以盈利为基本驱动力的市场机制就难以发挥作用，它将导致对这类产品或服务项目的有效供给和（或）有效需求不足，即使它的社会效益远远大于社会成本时也是如此。一种替代性的制度安排——将提供这类产品或服务的项目安排为政府出资的公用事业项目，就是必要的。这类项目不以盈利为目的，而以社会利益为基本追求，它的产品或服务或者被免费享用，或者为了维持项目的正常运行而实行低价收费，享用者从免费中获得了公共品，从低价收费中获得了项目产出的外部收益——消费者剩余。

三、政府的基本目标与项目属性

政府之所以应该成为公用事业项目的投资主体，一方面是由政府的性质和职责所决定，一方面是由其效率所决定。政府是公共权利机构，其权利是人民赋予的，其职责是为人民服务、为社会谋利。政府的基本目标有两个：一是效率目标，即促进社会资源的有效配置，促进国家或地区的经济增长；一是公平目标，即促进社会福利的公平分配，普遍改善人民的福利水平。

就效率而言，在市场机制能够充分有效运作的范围内，政府不一定非要在那些以盈利为目的的竞争性产业领域进行大量的项目投资，而应主要在市场机制不能充分发挥作用的公用事业领域进行投资，以弥补市场机制的不足，促进全社会的资源配置效率的提高。例如国防项目提供的是保卫人民不受外敌侵犯的服务，这种项目能否由每个个人或家庭去办？肯定不行。个人或家庭无力采购足够的精良武器系统，他也无力雇请一支像样的军队。即使谁有这个财力，他也未必会去这么做，因为别人可能指望从他提供的防卫中免费受益，他也很难指望别人自愿为他负担部分开支，受益于防卫的个人之间也很难达成某种自愿交易。因而这种制度安排，或者会使交易费用极高，或者会使防卫能力极低，由此导致这种制度安排的低效性。这也就是由国家（政府）为全体国民提供国防服务这种公共必需品的基本道理所在，它既可以节省社会资源投入，也可以提供更有效的服务。同样的道理，诸如立法、司法、执法等等，从效率角度也只宜作为公共品由政府等公共权利部门提供，不能指望它们可以通过社会成员的私自交易来完成。有些项目，例如一条高速公路，是可以实行谁受益谁付费的制度的，办法之一是设置路卡（正如我国的许多公路曾大量出现过这种现象），对通行者在进口处收费，在出口处验票放行。但这样一来，或者因为进出口处的排队等候而延误时间（时间是稀缺资源，由此产生成本），或者因为一部分人嫌路费高昂而不肯使用，致使公路使用者较少而不能发挥全部效益潜能。所以，在同样投资和维护成本条件下，这条公路由政府出资兴建提供免费服务也就更有效率。

就公平而言，调节公民之间的福利分配是政府的基本职责。在市场机制的分配范畴内，公民之间的收入分配和福利分配肯定是有相当差异的。为此，政府一方面可以通过财政税收等政策工具调节人们之间的收入分配，实行多收入多交税原则，用纳税人的钱补助低收入者和无收入者；另一方面，政府可利用税收等财政收入投资兴办有助于改善社会福利分配的公用事业项目，如公立医院、公立学校等。公立医院的低廉收费制度有助于中低收入者就医，公立学校的免费或低廉收费可使中、低收入家庭的子女就读。

事实上，许多公用事业项目可能不止追求效率或公平的单一目标，而是二者兼有。前述例子中，政府修建免费公路不但有助于社会效率的提高，而且也有助于改善福利分配，使收入低的人也能享用公路提供的服务；而公立学校不但有助于低收入家庭的孩子获得教育，而且受过良好教育的学生长大后，会更加自觉地遵守社会法律秩序，并对未来社会发展做出更大贡献，从这种意义上看，兴办公立学校不但是改善福利分配的举措，而且也是对未来社会效益所做的公共投资。

四、影响公用事业项目效率的主要因素

虽然从理论上说，政府投资于公用事业项目是基于效率与公平目标的考虑，但从实践上看，公用事业项目的投资经营却比较容易产生效率不高的问题。

公用事业项目效率不高的原因之一，是由于公用事业项目产出的强烈公共品性和外部性，使公用事业项目缺乏支出与收益的内在联系，因而也就常常无法要求它以收抵支，不能像企业那样要求它自负盈亏。这种状况使公用事业单位一方面在财务上通常

实行预算供给制，所需要的资金全部或部分地靠政府拨发，而资金的无偿使用，容易促使公用事业的经营者不关心节省开支、降低成本，反而要政府不断增加拨款，由此导致财务约束疲软。另一方面，公用事业是市场机制难以作用的领域，公用事业单位缺乏优胜劣汰的市场竞争压力，容易产生机构繁多、人浮于事和官僚主义习气，缺乏提高效率、改善产品或服务质量的外在压力和内在激励。

原因之二，公用事业项目虽然是由政府直接出钱投资，但是追根溯源，这些钱来自自然人和法人单位的纳税，公共部门人员在使用这些纳税人的公共资源的时候，有可能不像花自己钱那样关心资源的配置效率，使得公用事业项目在投资决策上和经营管理上草率粗放。从社会公众对这些公共资源的配置和经营的监督有效性上看，由于每个纳税人在其缴付的税款与其从公用事业中所得收益之间并不具有一致性，这就降低了公众中的个人对公用事业进行监督的积极性，加之政府与公民对各个项目所能拥有的有效信息很不对称，公民处于有效信息少的不利地位，因此，即使公民在法律上拥有监督政府的权利，但在实际上很难对公用事业投资项目的得当与否作出恰当评判，难于实施有效监督。总之，这种花公众的钱进行投资，投资者不承担个人责任和损益的投资体制，具有缺乏外在压力和有效监督、缺乏内在激励的制度缺陷。

各国的实践表明，随着社会经济的不断进步，公用事业的社会需求不断增长，公用事业也必将不断发展。由于公用事业项目的投资额往往很大，投资不当就要蒙受难以挽回的巨大损失。所以，无论是政府机构，还是公用事业部门，都应本着为人民负责的精神，关心公用事业项目的资源配置效率，做好项目的可行性研究及评价工作，真正做到取之于民，用之于民，促进效率与公平。

第二节 公用事业项目的成本与收益

项目评价就是对项目收益与项目成本的比较评价,要正确地评价项目,就需要对项目的成本与收益予以正确的识别与计量。

在成本与收益的识别与计量上,公用事业项目较之盈利性的企业项目具有很多不同之处。盈利性项目投资以追求利润为基本目的,因而,其成本与收益的识别是以利润减少或增加为原则,识别的基本方法是追踪项目的货币流动,凡是流入项目之内的货币就被视作收益——现金流入(如销售收入),凡是流出项目的货币就被视作支出——现金流出(如投资、经营成本、税金等)。由于这些财务收益或支出仅是流入或流出项目的货币,且都可以借助价格系统进行货币计量,故其识别与计量就相对简单和容易。公用事业项目投资的基本目的是追求社会利益,而非项目利润,收益与成本是指广泛的社会收益和社会成本,而且这些收益与成本又往往由于缺乏市场价格而难以用货币计量,这都使得公用事业项目的成本与收益的识别和计量相对复杂与困难。

一、公用事业项目的成本与收益类别

1. 直接收益与成本、间接收益与成本

直接收益与成本是在项目的投资经营中直接产生的收益与成本。例如,灌溉工程可直接提供灌溉用水,增加农作物产量,水污染治理项目可直接减少污水排放量,这些都是直接收益,而这些项目的投资与运营支出都是直接成本。

间接收益与成本又称次级收益与成本,是直接收益与成本以外的收益与成本。间接收益与成本是由直接收益与成本引发生成的,例如,灌溉工程除具有增加农田产出的直接收益外,可能还有助于改善当地人民的营养及体质,促进当地食品加工业发展;污水

治理项目除了具有改善生态环境的直接收益外,它还可能由于生态环境的改善而降低沿河周围居民发病率,由此带来医药支出的节省和劳动收入增加的间接收益。

公用事业项目通常能同时带来直接的和间接的收益和成本,这是公用事业项目的一个基本属性。因此,在公用事业项目评价中,除了考察直接收益与成本外,有时还需要考察间接收益与成本,特别是在间接收益与成本较大的时候就更是如此。

2. 内部收益与成本、外部收益与成本

内部收益是由项目投资经营主体获得的收益,内部成本是由项目投资经营主体承担的成本。例如,一个治理工厂生产车间噪音的项目,项目投资与运作成本由企业自身负担,减少噪音的收益由企业职工获得;一个收费公路项目,车辆收费的收入是项目的内部收益,而投资维护等支出是其内部成本。

外部收益与外部成本系指落在项目之外的收益与成本。例如,一个免费通行的公路项目,通行者从通行中获得的收益是项目的外部收益;公立免费学校学生的就读收益也是外部收益。再如,工厂排放的烟尘产生污染,而工厂外部居民承受的污染而带来的损失就是一种外部成本;一个正在施工的市区道路项目给行人的不便而带来的损失也是一种外部成本。

由公用事业项目产出的公共品性和外部性强的特点所决定,这类项目的外部收益常会很大,甚至远远超出内部收益,因此,在评价工作中要特别注意对其识别与计量。

这里需要说明的是,公用事业项目的直接收益(或成本)并不一定等同于内部收益(或成本),间接收益(或成本)也不一定等同于外部收益(或成本),尽管它们之间在有些情况下可能重合,但并非所有项目都能重合,二者之间在概念上的差异不能混淆。例如,一个公共消防项目,它所提供的减少或消除火灾损害的服务,具有公共品的免费服务特性,由它所获得的减少财产损失和人员伤亡的收益是一种直接收益,但这种收益却不是项目的内部收益而是消防部门以外的外部收益。一般而言,间接收益与成本包含在外部收益与成本之内,内部收益与成本包含在直接收益与成本之内。因此,在对项目的成本与收益进行分类识别和计量时,或者按"直接"和"间接"的方式分类,或者按"内部"和"外部"的方式分类,而不能交叉分类,以避免收益与成本的遗漏或重复。

3. 有形收益与成本、无形收益与成本

有形收益与成本是指可以采用货币计量单位(价格)或实物计量单位予以计量的收益与成本。由于公用事业项目评价是用经济分析方法对项目的社会经济效益状况进行评价,所以,如果可能的话,应当尽量把项目的收益与成本予以货币化,使收益与成本具有同一经济价值量纲,可以直接比较。这就需要寻求项目产出物和投入物的价格,以便计算它们各自的货币价值。一般而言,公用事业项目的投入物(内部成本)的货币价值是较易计算的,如投资和经营支出等,而其产出收益则常常由于缺乏市场价格而不易计量其货币价值。在对无市场价格的产出收益的货币化计量方面,通常可有两种可供选择的方法:方法之一是把可以获得同样收益的替代项目方案的最小成本费用作为该项目方案的收益(即替代方案的成本费用的节省);方法之二是把消费者愿意为项目产出所支付的货币——消费者支付意愿作为收益的估价,而对项目产出所带来的外部损失,则可以用被损害者愿意接受的最低补偿收入作为外部成本或负收益的估价。前一方法的局限性在于,要对某一项目方案进行评价,必须要有替代方案,把替代方案的成本费用作为待评价方案的收益,其实质是把收益与成本的比较变成两个方案之间的成本费用之间的比较,评价结论仅仅是两个方案之间的相对比较结论,不反映方案自身的经济性。因此,这种方法只适用于互斥方案间相对择优评价时使用,且要求各互斥方案提供同样的产出或服务(收益相同)。后一方法的目的在于能够对项目方案自身的收益与成本进行货币化计量,以便通过收益与成本的比较去评价项目方案自身的经济性。这种方法的实际困难在于,在调查消费者的支付意愿的时候,被调查者在不对项目产出做任何实际支付的情况下,他们可能出于各种不同的动机(如有意压低真实的支付意愿以图免费或廉价地获得产品或服务,或者不认真地报高价)降低或高报他们的支付意愿。而在损害补偿意愿的调查中,人们可能会有意夸大损害成本而报高价。

因此,在上述方法难以实行的情况下,则有必要采用实物量纲计量项目的有形收益与成本。

无形收益与成本是一些既不存在市场价格(难以货币化计量)又难以采用其他计量单位度量的收益与成本。例如,建筑物的美学价值,保护古代遗产的文化价值,都是难以用货币或其他计量单位加以度量的。有的公用事业项目,其无形收益与成本可能并不重要,可以对其忽略不计,但是有的项目,例如古代文物保护项目,无形收益很可能是其根本性收益,就不能够对其忽略不计。因此,对需要考察的无形收益与成本,如果无法货币化,也无法采用其他量纲计量,则应采用图片、音像、文字等各种形式予以描述和阐释。

下面,我们以一个政府出资修建的高速公路为例,说明其可能产生的收益与成本类别:

(1) 内部成本

勘察、设计成本;

筑路投资支出(包括居民搬迁费、土地征用费等);

道路维修养护费用;

管理费用,等等。

(2) 内部收益

车辆通行缴费收入。

(3) 社会公众承担的外部成本

增加空气污染和邻近居民的噪声污染;

给公路两侧居民相互通行增加不便(时间与费用增加)。

(4) 社会公众所获得的外部收益

车辆和人员通行时间的额外节省;

车辆耗油和其它耗费的额外节省;

增加行车安全性、减少车祸损失;

增加公路沿线的房地产价值;

促进邻近地区经济往来和经济发展。

二、成本、收益识别与计量中的注意事项

1. 明确项目基本目标是识别成本与收益的基本前提

成本与收益是相对于目标而言的,收益是对目标的贡献,成本是为实现目标所付出的代价。因此,明确项目的基本目标,是识别成本与收益的基本前提。

公用事业项目常常具有多目标性,这也是造成识别复杂性的重要原因。例如,一个大型水利枢纽工程项目,它所要实现的目标并不单一,除了提供电力供给外,还追求防洪、灌溉、航运和游览等其它目标。明确了基本目标,就可以围绕这些目标进行必要的情景分析,进而可对项目的成本与收益进行正确识别和计量。表6-1为一示例。

2. 成本与收益的识别与计量范围要保持一致性

项目的成本与收益的发生具有时间性与空间性,在考察项目成本与收益时,须遵循成本与收益在空间分布和时间分布上的一致性原则,否则就会多估或少估收益与成本,使项目的收益与成本失去可比性。

成本与收益的空间分布包括两类分布——地域分布和人群分布,空间分布一致性系指在相同地域和相同人群中同时考察收益与成本。合理确定空间范围,是正确识别、计量项目成本与收益的基本要求。因为在实践中,有时会有意无意地扩大或缩小识别范

围,或者对成本与收益的考察空间不一致。例如,从国家角度去分析一个由当地政府出资的家用煤气项目的收益,这就不恰当地扩大了收益考察空间;而一个主要由中央财政拨款修建的水利工程,如果仅出于地区利益考虑,在投资成本上仅计入地区出资而将中央财政支出视作"免费",就会造成低估成本的后果;一条专供车辆通行的全封闭高速公路,如果只考察它为车辆通行者带来的收益,而不考察它给沿线步行者和骑自行车人带来的不便,便会导致少估成本的后果。

表 6-1　大型水利水电工程项目的成本与收益

目标	内部收益	外部收益	内部成本	外部成本
水力发电	电力销售收入	消费者剩余	投资与运行	土地淹没损失
防洪		减少洪涝灾害	投资与维护	同上
灌溉	水费收入	农作物增产净收入	同上	水库周围土地盐碱化
航运	航船收费	提高运量及成本节省净收入	同上	减少公路运输需求
游览	开办游览服务净收益	由游览业带动的商业发展	同上	原有自然景观与人文景观的破坏

成本与收益在时间分布上的一致性,系指在同一时域内考察项目的成本与收益。由于它的合理性不言而喻,这里不再赘述。

3. 成本、收益识别与计量的增量原则

项目的成本与收益,是指项目的增量成本和增量收益,即有项目较之无项目所增加的成本和收益。因此,在识别和计量项目的成本与收益时,最终落脚点是分析预测项目本身所引起的成本收益变化。一个灌溉项目能够增加农作物产出,但若没有此项目,由于种植技术和种子的不断改良,也可能会使农作物产出逐年增加,若把项目完成后的农作物产出的全部增加都视作灌溉项目的收益而未作相应扣除,就高估了项目的收益。所以,在成本与收益的识别和计量上,应该把与项目无关的因素的影响作用剔除。

4. 识别与计量的非重复性原则

公用事业项目的成本与收益通常具有内部性和外部性的双重特征,这种特征加剧了内部效果与外部效果的非重复性识别与计量的难度,稍有不慎,就容易导致成本或收益的重复计算。如前面(表6-1)举过的高速公路的例子,把过往车辆的缴费收入视作内部收益,把车辆通行所节省的时间、耗油和减少车祸损失视作外部收益,这里就存在一个如何避免收益的重复计算问题。我们假定在高速公路修建前存在一条免费通行的土路,那么,对于这条土路的原有车流量而言,高速公路所带来的通行时间节省、耗油节省与减少车祸损失的收益总和,应该等于它们的支付意愿总和,即这种支付意愿等于它们从高速公路那里增获的全部价值,因而也包含了它们向高速公路缴费的部分。所以,它们从高速公路项目中获得的外部收益是支付意愿扣除缴费后的余额——消费者剩余,如果把车辆的时间节省、耗油节省及减少车祸的价值全都归于外部收益,就是把车辆缴费既算作内部收益又算作外部收益的重复计算。此例表明,在内部成本与收益和外部成本与收益共存的情况下,一定要对其仔细识别。

第三节 公用事业项目的经济评价方法

公用事业项目的经济评价是建立在项目收益与项目成本比较的基础上,如果项目的成本与收益都采用货币单位来计算,相应的评价方法称为成本-收入评价法;如果成本与收益(主要是收益)不采用货币单位来计量,为了区别于前者,称为成本-效能评价法。

一、成本-收入评价法

成本-收入评价法建立在成本与收益的货币计量基础上,因此,在决定公用事业项目能否运用成本-收入评价法时,需要考虑下列问题:

其一,项目的受益范围和收益内容是什么?哪些是货币收入?哪些是没有市场价格的非货币性收益?能否比较合理地将非货币性收益转化为等价的货币收入?

其二,项目的成本范围和成本内容是什么?哪些成本是货币支出?哪些成本是没有市场价格的非货币性成本?能否比较合理地将非货币性成本转化为等价的货币成本?

只有在上述问题得到肯定回答之后,采用成本-收入评价法才是适宜的。

(一)评价指标与评价准则

成本-收入评价法是货币化的收益与成本的比较评价,因而,这种评价可以像盈利性项目的经济评价那样,使用净现值、净年值、内部收益率等评价指标及评价准则。但在公用事业项目的经济评价中,最常用的评价指标是收益成本比。

净现值、净年值、内部收益率等评价指标,本书前面各章已有所述,这里仅介绍收益成本比指标。

收益成本比是项目的收益现值与成本现值之比,其数学表达式为

$$(B/C) = \frac{\sum_{t=0}^{n} B_t(1+i)^{-t}}{\sum_{t=0}^{n} C_t(1+i)^{-t}} \quad (6-1)$$

式中:(B/C)——项目的收益成本比

B_t——项目第 t 年的收益(货币单位),$(t=0,1,2,\cdots,n)$

C_t——项目第 t 年的成本(货币单位),$(t=0,1,2,\cdots,n)$

i——基准折现率

n——项目的寿命年限或计算年限

评价准则为

若$(B/C) \geqslant 1$,项目可以接受;

若$(B/C) < 1$,项目应予拒绝。

对单一项目方案而言,由(6-1)式所定义的收益成本比是净现值、净年值和内部收益率的等效评价指标。我们以净现值为例,证明如下:

若 $\quad$ $\text{NPV} \geqslant 0$,

即 $\quad \sum_{t=0}^{n}(B_t - C_t)(1+i)^{-t} \geqslant 0$

则有 $\quad \sum_{t=0}^{n} B_t(1+i)^{-t} \geqslant \sum_{t=0}^{n} C_t(1+i)^{-t}$

故 $\quad \dfrac{\sum_{t=0}^{n} B_t(1+i)^{-t}}{\sum_{t=0}^{n} C_t(1+i)^{-t}} = (B/C) \geqslant 1$

同理可证,若$\text{NPV}<0$,则必有$(B/C)<1$。所以,收益成本比与净现值对同一方案的评价结论具有一致性。

在公用事业项目的经济评价中,收益成本比指标有时也用等额年收益与等额年成本之比来表达,即

$$(B/C) = \frac{AB}{AC} \tag{6-2}$$

式中,AB 为等额年收益,$AB = \sum_{t=0}^{n} B_t(1+i)^{-t}(A/P,i,n)$

AC 为等额年成本,$AC = \sum_{t=0}^{n} C_t(1+i)^{-t}(A/P,i,n)$

$(A/P,i,n)$为等额序列资本回收系数。

与(6-1)式对比可知,(6-2)式与(6-1)式是等价的。

如果采用收益成本比指标进行互斥方案间的相对比优,不能按收益成本比最大准则进行比较,即不能认为收益成本比最大的方案就是最好方案,这种情况类似于不能按内部收益率最大准则进行方案比较一样。正确方法是采用增量收益成本比:

$$(\Delta B/\Delta C) = \frac{\sum_{t=0}^{n} B_{kt}(1+i)^{-t} - \sum_{t=0}^{n} B_{jt}(1+i)^{-t}}{\sum_{t=0}^{n} C_{kt}(1+i)^{-t} - \sum_{t=0}^{n} C_{jt}(1+i)^{-t}} = \frac{\Delta B}{\Delta C}$$

(6-3)

式中,$(\Delta B/\Delta C)$——增量收益成本比

B_{kt},C_{it}——第k方案第t年的收益和成本($t=0,1,2,\cdots,n$)

B_{jt},C_{jt}——第j方案第t年的收益和成本($t=0,1,2,\cdots,n$)

$\Delta B = \sum_{t=0}^{n} B_{kt}(1+i)^{-t} - \sum_{t=0}^{n} B_{jt}(1+i)^{-t}$,增量收益现值

$\Delta C = \sum_{t=0}^{n} C_{kt}(1+i)^{-t} - \sum_{t=0}^{n} C_{jt}(1+i)^{-t}$,增量成本现值

其它符号意义同(6-1)式。

评价准则:设$\Delta B>0,\Delta C>0$,

若$(\Delta B/\Delta C)>1$,则收益现值大的方案好;

若$(\Delta B/\Delta C)<1$,则收益现值小的方案好。

下面例举一个互斥方案比选的例子。

设A,B,C,D为互斥项目方案,各方案每年的成本与收益如表6-2所示。采用收益成本比法进行评价选择($i=10\%$)。

由表6-2计算可知,四个方案的收益成本比均大于1,都是可以考虑接受的方案,其中C方案的收益成本比最大,D方案次之。但要判定哪一方案最优,应采用增量收益成本比指标进行判断。表6-3给出了比较过程与结果。

表 6-2　四个方案的收益成本比计算表（单位：万元）

年末 方案		1	2—21	现值($i=10\%$)	(B/C)
A	成本 收益	625	50 150	1051 1277	1.22
B	成本 收益	500	37 105	815 894	1.10
C	成本 收益	350	30 100	605 851	1.41
D	成本 收益	200	25 63	413 536	1.30

表 6-3　增量收益成本比计算表　（单位：万元）

项目 方案比较	增量收益现值	增量成本现值	($\Delta B/\Delta C$)	评价结论
A 与 B	383	236	1.62	A 优于 B，淘汰 B
A 与 C	462	446	1.04	A 优于 C，淘汰 C
A 与 D	741	638	1.16	A 优于 D，淘汰 D

根据表6-2、表6-3计算与有关结论可知，A 方案是最优可行方案，故应接受 A 方案。

（二）成本-收入评价法案例

例6-1　某农业地区灌溉工程项目的经济分析

1. 项目背景

某地区干旱少雨，且降雨集中于夏季的一个较短时期，当地农业生产受干旱影响严重，单产低，且很不稳定。当地虽然打了不少机井，但多年抽取地下水灌溉农田，导致地下水位逐年降低，许多老机井已经干涸。为解决农田用水问题，当地政府拟出资修建引水灌溉工程，利用邻近的黄河水灌溉农田。为此，工程计划：(1)在临河处修建扬水站;(2)修建引水的主干水渠和若干分水渠;(3)一座集中式的蓄水库和大量分散的农户蓄水池;(4)抽水、分水和灌溉系统。

2. 成本与收益的识别、计算与经济评价

该项目经济分析人员在工程设计人员和农业专家的帮助下,仔细地分析了工程的受益区域和受益类别,对各类收益进行了预测和估算:

(1)直接灌溉收益。直接受益于该工程而得以灌溉的农田150万亩,预计每亩每年可增产农作物价值120元,由此每年直接受益18000万元(120×150)。

(2)节省抽水费用。50万亩农田(直接受益的)原有机井可以不再使用,由此,每亩地每年可以节省抽水费用10元,每年节省抽水费用500万元(10×50)。

(3)农业间接收益。在直接受益地区,农作物产出增加又会导致农产品加工与销售的增加,由此获得的间接净收益估计每年可达800万元。

(4)周边地区间接收益。直接受益区外的周边地区,其农田抽水机井会由于这项工程的供水而使地下水位上升,进而增加灌溉用水和农作物产出,促其相关经济发展,此项间接收益估计每年可达500万元。

(5)养鱼收益。集中式蓄水库养鱼净收益估计每年可达50万元。

本工程的成本费用主要是投资支出、占地损失(不在投资支出之内)、工程的管理、维护和设备更新费用。工程投资预计3年完成,总投资额预计18亿元。占地损失每年为60万元,管理维护等运行费用每年250万元。

本工程的收益、成本列于表6-4中。

表6-4　某水利灌溉项目的成本、收益及指标计算($i=8\%$)

（万元）

项＼年末	1	2	3	4—33
1. 收益				
1.1 直接灌溉收益				18000
1.2 节省抽水成本				500
1.3 农业间接收益				800
1.4 周边地区间接收益				500
1.5 养鱼收益				50
收益合计(1.1+…+1.5)				19850
2. 成本				
2.1 投资支出	40000	90000	50000	
2.2 占地损失				60
2.3 管理、维护等运行支出				250
成本合计(2.1+2.2+2.3)	40000	90000	50000	310
3. 净收益（收益合计—成本合计）	−40000	−90000	−50000	19540

3. 指标计算及评价结论

（1）收益现值与成本现值

$$\sum_{t=1}^{33} B_t(1+8\%)^{-t} = 19850(P/A,8\%,30)(P/F,8\%,3)$$

$$=195528(万元)$$

$$\sum_{t=1}^{33} C_t(1+8\%)^{-t} = 40000(P/F,8\%,1)$$
$$+90000(P/F,8\%,2)$$
$$+50000(P/F,8\%,3)$$
$$+310(P/A,8\%,30)(P/F,8\%,3)$$
$$=156936(万元)$$

（2）收益成本比

$$(B/C) = \frac{195528}{156936} = 1.25$$

由计算可知,本项目收益成本比大于1,所以,项目是可以接受的。

例 6-2 某市区道路改建项目的经济评价

1. 项目概况

某市区道路位于某市东北部,东西走向。该路是在1958年修建的,其后虽然经过修整,但由于近年来该城市经济及人口增长快,该路周边人口及道路过往车辆与行人数急剧增加,交通阻塞及道路损坏情况严重,交通事故有增无减。为改善交通状况,方便生产与生活,市政当局拟出资改建此道路,由原先双向四车道改建为六车道,建立交桥两座和若干过街天桥。项目预期两年完成,总投资预计9亿元。

2. 收益与成本的识别与估算

2.1 收益

2.1.1 原有交通流量的收益

(1) 时间节省。原道路流量已达过饱和状态,特别是在每天早晚交通高峰期,阻塞情况更为严重。新路建成后,预计每辆车每日平均节省通行时间1小时,相应金额为10元/小时。原路每日平均车流量为1.5万辆,由此每年节省时间价值为5475万元(10×1.5×365)。此路对步行者和骑自行车者影响不大,有关分析与估算从略。

(2) 通行者增加舒适和方便。新道路会明显增加通行者的舒适性和方便性,原路每天乘车过往人数平均6万人,每人由此获得的改善价值为0.2元/次,由此每年获得收益为438万元(0.2元/人×6万人/天×365天/年)。

(3) 行驶成本节约。成本节约既包括燃油节约,也包括道路平整性改善和通行时间缩短所带来的车辆磨损的减少。预计每辆车每天由此获得节约额为0.5元/次,故每年的此项收益为274万元(0.5×1.5×365)。

(4) 减少车祸损失。车祸事件有三类:人员死亡、人员受伤和车辆财产损失。三类事件发生的比例关系,由原路的统计资料示明:该路每因车祸死亡1人,就会发生40人受伤事件和120件财产损失事件。三类事件的损失额估计如下:

每死亡1人:损失15万元;
每受伤1人:损失0.5万元;
每项财产事件:损失0.45万元。

根据以上数据,每发生一名死亡事件及相应比例的人员受伤和财产损失事件的损失为:

每名死亡损失:15万元
受伤事件损失:20万元(0.5×40)
财产事件损失:54万元(0.45×120)
合计: 89万元

原路统计资料还表明,以往两年该路每年死亡15人。道路改建后,预计每年至少可以减少2/3的死亡率及其它事件,由此每年减少10名死亡人数及其它损失的收益为890万元(89×10)。

以上四项合计,该项目每年为原交通流量增加收益为7077万元(5495+438+274+890)。

2.1.2 新增交通流量的收益

(1) 时间节省

新道路每日平均车流量预计可达3万辆(实际上每年车流量会有不同比率的增长,本例为计算简便而假设各年相等),每日新增车流量为1.5万辆,若不改建此道路,它们就会加剧道路阻塞或不得不绕道而行,每次多费时间平均为1.2小时,每小时价值为10元,由此每年(365天)节约金额为6570万元(10×1.2×1.5×365)。

(2) 行驶成本节约。通行时间的缩短和道路平整性的改善为新增车辆节省燃油和减少车辆磨损,每辆车每次由此受益0.5元,新增车辆每年共受益274万元(0.5×1.5×365)。

(3) 新使用者的其它收益。包括道路的新使用者在舒适性等方面的改善,预计此项收益每年为450万元。

以上三项合计,每年共受益7294万元。

2.1.3 非此道路通行者的间接收益

(1) 时间节省。改建道路的新增使用者中有相当一部分来自市区其他道路的使用者,他们是由于改建道路的经济方便、快速舒适而转移过来的使用者,他们的转移改善了其它道路的通行速度。预计该改建道路为其它道路通行者每年节省时间价值为2800万元。

(2) 行驶成本节约。改建道路减轻了共它部分道路的交通压力,增加了车速,由此每年可节约燃油、修理费用等达250万元。

(3) 舒适性与方便性的改善。该改建道路改善了其它部分道路使用者的舒适性和方便性,由此每年所获收益为436万元。

以上三项合计,每年收益为3486万元。

2.2 成本

2.2.1 投资支出。项目总投资预计为9亿元,其中包括拆迁、补偿费。建设期两年,第一年与第二年投资比例分别为45%和55%。

2.2.2 新增道路维护费。道路改建后,将比原道路每年新增维护费180万元。

2.2.3 新增管理费可忽略不计。

2.2.4 道路改建期间的间接受损。道路改建期间,道路通行被阻断,车辆和行人由此每年受损估计为6000万元。

3. 计算与评价

道路服务年限为30年,期末残值忽略不计,折现率$i=10\%$。综合前述收益与成本数据,该项目的成本、收益和经济指标计算结果列于表6-5中。

表6-5 道路改建项目成本收益表（货币单位：万元）

项目	年末	1	2	3—32
1.	收益			17857
1.1	原交通流量收益			7077
1.1.1	时间节省			5475
1.1.2	舒适和方便			438
1.1.3	行驶成本节约			274
1.1.4	减少车祸损失			980
1.2	新增交通流量收益			7294
1.2.1	时间节省			6570
1.2.2	行驶成本节约			274
1.2.3	其它收益			450
1.3	其他道路通行者间接收益			3486
1.3.1	时间节省			2800
1.3.2	舒适与方便			250
1.3.3	行驶成本节约			436
2.	成本	46500	55500	180
2.1	投资支出	40500	49500	
2.2	新增道路维护费			180
2.3	新增管理费			
2.4	改建期间间接损失	6000	6000	
3.	净收益(1－2)	－46500	－55500	17677
	收益成本比(B/C)		1.55	
	净现值(NPV)		49574(万元)	
	内部收益率		16.2%	

由表6-5计算可知，项目收益成本比大于1，净现值大于零，内部收益率大于基准折现率(10%)，故项目经济性良好，可以接受。

4. 敏感性分析（略）

二、成本-效能评价法

成本-效能评价法是公用事业项目评价的另一种常用方法,此方法与成本-收入评价法在原理上有相通之处,但又有自身的不同特点,它在国防工程、学校、医疗、政府机构、环境保护等公用事业项目评价上获得广泛应用。

（一）基本概念与应用范围

就公用事业项目的成本与收益的计量而言,项目的成本（如投资支出,运营费用等）常常表现为货币性成本,但其产出或收益却常常不是货币性收益,其中,有的项目产出或提供的服务,不但缺乏市场价格,而且还由于哲学、伦理或技术性困难,难以将其产出或收益货币化。例如一个医疗急救项目,其根本使命是治病救人,但是,它所挽救的人的生命,是否能用金钱衡量其价值？在这样一个关系人的尊严和生命意义的哲学命题与伦理道德命题面前,即使有人认为是可以的,也会有人断然否定。因此,当项目的产出收益难以或不宜进行货币化计量时,成本-收入评价法就失去了应用前提,而应该采用成本-效能评价法。

在成本-效能评价中,成本是用货币单位计量的、效能（或称效果、效用）是用非货币单位计量的,这样的效能是对项目目标的直接或间接性度量。

在成本-效能评价中,由于成本与效能的计量单位不同,不具有统一量纲,致使成本-效能评价法不能像成本-收入评价法那样用于项目方案的绝对效果评价,即它不能判定某一方案自身的经济性如何,不能判定单一方案是应该接受还是应该拒绝,因为人们无法给出评价准则。犹如一个投资3000万元、增设300张病床的项目方案,我们既然无法将它所花的钱数（成本）同它能够诊治的病人数（收益）进行比较,也就不存在可行与否的判定准则。

成本-效能评价法的应用须满足以下3个基本条件：

1. 待评价的项目方案数目不少于两个,且所有方案都是相互排斥的方案。

2. 各方案具有共同的目标或目的,即各方案是为实现同一使命而设的。

3. 各方案的成本采用货币单位计量,各方案的收益采用非货币的同一计量单位计量。

(二)成本-效能评价法的基本程序与方法

1. 明晰辨别项目所要实现的预期目标或目的。项目的目标可能是单一的,也可能是多目标。单一目标的项目评价相对简单和容易,多目标的项目评价相对复杂和困难,应对项目的预期目标合理界定,防止目标追求的过多过滥。

2. 制定达到目标要求的任务要求。随着项目目标的确定,需要进一步确定实现目标的任务要求。确定任务要求的过程,既是明确如何实现目标的过程,又是检验能否实现目标的过程,因此,目标对制定任务要求具有规定性,任务要求对目标的合理制定具有反馈调整作用。例如,一个病人紧急呼救项目,其总的目标可能是改善当地家庭和单位的突发性危急病人的抢救治疗效果,实现目标的关键是缩短抢救时间,为此制定的任务要求可能包括:(1)缩短医院从接到呼救电话到发出救护车的回应时间;(2)缩短救护车到达病人处并把病人(必要时)送回医院的时间;(3)缩短医院的紧急诊治时间。如果规定了回应一抢救时间的最低目标要求,那就要把它分解到上述具体任务上去,并通过这些任务要求的细致分析,对目标制定的适当与否作出评判。

3. 构想并提出完成预定目标和任务的供选方案。供选方案的构想与提出,不仅取决于技术实现的可能性,而且也取决于相关人员的知识、经验和创造性思维的发挥。例如前面提到的病人紧急呼救项目,完成目标及各项任务要求的供选方案至少有以下几种:(1)各家医院各自为战,各自准备紧急救护车的方案;(2)多家医院在紧急呼救通讯联网基础上,按就近原则派发救护车并可减少救护车总数的方案;(3)建立全市紧急呼救中心。该中心的救护车按市区人口密度分布而被分派在各区游弋待命,随时按紧急呼救中心的指令就近救护;该中心也可按及时原则,指令就近医院派发救护车,此方案可能会进一步减少医院自备救护车数,缩短抢救时间。总之,不要在项目的初始阶段就把方案的构思限制在一个狭窄的思路上,要尽可能地发挥创新精神,集思广益,多提可供选择的方案,然后再通过分析比较进行筛选。

4. 对项目方案的成本与收益(效能)予以正确的识别与计量。有关成本与收益的识别与计量问题,本章前面已有所述,这里须着重指出的是,不同项目具有不同的目标,收益的性质千差万别,在效能计量单位的选择上,既要方便于计量,又要能够切实度量项目目标的实现程度。

5. 方案间的比较评价。采用成本-效能评价法比选方案,其基本作法是计算各方案的效能成本比(B/C),并按效能成本比最大准则进行比选,即单位成本之效能越大者相对越优。

这一比较原理及准则,在不同的项目目标要求和约束条件下,可以有不同的变通方式,通常可在下述三种方式中选择其一:

(1) 最大效用成本比法。此法直接按效用成本比最大准则比选方案,即单位成本之效能最大的方案是最优方案。此法通常适用于各供选方案的目标要求和(或)成本要求没有严格限制、允许有一定变动范围的情况。

(2) 固定成本法。此法是在各方案具有相同成本的基础上,按效能最大准则进行方案比选。此法是最大效能成本比法的变通方式,因为各方案若成本相同,效能最大的方案,其效能成本比必然最大。固定成本法通常适用于项目成本有严格限定的情况。

(3) 固定效能法。此法是在各方案具有相同效能的基础上,按成本最小准则进行方案比选。此法是最大效能成本比法的另一种变通方式,因为各方案若效能相同,成本最小的方案,其效能成本比必然最大。固定效能法通常适用于有固定目标要求的情况。

上述三种方法,在如何选用上应视项目的具体要求和特点而定。例如前述病人紧急呼救项目,如果在缩短救护时间的目标上有严格的限定要求,即在各方案具有相同效能情况下,则可选用固定效能法,仅对各方案的投资费用与运营费用的大小进行比较,比较指标可采用费用现值或费用年值;如果项目资金紧张,只能在限定资金条件下进行方案比选,则可采用固定成本法,只对方案的效能大小(救护时间的长短)进行比较,效能大(救护时间短)者为优;如果对项目的效能(救护时间的缩短)要求和成本要求无严格限定,允许一定的变化范围,则可以采用最大效能成本比法。

有的情况下,项目目标不是一个而是多个,且各目标的效能计量不具有同一物理或其它量纲,无法使用同一计量单位度量效能。这种情况下,可在专家调查的基础上,对项目的不同目标赋予不同权重(各目标的权重之和等于1.0),对方案实现各自目标的满意程度赋以分值(主观效能),再将方案取得的各目标分值分别乘以各目标权重后求和,即为方案预期获得的总效能。之后,就可进行方案间的成本-效能评价。这种多目标的项目方案评价,在主观效能(分值)的最终计量上,常用方法有模糊矩阵法、层次分析法等,它们的基本思想都属于对目标实现的满意程度(分值)加权求和一类,只是处理手段不同,有兴趣的读者可以参阅有关书籍。

6. 进一步分析比较候选方案,进行必要的补充研究和深化研究。各供选方案经过上一步骤比较评价后,可以大致排出方案之间的优劣次序,淘汰那些明显较差的方案,保留两个或三个相对较优的方案,供进一步分析比较。这一阶段,可对项目的目标及其必要性进一步修正和认定,对保留下来的候选方案,进行必要的补充研究,加深关键问题的研究,提高数据质量,然后进行方案比较评价。

7. 进行敏感性分析或其它不确定性分析。在敏感性分析中,在对原有的基本假设作出修正的基础上,对因素变动下的评价指标值进行计算,由此确定各影响因素变动对项目目标的影响程度,对可以控制的因素制定控制措施,对无法独自控制的因素,寻找防范措施与对策。

其它不确定性分析方法有情景分析法(设想内外环境变动下的未来各种可能情景,估算每一情景下的评价指标值)、概率分析或风险分析法等。

8. 写出分析或研究报告。包括项目背景;问题与任务的提出;目标确定及依据;推荐方案与候选方案的技术特征与可行性;资源的可得性及资金来源与筹集;项目的组织与管理;成本、收益的识别与计量,及其有关假设与依据;不确定性分析的有关结论;比较评价分析,提出推荐方案或少数候选方案,分析评述有关方案优点与短处,供最终决策参考。

(三)成本-效能评价案例

例6-3 某自来水扩建与新建方案的成本效能分析

1. 概述

某城市近年来社会经济发展迅速,城区面积不断扩展。目前,已决定在该市南郊兴建新区,该区除了将迁入人口外,市内的部分工厂也将迁入该区内。为了满足新区用水需要,现提出两个供选方案。方案一是扩建距该区最近的原市第二自来水厂,方案二是在新区内新建自来水厂,两方案的日供水能力均为3万吨,现须在两方案中择其一。

2. 基础数据预测

(1) 建设期和计算期

扩建方案(下称甲方案)建设期1年,运营期25年,新建方案(下称乙方案)建设期1年,经营期25年。

(2) 项目投资与经营成本

两方案的投资估算与经营成本示于表6-6中。

表6-6 投资与经营成本估算表　　（单位：万元）

年 项目	甲方案（扩建）		乙方案（新建）	
	1	2—26	1	2—26
1. 土建工程	8400		6200	
2. 设备采购及安装	5300		6800	
3. 预备费	2000		1650	
4. 增加流动资金	800		700	
合计	16500		15350	
5. 经营成本		320		380

3. 方案比较评价

由于两方案的供水能力（即效能）相同，故可采用固定效能法，仅对两方案的费用（成本）大小进行比较。本例成本比较采用费用年值法（基准折现率 $i=10\%$）。

扩建方案的费用年值为

$$AC_甲 = 16500(A/P,10\%,25) + 320 = 2138（万元）$$

新建方案的费用年值为

$$AC_乙 = 15350(A/P,10\%,25) + 380 = 2071（万元）$$

新建方案的费用年值小于扩建方案的，故前者优于后者，可考虑接受新建方案。

4. 敏感性分析

本案例敏感性分析包括投资、经营成本和折现率的变动分析，分析的着眼点是上述因素在何种变化范围内不改变上述方案比较结论的正确性，进而确定敏感因素的排列次序。

（1）投资

设两方案投资同时增加 α 倍时，两方案的费用年值相等，即有

$$16500(1+\alpha)(A/P,10\%,25) + 320$$
$$= 15350(1+\alpha)(A/P,10\%,25) + 380$$

由于$(A/P,10\%,25)=0.11017$,故可求得
$$\alpha = 0.29 = 29\%$$
上述计算表明,只要两方案的投资增加不超出表6-6中基础数据的29%,新建方案优于改建方案的结论不变。

(2) 年经营成本

设两方案年经营成本增加β倍时,两方案费用年值相等,即
$$16500(A/P,10\%,25) + 320(1+\beta)$$
$$= 15350(A/P,10\%,25) + 380(1+\beta)$$
求得: $\beta = 1.11 = 111\%$

计算表明,只要经营成本增加不超出基础数据的111%,原有比较结论的正确性不变。

(3) 基准折现率

如何合理确定公用事业项目的基准折现率是一个颇有争议的问题。这方面的典型意见有两种。一种主张采用较之盈利性项目为低的折现率,其理由是公用事业项目不以盈利为目的,过高的折现率将导致多数公用事业项目被轻易否决,这不利于公用事业的发展。一种主张采用与盈利性项目同样高的折现率,这种折现率反映项目资金的机会成本,即该资金用于盈利性投资可以获得的收益率,并认为这样做有利于投资资金的优化配置,促使公用事业项目提高效益要求,防止低效益公用事业项目轻易投建。上述意见各执己见,至今没有统一结论。有鉴于此,本案例将折现率作为敏感性分析的对象,考察它在何种变化范围内不会改变前述评价结论的正确性。

设两方案费用年值相等时的折现率为i_1,则在此折现率下,有
$$16500(A/P,i_1,25) + 320 = 15350(A/P,i,25) + 380$$
即: $1150(A/P,i,25) = 60$

求得: $i_1 = 2\%$

上述计算表明,只要基准折现率不低于2%,则新建方案优于扩建

方案的结论就是正确的。事实上,基准折现率再低,也不会低于2%。所以,对于本案例而言,不论对基准折现率的取值高低持何种意见,都不会影响方案评价结论,即评价结论对折现率的可能变动很不敏感。

综合以上计算结果可知,新建方案优于扩建方案这一评价结论的正确性,对于折现率和经营成本来说都不敏感,而对于投资变动相对最敏感。所以,为了保证方案选择的正确性,应在项目设计与建设中,加强投资管理与控制,使项目实际投资尽量控制在预算以内,不因超出预算过多而导致决策失误。

4. 其它分析

项目分析人员进一步研究了新区未来发展和自来水供需增长问题。有关分析表明,现有方案的日供水能力(3万吨)至多可以满足新区5至10年内的增长需求,其后还得扩大供水能力。原有自来水厂由于地理位置和厂区条件限制,如果现在扩建,届时也不存在继续扩建的可能,那个时候还是须在新区内建水厂,它将不如现在建新厂届时再扩建经济。综合以上各种分析,项目研究小组最后推荐新建方案。

例6-4 消防车配置方案的经济评价

1. 概述

某城市近年来火灾事故呈增长趋势,火灾造成的财产损失和人员伤亡增加。为能有效控制火灾发生,减少火灾损失,当地政府除了加强火灾防范教育外,决定增加日益不足的消防能力,增加消防车及相应配备,为此提出了增加消防能力的几种供选方案。

O方案:维持现有消防能力不变。

A方案:原有6个消防站,每站增加2辆消防车,增配相应设施、器材和人员。

B方案:在消防力量薄弱的两个市区增建两座新消防站,每站配备3辆消防车及相应设施、器材及人员;原有6个

　　　　消防站每站增加2辆消防车,增添相应设施、器材及
　　　　人员。
　C方案:增建6个新的消防站,以改善消防站地理分布,每个
　　　　新站配备2辆消防车及相应设施、器材和人员;原有
　　　　各消防站维持不变。
　2. 各方案的费用估算
　各方案的费用,包括购置消防车、器材工具、车库及办公设施的扩建或新建、物料消耗及人员费用等,如表6-7,6-8,6-9所示(计算期11年)。
　3. 效能的定义
　从最终目的上讲,增加消防能力是为了减少火灾造成的生命与财产损失,这种损失的减少就是消防的效能。但是,若把生命财

表6-7　A方案费用估算[①]　　(货币单位:万元)

年	1	2—10	11
1. 购置消防车及其它设备器材	360		
2. 车库改扩建及其它设施费	120		
3. 物料损耗		48	48
4. 人员开支及其它支出	160	240	240
5. 资产期末净残值			96
6. 费用合计(1+2+3+4−5)	640	288	192
费用现值($PC(i=10\%)$)	$640(P/F,10\%,1)+288(P/A,10\%,9)(P/F,10\%,1)+192(P/F,10\%,11)=2157$(万元)		
费用年值 ($AC=PC(A/P,10\%,11)$)	$2157(A/P,10\%,11)=332$(万元)		

　① 表中所列各项费用是比O方案(维持消防能力现状不变)所增加的费用支出,以下同。

表6-8 B方案费用估算　　（货币单位：万元）

年	1	2—10	11
1. 购置消防车及其它设备器材	560		
2. 车库新建、改扩建及其它设施	420		
3. 物料损耗		72	72
4. 人员开支及其它支出	400	560	560
5. 资产净残值			262
6. 费用合计(1+2+3+4−5)	1380	632	370
费用现值　($i=10\%$)		4693　（万元）	
费用年值　($i=10\%$)		723　（万元）	

表6-9 C方案费用估算　　（货币单位：万元）

年	1	2—10	11
1. 购置消防车及其它设备器材	420		
2. 新建车库及其它设施	900		
3. 物料损耗		48	48
4. 人员开支及其它支出	300	500	500
5. 资产净残值			490
6. 费用合计(1+2+3+4−5)	1620	548	58
费用现值　($i=10\%$)		4349　（万元）	
费用年值　($i=10\%$)		670　（万元）	

产损失的减少直接作为本案例方案的效能，则会产生计量上的困难，这是因为，一方面，财产可有货币价值，但人的生命价值却难用金钱衡量；另一方面，不同的火灾损失各异，影响损失的因素极多，事先难以给出适当的估计。有鉴于此，本案例为了便于效能计量，为各方案规定了一个减少火灾损失的间接目标——缩短消防车的回应时间，即从接到报警到赶到火灾现场的时间。回应时间缩短越多，方案的效能越大。

依据目标追求的具体差异,还可把方案效能区分为两类,一类是同维持现有消防布局与能力不变的(O方案)现状相比,A,B,C各方案平均缩短的每次火灾的回应时间,一类是回应时间不超过20分钟的次数比率,此比率越高,救火的有效性也就越强。

4. 预测回应时间缩短的方法及预测结果

由于影响回应时间的因素很多,如火灾的随机发生,报警与下达指令的通讯系统状况、消防站与火灾现场的区位分布、消防车及人员多寡、道路与交通状况等,许多因素都是随机变动的,难以采用普通方法测算回应时间缩短情况。为此,本案例采用蒙特卡罗模拟技术进行预测(有关蒙特卡罗模拟技术,本书不确定性分析一章中已有所述,这里不再赘述)。表6-10给出了有关预测结果。

表6-10　各方案回应时间预测结果

	每次火灾平均回应时间缩短(分)①	回应时间不超过20分钟的次数比率(%)
A方案	3.2	11
B方案	7.8	19
C方案	12.6	26

① 回应时间缩短是相对于O方案而言。

5. 评价指标与评价结论

本案例的评价指标有三个,它们分别是:

(1) 单位费用(成本)的回应时间缩短,即每次火灾的回应时间缩短/费用年值;

(2) 回应时间不超过20分钟的次数比率;

(3) 单位费用(成本)的回应时间不超过20分钟次数比率,即回应时间不超过20分钟的次数比率/费用年值,有关计算结果示于表6-11中。

表6-11　指标计算

指标\方案	单位费用的回应时间缩短(分/万元)(1)	回应时间不超过20分钟的次数率(%)(2)	回应时间不超过20分钟次数率/费用年值(3)
A	0.0096	11	0.033
B	0.0108	19	0.026
C	0.0188	26	0.039

根据表6-11的计算结果,方案选择可从三个方面考虑:

如果特别重视平均回应时间缩短和资金利用效率,则可按指标(1)、即回应时间缩短与费用年值比值最大准则选择。本例应选C方案。

如果资金方面没有太多限制,而且特别强调20分钟以内的回应率,则应按指标(2)最大准则进行选择。本例应选C方案。

如果重视20分钟以内的回应率,且重视资金效率,则应按指标(3)最大准则选择。本例应选C方案。

综合以上分析,本案例最终推荐C方案。

习　　题

[6-1]　什么是公用事业项目产出的公共品性和外部性?举例说明。

[6-2]　影响公用事业制度安排的基本因素是什么?请举现实经济与社会生活的例子予以分析。

[6-3]　影响公用事业项目效率的主要因素有哪些?你是否还有一些不同见解或新见解?

[6-4]　公用事业项目的成本与收益都有哪些分类?为了防止不恰当的识别和计量,应该注意哪些事项?

[6-5]　例6-1中,若项目管理单位每年向农户收取一定数额

的用水费,你认为是否应在表6-4原有数据不变基础上,将此项收费再列入项目收益中去?为什么?

[6-6] 在公用事业项目评价中,最常用的经济评价指标是收益(效能)成本比,而不是净现值、内部收益率,这是为什么?

[6-7] 某地农村地区近年开发建设了一座新城镇。为了解决当地孩子上学问题,提出了两个建校方案:

A方案:在城镇中心建中心小学一座;

B方案:在狭长形的城镇东西两部各建小学一座。

倘若A,B方案在接纳入学学生和教育水准方面并无实质差异,而在成本费用方面(包括投资、运作及学生路上往返时间价值等)如下表所示(万元),你应作何选择($i=10\%$)?

年	0	1—20
A方案	1000	280
B方案	1500	160

[6-8] 在公用事业项目评价中,在什么条件下可以采用成本-收益法?在什么条件下采用成本-效能法?

第七章 项目群的评价与选择

在工业项目投资决策中,我们把经济上和技术上相互关联的众多项目称作项目群。在现实经济生活中,一个企业在某一时期所面临的也许只是某一个项目的决策问题,但是随着决策层次由企业上升到行业、部门、地区和参预投资开发的银行系统,就会面临大批项目的筛选、组合和投建次序的决定这类与项目群有关的决策问题。

项目群的最主要特征是项目之间在技术上和经济上存在着复杂的相关关系。相关关系的表现形式及产生相关性的原因是多种多样的。例如,由于资金、能源和原材料的可用量有限,致使选择某些项目方案就不得不放弃另外一些方案;由于项目之间在生产运行上具有关联性,在项目选择阶段无法独立确定各项目的投入量与产出量;由于项目产品之间具有互补性或替代性,从而使各项目产品的市场需求量之间具有相关性;由于项目之间在技术上具有匹配性要求,从而造成项目选择的依存性,等等。

对于具有复杂相关关系的项目方案,不能按独立方案或完全互斥方案的评价方法处理。实际上,在项目众多且多种相关关系并存的情况下,也不能象处理少数现金流量相关或因资金限制相关的项目方案那样,简单地采用"互斥方案组合法",一一列出可供选择的互斥组合方案,逐一进行计算比较。其原因在于:一方面,由各个方案组成的组合方案的数目与方案个数成指数关系,若有 n 个方案,可能的组合方案就有 2^n-1 个,如果 $n=20$,则组合方案总数将达 $2^{20}-1=1048575$ 个。用常规的互斥方案组合法评价这 20 个方案就要穷举 100 多万个组合方案,并逐一进行筛选、计算、比较。显然,当项目众多时,常规的互斥方案组合法在实践上会因工作量过大而难以使用;另一方面,当项目之间在生产运行上具有关联性或项目产品市场需求量之间具有相关性时,由于生产状态和市场状态的连续性,实际上会有无穷多个方案组合,使互斥方案组合法无法使用。因此,需要采用方便有效的优化技术对项目群进行评价与选择。项目群优化评价与选择技术,是根据项目群的技术经济特点和决策需要,将有待决策的问题构造成数学模型,利用电子计算机进行方案组合和优化选择并给出推荐方案,经济分析人员和决策人员可在此基础上进行分析与决策。

第一节 项目群评价与选择概述

由于项目群在空间上和时间上都比单个项目有了扩展和延伸,项目之间的相关性又进一步造成了决策的复杂性,因此有必要先就项目群及其优化选择技术的一些基本概念作一简要叙述。

一、项目、项目方案和项目群方案

项目,一般指工程项目,它是一个独立的投资单元。习惯上称已经投产和投入服务的项目为已建项目;称正在建设的项目为在建项目;称准备进行论证的项目为备选项目。显然,我们所关心的主要是备选项目,这是项目群选择评价的主要对象。

对于一个具体的投资项目来说,可供选择的技术方案可能不止一个,比如一个地址已定的水电站项目有高坝方案(H)和低坝方案(L)之分;一个生产平板玻璃的项目有浮法生产方案(F)和垂直引上方案(V)之分。一个项目所具有的各种不同方案均称作项目方案。项目方案的最本质特征是其互斥性,即在同一项目的各个方案中至多可以选择其中一个方案。方案互斥是多个方案之间进行比较的基本形态,不论这种互斥性是客观存在的,还是由决策的主观需要决定的,任何方案之间的比较都只能在方案互斥的基础上进行。

项目群包含两个或两个以上的项目。为了能对项目群中的项目方案作出评价选择,须将各项目方案组合成可供选择的各种互斥方案,这些方案称为项目群方案。例如,某投资公司拟对前面例举的水电站项目和平板玻璃项目投资,项目群方案就包括 H,L,F,V,HF,HV,LF,LV 等 8 个互斥方案,所谓的项目群选择评价就是在这些互斥方案之间进行。

项目、项目方案与项目群方案之间的关系如图 7-1 所示。

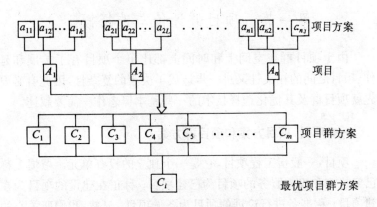

图 7-1 项目、项目方案与项目群方案的关系

二、评价的目的及用途

项目群的选择评价,其根本着眼点是从经济效果角度进行资源的最优配置,即把有限的资金、物力和人力资源配置到经济效果最好的项目上去,最大限度地提高资源的利用效率。具体些讲,我们采用项目群优化选择技术,通常用于解决下述问题:

(1) 当多个项目竞争使用同一资源且资源有限的情况下,如

何对资源进行最优配置即保证所选项目的经济效果最优？

(2) 在满足同一需求或同一服务要求的前提下，如何保证服务于同一目的项目的最优选择？

(3) 当某一项目的寿命终结于计算期内时，如何在可供选择的各种接续方案中进行最优选择？

(4) 备选项目之间及备选项目与已建、在建项目之间在生产运营上是如何相互影响的？最佳运营状态是怎样的？它们对项目选择具有怎样的影响？

简而言之，项目群优化选择的目标是使所选项目在整体上最为经济，所要回答的是下列问题：

(1) 何时何地上何项目；

(2) 各项目的动态运营状况。

根据项目方案技术经济数据的完备性和精确性水平，项目群的优化选择技术可用于项目初选和最后决策之间的任一阶段。当所有项目的数据质量都达到了项目可行性研究所要求的水平时，可以将项目群优化选择的结论作为决策的重要依据。当近期拟建项目的数据质量较高而远期项目的数据质量较差时，项目群的优选结论可作为近期项目决策的重要依据，并对远期发展规划有参考价值。当项目众多且其技术经济数据仅是粗略的估算值，精确度较差时，项目群评价在于筛选掉没有进一步研究价值的项目，而只保留下有发展前途的项目，形成与总体发展规划相联系的有价值的备选项目库，以便集中人力物力对保留项目逐个进行深入研究，在这种情况下，项目群优选结论不是作为项目决策的最终依据，而是作为各个项目详细论证前的前期选项工作的参考。这是项目群评价可以广泛应用的一个领域，体现了项目群评价与单个项目评价的有机联系。

当我们明确了决策的目标与条件，掌握了各个项目方案的有关数据以及各项目之间相互制约、相互依存的关系之后，就可以着手构造项目群优化选择的数学模型,再通过上计算机运算和对运算结果的分析,就可以得到项目群优选结论。图 7-2 给出了项目群优化选择的流程图。下面,我们讨论项目群优化选择数学模型的构造。

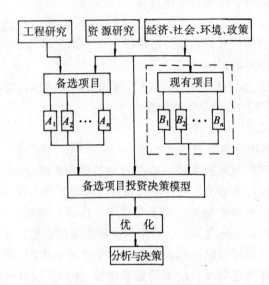

图 7-2 项目群优化选择流程图

第二节 项目群优化选择的数学模型

构造项目群优化选择的数学模型,通常采用的数学方法有线性规划、整数规划和动态规划。其中应用较为普遍的是线性规划和整数规划,根据项目群的具体特点和决策需要,整数规划又分为纯整数规划和混合整数规划。

线性规划和整数规划的数学模型,均由一个目标函数和一组约束方程构成。对于项目群优化选择来说,目标函数反映从整体上使所选项目经济效果最优的要求。其表达方式可具体分为两类：一类是使所选项目的净现值（或净年值）最大；另一类是在满足相同需求和同样服务的前提下，使所选项目的费用现值（或费用年值）最小。约束方程是以数学等式或不等式的形式对约束条件的描述，它反映项目之间的各种技术经济联系和资源条件、社会经济环境对项目群选择的种种限制。合理设定约束条件并准确构造出相应的约束方程是模型构造的关键问题。

线性规划模型与整数规划模型的区别在于决策变量的类型不同，前者所有的变量均可以连续取值（称连续变量），而后者则含有只能离散取值的整数型决策变量。

线性规划和整数规划的解算方法，读者可以参考介绍数学规划的有关文献。对于经济分析人员来说，在建立起数学模型后，只要利用已经商业化的现成的线性规划和整数规划软件，把有关数据按规定的格式输入到计算机中，计算机就会迅速求解，给出优化结果。

下面，我们结合实例讨论线性规划和整数规划在项目群经济分析中的应用。

一、线性规划（LP）模型

线性规划用于连续变量的决策问题，在项目群优化选择中，主要用于项目生产运营状态的优化。

例 7-1 某建筑材料公司下属有 IE 个建材厂（工厂编号 $i=1,2,\cdots,IE$），生产 JE 种规格的建筑材料产品（产品编号 $j=1,2,\cdots,JE$）供应 KE 家用户（用户编号 $k=1,2,\cdots,KE$）。已知 k 用户对 j 产品的月需求量为 D_{jk} 万件；i 厂生产 j 产品的日产量为 Q_{ij} 万件；i 厂生产每万件 j 产品的费用为 C_{ij}；每万件 j 产品由 i 厂运至 k 用户的运输费用为 C'_{ijk}。每个工厂均可生产各种规格的产品且很容易实现产品规格的变换。现在公司需要制订月生产计划，确定各个工厂分别生产多少万件何种产品供应何用户可使总费用最小。

这是一个确定现有项目群最优运营状态的问题,可以构造如下线性规划模型。

设决策变量 X_{ijk},表示 i 厂生产 j 产品供应 k 用户的数量($i=1,2,\cdots,IE$; $j=1,2,\cdots,JE$; $k=1,2,\cdots,KE$),决策精度要求允许决策变量连续取值。

目标函数为总费用最小,即:

$$\text{Min} C = \sum_{i=1}^{IE}\sum_{j=1}^{JE} C_{ij}\Big(\sum_{k=1}^{KE} X_{ijk}\Big) + \sum_{i=1}^{IE}\sum_{j=1}^{JE}\sum_{k=1}^{KE} C'_{ijk} \cdot X_{ijk}$$

约束方程包括

满足需求约束

$$\sum_{i=1}^{IE} X_{ijk} \geqslant D_{jk} \quad j=1,2,\cdots,JE; \ k=1,2,\cdots,KE$$

生产能力约束(假定每月可生产 26 天)

$$\sum_{j=1}^{JE} \frac{1}{Q_{ij}}\Big(\sum_{k=1}^{KE} X_{ijk}\Big) \leqslant 26 \quad i=1,2,\cdots,IE$$

产量非负约束

$$X_{ijk} \geqslant 0 \quad i=1,2,\cdots,IE; \ j=1,2,\cdots,JE;$$
$$k=1,2,\cdots,KE$$

对上述模型求解,即可得出满足约束条件的最优选择结果。

二、纯整数规划(IP)模型

整数规划用于含离散型变量的决策问题。由于项目及项目中某些与生产能力有关的装置具有不可分性的特点,使得表示项目取舍及某些装置投入运营的台套数的决策变量只能取整数。因此,整数规划在项目群优化选择中得到广泛的应用。

整数规划中如果所有的变量都是整数型的,称为纯整数规划。纯整数规划的一种重要形式是 0-1 整数规划,0-1 整数规划中决策变量的取值只能是 0 或者 1。如果项目群中各个项目方案的费用和收益是彼此独立的,即每一个项目一旦投入运营,其投入产出情况与其他项目无关,因而其费用和收益可以在决策前独立确定,不取决于其他项目最终选取与否,则对于任何一个项目方案来说,选择结论只有两种可能:或者被接受,或者被拒绝。在这种情况下,就可以为项目群优化选择建立 0-1 整数规划模型。通常,当接受一个项目方案时,令其决策变量值为 1;拒绝一个项目方案时,令其决策变量值为 0。

0-1 整数规划模型的一般形式为

目标函数 $\quad \text{Max} Z = \sum\limits_{j=1}^{n} C_j \cdot X_j \quad$ (净现值总和最大)

或 $\quad \text{Min} Z = \sum\limits_{j=1}^{n} C_j \cdot X_j \quad$ (总费用现值最小)

约束方程 $\quad \sum\limits_{j=1}^{n} a_{ij} X_j \leqslant (=, \geqslant) b_i$

$$i=1,2,\cdots,m; \ j=1,2,\cdots,n$$

式中,X_j 为第 j 个项目方案的决策变量,X_j 的取值为 1 或 0。C_j,b_i,a_{ij} 均为已知模型参数,通常 C_j 表示第 j 个项目方案的净现值或费用现值;b_i 表示第 i 种资源约束或其他约束的限界值;a_{ij} 表示第 j 个项目方案耗费第 i 种资源的数量或反映与其他约束条件的关系。

本书第三章介绍的万加特纳模型,就是一个将约束条件分类表述的 0-1 整数规划模型,可作为构造项目群优化选择数学模型的参考。由于实际经济活动中项目群选择面临的约束条件是多种多样的,在解决实际的项目群决策问题时,万加特纳模型中有些约束方程可能不适用,有些重要的约束关系则可能在该模型中未予描述而须另外写出相应的约束方程。

0-1 整数规划用于项目群选优,其原理与互斥方案组合法是完全相同的,都是从可行的组合方案中选取经济效果最好的组合方案。但二者在对问题的描述方式和解算效率上有明显差别。下面我们举一个简例,通过对比分析说明 0-1 整数规划方法与互斥方案组合法的异同。

例 7-2 现有 A,B,C,D 四个项目,每一个项目仅有一个项目方案。其净现金流如表 7-1 所示。当全部投资的限额为 2400 万元时,应当如何根据经济效果最佳原则进行决策(基准折现率 $i_0=12\%$)?

表 7-1 项目 A,B,C,D 的净现金流量及净现值(单位:万元)

项目	第 0 年初始投资	第 1—10 年净收入	净现值($i_0=12\%$)
A	-800	160	104
B	-1000	200	130
D	-1100	220	143
C	-1500	300	195

按照常规的方案组合法,须先列出由这四个项目所能组成的 15 个互斥项目群方案,逐一检验各方案投资额是否在限额以内,再对不超出限额的方案逐一计算净现值,并按净现值最大准则进行方案比选,结果如表 7-2 所示。其中,由于超出投资限额而不可行的方案有 7 个,余下 8 个方案中净现值最大,且大于零的方案是第 7 号方案。即 A,D 两项目中选,净现值之和为 299 万元。

如果我们在本例中采用优化技术进行项目选择,则可以构造如下纯整数规划模型:

目标函数是使所选项目的净现值之和最大,即

$$\begin{aligned}\text{Max} NPV =& [-800+160(P/A,12\%,10)]X_A \\ &+[-1000+200(P/A,12\%,10)]X_B \\ &+[-1100+220(P/A,12\%,10)]X_C \\ &+[-1500+300(P/A,12\%,10)]X_D\end{aligned}$$

或 $\text{Max} NPV = 104X_A + 130X_B + 143X_C + 195X_D$

表 7-2 各项目群方案的净现值 (单位:万元)

互斥方案序号	决策变量[①]				净现值 ($i_0=12\%$)	投资额	投资限额以内方案排序	备注
	X_A	X_B	X_C	X_D				
1	1	0	0	0	104	800	8	
2	0	1	0	0	130	1000	7	
3	0	0	1	0	143	1100	6	
4	0	0	0	1	195	1500	5	
5	1	1	0	0	234	1800	4	
6	1	0	1	0	247	1900	3	
7	1	0	0	1	299	2300	1	可以接受的最优方案
8	0	1	1	0	273	2100	2	
9	0	1	0	1	325	2500		超投资限额不可行
10	0	0	1	1	338	2600		同上
11	1	1	1	0	377	2900		同上
12	1	1	0	1	429	3300		同上
13	1	0	1	1	442	3400		同上
14	0	1	1	1	468	3600		同上
15	1	1	1	1	572	4400		同上

① 决策变量取"1",表示上该项目;决策变量取"0",则不上该项目。

并满足投资限额约束

$$800X_A + 1000X_B + 1100X_C + 1500X_D \leqslant 2400$$

式中,X_A, X_B, X_C, X_D 为 0-1 决策变量。利用整数规划计算机软件上机求解,得 $X_A = X_D = 1, X_B = X_C = 0$,即接受 A, D 项目,拒绝 B, C 项目,目标函数 $NPV = 299$ 万元。优选结果与表 7-1 的完全相同。

对照表 7-2 的常规组合方案法可知,整数规划模型中满足约束的各项目群方案是隐含的,它能保证优化计算是在可行域解空间内进行。这样,我们不必知道满足投资约束的具体方案是什么,也就无须像表7-2那样——列出,模型方法的这种优点(特别是当方案数目巨大时)是显而易见的。采用整数规划模型可以使项目群优选的工作效率大大提高。

三、混合整数规划(MIP)模型

如前所述,倘若各项目方案(包括组合方案)的费用与收益能够在决策前独立确定,我们可采用纯整数规划技术进行项目群优选。但是如果备选项目之间或备选项目与现有项目之间在生产运营上具有关联性,由于生产运营状态是可以在一定范围内连续变化且有待决定的变量,使得我们无法独立确定一个项目方案的费用与收益,从而不能采用纯整数规划方法。在这种情况下,应当采用混合整数规划。

混合整数规划依然由一个目标函数和一组约束方程所构成,与纯整数规划不同的是,它除了有整数决策变量外,还有可以连续取值的决策变量。混合整数规划可以同时解决项目群的评价选择问题和项目(包括入选项目和现有项目)生产运营状态的优化问题。

下面举例说明混合整数规划在项目群优化选择中的应用。

例 7-3 如图 7-3 所示的五个地区(节点)现有 7 条单线铁路相通(编号1—7)。其中节点①、节点②为煤炭生产地,节点③、④、⑤为煤炭需求地。为满足各需求地逐年增长的煤炭需求,考虑在原线路上修建复线(编号8—14)以解决运力不足的问题。现在需要决策的问题是,为满足各地煤炭需求,应当在何年建成何条铁路复线,以保证计算期内的投资现值与铁路运营费用现值的总和最小。

本决策问题是由修建何条复线(0-1整数变量)的投建决策和线路运量(连续变量)应该多大的运营调度决策所构成。为了便于把握模型构造的思路和过程,首先考虑现有 7 条单线的运营调度模型。

设煤炭产地的节点集合为 S，需求地节点集合为 D，所有节点集合为 J，即 $J = S \cup D$，线路编号集合为 M。又设由线路 i 运往节点 j 的运量为 y_{ij}，由节点 j 经线路 i 流出的运量为 y_{ji}，则各铁路运输调度应满足下列约束：

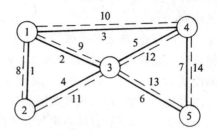

实线为现有铁路线
虚线为复线项目

图 7-3 地区运输网络图

（1）满足需求地的煤炭需求

$$\sum_{i \in M} y_{ij} - \sum_{i \in M} y_{ji} \geqslant DQ_j \quad j \in D$$

即各需求地的流入量减流出量不小于该地需求 DQ。

（2）煤炭产地的可供量约束

$$\sum_{i \in M} y_{ji} - \sum_{i \in M} y_{ij} \leqslant SQ_j \quad j \in S$$

即煤炭产地的运出量与流经该地的流入量之差不大于该地煤炭最大可供量 SQ。

（3）各线路最大运力约束

$$y_{ij} \leqslant MQ1_i$$
$$y_{ji} \leqslant MQ2_i \qquad i \in M, j \in J$$

即各线路往返运量不能超出运力上限。

目标函数是使总运输费用最小。设经由线路 i 流入和流出节点 j 的万吨煤炭运费为 c_{ij} 和 c_{ji}，则目标函数为

$$\text{Min} \sum_{i \in M} \sum_{j \in J} (c_{ij} y_{ij} + c_{ji} y_{ji})$$

至此，铁路运输调度模型已经构成。这是由连续变量构成的线性规划（LP）模型。在模型数据（$DQ_i, SQ_i, MQ1_i, MQ2_i, c_{ij}, c_{ji}$）齐备

后，利用已经商业化的线性规划软件上机运算，就可得到运量的最优调度。

不难设想，倘若某条线路修建了复线，那么各线路的最优运量将随这条复线的投入运营而改变。运量的改变又会导致运输费用的改变。因此，各条线路的最优运量及相应运输费用将随任一条复线的投建与否而改变。现在的问题在于上哪些项目，不上哪些项目是有待决策的问题，且项目决策又依赖于各项目的运营状况，这种投资决策与运营状况互相制约互相依赖的特点，要求我们把二者作为有机联系的整体进行考虑，并为此构造一个混合整数规划决策模型。

为使决策模型更好地反映实际，我们在模型中进一步考虑了煤炭需求和产地可供量的逐年变动状况，以及何年建成何条复线和各线逐年应有何运量等问题。

为本例构造的混合整数规划模型的符号如下：

S——供应地（即产地）节点编号集合

D——需求地节点编号集合

J——所有节点编号集合，$J = S \cup D$

$M1$——原有铁路线路编号集合

$M2$——铁路复线项目编号集合

M——所有铁路线路编号集合，$M = M1 \cup M2$

$MQ1_{ij}$——由线路 i 运往节点 j 的运量上限

$MQ2_{ji}$——由节点 j 经线路 i 运出货物量的上限

DQ_{jt}——j 需求地第 t 年的需求量

SQ_{jt}——煤炭产地 j 第 t 年的可供量上限

b_{it}——第 t 年初开始投入运营的线路 i 到计算期末为止的投资与固定运营费用现值

c_{ijt}——第 t 年由线路 i 运往节点 j 的单位货物（万吨）的变动运营费用现值

c_{jit}——第 t 年经线路 i 流出节点 j 的单位货物(万吨)的变动运营费用现值

X_{it}——线路 i 第 t 年的投资决策变量,建与不建分别取值为 1 和 0

y_{ijt}——第 t 年经线路 i 运往节点 j 的货物量($y_{ijt} \geqslant 0$),是决策变量

y_{jit}——第 t 年经线路 i 流出节点 j 的货物量($y_{jit} \geqslant 0$),是决策变量

TE——计算期

模型的目标函数是使项目的投资费用现值与线路运营费用的现值总和最小。

$$\operatorname{Min} \sum_{t=1}^{TE}\sum_{i \in M} b_{it} X_{it} + \sum_{t=1}^{TE}\sum_{i \in M, j \in J}(c_{ijt}y_{ijt} + c_{jit}y_{jit})$$

满足下列约束:

(1) 同一项目在计算期内不可重复投建的互斥性约束

$$\sum_{t=1}^{E} X_{it} \leqslant 1 \quad i \in M$$

(2) 各线路最大运力约束

$$y_{ijt} \leqslant MQ1_{ij} \sum_{\tau=1}^{t} X_{i\tau} \quad i \in M, j \in J$$

$$y_{jit} \leqslant MQ2_{ji} \sum_{\tau=1}^{t} X_{i\tau} \quad t = 1, 2, \cdots, TE$$

(3) 满足各地各年煤炭需求

$$\sum_{i \in M} y_{ijt} - \sum_{i \in M} y_{jit} \geqslant DQ_{jt} \quad j \in D$$

$$t = 1, 2, \cdots, TE$$

(4) 煤炭产地各年可供量约束

$$\sum_{i \in M} y_{jit} - \sum_{i \in M} y_{ijt} \leqslant SQ_{jt} \quad j \in S$$

$$t = 1, 2, \cdots, TE$$

(5) 原有线路已经存在

$$X_{i,1} = 1 \qquad i \in M1$$

至此,模型已经构造完毕,唯一需要再作解释的是目标函数中的系数 b_{it}、c_{ijt} 和 c_{jit} 的推导和确定问题。

目标函数中,决策变量 X_{it} 前面的 b_{it} 代表两项费用的现值:一是第 t 年投入运营的复线项目 i 在计算期内所分摊的投资费用,二是与线路 i 运量无关的固定运营费用。

(1) 投资费用

铁路项目的服务寿命很长,通常设定计算期短于铁路服务寿命,因此需把计算期末的项目残值作为收益(负费用)处理,即把项目在计算期内的投资视作初始投资与期末残值(折现值)的差。设项目 i 开始投入运营的第 t 年初的固定资产投资为 I_{it},新增流动资金投入为 W_{it},服务寿命 n_i 年,计算期 TE 年,且 $TE < n_i$。固定资产投资在 TE 年末时的残值应为:

$$L_{TE} = I_{it}(A/P, i_0, n_i)(P/A, i_0, n_i - TE)$$

因此,在计算期内的固定资产投资(现值)为:

$$IP_i = I_{it}(P/F, i_0, t-1) - I_{it}(A/P, i_0, n_i) \\ \times (P/A, i_0, n_i - TE)(P/F, i_0, TE)$$

项目的流动资金,设其第 t 年初的新增投入与计算期末的余值在账面值上相同,则计算期内的占用费用现值为:

$$WP_i = W_{it}(P/F, i_0, t-1) - W_{it}(P/F, i_0, TE)$$

综合固定资产投资与流动资金占用两项费用,得投资费用现值为:

$$IWP_i = IP_i + WP_i = I_{it}(P/F, i_0, t-1) \\ + W_{it}(P/F, i_0, t-1) \\ - I_{it}(A/P, i_0, n_i)(P/A, i_0, n_i - TE)(P/F, i_0, TE) \\ - W_{it}(P/F, i_0, TE)$$

(2) 固定运营费用

固定运营费用只与线路的存在与否有关,而与运量无关。因此,各线路固定运营费用的有无取决于投资决策变量。

设线路 i 各年的固定运营费用为 cf_{it},从线路能够运营的那年 (t) 起直到计算期末,各年固定运营费用的现值和为:

$$cfP_i = \sum_{\tau=t}^{TE} cf_{it}(1+i_0)^{-t}$$

最后,综合投资费用与固定运行费用两项的计算式,可得 b_{it} 的计算公式为:

$$\begin{aligned}
b_{it} &= IWP_i + cfP_i \\
&= I_{it}(P/F, i_0, t-1) + W_{it}(P/F, i_0, t-1) \\
&\quad + \sum_{\tau=t}^{TE} cf_{it}(P/F, i_0, \tau) \\
&\quad - I_{it}(A/P, i_0, n_i)(P/A, i_0, n_i - TE)(P/F, i_0, TE) \\
&\quad - W_{it}(P/F, i_0, TE)
\end{aligned}$$

目标函数中的系数 c_{ijt} 和 c_{jit},代表了各条线路对流运输单位货物各自的变动运营费用,它与运量的乘积即为该运量下的总变动运营费用。设第 t 年由节点 j 经线路 i 运出的单位货物的变动运营费用为 cv_{jit},由线路 i 运往节点 j 的单位货物的变动运营费用为 cv_{ijt},则其现值分别为:

$$c_{ijt} = cv_{ijt}(1+i_0)^{-t}$$
$$c_{jit} = cv_{jit}(1+i_0)^{-t}$$

至此,我们得到了目标函数中所有系数的计算式。

四、模型的简化

模型描述的精细周密与模型的简单实用是一对矛盾。模型描述越精细,就越能细致地反映项目方案的技术经济特征和项目间错综复杂的关系。但是,过于精细复杂的描述,又会使模型规模过大,应用起来很困难,甚至根本无法实际应用。因此,面对一个实际的项目群决策问题,在保证模型的数学描述符合决策要求的前提下,模型越简单越好,规模越小越好。

一般地讲,影响决策模型规模大小的因素有:模型技术类型、变量数、约束方程数和约束方程之间相互依存相互制约的结构特征。下面围绕这些因素,就模型简化的有关问题作一简要论述。

1. 复杂的项目群决策通常涉及投资决策与运营决策两个相互关联的部分。投资决策采用的整数规划模型上机求解时间的长短主要取决于整数变量数目的多少,目前各种整数规划的商业化软件的求解效率还不太高,整数变量总数一般不宜太多,最好控制在几十个以内。运营决策所用的线性规划模型,上机求解时间主要取决于约束方程的数量,大致与约束方程数的立方成正比,由于线性规划软件的求解效率远远高于整数规划,约束方程总数可高达数千个。

2. 计算期内时段(相邻决策时序的时间间隔)划分的粗细会影响决策变量的数目与约束方程的数目。如果计算期短,可以考虑逐年设置决策变量及约束方程;如果计算期很长,逐年设置变量(特别是整数变量)和约束方程,就会导致模型规模过大。为此可让每一时段包括若干年(例如每 3 年为一时段),以减少时段总数;也可以对近期时段划分较细(如 1 年),远期时段划分较粗(如 5 年),以反映项目决策着重考虑近期项目应否投建的特点。

3. 合并与归类是简化模型的又一条途径,它也能有效地减少决策变量与约束方程。常见的合并与归类的对象是项目与地区。对项目而言,那些具有高度依存性和互补性的项目,以及技术经济特征相同的项目,都是可以考虑合并与归类的对象;对地区而言,那些地理邻近的地区和重要性很低的地区也是可以考虑合并的对象。

4. 影响决策的各种因素都集中体现在约束方程上。约束方程所反映的资源约束、需求约束、工艺技术特征、项目间的技术经济联系和政策环境特征，不但把项目决策限制在一定范围内，而且导致项目决策的复杂化。我们应该着重考虑那些反映决策本质特征的约束条件，舍弃非本质的次要条件，以减少约束方程的数量。

5. 构造模型应该考虑所需数据的可得性与精确度。如果模型的描述很精细，但其中所需的许多数据都无法获得，这样的模型就只有方法学意义而无实用价值；同样，如果数据质量不高，精确度低，细微描述就没有多少价值，还不如抓住问题的要害和本质，进行粗线条的描述。如果事先能够确定哪些项目是急需重点论证的近期项目，哪些是远期项目，就可以为数据质量高的近期项目描述得细致些，对那些数据质量不高的远期项目描述得粗糙，这样既可简化模型，又不失去将来再为远期项目重新决策的机会。如果决策目的仅为大量项目进行初选，有关数据就必然较粗糙，也就没有必要构造那些描述精细的模型，因为模型再精细，数据不精确，也是没有意义的。

6. 项目群决策是以经济目标作为基本目标并体现在目标函数上。但是，除了经济目标以外，实际决策可能还会追求其他非经济目标，如环境保护等。对非经济目标，模型通常可作如下处理：或者根据这些目标与决策变量的关系列出目标值的统计方程，在模型求解后核算并判别这些目标值是否可以接受；或者定出这些目标的最低要求数值，写出满足这些最低目标要求的约束方程，以保证所选项目能够满足这些最低目标。

7. 在对模型简化做了上述努力之后，如果变量数与约束条件都已无法再行简缩，而模型仍然由于变量及约束方程过多而规模过大，这时应考虑将整体模型分解为两个或更多个层次的相互联系而又相对独立的决策模型。例如将包括投资决策与运营决策的整体模型分解为投资模型与运营模型。本章第三节的实例中就采用了这种层次模型方法。

另外，模型的简化还可以通过某些变量的巧妙设置及选择更好的约束条件表达方式来实现。在下一节中我们将结合电站项目群选择的实例,对模型简化的有关问题作进一步论述。

第三节 项目群评价与选择案例

本节给出项目群评价与选择的一个案例——电站最优选择数学模型。

一、概况

某电网是以火电为主的电网,所在地区水能资源贫乏,火力发电所需煤炭也大部分需由外省调入。为了满足逐年增长的电力需求,现在急需对在产煤地区建坑口电站经超高压输电线路向该地负荷中心送电和在该地负荷中心附近建设电站两种项目群方案之间作出比较选择。此外,该电网主要向几个大城市供电,负荷高峰与夜间低谷的峰谷差越来越大,而网内可调峰容量与需调峰容量相比缺口甚大,长期采用人工压峰(拉路限电)办法,供电质量得不到保证,直接影响了工农业生产和人民生活。搞好基荷型电站与调峰型电站的配置,解决好调峰问题,是该电网面临的严峻课题。

世界上不少国家,在以火电为主或水能资源开发殆尽的地区,越来越多地采用抽水蓄能电站解决调峰问题。抽水蓄能电站在负荷低谷时利用火电站的多余能力从下水库抽水至上水库,负荷高峰时再由上水库放水发电,其发电与用电之比(称循环效率)大约是 2 比 3。在本电网内建设抽水蓄能电站是不是解决调峰问题的一条出路?用三度低谷电能换取两度峰荷电能,经济效益到底好不好? 这也是本电网电站选择所要回答的问题。

二、规模庞大的混合整数规划整体模型

在考虑了备选电站之间及备选电站与现有电站之间的投建与

运营的相互关联性后,起初会很自然地想到要为电站选择问题构造一个混合整数规划的整体模型。

模型所要解决的问题是:确定在给定的计算期内和一系列备选电站项目中,应当在什么时候和什么地方投入何类电站、多大装机容量;同时寻求所有新老电站在计算期各年、各季典型日的最佳运行工况,以满足电力电量需求及各类技术,经济和资源条件限制,并使得投资和运行费用的现值总和为最小。

(一) 模型的设定条件

为简化计算及合理描述费用构成,对模型做下列基本假设。

1. 计算期内以年为单位划分为若干时段,$t=1,2,\cdots,TE$(见图 7-4(a))。设定新电站投入和老电站机组退役均在年初发生。

每年分为若干个季,$p=1,2,\cdots,PE$(见图 7-4(b)),每季对应一个典型日负荷曲线,每日又分为若干个工作区,$k=1,2,\cdots,KE$(见图 7-4(c)),以便较为细致地进行负荷分配。日工作区的细分为描述抽水蓄能电站运行工况所必需。

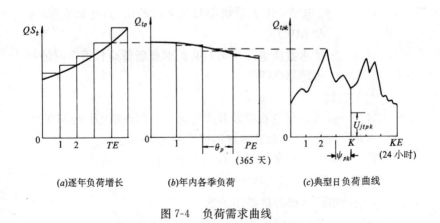

(a)逐年负荷增长　　(b)年内各季负荷　　(c)典型日负荷曲线

图 7-4　负荷需求曲线

2. 计入的费用项包括:固定资产投资中的不变投资和变动

投资,电站运营的固定运行费用和变动运行费用。变动投资是指与装机容量有近似正比例关系的投资,如机电设备购置安装费;不变投资与装机容量不存在比例关系,如水电站的大坝建造费用;变动运行费用与电能生产成正比,即火电厂的燃料等费用;固定运行费一般与发电量无关,通常以该电站投资费用的某个百分数计算。流动资金占用费亦应计算在变动投资之内。

各项投资可按预计施工进度在建设期内逐年分配,并设定均在建设期各年年初投入,考虑资金的时间价值,将其全部折算到投入运行年初,总和即为该项目的投资费用。运行费用假定在各年年末发生。除变动运行费外,现有电站可能发生的其他费用,不影响诸项目群方案的相对比选结论,故不列入目标函数中去。

(二)模型的符号说明

(1)决策变量

X_{jt}——j电站第t年新投入装机容量(整数变量,单位 MW)

Y_{jt}——0-1 变量,专为具有不变投资且考虑分期装机的电站设立

U_{jtpk}——j电站t年p季典型日第k时的出力(连续变量,单位 MW)

R_{jtpk}——抽水蓄能电站j第t年p季典型负荷日第k时的抽水功率(MW)

(2)参数

A_{jt}——j电站可变投资及其固定运行费的现值(万元/MW)

B_{jt}——不变投资及其固定运行费的现值(万元)

c_{jt}——单位电能的变动运行费现值(分/千瓦小时)

QS_t——第t年最大电力需求

r_t——电网装机容量备用系数

AV_j——装机容量可用率

ξ_j——远距离输电的损耗率

ES_t——第 t 年电能需求（指发电量，百万千瓦小时）

$HMAX_j$——火电站可能的最大年工作小时数（千小时）

EPR_j——水电站的年保证电能（百万千瓦小时）

η——电网平均厂用电率

η_j——电站 j 的用电率

EFF_j——抽水蓄能电站的循环效率

b_j——基荷电站技术最小出力系数

θ_p—— p 季的天数

ψ_{pk}—— p 季典型负荷日第 k 工作区的小时数

Q_{tpk}—— t 年 p 季 k 工作区的负荷需求（MW）

$J1$——火电站集合

$J2$——水电站集合

$J3$——抽水蓄能电站

J_{bs}——基荷型电站，有技术最小出力要求

JE——电站总数

h_{jt}——电站 j 第 t 年工作小时数（千小时）

（三）模型的描述

目标函数：

$$\mathrm{Min} PW = \sum_{j=1}^{JE} \sum_{t=1}^{TE} (A_{jt} X_{jt} + B_{jt} Y_{jt})$$
$$+ \sum_{j=1}^{JE} \sum_{t=1}^{TE} \sum_{p=1}^{PE} \sum_{k=1}^{KE} c_{jt} \theta_p \psi_{pk} U_{jtpk}$$

约束条件：

1. 满足各年最大电力需求和备用容量要求

$$\sum_{j=1}^{JE} \sum_{\tau=0}^{t} (1 - \xi_j) AV_j X_{j\tau} \geqslant QS_t (1 + r_t)$$
$$t = 1, 2, \cdots, TE$$

2. 满足各年电能需要

$$\sum_{j \in J1} \sum_{\tau=0}^{t} (1-\xi_j)(1-\eta_j) HMAX_j X_{j\tau}$$

$$+ \sum_{j \in J2} \sum_{\tau=0}^{t} (1-\xi_j)(1-\eta_j) EPR_j Y_{j\tau}$$

$$+ \sum_{j \in J3} \sum_{\tau=0}^{t} \left(1 - \frac{1}{EFF_j}\right) h_{jt} X_{j\tau} \geqslant (1-\eta) ES_t$$

$$t = 1, 2, \cdots, TE$$

3. 满足每天各时段的负荷需求

$$\sum_{j=1}^{JE} (1-\xi_j) U_{jtpk} - \sum_{j \in J3} R_{jtpk} \geqslant Q_{tpk}$$

$$k = 1, 2, \cdots, KE$$
$$p = 1, 2, \cdots, PE$$
$$t = 1, 2, \cdots, TE$$

4. 各电站最大出力约束

$$U_{jtpk} \leqslant AV_j \sum_{\tau=0}^{t} X_{j\tau}$$

$$j = 1, 2, \cdots, JE$$
$$t = 1, 2, \cdots, TE$$
$$p = 1, 2, \cdots, PE$$
$$k = 1, 2, \cdots, KE$$

5. 基荷电站最小技术出力约束

(1) 为确保各基荷电站安全运行,须使各基荷电站最小技术出力之和减去抽水蓄能电站容量之差不大于电网最小负荷需求

$$\sum_{j \in J_{bs}} \sum_{\tau=0}^{t} (1-\xi_j) b_j AV_j X_{j\tau}$$

$$- \sum_{j \in J3} \sum_{\tau=0}^{t} AV_j X_{j\tau} \leqslant \min_{p,k}(Q_{tpk})$$

$$t = 1, 2, \cdots, TE$$

(2) 各基荷电站技术最小出力约束

$$U_{jtpk} \geqslant b_j AV_j \sum_{\tau=0}^{t} X_{j\tau}$$
$$j \in J_{bs}; \; t = 1, 2, \cdots, TE$$
$$p = 1, 2, \cdots, PE; \; k = 1, 2, \cdots, KE$$

还有其他一些约束条件,这里不再列举而留待后面的改进型模型中描述。因为我们这里所要强调的是模型规模问题。

即使我们只考虑上述第 4 类约束方程数量,设 $JE=6, TE=10, PE=4, KE=24$,则第 4 类约束方程数为 $JE \cdot TE \times PE \cdot KE = 6 \times 10 \times 4 \times 24 = 5760$ 个。仅这一类约束方程的总数就高达五千多个,这对带有整数决策变量的模型来说,实在是太多了,不用说微机和小型机,即使是大中型计算机也不一定能够胜任优化求解的任务。因此,需要寻找缩小模型规模的新途径,以便能够真正实用。

三、规模大为缩小的实用模型

在约束条件、变量设置及时段划分等因素都不宜再行简化的情况下,解决整体决策模型规模过大的基本途径有两条,一是重新巧妙设置变量,并能在此基础上对约束条件施以更好的描述技巧,以求减少约束方程的数量;二是将投资决策与运营决策同时求解的整体模型分解为相对分离而又相互联系的层次决策模型,通过模型结构的改进而缩小规模。下面介绍的实用模型同时采用了这两种办法。

(一)减少约束方程的一种重要技巧

当约束条件必须满足而不能忽略时,尤其是当某(些)类约束方程个数过多致使模型规模过大时,应当尽可能地通过技巧性设计减少约束方程的数量。

在前述整体模型中,满足各电站最大出力约束(第 4 类约束)的方程个数最多,现在讨论如何通过电站出力变量(U_{jtpk})的重新设置而达到减少上述方程数量的目的。

1. 在前述整体模型中,日负荷曲线是按自然时序描述的(见图 7-4(c)),U_{jtpk}为电站 j 在各日时段 k 的实际出力。现在,我们将日负荷曲线按一天之内的负荷需求由大到小的顺序重新描绘,得到如图 7-5 所示的持续负荷曲线,并以此负荷曲线取代图 7-4(c) 的负荷曲线。

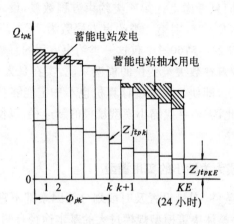

图 7-5 典型日持续负荷曲线

2. 在持续负荷曲线的基础上,可以设定:任一电站的出力将随负荷减小而减小(或不变)。由于各时段的负荷随时段 k 的增大而渐小,电站出力亦随 k 的增大而减小(或不变),而不会随 k 的增大(负荷渐小)而增大。设电站 j 在两个相邻时段的出力差值为 Z_{jtpk}(见图 7-5),则最末时段 KE 的 $Z_{jtp,KE}$ 即为该电站在该时段的实际出力;而任一时段 k 的实际出力可以写作 $\sum_{l=k}^{KE} Z_{jtpl}$,并可以以此取代整体模型中的 U_{jtpk}。

3. 以整体模型中的第4类约束为例,重新构造原来带有 U_{jtpk} 变量的约束方程。

满足每个电站最大允许出力的约束：

$$\sum_{k=1}^{KE} Z_{jtpk} \leq AV_j \sum_{\tau=0}^{t} X_{j\tau}$$

$$j = 1, 2, \cdots, JE$$
$$t = 1, 2, \cdots, TE$$
$$p = 1, 2, \cdots, PE$$

式中，$\sum_{k=1}^{KE} Z_{jtpk}$ 是 j 电站 t 年 p 季典型日的最大出力 ($k=1$)。只要如式中所示那样，最大出力不超过装机容量的限制，则由于 $Z_{jtpk} \geq 0$ 的隐含限制，电站在一天之内的任何其他时段 k($k=2,3,\cdots,KE$) 的出力 $\sum_{l=k}^{KE} Z_{jtpl}$ 自然也不会大于装机容量的限界。因此，除了持续负荷曲线的第1时段之外，不必再象整体模型那样为每一时段的出力写出约束方程。本约束方程的个数为 $JE \cdot TE \cdot PE = 6 \times 10 \times 4 = 240$，与整体模型的5760个比较，是大大减少了。在约束性质没变的情况下，方程的减少归功于负荷曲线和变量设置上的技巧性处理。

（二）将整体模型分解为层次模型

当项目群的整体模型规模过大而不适于在现有的微机和小型机上实现时，应该考虑能否将投资决策与运营决策相互关联的整体模型分解为相对独立的层次模型。上一层次的模型是专为解决投资决策而设立的纯整数规划模型；下一层次的模型是专为生产运营而设立的线性规划模型。二者通过一定的信息反馈，实现投资决策与运营决策的整体一致性。

下面讨论本例层次模型的基本思路。

由于各备选电站能否运行发电取决于该电站项目的投建与否，所以，高层次模型是投资决策模型。首先根据各类电站以往运行的经验数据，设定各备选电站的年工作小时数 h_{jt} 的初始值，这样就可构造只带整数变量的投资决策模型。在投资决策模型作出项目选择的初步结论后,将其结论传送给下一级的运营调度模型。该运营模型将上级模型的投资决策作为既定结果,优化各电站的运行状况,确定各电站在各时段的最优出力。据此可以计算出各电站的年工作小时数,将此数与投资决策模型中设定的初始值比较,倘若二者相差较大,说明初始值的设定不尽合理,并会导致项目决策的不尽合理,这时可用新调整的年工作小时数(本实例是用运营模型统计出来的值)取代初始设定值,重新启动投资决策模型。如此反复迭代优化数次。直到投资模型中的设定值与运营模型的统计值充分接近为止,这时的项目选择就是最优选择。

层次模型的相互关系及信息流程如图7-6所示。

层次模型是对整体模型的结构调整,由此大大缩小了模型规模。

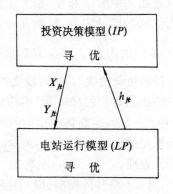

图7-6 层次模型关系及信息流程示意图

(三) 实用模型

本模型将前述变量设置技巧和层次分解纳入模型之中,从而使模型规模大为缩小并得以实用。

1. 符号补充说明

(1) 决策变量

Z_{jtpk}——j电站第t年p季第k个日时段比第$k+1$个日时段多发的电力(MW);

(2) 参数

EAV_{jtp}——水电站j第t年p季的平均电能(百万千瓦小时);

$HMAX_{jp}$——火电站最大季工作小时数(千小时);

KR——典型日负荷调度中,允许抽水蓄能电站抽水的第一个日时段编号；

ϕ_{pk}——典型负荷日0—k 时段的小时数。

2. 模型的数学描述

（1）投资决策模型（IP）

目标函数：

$$\text{Min}PW = \sum_{j=1}^{JE} \sum_{t=1}^{TE} \left(A_{jt}X_{jt} + B_{jt}Y_{jt} + c_{jt}h_{jt}\sum_{\tau=0}^{t}X_{j\tau} \right)$$

约束条件：

1）满足各年最大电力需求和备用容量要求

$$\sum_{j=1}^{JE} \sum_{\tau=0}^{t} (1-\xi_j)AV_jX_{j\tau} \geqslant QS_t(1+r_t)$$
$$t = 1,2,\cdots,TE$$

2）各年电能需求约束

$$\sum_{j\in J1} \sum_{\tau=0}^{t} (1-\xi_j)(1-\eta_j)HMAX_jX_{j\tau}$$
$$+ \sum_{j\in J2} \sum_{\tau=0}^{t} (1-\xi_j)(1-\eta_j)EPR_jY_{j\tau}$$
$$+ \sum_{j\in J3} \sum_{\tau=0}^{t} \left(1-\frac{1}{EFF_j}\right)h_{jt}X_{j\tau} \geqslant (1-\eta)ES_t$$
$$t = 1,2,\cdots,TE$$

3）基荷电站整体技术最小出力约束

$$\sum_{j\in J_{bs}} \sum_{\tau=0}^{t} (1-\xi_j)b_jAV_jX_{j\tau} - \sum_{j\in J3} \sum_{\tau=0}^{t} AV_jX_{j\tau}$$
$$\leqslant \min\{Q_{tpk} \mid p \in PE, k \in KE\}$$
$$t = 1,2,\cdots,TE$$

4）工程及装机能力约束

对于设有 Y 变量的电站工程

$$\sum_{t=1}^{TE} Y_{jt} \leqslant 1$$

$$X_{jt} \leqslant XMAX_{jt} \sum_{\tau=1}^{t} Y_{j\tau} \qquad t = 1, 2, \cdots, TE$$

对于不设 Y 变量的电站项目

$$X_{jt} \leqslant XMAX_{jt} \qquad t = 1, 2, \cdots, TE$$

5) 资源、政策或环境对装机总容量的约束

$$\sum_{t=1}^{TE} X_{jt} \leqslant XMAX_j \qquad j \in 备选电站$$

6) 互斥工程项目的约束

$$\sum_{j} \sum_{t=1}^{TE} Y_{jt} \leqslant 1 \qquad j \in 备选电站中的某互斥集$$

(2) 运行模拟模型(LP)

运行模型每次只对某季进行,整个计算期共需优化计算 $TE \cdot PE$ 次

目标函数:

$$\text{Min} CV_{tp} = \sum_{j=1}^{JE} \sum_{k=1}^{KE} c_{jt} \theta_p \phi_{pk} Z_{jtpk}$$

约束条件:

1) 满足每天各时的电力负荷

$$\sum_{j=1}^{JE} \sum_{l=k}^{KE} (1 - \xi_j) Z_{jtpl} - \sum_{j \in J3} R_{jtpk} \geqslant Q_{tpk}$$

$$k = 1, 2, \cdots, KE$$

2) 电能生产约束

$$\sum_{k=1}^{KE} \theta_p \phi_{pk} Z_{jtpk} \leqslant EAV_{jtp} \qquad j \in J2$$

$$\sum_{k=1}^{KE} \theta_p \phi_{pk} Z_{jtpk} \leqslant HMAX_{jp} \sum_{\tau=0}^{t} X_{j\tau} \qquad j \in J1$$

3) 各电站最大出力约束

$$\sum_{k=1}^{KE} Z_{jtpk} \leqslant AV_j \sum_{\tau=0}^{t} X_{j\tau} \qquad k = 1, 2, \cdots, JE$$

4) 抽水蓄能电站抽水功率约束

$$R_{jtpk} \leqslant AV_j \sum_{\tau=0}^{t} X_{j\tau} \quad j \in J3, KR \leqslant k \leqslant KE$$

5）技术最小出力约束

$$Z_{jtp,KE} \geqslant b_j AV_j \sum_{\tau=0}^{t} X_{j\tau} \quad j \in J_{bs}$$

6）抽水蓄能电站工况条件

日调度电能平衡

$$\sum_{k=1}^{KR-1} Z_{jtpk} \phi_{pk} \leqslant EFF_j \sum_{k=KR}^{KE} R_{jtpk}(\phi_{pk} - \phi_{p,k-1}) \quad j \in J3$$

抽水与发电互斥

$$Z_{jtpk} = 0 \quad j \in J3 \quad KR \leqslant k \leqslant KE$$
$$R_{jtpk} = 0 \quad j \in J3 \quad 1 \leqslant k \leqslant KR-1$$

上池库容约束

$$\frac{\sum_{k=1}^{KR-1} Z_{jtpk} \phi_{pk}}{\overline{H}_{jp} \alpha w_j} \leqslant V_{jp} \quad j \in J3$$

式中 V_{jp} 是抽水蓄能电站上水库的实际发电库容；$\overline{H}_{jp}$ 为发电平均水头；α 为能量换算系数；w_j 为发电效率。

五、计算结果及有关结论

应用上述模型及相应的计算机程序软件，对包括抽水蓄能电站的六类备选电站进行优选。为了论证某抽水蓄能电站的经济性，又对不包括该电站而仅包括其他五类电站的各种方案进行优选，并将有抽水蓄能电站的"最优设计方案"与没有抽水蓄能电站的"最优替代方案"进行了比较。计算结果表明，当基准折现率取为10％时，最优设计方案的总费用现值为145.84亿元，最优替代方案的总费用现值为148.58亿元，亦即由于修建抽水蓄能电站，可节省费用现值2.74亿元。

两个方案的装机序列及其费用见表7-3。

表7-3 备选电站装机序列决策

	电站类	86—87	88—89	90—91	92—93	94—95	总费用现值
有抽水蓄能电站的最优设计方案	2				4		145.8369亿元
	3					4	
	4			4			
	5		4	1	5	2	
	6	37	14	20			
无抽水蓄能电站的最优替代方案	1				5	3	148.5831亿元
	5		4	5	1	4	
	6	37	14	30			

表中备选电站类编号：1为燃煤调峰机组，国内尚在试制；2为某拟建抽水蓄能电站，经设计、施工阶段，最早能在1992—1993年间投入运行；3和4为坑口电站远距离送电的两项工程；5为燃煤普通凝汽机组；6为烧油的燃气轮机，鉴于国内长期不重视而技术水平较低，单机容量较小。

表中各年下面对应的数字为各类备选电站装机台数。

根据计算结果，推荐最优设计方案为电站选择的建议方案。同最优替代方案相比，其经济性是由于抽水蓄能电站带来的。

进一步的分析还得出如下一些重要结论：

1）由于抽水蓄能电站的入选，促使坑口电站送电项目中选，替代了在电网负荷中心附近修建燃煤电厂的相当部分，有利于作为负荷中心的大城市的环境保护；抽水蓄能电站在后夜负荷低谷时用坑口电站提供的廉价电能抽水，而在负荷高峰时放水发电，替代高燃耗火电调峰手段的相当部分，大大降低了全部电站的运行费用，建议方案的经济效益正是从合理的电站构成中获得的。

2）坑口电站向负荷中心远距离送电，有多方面的经济优势。

但这种设想的本身还存在两个难以解决的问题：长距离送电缺调峰能力问题和长输电线的可靠性问题。负荷中心附近的抽水蓄能电站则可以弥补这两方面的缺陷。因此可以说，上抽水蓄能电站是上坑口电站送电项目的前提条件，而且两者互为补充，相得益彰。这样，我们在论证了抽水蓄能电站经济性的同时，实际上也论证了坑口送电项目的经济性和所需条件。

3）在火电为主的电网中，燃煤调峰机组和燃气轮机仍不失为调峰的手段。但是，有必要在燃煤调峰机组的研制中力求技术经济指标的高标准，以提高其与其他调峰手段的竞争力。对于燃气轮机，宜重视其发展，加速研制技术经济性能好、单机容量较大的机组，尽快缩短与世界水平的差距。

习 题

[7-1] 项目群的经济分析与单个项目的经济分析，二者各自的任务是什么？它们之间有哪些联系？

[7-2] 当项目较多且相关性较强时，采用常规的"互斥方案组合法"、即人工——穷举所有可能的互斥方案且加以比较评价有何困难？

[7-3] 为什么要将数学优化技术引入项目群的决策分析中来？

[7-4] 结合本章有关煤炭运输的项目群模型，如果需求地区有不同煤种（L 种）的需求，各产地亦有各种煤的可供量上限，你能构造一个新的项目群决策模型吗？

[7-5] 结合你所熟悉的某个行业或地区，将项目群优化模型构造的一般原则具体化。

第八章 先进制造系统投资项目评价

以计算机集成制造系统(Computer Intergrated Manufacturing System,简称CIMS)为代表的先进制造系统是近年来发展起来的新型工厂自动化系统。先进制造系统综合运用计算机技术、信息技术、系统技术等一系列先进科学技术,对企业的生产过程、管理过程和决策过程中的物质流与信息流进行有效的控制与协调,将产品与工艺设计、生产准备、生产计划与控制、加工制造乃至采购、销售、服务等活动有机结合起来,从而实现企业生产经营活动的全局动态最优化。

从20世纪70年代后期,人类进入了信息时代,企业要面对竞争日益激烈的全球化大市场。迅速变化着的市场对制造业企业在产品质量、交货期、品种多样化等多方面提出了越来越高的要求。通过开发和应用先进制造系统,提高产品质量和生产效率,降低成本,增强应变能力,这已成为现代企业建立并保持竞争优势的重要途径。本章讨论先进制造系统投资项目评价的特点、过程与方法。

第一节 先进制造系统项目评价的特点

与传统的工业投资项目评价相比,先进制造系统投资项目评价有以下5个方面的特点。

一、先进制造系统投资决策是具有战略决策性质的多目标决策,对先进制造系统投资项目需要在多层次、多维评价的基础上作综合评价。

企业的经营目标往往是多元的,这些目标通常可分为战略目标和战术目标两个层次。与此相对应,企业的投资决策也可分为战略性决策和战术性决策两个层次。战略性投资决策指着眼于企业的长远利益和全局利益,为实现企业的战略目标所作的投资安排。评价战略性投资方案的主要依据是战略效益,即投资对实现企业战略目标所能作出的贡献。战术性投资决策指在总体战略的框架内为实现某些阶段性的或局部的战术目标所作的投资方案选择。评价战术性投资方案的主要依据是战术效果,即投资对达成具体的战术目标所能起到的作用。先进制造系统投资的主要目的在于增强企业的技术能力和市场应变能力,建立与保持企业的竞争优势,谋求长期稳定的经营绩效,这些都属于企业战略目标的范畴。由此可见先进制造系统投资决策本质上是战略性决策。在谋求战略效益的同时,先进制造系统投资也要解决提高生产效率,降低成本费用,清除生产经营中的瓶颈环节,获取直接经济效益等问题,这些通常属于企业战术目标的范畴。因此,先进制造系统投资决策也含有战术性决策的成份。

先进制造系统是一种多功能的系统,先进制造系统投资可产生的效果是多方面的。为了全面评价这类投资项目的效果,需要区分各种不同的投资目标分层次对项目进行多维评价。根据先进制造系统投资项目的特点,至少要进行以下四个方面的评价:

(1) 财务效果评价,指对可用货币计量的项目投资经济效果进行测算;

(2) 企业战略效益评价,指就项目实施对于实现企业战略目标所能作出的贡献进行评估;

(3) 项目外部影响评价,指就项目实施对国家利益和社会系统可能产生的影响进行分析;

(4) 技术功能评价,指对项目方案各个子系统和系统整体的技术水平及在解决企业生产经营各个环节有关问题方面的功效进行衡量，系统所具有的技术功能是项目产生效益的基础。

以上每一个方面的效果评价仍包含对多个具体投资目标的考虑，在实施评价时还需进一步分解。各种投资目标在投资决策中的重要性是不同的，在多维评价的基础上还要考虑不同目标在决策中的权重对项目进行综合评价。

二、先进制造系统投资决策问题属于半结构化问题，评价先进制造系统投资项目要定量分析与定性分析相结合。

决策问题可分为结构化问题、非结构化问题和半结构化问题。结构化问题指所涉及的变量及变量之间的关系清楚，目标与条件参数均可定量描述的问题。在实践中满足结构化问题条件的一般是较低层次的决策问题，这类问题可通过有条理的客观分析予以解决。非结构化问题指所涉及的变量及变量之间的关系尚不完全清楚，只能对问题的特征、目标和重要的资源条件作定性描述的问题。在高层战略决策中经常会遇到非结构化问题，解决这类问题一般没有固定的逻辑程序，主要依靠分析人员和决策者基于知识与经验的主观直觉判断。半结构化问题指介于结构化问题和非结构化问题之间的问题。这类问题既含有可定量描述的因素，也含有只能定性描述的因素，解决半结构化问题既需要作客观分析，也离不开分析人员和决策者的主观判断。先进制造系统不是某种单纯的技术应用，而是在特定的企业内部和外部环境中实现的由一系列先进技术与相应的组织结构、管理方式组成的复杂的有机体系。先进制造系统投资决策要考虑多层次的决策目标和众多的影响因素。有些决策目标和影响因素可以定量描述，如投资额、财务效果以及系统的某些技术性能等。也有一些决策目标和影响因素只能定性描述或部分定量描述，如市场应变能力、企业技术能力、顾客满意程度、职工的价值观念等。先进制造系统投资决策是面向未来的新技术投资决策，以人们目前的认识水平还不能完全认识决策所涉及的所有因素及各因素之间的复杂关系。由此可见，先进制造系统投资决策具有半结构化问题的特征。评价先进制造系统投资项目既需要定量分析,也需要定性分析;既要重视慎密的客观分析,亦不可忽视有经验的专家及决策人员的主观直觉判断。

三、先进制造系统由多个子系统组成,子系统之间的相关性决定了集成效益是先进制造系统投资效益的重要组成部分,对先进制造系统投资项目要强调系统整体效益的评价。

企业的生产经营过程是由技术开发、工程设计、生产准备、加工制造、计划控制、质量保证、销售服务、外部资源采购、物料管理、财务管理、人事管理等一系列相互联系的基本活动和辅助活动组成的。企业的经营绩效既取决于各单项活动的成效,也取决于各项活动之间的协调与配合。先进制造系统通常是由支持企业各项基本活动和辅助活动的若干子系统构成,如工程设计自动化系统、制造自动化系统、质量保证系统、管理信息系统以及计算机网络数据库系统等,但先进制造系统的作用并不仅仅在于实现企业各个单项活动的自动化及提高单项活动的效率。先进制造系统的主旨在于系统的集成,即对所有与生产经营有关的资源与信息进行统一管理和综合利用,对企业的全部生产经营活动进行优化组织与协调,通过优化与协调使企业整体取得最佳绩效。因此,先进制造系统投资的效益并非各个子系统效益的简单叠加,集成带来的效益也是其中的重要部分。对先进制造系统投资项目要强调整体效益的评价。

四、先进制造系统项目一般是在原有企业生产经营系统基础上分阶段投资实施的,应选择合理的分析期和适合项目现金流量特点的分析指标,用增量分析方法评价项目投资的阶段效益与总体效益。

先进制造系统的实现多数情况下不能一蹴而就。企业开发先进制造系统通常是在原有生产经营系统的基础上逐步改造,分阶段实施,积木式扩展,最终形成完整的集成系统。在先进制造系项目的每一个开发阶段,既要有明确的阶段性目标,也要考虑系统整体的要求,为下一阶段的开发打下基础。往往会出现前一阶段开发投资的效益要到后一开发阶段完成或整个系统完成之后才能体现出来的情况。因此,对先进制造系统投资项目的评价要根据发挥效益的预期时间选择合理的计算期,既要评价阶段投资效益,也要评价总体投资效益。由于项目分阶段实施,必然要在整个项目寿命期内多次投资,这会造成项目的现金流量有较大波动,可能出现正负净现金流交替发生的情况。有些评价指标(如内部收益率)可能失效,因此需要选择适合项目现金流特点的分析指标评价投资的财务效果。先进制造系统的开发本质上属于改、扩建项目,一般应按"有""无"对比的原则,用增量分析法进行评价。

五、先进制造系统的开发应用是将一种新的生产模式引入企业,开发难度大,周期长,开发与运行过程中涉及各种不确定因素较多,风险分析是项目评价中不可缺少的重要内容。

第二节 先进制造系统项目的费用、效益与风险

正确而全面地识别费用、效益与风险是合理评价投资项目的前提。一般而言,费用指项目实施所需的各种资源投入,效益指项目实施对企业目标和社会目标的贡献,风险指投资效果偏离预期值的可能性。先进制造系统项目的费用主要包括投资和项目运行费用,这与一般工业投资项目类似。先进制造系统项目的效益则至少体现在财务收益、战略效益和外部影响等三个方面,财务收益可用货币计量,而战略效益和外部影响通常难以用货币单位计量。本节将介绍一般情况下先进制造系统投资项目的费用和效益包含的主要内容以及项目风险的主要来源。

一、费用

先进制造系统开发与应用的费用由以下几个部分组成：

1. 规划设计费用，指用于调查研究、系统分析、布局规划、方案设计、开发人员培训及有关计算机软件开发的费用；

2. 设备及软件购置费用，指用于购置必要的加工设备、检测设备、运输设备、计算机与外部设备以及应用软件的费用；

3. 工程实施费用，指用于设备安装、调试、运行人员培训的费用，以及在工程实施过程中由于施工、原业务流程调整和组织机构变革影响生产经营所造成的损失；

4. 系统运行费用，指系统投入运行之后，相对于原生产经营系统，新增的材料费、人工费、能源费、工具费、物资储备费、检验费、维护修理费，以及系统运行所需要的其他支持保障费用；

5. 故障损失，指系统一旦发生故障可能造成的废品损失，误工损失等；

6. 系统改进与更新费用。先进制造系统开发周期较长，往往要分阶段实施。在项目寿命期内，由于技术进步或系统功能扩展的需要，早期开发的某些子系统可能需要改进或更新，系统改进与更新费用也应计入项目总费用。

先进制造系统是由若干子系统构成的集成系统。项目费用的归集可以根据各个子系统的特点，分子系统、分投资阶段进行，但应注意不可遗漏系统集成所需的投资与运行费用。

二、财务收益

财务收益指项目实施带来的可以用货币计量的收益。财务收益主要来自以下几个方面：

1. 由于工作效率提高节省的费用：先进制造系统的采用，可以在工程设计、生产准备、加工制造、销售服务、生产计划、财务管理、等各个生产经营环节提高工作效率,从而节省相应的人工费、材料费、能源费、试验费等。由于工作效率提高导致的费用节省一方面体现在用比较少的时间和资源耗费完成同样的工作任务,另一方面也体现在不需增加或较少地增加时间和其它资源耗费完成更多的工作任务。

2. 由于优化产品设计、工艺设计和生产计划而节省的费用:先进制造系统的采用使得设计人员和计划人员在从事产品设计、工艺设计和生产计划时有可能获得和利用更丰富、更精确的数据信息,采用更先进的设计与计划方法,并借助计算机进行大量的计算、模拟和优化,从而大大提高设计与计划的水平。设计水平与计划水平的提高会导致更有效地利用原材料,更多地采用通用零部件,更合理地安排加工过程,充分发挥生产潜力,减少设备闲置,从而节省生产过程中的各项费用。

3. 由于减少生产作业环节而节省的费用:先进制造系统是一个集成系统,最终要实现对企业生产经营活动的资源与信息的统一管理和综合利用。系统的集成会导致传统的企业生产经营系统中的若干生产作业环节可以被省去,从而节省与这些生产作业环节有关的费用。

4. 由于减少工作错误而避免的损失:采用先进制造系统可以提高企业生产经营活动各个环节的工作质量,减少工作错误,从而避免部分因工作错误造成的损失。可能避免的工作错误造成的损失主要包括:产品设计、工艺设计、生产计划等方面可能发生的工作错误导致的返工费用和误工损失;物料管理工作错误导致的物料积压或短缺造成的损失;加工制造过程中的工作错误导致的返工费用和废品损失等。

5. 由于缩短生产周期和降低库存而减少的资金占用费用:采用先进制造系统可以有效地提高生产作业效率,增强各种生产作业活动的协调性,合理地安排物资的采购供应,从而明显地减少生产准备时间、加工装配时间和工件等待加工时间,缩短制造周期,减少在制品和库存。这使得与存货有关的流动资金周转加快,占用减少,致使财务费用的节省。

6. 由于抓住市场机会而带来的收益:采用先进制造系统可以缩短设计、制造周期,增加生产柔性和计划的灵活性,从而大大增强企业的市场应变能力。这有助于企业在激烈的竞争中抓住市场机会,及时提供市场需要的产品,增加销售收入和利润。从多数企业开发与应用先进制造系统的动机来看,通过增强市场应变能力,抓住市场机会获得的收益应该是项目财务收益的主要部分。但由于未来的市场有很大的不确定性,除非存在可预见的特定机会,这部分收益通常难以定量估算,多数情况下,只能将增强市场应变能力作为一种战略效益加以考虑,作定性分析。

三、战略效益

战略效益指项目对企业全局和长远利益所作的贡献,主要体现为企业市场竞争能力的提高。先进制造系统项目的战略效益主要包括以下几个方面:

1. 市场应变能力的提高:缩短设计、制造周期,增加计划、调度的灵活性,实现柔性生产是先进制造系统的重要特点。设计、制造周期的缩短使企业有能力在短时间内推出市场需要的产品。计划、调度的灵活性使企业可以在市场急剧变化的情况下迅速调整生产安排,重新合理配置资源。生产柔性包括生产工艺柔性和生产能力柔性两个方面,生产工艺柔性指生产设备适应不同的加工工艺、加工任务和原材料的能力。生产能力柔性指生产设备适应不同生产批量的能力。具有生产柔性使企业有条件实现产品类型、品种、规格的多样化,针对不同用户的特殊要求提供用户满意的产品。先进制造系统的这些特点使拥有先进制造系统的企业具有较强的市场应变能力,为企业在激烈的市场竞争中立于不败之地创造了有利条件。

2. 技术水平的提高：先进制造系统的开发与应用会使企业的整体技术水平得到提高。技术水平的提高主要表现在三个方面：一是设备与工艺技术水平的提高；二是技术人员技术素质的提高；三是企业技术开发与技术管理经验的积累。技术水平的提高有助于企业在市场竞争中建立或保持技术领先的优势。使企业有能力不断开发新产品，并以比竞争者更低的成本生产性能和质量更高的产品。从而获得更高的市场份额和利润。

3. 管理水平的提高：采用先进制造系统可以大大提高企业各级组织收集、传递、处理各种信息的效率，提高信息的准确性和及时性。现代企业组织管理水平高低的一个重要衡量标准就是对信息收集、传递、处理的质量与效率。高效率、低失真地收集、传递、处理各种信息有助于提高各级管理者的决策水平、计划水平以及协调与控制能力，减少决策失误，提高各种资源的利用效率，从而增强企业的市场竞争能力。

4. 人力资源的开发：开发人力资源是企业增强竞争能力的重要途径。先进制造系统的开发与应用对企业人力资源开发的作用主要表现在两个方面：一是在项目实施过程中，通过培训和系统开发实践的锻炼，可以提高企业员工的知识与技能水平；二是先进制造系统的应用能改善员工的工作条件，增强员工的工作自豪感，从而提高员工队伍的士气。

5. 产品与服务质量的提高：市场竞争说到底是产品与服务质量的竞争。采用先进制造系统能有效地提高产品的设计质量和制造质量，能及时地根据用户反馈信息改进产品，并能减少不按时供货情况的发生，从而大大提高用户的满意程度，提高企业信誉。企业信誉是重要的无形资产，建立与保持良好的信誉会大大加强企业的竞争优势。

6. 对外合作能力的增强：拥有先进制造系统增强了企业的

技术实力,也会改善企业形象。这使得企业在与国内外其他企业或机构进行业务合作时,能力与地位都得到加强。对外合作能力的加强有助于企业与合作伙伴保持稳定的合作关系,获得更有利的合作机会与合作条件。

四、外部影响

现代企业尤其是我国的国有企业不仅要追求盈利与企业发展,还要承担一定的社会责任。因此,投资项目的评价也应考虑项目对国家、社会的贡献与影响,即项目的外部影响。先进制造系统项目的外部影响通常有以下几个方面:

1. 不可再生资源与能源的节约:采用先进制造系统可能导致生产过程中不可再生资源和能源的节约,这种节约不仅可使企业节省费用,对国民经济与社会发展也是有益的。

2. 技术示范与技术扩散效果:开发与应用先进制造系统有可能对其它企业起到技术示范作用,推动先进技术的转移与扩散,从而促进更大范围内的技术进步。

3. 产品出口创汇:先进制造系统的采用有可能促进产品出口,获得外汇收入,这有利于国民经济的发展。

4. 减少污染,改善环境:采用先进制造系统有可能减少生产过程中的污染,改善职工工作环境和工厂附近居民的生活环境。也有可能通过提高产品的质量与性能在更大范围内产生对环境有益的影响。

5. 就业影响:先进制造系统的采用会对当地就业机会与就业结构产生影响,但不一定都是有利的影响。

6. 对国家安全的贡献:采用先进制造系统可能有利于开发与生产某些对国防建设和国家安全有重要意义的产品。

五、项目风险

先进制造系统开发与运行过程中面临的风险主要来自以下几个方面：

1. 技术风险：先进制造系统的开发要针对特定企业生产经营业务的需要，由于不同企业的产品、工艺、设备和技术能力千差万别，先进制造系统的实现并无统一模式。这意味着，尽管先进制造系统已经在众多企业中被成功地采用，但每一个新系统的开发在技术上仍有一定的风险。先进制造系统是综合运用多种新技术的复杂系统，从总体方案的设计、单元技术的选择到整个系统的集成，任何一个技术环节出了问题，都会影响系统的功效，甚至可能导致项目的失败。另外，先进制造系统开发周期较长，从各个单元技术的开发到整个系统的集成一般需要 4—10 年时间。在项目实施过程中，各种技术也在不断地发展变化，技术发展的不确定性也会给项目的成功带来风险。

2. 组织风险：先进制造系统项目的实施涉及企业各个部门的工作，需要调动多方面的资源。先进制造系统的采用要求企业的组织结构和业务流程作相应的变革，必然冲击企业原有的生产方式、管理体制乃至人们的传统观念。先进制造系统的有效运行还需要高素质的人力资源的支持，要求企业具有一定的现代管理工作基础。因此，企业领导人和职工的观念、偏好及对先进制造系统的认识，企业所拥有的各类人才的数量、知识结构与素质，企业的管理体制和组织结构对变革的适应能力，企业的管理水平及组织项目实施的能力与经验等，都是影响先进制造系统项目成功的重要因素。这些因素的不确定性给项目成功带来的风险可称为组织风险。

3. 财务风险：先进制造系统投资项目的财务风险主要体现在两个方面：一是资金筹措方面的风险，二是投资收益方面的风险。先进制造系统投资大,周期长,企业能否及时筹集到足够的项目实施所需的资金,将直接影响项目的实施进度和效果。先进制造系统投资的财务收益主要是靠提高生产效率、降低成本费用以及增强企业的市场应变能力,抓住更多、更有利的市场机会来获取。通过提高生产效率、降低成本费用获取的收益比较易于估算,收益的不确定性也较小。而通过增强企业市场应变能力,抓住市场机遇获取的收益则难以准确预测。作为战略性投资项目,多数情况下,先进制造系统的采用只是为企业提供了在市场竞争中抓住机遇的条件,并不等于可以带来确定的市场机会和财务收益。即使有现实的市场机会,对新市场的开拓仍然要面临众多的不确定因素。因此,先进制造系统投资在财务收益方面有较大风险。

4. 外部环境风险:先进制造系统项目的实施不仅需要企业内部资源的支持,受企业内部条件的制约,还需要外部资源的支持,受外部环境的影响。外部环境诸因素的不确定性也是项目风险的重要来源。影响项目成功的外部环境因素主要包括有关法律与政策、宏观经济形势、产业发展趋势、相关技术的发展、可依托的外部技术力量、当地的基础设施条件、工业协作条件以及人文社会环境等。

第三节　先进制造系统项目的评价过程

先进制造系统投资项目的评价过程是一个对企业的目标、条件、要解决的问题以及各种备选技术方案的适用性认识不断深化的过程。一般来说,评价过程包括 5 个方面的工作内容:

(1) 认识企业的目标结构和关键的成功因素;
(2) 了解企业经营环境和项目实施条件;
(3) 分析评价备选方案的技术功能;
(4) 识别与计量各种备选方案的费用、效益与风险;

(5) 对备选方案进行综合评价与比选。

这 5 个方面的工作内容在逻辑关系上可以理解为 5 个工作步骤,但实际的评价活动并不一定要按上面的次序进行,有些内容之间可能相互交叉,有些工作需要反复进行逐步深入。下面对这些工作内容分别加以说明。

一、企业目标结构与关键成功因素的认识

投资项目评价的目的在于衡量不同投资方案对投资主体的目标贡献大小。所以,评价活动的第一步应从全面、深入地认识企业实施先进制造系统项目的目标开始。如前文所述,企业投资实施先进制造系统项目的目标可能是多元的。就一般情况而言,这些目标可能包括:降低作业成本;提高生产效率;扩大生产能力;增强新产品开发能力,增加产品品种;缩短产品的设计、制造周期;提高产品质量;保证按时交货;便于对外合作;提高经营决策的效率与水平;改善企业形象;改善职工劳动条件等等。这些目标分属不同的层次,有些反映企业的近期利益,有些反映企业的长远利益。每个企业都有自己的具体情况,对于不同的企业来说,投资实施先进制造系统的目标可能不完全相同,实现各种目标的紧迫性和重要程度也可能不同。为了正确评价项目对企业目标的贡献,评价人员应该通过深入的调查,通过与决策者的反复对话,了解决策者所关心的问题的全貌,把握企业的发展战略、总体目标以及服务于总体目标的不同层次、不同阶段的子目标。企业目标的结构可以用目标树的形式表示出来。一种典型的企业投资实施先进制造系统项目的目标树如图 8-1 所示。

在把握企业整体目标结构的基础上,评价人员应结合企业的经营环境和现实条件弄清楚哪些目标是必须达到的基本目标,以及对于实现这些基本目标起关键作用,必须保证其成功的因素有哪些。关键成功因素的识别应该分层次进行,首先从企业的基本目

标出发识别关键的部门和关键的业务领域,然后再对各个部门和业务领域的活动进行分解,从中识别关键的工作环节和业务功能。与关键成功因素有关的问题是企业的各级管理者在经营活动中要解决的主要矛盾,也是先进制造系统评价中要优先考虑的方面。

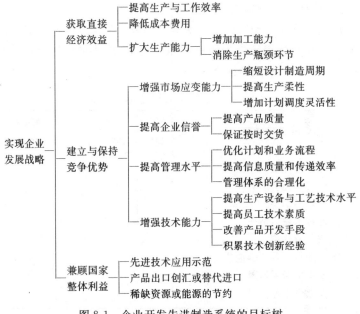

图 8-1 企业开发先进制造系统的目标树

二、企业经营环境与项目实施条件的了解

企业经营环境和项目实施条件是项目投资决策中应考虑的重要因素。在项目评价过程中,调查了解企业的经营环境和项目实施的条件有助于认识企业实施先进制造系统项目要达到的基本目标和要把握的关键成功因素,有助于判断技术方案的适用性,有助于识别项目面临的主要风险。

对企业经营环境和项目实施条件的调查了解应包括四个方面

的内容:一是构成企业经营环境的各种要素及项目实施的各种条件目前的现状;二是这些要素发展的趋势和条件变化的可能;三是企业经营环境及其发展趋势对本企业发展的影响、压力及可能提供的机会;四是企业经营环境、项目实施条件及其发展变化对本项目的费用、效益与风险的影响。

调查涉及的问题可以参考表 8-1 和表 8-2 所示的检核表。将所要了解的问题用检核表的形式列成清单,按清单项目逐项进行调查分析是一种常用的研究方法。

表 8-1　企业经营环境及其影响检核表

序号	企业经营环境要素	现状	发展趋势	对本企业发展的影响	对本项目实施的影响
1.	国际经济环境				
2.	国内宏观经济形势				
3.	行业市场形势				
4.	行业技术发展情况				
5.	国家产业政策				
6.	本企业在同行业的地位				
7.	主要竞争对手情况				
8.	行业领先企业情况				

表 8-2　项目实施条件及其影响检核表

序号	项目实施条件	现状	发展趋势或变化的可能性	对本项目实施的影响
1	国内外类似项目开发应用情况			
2	本行业同类项目开发应用情况			
3	项目关键技术发展情况			
4	当地基础设施支持条件			
5	当地工业协作条件			

续表

序号	项目实施条件	现状	发展趋势或变化的可能性	对本项目实施的影响
6	企业原技术系统与本项目的兼容性			
7	企业管理体制对本项目的适应性			
8	企业组织系统对本项目的适应性			
9	企业领导与职工的思想观念			
10	企业领导与职工的知识技能水平			
11	企业拥有的技术开发力量			
12	可借助的外部技术力量			
13	项目所需资金的落实情况			
14	项目所需的设备、软件供应情况			

三、备选方案技术功能的分析评价

在了解企业投资实施先进制造系统项目的目标结构、关键成功因素和项目实施的约束条件之后,下一步工作是对各种备选方案的技术功能进行分析评价,即分析在特定的约束条件下各种备选方案能够提供哪些企业投资目标所要求的技术功能,评价这些功能的有效程度。技术功能的分析评价是效益评价的基础。

先进制造系统是由若干个子系统组成的集成系统,企业投资目标所要求的技术功能要分别由各个子系统实现或通过系统集成实现。就一般情况而言,构成先进制造系统的各个子系统所服务的企业目标及其可实现的功能如下:

1. 工程设计自动化系统

工程设计自动化系统的开发应用实质上是在产品开发过程中引入计算机技术。它可以提高产品设计、制造准备、产品性能测试等工作的效率和质量,从而对增强产品开发能力、缩短设计制造周期、提高产品质量、改善技术人员工作条件等企业目标作出贡献。

工程设计自动化系统通常由计算机辅助设计(CAD)、计算机辅助工艺规划(CAPP)和计算机辅助制造(CAM)等三个部分组成。以机械制造业为例,CAD系统一般具有计算机绘图、有限元分析、计算机造型及图象显示、优化设计、动态分析与仿真、材料清单生成等功能,可以完成产品结构设计、定型产品的变型设计及模块化结构的产品设计等工作。CAPP系统一般具有毛坯设计、加工方法选择、工序设计、工艺路线制定和工时定额计算等功能,可以完成对从产品设计转换到按设计要求将原材料加工成产品这一过程中所需要的一系列加工动作和资源的计划与描述。CAM系统一般具有刀具路径规划、工具运动轨迹仿真、加工设备的数控代码生成等功能,起将工艺设计信息转换成加工指令的作用。CAD/CAPP/CAM的集成可以实现产品数据的相互交换与共享,进一步提高工程设计的效率与质量。

2. 制造自动化系统

制造自动化系统是先进制造系统中信息流与物料流的结合点,通常由加工单元、工件运送子系统、刀具运送子系统和计算机控制管理子系统等部分组成。它可以根据工程设计系统和管理信息系统提供的有关信息与指令完成产品的加工、装配工作。以机械制造业为例,制造自动化系统的主要功能通常包括:生成作业计划,优化调度控制;生成工件、刀具、夹具的需求及供应计划;协调、控制工件流、刀具流及夹具流;管理、分配作业数据;控制产品质量;系统的操作管理、状态监控和故障诊断处理;生产数据的采集、评估与传输等。制造自动化系统的开发应用可以对提高生产效率、降低成本费用、提高产品质量、缩短制造周期、提高生产柔性、实现产品的多品种小批量生产、以及为作业人员创造舒适而安全的工作环境等企业目标作出贡献。

3. 质量保证系统

质量保证系统开发应用的目的在于以最经济的方式有效地促

进产品和服务质量的提高。质量保证系统通常包括质量计划子系统、质量检测子系统、质量评价子系统和质量信息综合管理与反馈控制子系统。质量保证系统的主要功能有：确定产品质量的目标与标准，制订质量改进与检测计划；收集与处理质量数据；评价产品质量，进行缺陷诊断；反馈缺陷纠正和质量控制信息；为质量优化决策提供依据等。

4. 管理信息系统

管理信息系统可以说是先进制造系统的神经中枢。其功能可以覆盖市场预测、经营决策、各级生产计划、生产技术准备、生产调度、产品销售、物资供应、财务管理、成本管理、设备管理、技术管理、人力资源管理等企业各个部门和业务环节的信息收集、处理、存贮与传输。通过信息集成，可以将各个子系统有机地结合起来，综合协调与平衡全企业的生产经营活动，实现资源的优化配置。管理信息系统的开发应用有助于实现缩短产品的设计制造周期、增加计划调度的灵活性、保证向用户按时交货、提高生产与作业效率、降低成本费用、提高管理水平等企业目标。

5. 计算机网络与数据库系统

计算机网络系统和数据库系统是先进制造系统的两个支持系统。其功能是形成系统互连和信息互通能力，保证数据的安全性、一致性和易维护性，满足先进制造系统信息交换、共享的要求，从而实现各个功能系统的集成。

制造业企业依其生产工艺过程的特点可分为不同的类型，有离散型生产的企业，有连续过程型生产的企业，也有半离散、半连续生产的企业。即使是同一种生产类型，不同企业的产品、生产批量、设备条件以及内部和外部环境也可能有很大的差异。因此，先进制造系统没有统一的模式。对先进制造系统技术功能的分析也要针对特定的企业目标结构和约束条件进行。技术功能分析的结果可以用图 8-2 所示的系统结构与功能树的形式表示出来。

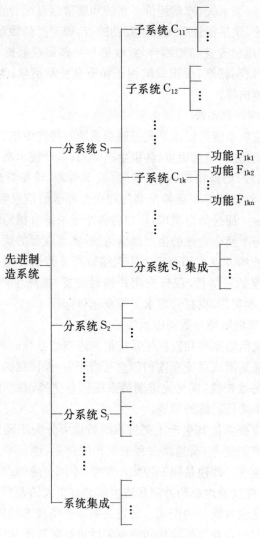

图 8-2 系统结构与功能树

在系统结构与功能树中，根据功能的可分性和投资的可分性将整个先进制造系统按递阶层次划分为若干分系统、子系统或功能单元。在每一个末级子系统或功能单元的后面列出该子系统或功能单元所具有的全部功能。由于有些功能需要通过系统集成才能实现，在系统结构与功能树中将系统集成也作为分枝。

完成技术功能分析之后，下一步是将系统的技术功能与企业的投资目标联系起来，根据企业目标的要求评价各种技术功能在特定约束条件下的有效性。在这里技术功能的有效性是指系统所具有的技术功能对于实现企业投资目标所能起到的作用。由于存在着多项系统技术功能服务于同一企业目标和一项系统技术功能服务于多项企业目标的情况，需要首先围绕企业目标树中的各项末级目标对系统的技术功能进行归集整理，建立起各项技术功能与目标间的对应关系。对于有多项技术功能为同一目标服务的情况，应视各项技术功能所起的作用是否可分离采取不同的处理方法：如果各项技术功能所起的作用可以分离，应该分别评价各项技术功能的有效性；如果各项技术功能所起的作用不可分离，则对应于该项企业目标的技术功能有效性指标所反映的应是多项系统技术功能共同作用的结果。

对技术功能有效性的评价应尽可能地用定量指标予以描述。例如，质量保证系统具有计划、检测、评价、反馈、控制等质量保证功能，服务于提高产品质量和降低成本费用这两项企业目标，对质量保证系统技术功能有效性的评价就应该给出可使产品合格率（或优质品率、平均质量等级、与制造质量有关的产品性能和寿命等）提高的幅度、可减少的废品损失和返工费用等定量描述。再如，管理信息系统的开发应用可以增加计划调度的灵活性，对与此相对应的技术功能有效性的评价可以用计划周期缩短的幅度来描述。对于某些确实难以定量描述的评价内容，如先进制造系统的开发对企业积累技术开发经验所起的作用，可以用一种以主观评价为基础的"目标达成度"予以描述。

对技术功能有效性的评价是从企业目标结构分析和系统技术功能分析过渡到系统效益评价的中间环节,是识别和计量系统效益的依据。

四、费用、效益和风险的识别与计量

一般情况下先进制造系统投资项目可能发生的费用支出、可能获得的各种效益以及可能面临的主要风险已经在本章第二节作了介绍。由于不同企业开发先进制造系统的目标、环境、条件和技术方案不尽相同,对具体项目的费用、效益与风险应根据企业和项目技术方案的实际情况加以识别。

项目费用、效益识别的基本方法是本书第五章所介绍的"有无对比法",即分别对"有项目"和"无项目"两种情况作出预测,以无项目的情况为基线,判断项目的实施所导致的费用和可获得的效益。项目风险的识别应从对企业经营环境、项目实施条件和技术方案可行性的调查研究入手,找出环境、条件和技术中的不可控因素,分析这些不可控因素对项目成功的影响,判断项目面临的风险所在。

对项目的费用和效益进行计量要解决两个问题:一是选择计量尺度;二是对费用和效益进行归并。

计量尺度的选择取决于费用和效益的性质,不同性质的费用和效益需要用不同的尺度计量。通常,先进制造系统项目的费用和财务收益可以用货币计量,而战略效益和外部影响则往往需要用其它尺度计量。按照我们所阐述的评价过程,效益计量需要在系统技术功能有效性评价的基础上进行,各种效益的计量尺度实际上是在系统技术功能有效性评价过程中选定的。由于系统技术功能有效性评价要面向企业的投资目标,在企业目标结构分析中就应对效益评价的计量尺度加以考虑。这里需要说明的是,在企业目标结构分析过程中,要对企业投资目标逐层分解,形成如图8-1所示的具有目标——手段逻辑关系的递阶层级结构。在这种层级结构中,低一级的目标可以看成实现高一级目标的手段。对项目投资效益的计量也遵循这种逻辑关系,对应于低一级目标的效益是对应于高一级目标的效益的组成部分。为了便于计量项目效益,对企业投资目标的分解应尽可能地使对应于末级目标的效益可以用单一尺度计量。例如,提高生产柔性是企业的一个投资目标,它的上级目标是增强企业的市场应变能力。为了便于计量对应于提高生产柔性的项目效益,可以将提高生产柔性再分解为提高生产工艺柔性和提高生产能力柔性两个子目标。提高生产工艺柔性的效益可以用所能适应的加工任务的种类数或可使企业产品品种增加的数目来度量。提高生产能力柔性的效益可以用生产准备时间减少量或小批量生产单位产品生产成本的节约额来度量。

为了对先进制造系统投资项目进行综合评价,需要进行费用和效益的归并。在费用和效益的计量过程中要进行两种不同性质的归并:一种是同一量纲的费用或效益的归并;另一种是不同量纲的效益归并。

同量纲归并是指将用同一尺度计量的费用或效益予以加总。例如,在先进制造系统项目实施过程中发生在不同时间的各种费用和财务收益都是用货币计量的,可以将其归并为项目考察期内各年的费用现金流和财务收益现金流,还可以通过资金的等值计算归并为费用现值、财务收益现值或净现值。再如,工程设计自动化系统、制造自动化系统、管理信息系统以及系统集成所具有的一些技术功能都可导致产品设计制造周期的缩短,对应于缩短产品设计制造周期这一企业投资目标的,由不同子系统及系统集成实现的项目效益就可以用时间尺度予以归并。

不同量纲归并是指将用不同尺度计量的效益转换成可比的无量纲量按一定的方式予以合并。这种归并将在方案综合评价方法中讨论。

对先进制造系统项目风险的估计,可以采取的一种方法是向企业内外了解情况的有关专家进行调查(常用的专家调查方法在本书第十一章有介绍),请专家就各种不可控的内外部风险因素可能呈现的状态分别作出基本估计、乐观估计和悲观估计,并对基本状态、乐观状态和悲观状态的发生概率作出主观判断。在此基础上分析不同状态下各种风险因素对项目方案的各种技术功能及费用、效益的影响,分别估算出在基本状态、乐观状态、和悲观状态下项目的费用和效益,参照本书第四章第三节介绍的方法计算项目方案综合效益的期望值及其方差,进而对项目的风险作出估计。对项目风险的估计还可以采取许多其他的方法,例如,针对主要的风险因素做敏感性分析,请有关专家直接就技术的可靠性、内部组织的接受程度、内外条件的支持能力等作出判断,综合各方面的情况对项目面临的风险作定性描述等。先进制造系统项目的风险估计是不可缺少的,具体采用何种方法则取决于获取风险信息的条件。

五、备选方案的综合评价与比选

对备选方案进行综合评价与比选,首先要建立评价指标体系。这一工作应该与企业目标结构分析和项目技术功能分析结合起来进行。一种可供参考的先进制造系统投资方案综合效益评价指标体系如图8-3所示。

项目综合效益评价的指标体系应反映企业基本目标的要求,应尽可能地使指标体系中的末级评价指标能用单一尺度定量描述。按照这一要求,图8-3所示的评价指标体系中某些末级评价指标还应根据项目的实际情况作进一步分解。

在多目标评价体系中,各个末级评价指标使用不同的量纲。直接财务收益可以根据现金流的情况选择使用收益现值或收益年值进行度量,而属于战略效益和其它效益(图8-3所示的评价指标体

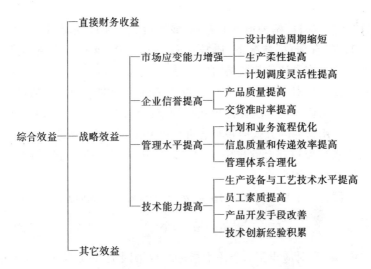

图 8-3 先进制造系统项目综合效益评价指标体系

系中的其它效益指直接财务收益和战略效益以外的效益,应根据项目的实际情况予以分解)的各种末级评价指标则通常使用非货币量纲。这些使用不同量纲的评价指标相互间不具有可比性。为了综合评价项目效益,首先要将用不同量纲度量的效益指标转换成相互间可比的无量纲量。最常用的方法是进行归一化处理,具体作法如下:

首先定出各个末级评价指标的效益上限值,即项目的实施在给定条件下所带来的效益可能达到的最高水平,然后利用式(8-1)将使用不同量纲计量的效益转换成归一化的无量纲效用值。

$$u_i = r_i / r_{i\max} \tag{8-1}$$

式中 u_i——对应于评价指标 i 的无量纲效用值

r_i——对应于评价指标 i 的有量纲效益值

$r_{i\max}$——对应于评价指标 i 的效益上限值

这里的 r_i 和 $r_{i\max}$ 所反映的都是项目的实施所带来的效益,即"有项目"与"无项目"两种情况的差别。显然,在"无项目"情况下 $r_i=0, u_i=0$,在"有项目"情况下,通常 $0 \leqslant r_i \leqslant r_{imax}, 0 \leqslant u_i \leqslant 1$,但也不排除项目的实施导致负效益的可能。当 $r_i=r_{imax}$ 时,$u_i=1$。

在求出对应于各个末级评价指标的无量纲效用值之后,下一步是采用适当的方法按评价指标的层次结构逐层进行效用合并。

效用合并的方式应视被合并的效用之间的关系而定。在先进制造系统项目综合评价中通常可以采用式(8-2)所示的效用叠加模型进行效用合并。

设有 n 个要合并的效用 $u_1, u_2, \cdots\cdots, u_n$。$U$ 为合成效用,则

$$U = \sum_{i=1}^{n} w_i u_i \left(w_i > 0, \sum_{i=1}^{n} w_i = 1 \right) \quad (8-2)$$

式中,w_i 为对应于第 i 个评价指标的权重因子,反映第 i 个评价指标在决策中的相对重要程度。在式(8-2)所示的效用叠加模型中,对应于各个评价指标的效用对合成效用的贡献是相互独立的,效用之间可以相互补偿。也就是说,对于总效用来说,对应于评价指标 i 的效用不足可以由对应于评价指标 j 的较高效用予以弥补。

先进制造系统效益综合评价指标体系是一个具有递阶层次结构的体系。对应于各个评价指标的效用的合并应由下至上逐层进行。对于图8-3所示的指标体系来说,要先将对应于各个末级评价指标的效用分别合并为对应于市场应变能力提高、企业信誉提高、管理水平提高和技术能力提高等指标的效用,再将对应于这四个指标的效用合并为以无量纲效用表示的战略效益,最后将战略效益与经过归一化处理的直接财务收益以及通过同样的效用合并过程得到的其它效益合并为以总效用形式表示的综合效益。

在效用合并过程中,各个评价指标的权重因子是重要参数,我们将在本章第四节讨论权重因子的确定方法。这里先举例说明一下权重因子的意义:假定直接财务收益用收益现值 PB 度量,其上限值为 PB_{max},若在项目综合效益计算中直接财务收益的权重

因子为 w_f,则当直接财务收益等于 $PB_{\max}$ 时,它对总效用的贡献即为 w_f。换句话说,当直接财务收益为 $PB_{\max}$,其他效益均为零时,总效用为 w_f。

通过效用合并得出以无量纲的总效用形式表示的综合效益之后,需要将其与同样以无量纲形式表示的项目总费用相比较,才能判断项目是否可接受。假定项目实施所导致的费用均可用货币计量,则与总效用可比的无量纲总费用可由下式求出。

$$C = w_f \cdot PC/PB_{\max} \qquad (8\text{-}3)$$

式中: C——无量纲总费用

w_f——直接财务收益的权重因子

PC——用货币计量的总费用现值

$PB_{\max}$——直接财务收益的上限值

显然,若项目的效益-费用比 $U/C \geqslant 1$,项目可以接受,若 $U/C < 1$,项目不能接受。

例 8-1 某企业计划投资开发先进制造系统,根据对企业目标结构、关键成功因素和所要求的系统技术功能的分析,设计出如图 8-4 所示的方案综合效益评价指标体系。

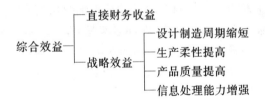

图 8-4 某先进制造系统项目综合效益评价指标体系

通过对一种项目实施方案的投资、运行费用以及各种系统功能有效性进行分析和测算,得出了方案实施的总费用现值、总财务收益现值以及各种非货币效益的无量纲效用值,有关数据见表 8-3,由决策者权衡决定的各评价指标的权重因子也在表中列出。试对该方案进行综合评价。

表 8-3　项目方案的费用、效益及评价指标权重

权重因子	评 价 指 标		权重因子	无量纲效用
0.60	战略效益 u_s	设计制造周期缩短 u_{s1}	0.16	0.8
		生产柔性提高 u_{s2}	0.27	0.9
		产品质量提高 u_{s3}	0.47	0.7
		信息处理能力增强 u_{s4}	0.10	0.6
0.40	直接财务收益	总财务收益现值 $PB=1000$ 万元		
项目实施费用		总费用现值 $PC=2000$ 万元		

首先对效益进行逐级合并：
对应于战略效益的无量纲合成效用为

$$u_s = 0.16u_{s1} + 0.27u_{s2} + 0.47u_{s3} + 0.10u_{s4}$$
$$= 0.16 \times 0.8 + 0.27 \times 0.9 + 0.47 \times 0.7 + 0.10 \times 0.6$$
$$= 0.76$$

题中未给出对应于直接财务收益的无量纲效用值 u_f，但给出了总财务收益现值和总费用现值。在许多情况下，先进制造系统项目的直接财务收益难以弥补项目实施的费用，本题的情况就是如此。我们假定 $NPV=0$ 就是投资者满意的财务效果，则财务收益现值的上限值（即满意值）$PB_{max}=PC=2000$ 万元。根据式(8-1)可求出对应于直接财务收益指标的元量纲效用值为

$$u_f = PB/PB_{max} = \frac{1000}{2000} = 0.5$$

项目综合效益的无量纲效用值为

$$U = 0.60u_s + 0.40u_f = 0.6 \times 0.76 + 0.4 \times 0.5 = 0.656$$

由式(8-3)可求出与总效用可比的无量纲总费用

$$C = 0.4PC/PB_{\max} = 0.4$$

故该方案的效益-费用比为

$$U/C = \frac{0.656}{0.4} = 1.64$$

该方案的效益-费用比大于 1,可以被接受。若存在多个备选方案,则需要逐一计算它们的无量纲效用与费用。多方案比选问题将在下一节讨论。

以上介绍的综合评价方法仅适用于具有树形多层目标结构的决策问题,对于具有非树形多层目标结构(如各分枝间有交叉)的决策问题,可以采用下一节介绍的层次分析法来解决。

第四节 层次分析法及其应用

层次分析法(Analytic Hierarchy Process,简称 AHP 法)是一种可用于处理复杂的社会、政治、经济、技术等方面决策问题的分析方法,适用于先进制造系统项目方案的综合评价与比选。尤其是对于各个评价指标权重因子的确定,层次分析法是一种非常有用的工具。层次分析法的基本过程是:把复杂问题分解成各个组成元素,按支配关系将这些元素分组,使之形成有序的递阶层次结构,在此基础上通过两两比较的方式判断各层次中诸元素的相对重要性,然后综合这些判断确定诸元素在决策中的权重。这一过程体现了人们决策思维的基本特征,即分解、判断、综合。

一、层次分析法的基本步骤

(一)建立所研究问题的递阶层次结构

递阶层次结构的典型形式如图 8-5 所示。

递阶层次结构的最高层通常只有一个元素,一般是决策目标。中间层次一般是准则和子准则,子准则可以有多层。准则受决策目

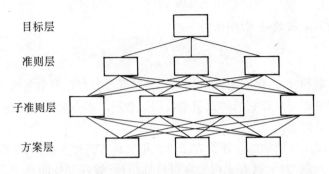

图 8-5　递阶层次结构示意

标支配，子准则又受上一层次的准则支配，递阶层次结构体现了这种从上至下的支配关系。层次之间元素的支配关系可以是完全的，也可以是不完全的，即上一层次的元素不一定与下一层次每个元素间都存在支配关系。递阶层次结构的最低层通常是备选的方案，备选方案通过子准则、准则与决策目标建立联系。

（二）构造两两比较判断矩阵

建立递阶层次结构之后，上下层之间元素的隶属关系就被确定了。假定上一层次元素 C_K 对下一层次元素 $A_1, A_2, \cdots, A_n$ 有支配关系，可以建立以 C_K 为判断准则的元素 $A_1, A_2, \cdots, A_n$ 间的两两比较判断矩阵。判断矩阵记作 A，矩阵形式如下：

C_K	A_1	A_2	$\cdots$	A_j	$\cdots$	A_n
A_1	a_{11}	a_{12}	$\cdots$	a_{1j}	$\cdots$	a_{1n}
A_2	a_{21}	a_{22}	$\cdots$	a_{2j}	$\cdots$	a_{2n}
$\vdots$	$\vdots$	$\vdots$		$\vdots$		$\vdots$
A_i	a_{i1}	a_{i2}	$\cdots$	a_{ij}	$\cdots$	a_{in}
$\vdots$	$\vdots$	$\vdots$		$\vdots$		$\vdots$
A_n	a_{n1}	a_{n2}	$\cdots$	a_{nj}	$\cdots$	a_{nn}

矩阵 A 中的元素 a_{ij} 反映针对准则 C_K, 元素 A_i 相对于 A_j 的重要程度。矩阵 A 是一个互反矩阵, $a_{ij}(i=1,2,\cdots,n;j=1,2,\cdots,n)$ 有如下性质:

$$a_{ij}>0; \quad a_{ij}=1/a_{ji}; \quad a_{ii}=1$$

确定矩阵元素 a_{ij} 的数值需要决策者反复回答这样的问题: 针对准则 C_K, A_i 与 A_j 哪一个重要, 重要程度如何? 层次分析法中通常采用 9 级标度法给判断矩阵的元素赋值, 9 级标度法中 a_{ij} 值与被比较元素的相对重要程度之间的对应关系如下:

A_i 与 A_j 同样重要: $\quad a_{ij}=1, a_{ji}=1$

A_i 比 A_j 稍微重要: $\quad a_{ij}=3, a_{ji}=\dfrac{1}{3}$

A_i 比 A_j 明显重要: $\quad a_{ij}=5, a_{ji}=\dfrac{1}{5}$

A_i 比 A_j 非常重要: $\quad a_{ij}=7, a_{ji}=\dfrac{1}{7}$

A_i 比 A_j 极端重要: $\quad a_{ij}=9, a_{ji}=\dfrac{1}{9}$

如果被比较元素的相对重要程度是介于上述判断中相邻两种判断之间, a_{ij} 可取 2、4、6、8, 相应地, a_{ji} 可取 1/2、1/4、1/6、1/8。矩阵 A 中的元素不一定具有传递性, 即不要求一定满足等式 $a_{ij}a_{jk}=a_{ik}$。

(三) 单准则排序

单准则排序指根据判断矩阵计算针对某一准则下层各元素的相对权重, 并进行一致性检验的过程。

设针对某一准则, 各元素的权重向量为

$$W = (w_1\ w_2\ w_3\ \cdots\ w_n)^{\mathrm{T}}$$

可以通过求解下列方程得到 W

$$AW = \lambda_{\max}W$$

式中 $\lambda_{\max}$ 是矩阵 A 的最大特征值。

由于矩阵 A 中的元素是通过主观判断确定的, 因此 A 不一定具有规范的一致性。通常采用幂乘法求 $\lambda_{\max}$ 和 W 的近似值。计算步骤如下：

(1) 任意取一个正的规范化初始权重向量 W^0。如可令 $W^0 = \left(\dfrac{1}{n} \ \dfrac{1}{n} \ \cdots \ \dfrac{1}{n}\right)^T$；

(2) 依次计算 $\overline{W}^k = AW^{k-1}, k=1,2,\cdots$

(3) 令 $m = \sum\limits_{i=1}^{n} \overline{w}_i^k$，计算 $W^k = \dfrac{1}{m}\overline{W}^k$

(4) 对于事先给定的计算精度 ε，若满足 $|w_i^k - w_i^{k-1}| < \varepsilon (i=1,2,\cdots,n)$ 时，则 $W = W_k$ 即为所求的权重向量，否则从步骤(2)开始继续计算。

(5) 计算矩阵 A 的最大特征值 $\lambda_{\max}$

$$\lambda_{\max} = \frac{1}{n}\sum_{i=1}^{n} \frac{\overline{w}_i^k}{w_i^{k-1}} \tag{8-4}$$

计算 W 和 $\lambda_{\max}$ 的幂乘法是通用计算方法，适合计算机计算。在精度要求不很高的情况下（实际应用中，一般不需要追求很高精度），可采用下面的近似方法计算 W 和 $\lambda_{\max}$。

1. 几何平均法

计算步骤如下

(1) 计算判断矩阵 A 各行各个元素的乘积

$$m_i = \prod_{j=1}^{n} a_{ij} \quad i=1,2,\cdots,n \tag{8-5}$$

(2) 计算 m_i 的 n 次方根

$$\overline{w}_i = \sqrt[n]{m_i} \tag{8-6}$$

(3) 对向量 $\overline{W} = (\overline{w}_1 \ \overline{w}_2 \cdots \overline{w}_n)^T$ 进行归一化处理

$$w_i = \overline{w}_i / \sum_{j=1}^{n} \overline{w}_j \tag{8-7}$$

向量 $W = (w_1 \ w_2 \cdots w_n)^T$ 即为所求权重向量。

(4) 计算矩阵 A 的最大特征值 $\lambda_{\max}$

$$\lambda_{\max} = \frac{1}{n}\sum_{i=1}^{n}\frac{(AW)_i}{w_i} \tag{8-8}$$

对于任意的 $i=1,2,\cdots,n$，式中 $(AW)_i$ 为向量 AW 的第 i 个元素。

2. 规范列平均法(列和法)

计算步骤如下

(1) 将 A 的元素按列归一化，即

$$\bar{a}_{ij} = \frac{a_{ij}}{\sum_{k=1}^{n}a_{kj}} \tag{8-9}$$

得矩阵 $\overline{A}=[\bar{a}_{ij}]$

(2) 求 $\overline{A}$ 各行和的平均值

$$w_i = \frac{1}{n}\sum_{j=1}^{n}\bar{a}_{ij} \tag{8-10}$$

向量 $W=(w_1\ w_2\ \cdots\ w_n)^\mathrm{T}$ 即为所求权重向量。

(3) 计算矩阵 A 的最大特征值 $\lambda_{\max}$

$$\lambda_{\max} = \frac{1}{n}\sum_{i=1}^{n}\frac{(AW)_i}{w_i}$$

虽然在构造判断矩阵 A 时并不要求判断具有一致性，但判断偏离一致性过大也是不允许的。因此需要对判断矩阵 A 进行一致性检验。步骤如下：

1. 计算一致性指标

$$CI = \frac{\lambda_{\max} - n}{n-1} \tag{8-11}$$

式中 n 为判断矩阵的阶数。

2. 计算相对一致性指标

$$CR = \frac{CI}{RI} \tag{8-12}$$

式中，RI 为平均随机一致性指标，是足够多个根据随机发生的判断矩阵计算的一致性指标的平均值。1—10 阶矩阵的 RI 取值见

表 8-4。

表 8-4　平均随机一致性指标

矩阵阶数 n	1	2	3	4	5	6	7	8	9	10
RI	0	0	0.58	0.90	1.12	1.24	1.32	1.41	1.45	1.49

一般而言 CR 愈小,判断矩阵的一致性愈好,通常认为 $CR \leqslant 0.1$ 时,判断矩阵具有满意的一致性。

(四) 层次综合排序

在单准则排序的基础上,可计算每一层次中各个元素相对于总目标的综合权重,并进行综合判断一致性检验。这就是层次综合排序。

假定层次结构有 h 层:$C_1, C_2, \cdots, C_h$,其中 C_1 为最高层(目标层),C_h 为最低层(方案层),根据各判断矩阵可求出各个层次的权重向量或权重矩阵:$W_1, W_2, \cdots, W_h$。一般而言,$W_1=1$,W_2 为向量(第二层元素针对最高层的权重),第三层以下的 $W_k(k=3,4,\cdots,h)$ 为矩阵。若第 $k-1$ 层有 m 个元素,第 k 层有 n 个元素,则:

$$W_k = [w_{ij}]_{n \times m}$$

W_k 中的矩阵元素 w_{ij} 为第 k 层第 i 个元素针对第 $k-1$ 层第 j 个元素的相对权重。

第 k 层元素对于总目标的综合权重向量 W_k' 可由下式求得

$$W_k' = W_k \cdot W_{k-1} \cdot \cdots \cdot W_2 \cdot W_1 \tag{8-13}$$

最低层(第 h 层)元素对于总目标的综合权重向量为:

$$W = W_h \cdot W_{h-1} \cdot \cdots \cdot W_2 \cdot W_1 \tag{8-14}$$

对于层次综合排序也需要进行一致性检验。若递阶层次结构有 h 层,第 k 层的元素数目为 $n_k(k=1,2,\cdots,n)$,第 k 层元素对于总目标的综合权重向量为 W_k'。W_k' 中的元素 w_{ik} 为第 k 层第 i 个元素的综合权重。则该递阶层次结构总的一致性指标为

$$CI_G = \sum_{k=1}^{h} \sum_{i=1}^{n_k} w'_{ik} CI_{i\,k+1} \qquad (8\text{-}15)$$

式中，$CI_{i\,k+1}$ 为第 $k+1$ 层元素对于第 k 层第 i 个元素作两两比较的判断矩阵的一致性指标。该递阶层次结构的平均随机一致性指标为

$$RI_G = \sum_{k=1}^{h} \sum_{i=1}^{n_k} w'_{ik} RI_{i\,k+1} \qquad (8\text{-}16)$$

式中，$RI_{i\,k+1}$ 为 n_{k+1} 阶判断矩阵的平均随机一致性指标。该递阶层次结构总的相对一致性指标为

$$CR_G = \frac{CI_G}{RI_G} \qquad (8\text{-}17)$$

在判断的一致性基本满足要求的前提下，就可以根据排序结果对准则或方案赋权，进而作出相应的评价与选择。

二、层次分析法在先进制造系统项目评价中的应用

先进制造系统项目综合评价与比选的过程实质上就是层次分析法所体现的分解、判断、综合的过程。图 8-3 所示的综合效益评价指标体系可以看成是先进制造系统项目决策的递阶层次结构。获得综合效益是决策目标，构成综合效益的直接财务收益、战略效益和其它效益等评价指标可以看成是受目标支配的决策准则，再下一层的评价指标是子准则，备选方案则是递阶层次结构的最底层。我们可以按照层次分析法的基本步骤，依递阶层次逐层构造判断矩阵，确定各个评价指标的权重，并进而对备选方案进行综合评价与比选。值得指出的是，在进行先进制造系统项目评价时，层次分析法既有其优越之处，也有其局限性。其优越之处在于，用层次分析法进行方案比选的整个过程都是基于对指标或方案的两两比较，在任何一个层次都不要求对备选方案的效益作定量描述。其局限性在于，层次分析法只适用于多方案的比选，只能得出备选方案

相对优劣的排序结果,对单一方案的评价无能为力。因此,在许多情况下需将层次分析法与本章第三节介绍的方法结合起来使用。下面我们结合例题说明层次分析法在先进制造系统项目评价中的应用。

例 8-2 某企业需要就先进制造系统的开发应用作投资决策。有三种备选方案,方案综合效益评价的指标体系如图 8-4 所示。假定各种备选方案的实施费用现值、直接财务收益现值以及对应于各战略效益指标的无量纲效用值已知(见表 8-5),试对各方案进行综合评价和比选。

表 8-5 各备选方案的费用与效益

项 目	符号	方案 1	方案 2	方案 3
总费用现值	PC_i	2000 万元	3600 万元	1100 万元
直接财务收益现值	PB_i	1000 万元	3000 万元	1200 万元
设计制造周期缩短	v_{i1}	0.83	0.61	0.35
生产柔性提高	v_{i2}	0.68	0.90	0.55
产品质量提高	v_{i3}	0.72	0.66	0.54
信息处理能力增强	v_{i4}	0.48	0.92	0.32

描述该投资决策问题的递阶层次分析模型如图 8-6 所示。这一决策模型是一个将层次分析法与费用-效益分析法结合起来使用的模型。层次分析法可用于分析决策问题的递阶层次关系并确定各层评价指标的权重因子。

方案的综合效益由战略效益和直接财务收益两个元素构成。由于只有两个元素,一般不需要构造判断矩阵,可选择各备选方案直接财务收益现值中的最高值(方案 2 的 3000 万元)与企业希望得到的战略效益的理想水平相比较,请决策者进行判断,分别给出权重。这实际上是要决策者权衡:愿意花多少钱获得想得到的战略效益。这里我们假定决策者给战略效益和直接财务效益的归一化权重分别为 0.6 和 0.4。

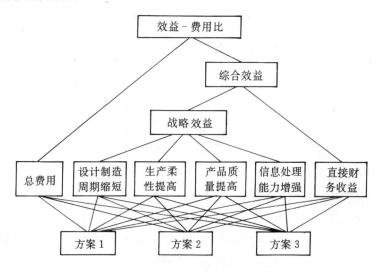

图 8-6 投资决策递阶层次分析模型

战略效益由 4 个元素构成，需要构造判断矩阵以确定各个元素的权重。一个假设的判断矩阵如表 8-6 所示。根据矩阵中的数据

表 8-6 战略效益判断矩阵及元素权重

战略效益		A_1	A_2	A_3	A_4	$\overline{w}_i$	w_i
A_1	设计制造周期缩短	1	$\frac{1}{2}$	$\frac{1}{3}$	2	0.760	0.160
A_2	生产柔性提高	2	1	$\frac{1}{2}$	3	1.316	0.278
A_3	产品质量提高	3	2	1	4	2.213	0.467
A_4	信息处理能力增强	$\frac{1}{2}$	$\frac{1}{3}$	$\frac{1}{4}$	1	0.452	0.095

计算得到的各元素的权重也在表中列出。

表中元素权重 $w_i(i=1,2,3,4)$ 是用几何平均法求得的。计算过程是：先用式(8-5)和式(8-6)计算 $\overline{w}_i$，再用式(8-7)将 $\overline{w}_i$ 归一化得到 w_i。

下面对判断矩阵进行一致性检验：

由矩阵

$$A = \begin{bmatrix} 1 & \frac{1}{2} & \frac{1}{3} & 2 \\ 2 & 1 & \frac{1}{2} & 3 \\ 3 & 2 & 1 & 4 \\ \frac{1}{2} & \frac{1}{3} & \frac{1}{4} & 1 \end{bmatrix}$$

和权重向量 $W = (0.160 \quad 0.278 \quad 0.467 \quad 0.095)^T$

可计算出 $AW = (4.029 \quad 4.016 \quad 4.032 \quad 4.046)^T$

根据式(8-8)和式(8-11)，可求得矩阵的最大特征值：

$$\lambda_{\max} = \frac{1}{4} \sum_{i=1}^{4} \frac{(AW)_i}{w_i} = 4.031$$

矩阵的一致性指标：

$$CI = \frac{\lambda_{\max} - 4}{4 - 1} = 0.01$$

由表8-4查出4阶矩阵的平均随机一致性指标 RI 为0.90，根据式(8-12)可算出矩阵的相对一致性指标：

$$CR = \frac{CI}{RI} = \frac{0.01}{0.90} = 0.011$$

判断矩阵 A 具有满意的一致性。

设对应于各战略效益指标的备选方案效用矩阵为 V，反映各方案总战略效益的效用向量为 U_s，由表8-6可知：

$$V = [v_{ij}] = \begin{bmatrix} 0.83 & 0.68 & 0.72 & 0.48 \\ 0.61 & 0.90 & 0.66 & 0.92 \\ 0.35 & 0.55 & 0.54 & 0.32 \end{bmatrix}$$

$$U_s = [u_{si}] = VW = (0.704 \quad 0.743 \quad 0.491)^\mathrm{T}$$

设反映各方案直接财务收益的效用向量为 U_f,参照式(8-1),可以用下式计算相应的向量元素:

$$u_{fi} = PB_i/PB_\mathrm{max}$$

根据表 8-6 中各方案的直接财务收益现值数据可求出:

$$U_f = [u_{fi}] = (0.333 \quad 1 \quad 0.4)^\mathrm{T}$$

已知战略效益和直接财务收益的权重分别为 0.6 和 0.4,反映各备选方案综合效益的效用向量为

$$U = 0.6U_s + 0.4U_f = (0.556 \quad 0.846 \quad 0.455)^\mathrm{T}$$

求出各方案的无量纲综合效益之后,还需要求出可比的各方案总费用的无量纲值。设各方案可比无量纲总费用向量为 C,参照式(8-3),相应的向量元素可按下式计算:

$$c_i = w_f \cdot PC_i/PB_\mathrm{max}$$

已知直接财务收益的权重 $w_f = 0.4$,根据表 8-6 中各方案的总费用现值数据,可求出:

$$C = [c_i] = (0.267 \quad 0.48 \quad 0.147)^\mathrm{T}$$

各备选方案的效益-费用比向量为

$$[U/C] = (2.082 \quad 1.763 \quad 3.095)^\mathrm{T}$$

显然,各方案的效益-费用比均大于 1,每一个方案都是可接受的。若不同方案的实施费用现值相差不大,只须比较方案的效益-费用比,就可决定哪个方案最优。但本例中不同方案的实施总费用相差甚大,在进行方案比选时,就要首先考虑采用何种比选准则。可选择的比选准则有两个:一是投资效率最大准则;二是净效益最大准则。若采用投资效率最大准则,就应选择效益-费用比最大的方案。若采用净效益最大准则,还需计算各方案的无量纲净效益向量。对于本例题来说,净效益向量为:

$$[U - C] = (0.289 \quad 0.366 \quad 0.308)^\mathrm{T}$$

采用何种比选准则应由决策者根据企业的具体情况来决定。

一般来说,如果企业能够筹集到足够的资金,在计算方案总费用现值和直接财务收益现值时使用的基准折现率确实反映了投资的机会成本,则应该采用净效益最大准则进行方案比选。

对以上的分析结果还可以参照本书第四章介绍的方法进行敏感性分析。

如果不要求对各个备选方案分别进行评价,只要求给出各备选方案的相对优劣次序,则可不必分别计算各备选方案的无量纲效用,而直接在图 8-6 所示的层次分析模型的方案层构造判断矩阵进行方案排序。

例 8-3 假定在例 8-2 所描述的投资决策问题中,各备选方案对应于末级战略效益指标的效益难以定量描述,试用层次分析法进行方案比选。

确定各个末级战略效益指标权重的过程同例 8-2,权重向量为:

$$W = (0.160 \quad 0.278 \quad 0.467 \quad 0.095)^{\mathrm{T}}$$

为表述方便,我们将战略效益的 4 个末级评价指标分别简称为周期、柔性、质量、信息。以这 4 个评价指标为准则对 3 个备选方案进行排序的判断矩阵以及根据判断矩阵计算出的排序结果分别见表 8-7、表 8-8、表 8-9 和表 8-10。判断矩阵的一致性检验过程这里不再赘述。

表 8-7 周期排序判断矩阵

周期	1	2	3	v_{i1}
方案 1	1	3	5	0.627
方案 2	$\frac{1}{3}$	1	4	0.280
方案 3	$\frac{1}{5}$	$\frac{1}{4}$	1	0.093

表 8-8 柔性排序判断矩阵

柔性	1	2	3	v_{i2}
方案 1	1	$\frac{1}{3}$	2	0.230
方案 2	3	1	5	0.648
方案 3	$\frac{1}{2}$	$\frac{1}{5}$	1	0.122

表 8-9　质量排序判断矩阵

质量	1	2	3	v_{i3}
方案1	1	2	3	0.528
方案2	$\frac{1}{2}$	1	3	0.332
方案3	$\frac{1}{3}$	$\frac{1}{3}$	1	0.140

表 8-10　信息排序判断矩阵

信息	1	2	3	v_{i4}
方案1	1	$\frac{1}{5}$	3	0.188
方案2	5	1	7	0.731
方案3	$\frac{1}{3}$	$\frac{1}{7}$	1	0.081

以上各表中,我们用 $v_{ij}(i=1,2,3;j=1,2,3,4)$ 表示对应于各个判断准则(评价指标)进行方案排序的归一化结果,也可称之为优先度。全部排序结果可构成优先度矩阵:

$$V = \begin{bmatrix} 0.627 & 0.230 & 0.528 & 0.188 \\ 0.280 & 0.648 & 0.332 & 0.731 \\ 0.093 & 0.122 & 0.140 & 0.081 \end{bmatrix}$$

将优先度矩阵 V 与权重向量 W 相乘,可得出各备选方案战略效益的综合排序结果向量:

$$U_s = VW = (0.429 \quad 0.449 \quad 0.122)^T$$

由于本题只要求对备选方案排序,可以将均可用货币单位计量的总费用现值与直接财务收益现值归并为净现值。根据表 8-5 中的数据,方案1的财务净现值为 -1000 万元,方案2的财务净现值为 -600 万元,方案3的财务净现值为 100 万元。以财务净现值为准则对备选方案进行排序的判断矩阵以及根据判断矩阵计算出的排序结果见表 8-11。

表 8-11　净现值排序判断矩阵

净现值	1	2	3	u_{fi}
方案1	1	$\frac{1}{5}$	$\frac{1}{9}$	0.056
方案2	5	1	$\frac{1}{6}$	0.188
方案3	9	6	1	0.756

值得指出的是，判断矩阵中的元素反映决策者的主观判断，对于同样的判断对象，不同的决策者给出的判断矩阵元素值可能是不同的。因此，表 8-11 中的判断矩阵元素值只是一种假设，并不是对应于例题中三个备选方案财务净现值的唯一判断结果。

设备选方案财务净现值排序结果向量为 U_f，由表 8-11 可知：
$$U_f = (0.056 \quad 0.188 \quad 0.756)^T$$

在各方案的总费用现值与直接财务收益现值归并为财务净现值之后，决定备选方案综合排序的因素就只剩下财务净现值和总战略效益了。要计算出综合排序结果，还需要确定财务净现值与总战略效益各自的权重。确定权重的方法是将各备选方案之间财务净现值差额的最大值（在本例中是方案 3 与方案 1 的财务净现值差额 1100 万元）与总战略效益的最大差别（在本例中是方案 2 与方案 3 的总战略效益的差别）作比较，请决策者进行权衡，判断两者的相对重要程度，给出归一化的权重因子。我们假定决策者给出的总战略效益和财务净现值的权重因子分别为 0.7 和 0.3。备选方案综合排序结果向量为：
$$U = 0.7U_s + 0.3U_f = (0.317 \quad 0.371 \quad 0.312)^T$$
方案 2 为最佳方案。

需要说明的是，在例 8-2 和例 8-3 中，我们假定各种方案实施所导致的费用均可用货币计量，故对费用指标不须再进行分解。在实际工作中，实施先进制造系统项目也可能导致某些难以用货币计量的费用发生（这里所说的费用是广义的，指要付出的代价），例如，自动化生产可能导致一些工人失去原先的工作岗位，企业原有的组织系统、技术体系、业务流程可能因先进制造系统项目的实施而不得不变革等。在这种情况下，就需要对费用指标也进行分解，并采用与综合效益评价类似的方法进行综合费用评价，最后通过计算综合效益-费用比或综合净效益决定方案的取舍。

习 题

[8-1] 先进制造系统的开发与应用对企业的生存与发展有哪些重要意义,会给国家和社会带来哪些影响?在本章所列举的先进制造系统效益中,你认为对企业来说哪些是最重要的?

[8-2] 传统的项目评价方法用于评价先进制造系统项目有哪些不足之处?会带来什么后果?

[8-3] 根据你所了解的情况,指出有哪些制约因素影响企业开发与应用先进制造系统。哪些制约因素对先进制造系统项目的成功是至关重要的?

[8-4] 根据本章介绍的内容,结合你自己所拥有的专业知识,将图 8-2 所示的技术功能树尽可能地画完整。

[8-5] 就图 8-1 所示的企业开发先进制造系统的目标树,试找出服务于各个末级目标的系统技术功能,尽可能地给出衡量技术功能有效性的定量指标。

[8-6] 对图 8-3 所示的先进制造系统项目综合效益评价指标体系,你有什么改进意见?试对这一指标体系作进一步改进和完善。按照综合效益评价的要求,对某些需要进一步分解的指标进行分解,给出各末级评价指标的计量尺度。

[8-7] 式(8-3)是计算方案可比无量纲总费用的公式。试说明为什么要采用这样的公式计算无量纲总费用。

[8-8] 从费用的一般定义出发,先进制造系统的实施会导致哪些难以用货币计量的费用发生?试举出两种你认为最重要的这类费用。假定这两种费用在项目投资决策中必须予以考虑,试重新构造图 8-6 所示的决策模型。

[8-9] 举出 4—5 种你在工作选择中所要考虑的主要因素,用层次分析法求出这些因素在你的工作选择决策中的权重。设想三种可能的工作机会并作出选择。

[8-10] 根据你的专业背景,设计一道先进技术应用项目投资评价的习题,并运用本章所介绍的方法求解。要求至少有 3 个备选方案,在投资评价指标中,既要有可用货币计量的指标,也要有无法直接用货币计量的指标,末级评价指标应不少于 4 个。

第九章　设备更新的技术经济分析

设备是现代工业生产的重要物质和技术基础。各种机器设备的质量和技术水平是衡量一个国家工业化水平的重要标志，是判断一个企业技术能力、开发能力和创新能力的重要标准，也是影响企业和国民经济各项经济技术指标的重要因素。

企业购置设备之后，从投入使用到最后报废，通常要经历一段较长的时间，在这段时间内，设备会逐渐磨损，当设备因物理损坏或因陈旧落后不能继续使用或不宜继续使用时，就需要进行更新（指广义的更新）。由于技术进步的速度加快，设备更新的速度也相应加快，作为企业，为了促进技术进步和提高经济效益，需要对设备整个运行期间的技术经济状况进行分析和研究，以作出正确的决策。

第一节　设备的磨损

设备在使用（或闲置）过程中会逐渐发生磨损。磨损分有形磨损和无形磨损两种形式。

一、设备的有形磨损

（一）设备有形磨损的概念和成因

机器设备在使用（或闲置）过程中所发生的实体的磨损称为有形磨损亦称物质磨损。

引起设备有形磨损的主要原因是在生产过程中对设备的使用。运转中的机器设备，在外力的作用下，其零部件会发生磨擦、振

动和疲劳,以致机器设备的实体发生磨损。这种磨损叫做第Ⅰ种有形磨损。它通常表现为:

(1) 机器设备零部件的原始尺寸发生改变,甚至形状也会发生变化;

(2) 公差配合性质发生改变,精度降低;

(3) 零部件损坏。

第Ⅰ种有形磨损可使设备精度降低,劳动生产率下降。当这种有形磨损达到一定程度时,整个机器的功能就会下降,发生故障,导致设备使用费用剧增,甚至难以继续正常工作,失去工作能力,丧失使用价值。

自然力的作用是造成有形磨损的另一个原因,因此而产生的磨损,称为第Ⅱ种有形磨损。这种磨损与生产过程中的使用无关,甚至在一定程度上还同使用程度成反比。因此设备闲置或封存不用同样也会产生有形磨损,如金属件生锈,腐蚀,橡胶件老化等。设备闲置时间长了,会自然丧失精度和工作能力,失去使用价值。

机器设备使用价值的降低或丧失,会使设备的原始价值贬值或基本丧失。要消除设备的有形磨损,使之局部恢复或完全恢复使用价值,必须支出相应的补偿费用,以抵偿相应贬值的部分。

(二) 设备有形磨损的度量

度量设备的有形磨损程度,借用的是经济指标。整机的平均磨损程度 α_p 是在综合单个零件磨损程度的基础上确定的。即:

$$\alpha_p = \frac{\sum_{i=1}^{n} \alpha_i k_i}{\sum_{i=1}^{n} k_i}$$

式中:α_p —— 设备有形磨损程度

k_i —— 零件 i 的价值

n —— 设备零件总数

a_i——零件 i 的实体磨损程度

也可用下式表示：

$$a_p = \frac{R}{K_1}$$

式中：R——修复全部磨损零件所用的修理费用

K_1——在确定磨损时该种设备的再生产价值

二、设备的无形磨损

（一）设备无形磨损的概念和成因

机器设备除遭受有形磨损之外，还遭受无形磨损（亦称经济磨损）。无形磨损不是由于在生产过程中的使用或自然力的作用造成的，所以它不表现为设备实体的变化，而表现为设备原始价值的贬值。

无形磨损按形成原因也可分为两种。第Ⅰ种无形磨损是由于设备制造工艺不断改进，成本不断降低，劳动生产率不断提高，生产同种机器设备所需的社会必要劳动减少了，因而机器设备的市场价格降低了，这样就使原来购买的设备价值相应贬值了。

这种无形磨损的后果只是现有设备的原始价值部分贬值，设备本身的技术特性和功能即使用价值并未发生变化，故不会影响现有设备的使用。

第Ⅱ种无形磨损是由于技术进步，社会上出现了结构更先进、技术更完善、生产效率更高、耗费原材料和能源更少的新型设备，而使原有机器设备在技术上显得陈旧落后造成的。它的后果不仅是使原有设备价值降低，而且会使原有设备局部或全部丧失其使用价值。这是因为，虽然原有设备的使用期还未达到其物理寿命，能够正常工作，但由于技术上更先进的新设备的发明和应用，使原有设备的生产效率大大低于社会平均生产效率，如果继续使用，就会使产品成本大大高于社会平均成本。在这种情况下，由于使用新设备比使用旧设备在经济上更合算,所以原有设备应该被淘汰。

第Ⅱ种无形磨损导致原有设备使用价值降低的程度与技术进步的具体形式有关。例如:当技术进步表现为不断出现性能更完善、效率更高的新设备,但加工方法没有原则变化时,将使原有设备的使用价值大幅度降低。如果这种技术进步的速度很快,则继续使用旧设备就可能是不经济的;当技术进步表现为采用新的加工对象如新材料时,则加工旧材料的设备必然要被淘汰;当技术进步表现为改变原有生产工艺,采用新的加工方法时,则为旧工艺服务的原有设备将失去使用价值。当技术进步表现为产品的换代时,不能适用于新产品生产的原有设备也将被淘汰。

(二) 设备无形磨损的度量

设备的无形磨损程度可用下式表示:

$$\alpha_1 = \frac{K_0 - K_1}{K_0} = 1 - \frac{K_1}{K_0}$$

式中:α_1——设备无形磨损程度

K_0——设备的原始价值

K_1——等效设备的再生产价值

在计算无形磨损程度时,K_1 必须反映技术进步在两个方面:一是相同设备再生产价值的降低,二是具有较好功能和更高效率的新设备的出现对现有设备的影响。K_1 可用下式表示:

$$K_1 = K_n \left(\frac{q_0}{q_n}\right)^{\alpha} \cdot \left(\frac{C_n}{C_0}\right)^{\beta}$$

式中:K_n——新设备的价值

q_0, q_n——使用旧设备与对应新设备的年生产率

C_0, C_n——使用旧设备与对应新设备的单位产品耗费

α, β——设备生产率提高指数和成本降低指数($0 < \alpha < 1$,$0 < \beta < 1$),其值可根据具体设备的实际数据确定。

在上式中,当 $q_0 = q_n$,$C_0 = C_n$,即新旧机器的劳动生产率与使

用成本均相同时，$K_1=K_n$ 表示只发生了第一种无形磨损。

若上式中出现了下述三种情况之一，即表示发生了第二种无形磨损。

(1) $q_n>q_0,C_n=C_0$　此时 $K_1=K_n(q_0/q_n)^\alpha$

(2) $q_n=q_0,C_n<C_0$　此时 $K_1=K_n(C_n/C_0)^\beta$

(3) $q_n>q_0,C_n<C_0$　此时 $K_1=K_n(q_0/q_n)^\alpha(C_n/C_0)^\beta$

三、设备的综合磨损

机器设备在使用期内，既要遭受有形磨损，又要遭受无形磨损，所以机器设备所受的磨损是双重的，综合的。两种磨损都引起机器设备原始价值的贬值，这一点两者是相同的。不同的是，遭受有形磨损的设备，特别是有形磨损严重的设备，在修理之前，常常不能工作，而遭受无形磨损的设备，即使无形磨损很严重，仍然可以使用，只不过继续使用它在经济上是否合算，需要分析研究。

设备综合磨损的度量可按如下方法进行。

设备遭受有形磨损后尚余部分（用百分数表示）为 $1-\alpha_p$；

设备遭受无形磨损后尚余部分（用百分数表示）为 $1-\alpha_1$；

设备遭受综合磨损后的尚余部分（用百分数表示）为 $(1-\alpha_p)(1-\alpha_1)$。

由此可得设备综合磨损程度（用占设备原始价值的比率表示）的计算公式为：

$$\alpha = 1 - (1-\alpha_p)(1-\alpha_1)$$

式中：α——设备综合磨损程度

设备在任一时期遭受综合磨损后的净值 K 为：

$$K = (1-\alpha)K_0$$

展开并整理得：

$$K = (1-\alpha)K_0 = [1 - 1 + (1-\alpha_p)(1-\alpha_1)]K_0$$

$$= \left(1 - \frac{R}{K_1}\right)\left(1 - \frac{K_0 - K_1}{K_0}\right)K_0 = K_1 - R$$

从上式可以看出,设备遭受综合磨损后的净值等于等效设备的再生产价值减去修理费用。

要维持企业生产的正常进行,必须对设备的磨损进行补偿,由于机器设备遭受磨损的形式不同,补偿磨损的方式也不一样。补偿分局部补偿和完全补偿。设备有形磨损的局部补偿是修理,设备无形磨损的局部补偿是现代化改装。有形磨损和无形磨损的完全补偿是更换,见图 9-1。

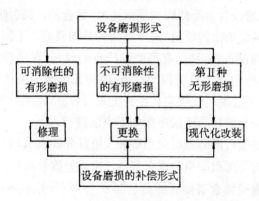

图 9-1　设备磨损形式与其补偿方式的相互关系

第二节　设备的大修理及其技术经济分析

一、设备大修理的概念

设备进入生产过程以后,由于有形磨损和无形磨损的作用,自然会有一个平均寿命期限,它反映着设备在实物形态上保持完好的时间。在平均寿命期限内,设备应经常保持正常的工作状态。

众所周知,设备是由不同材质的众多零部件组成的,这些零部件在设备中各自承担着不同的功能,工作条件也各不相同,在设备使用过程中,它们遭受的有形磨损是非均匀性的。在任何条件下,机器制造者都不可能制造出各个组成部分的寿命期限完全一样的机器。通常,在设备的实物构成中总有一部分是相对耐久的(例如机座、床身等),而另外的部分则易于损坏。

例如,一台价值为10000元的设备,其原始实物形态包括下列组成部分:

设备组成及其价值

设备组成要素	价格（元）	物理耐用期限（年）	年平均磨损价值	
			元	占设备原值的百分比(%)
第一部分	500	1	500	5
第二部分	2000	2	1000	10
第三部分	5000	6	833	8.3
第四部分	2500	90	27.8	0.28
整　机	10000	—	2360.8	23.6

如果这台设备最耐久的部分是机座,大约可服务90年左右,其余组成部分在两班制正常工作的条件下,约在1—6年内丧失其使用价值。既然设备原来的实物形态在其组成中包括寿命期为90年的部分,那么价值为500元的第一个组成部分就需要一年更换一次;价值为2000元的第二组成部分,需要两年更换一次;价值为5000元的第三个组成部分,需要六年更换一次;而价值为2500元的机座部分,可允许推迟到90年更换一次。

倘若根据对有形磨损和无形磨损的综合考虑,把该设备的平均寿命期限定为12年,那么在这个寿命期限内就需要对设备的部分零件进行定期的更换或修复,以保证设备完好地使用12年。

在实践中,通常把为保持设备在平均寿命期限内的完好使用状态而进行的局部更换或修复工作叫作维修。

维修的目的是消除设备的经常性的有形磨损和排除机器运行中遇到的各种故障,以保证设备在其寿命期内保持必要的性能(如生产能力,效率、精度等),发挥正常的效用。

按其经济内容来讲,这种必要的维修工作可分为日常维护、小修理、中修理和大修理等几种形式。

日常维护是指与拆除和更换设备中被磨损的零部件无关的一些维修内容,诸如设备的润滑与保洁,定期检验与调整,消除部分零部件的磨损等等。

小修理是工作量最小的计划修理,指设备使用过程中为保证设备工作能力而进行地调整、修复或更换个别零部件的修理工作。

中修理是进行设备部分解体的计划修理,其内容有:更换或修复部分不能用到下次计划修理的磨损零件,通过修理、调整,使规定修理部分基本恢复到出厂时的功能水平以满足工艺要求,修理后应保证设备在一个中修间隔期内能正常使用。

大修理是最大的一种计划修理,它是在原有实物形态上的一种局部更新。它是通过对设备全部解体,修理耐久的部分,更换全部损坏的零部件,修复所有不符合要求的零部件,全面消除缺陷,以使设备在大修理之后,无论在生产率、精确度、速度等方面达到或基本达到原设备的出厂标准。

维修工作的上述区分,既有工作量和周期性的标志,又有工作内容的标志。但是,应该指出,这些区分仅仅是相对的,难以严格限定彼此间的界限,而且每一种维修形式都可能包含共同的工作内容。

尽管维修形式的区分有很大的相对性,但是,大修理仍然是维修工作中规模最大、花钱最多的一种设备维修方式,因此对维修经济性的研究,主要是就大修理而言。所以在对设备进行大修理决策时，必须同设备更新以及设备其它再生产方式相比较。

在作大修理决策时，还应注意以下情况。

第一，尽管要求大修理过的设备达到出厂水平，但实践上大修理过的设备不论从生产率、精确度、速度等方面，还是从使用中的技术故障频率、有效运行时间等方面，都比用同类型的新设备有逊色，其综合质量会有某种程度的降低，这是客观现实（见图9-2）。图中 A 点表示新设备的标准性能，事实上设备在使用过程中，其性能是沿 AB_1 线所示的趋势下降的，如不及时修理仍继续使用，寿命一定很短，如果在 B_1 点所对应的时刻上，进行第一次大修理，设备的性能可能恢复到 B 点上。自 B 点起进行第二个周期的使用，其性能又继续劣化，当降至 C_1 点时，又进行第二次的大修理，其性能可能恢复至 C 点。这样再一次大修理后的性能又可能恢复到相当程度，一经使用又会下降，最终至 G 点，这时设备在技术上已不存在再进行修理的可能性了。我们把图中 $ABCDEF$ 各点连接起来，就形成一条曲线，这条线就反映了设备在使用过程中的综合质量劣化趋势，从这条曲线所呈现的现象也可以看出，设备的大修理并非是无止境的。

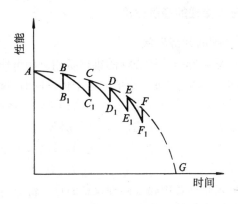

图9-2 大修理后设备综合质量劣化图

第二，大修理的周期会随着设备使用时间的延长，而越来越缩短，假如新设备投入使用到第一次大修理的间隔期定为 10～12 年，那么第二次大修理的间隔期就可能为 8～10 年，而第三次大修理的间隔期则可能降至 6～8 年，也就是说，大修理间隔期会随着修理次数的增加而缩短，从而也使大修理的经济性逐步降低。

以上两种现象，是由于设备各组成部分长期运行而积累起来的有形磨损所引起的。

尽管如此，在设备平均寿命期限内，进行适度的维修工作，包括大修理在内，往往在经济上是合理的。因为修理，包括大修理在内，能够利用原有设备中保留下来的零部件，这部分比重越大，修理工作就越具有合理性。这正是修理之所以能够存在的经济前提。

但是，这个前提是有条件的，如果设备长期无止境的修理，一方面维修中所能利用的被保留下来的零部件越来越少，另一方面大修理所需的费用越来越高，大修理经济上的优越性就可能不复存在了。这时，设备的整体更新将取而代之。

从上面的分析看出，修理作为设备再生产的方式之一，其存在的基础，主要取决于经济性。

二、设备大修理的经济评价

（一）大修理的经济界限

设备平均寿命期满前所必须的维修费用总额可能是个相当可观的数字，有时可能超过设备原值的若干倍。同时，这个费用总额又随规定的平均寿命期而变化，平均寿命期规定的越长，维修费用越高。因此，为了更合理地使用设备，我们必须研究维修的经济性。由于日常维护，中小修理所发生的费用相对较少，因此应该把注意力放在大修理上。

如果该次大修理费用超过同种设备的重置价值，十分明显，这样的大修理在经济上是不合理的。我们把这一标准看做是大修理在经济上具有合理性的起码条件,或称最低经济界限。

即: $$K_r \leqslant K_n - V_{0L}$$

式中:K_r——该次大修理费用

K_n——同种设备的重置价值(即同一种新设备在大修理时刻的市场价格)

V_{0L}——旧设备被替换时的残值

这里还应指出,即使满足上述条件,也并非所有的大修理都是合理的。如果大修理后的设备综合质量下降较多,有可能致使生产单位产品的成本比用同种用途的新设备生产为高,这时其原有设备的大修理就未必是合理的,因此还应补充另外一个条件,

即: $$\frac{C_{z0}}{C_{zn}} \leqslant 1$$

式中:C_{z0}——用大修理后的设备生产单位产品的计算费用

C_{zn}——用具有相同用途的新设备生产单位产品的计算费用

$$C_{z0} = (K_r + \Delta V_0)(A/P, i_0, T_0)/Q_A + C_g$$
$$C_{zn} = \Delta V_n (A/P, i_0, T_n)/Q_{An} + C_{gn}$$

式中:K_r——原设备大修理的费用

ΔV_0——原设备下一个大修理周期内的价值损耗现值

Q_A——原设备下一个大修理周期的年均产量

C_g——原设备第 j 次大修理后生产单位产品的经营成本

T_0——原设备本次大修理到下一次大修理的间隔年数

ΔV_n——新设备第 1 个大修理周期内的价值损耗现值

Q_{An}——新设备第 1 个大修理周期的年均产量

C_{gn}——用新设备生产单位产品的经营成本

T_n——新设备投入使用到第一次大修理的间隔年数

对迅速发生无形磨损的设备来说,很可能是用现代化的新设备生产单位产品的计算费用更低,在这种情况下,即使满足第一个条件,即大修理费用没有超过新设备的重置价值,但是这种大修理

也是不合理的。

还应注意到,在不同的大修理周期,C_{z0}的值可能是不等的,例如,在第一个大修理周期时的C_{z0}可能小于C_{zn},但是不等于各次的C_{z0}值均小于C_{zn}。因此,进行大修理经济评价时,必须注意修理的周期数。

(二)设备大修理周期数的确定

从技术上来说,通过大修理的办法,可以消除有形磨损,使设备得以长期使用。事实上,我国许多老企业的一些设备,经过多次的大修理,至今仍在使用。但是,从前面的分析也可以看出,从经济角度我们可以确定一台设备到底大修到第几个周期最为适宜,这是大修理工作必须解决的问题。

如果一台设备的最佳使用期限(即设备的经济寿命,这一问题留在下节作详细讨论)已定而且设备每次大修理间隔期又是已知的(这些数据往往取决于设备的种类和设备的工作条件,设备的使用单位和设备的制造厂都应对设备大修理间隔期有所规定),则设备大修理周期数应由下式求出:

$$\sum_{j=1}^{n} T_j = T_E \tag{9-1}$$

式中:T_E——设备的经济寿命

T_j——第$j-1$次到第j次大修理的间隔期,若$j=1$时,则
表示新设备至第一次大修理的间隔期(见图9-3)

n——设备大修理的周期数

由式(9-1)求出的设备大修理周期数是一个时间界限,它表明从经济上看设备应该大修几次。

如前所述,从经济角度分析,设备不能无止境也进行大修理,原因在于随着大修理次数的增加,修理费用和设备运行费用都会不断增加。图9-3表示了设备大修理间隔期及大修理次数与运行费用之间的关系。运行费用是随修理间隔期长度和修理次数的增

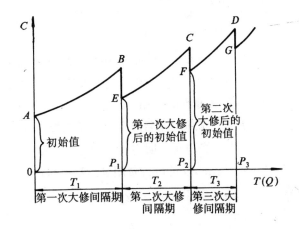

图 9-3 修理间隔期与运行费用的关系

加而增加的,设备使用时间越长,大修理次数越多,运行费用越高。设备投入使用以后,由于有形磨损,运行费用逐渐升高,临近大修理时达到最大值。设备进行大修理后,各项技术经济指标都会有不同程度的改善,运行费用显著下降。图 9-3 中,经过第一次大修理,运行费用由 B 降至 E。进入下一个大修理间隔期后,随着使用时间的延长,运行费用又会逐渐增加,再次大修后又会有显著下降。在图 9-3 中,第二次大修使运行费用由 C 降至 F,第三次大修后由 D 降至 G。尽管每次大修都使运行费用下降,但后一次大修后与前一次大修后相比,运行费用总要有所升高,且修理间隔期要缩短,如图 9-3 所示:

$$P_3G > P_2F > P_1E > OA \text{ 且 } T_3 < T_2 < T_1.$$

合理的大修理间隔期可用下述方法求得。

设第 j 个大修理间隔期内生产单位产品的平均总费用为 C_{zj},不考虑资金的时间价值,则有:

$$C_{zj} = \frac{1}{Q_j}(\Delta V_j + K_{rj} + C_j) \qquad (9\text{-}2)$$

$$\Delta V_j = V_{j-1} - V_j \qquad (9\text{-}3)$$

式中：ΔV_j——第 j 个大修理间隔期内应分摊的设备价值损耗

V_{j-1}, V_j——分别为第 $j-1$ 和第 j 次大修理后的设备价值

K_{rj}——第 j 次大修理的费用

Q_j——第 j 个大修理间隔期内生产产品总量

C_j——第 j 个大修理间隔期内设备运行总费用

假定生产单位产品的设备运行费用呈指数增长，则：

$$C_j = \int_0^{Q_j}(C_{0j} + b_j Q^{\gamma_j})dQ$$

$$= C_{0j}Q_j + \frac{b_j}{\gamma_j + 1}Q_j^{\gamma_j + 1} \qquad (9\text{-}4)$$

式中：C_{0j}——第 j 个大修理间隔期初生产单位产品的设备运行费（即图 9-3 中的 OA, P_1E, P_2F, P_3G 等）

b_j——第 j 个大修理间隔期内生产单位产品设备运行费用增长系数

γ_j——第 j 个大修理间隔期内生产单位产品设备运行费用增长指数

又假定设备价值损耗与生产产品的数量呈线性关系，即：

$$\Delta V_j = E_j Q_j \qquad (9\text{-}5)$$

式中：E_j——第 j 个大修理周期内生产单位产品应分摊的设备价值损耗。

将式(9-4)、式(9-5)代入式(9-2)，可得：

$$C_{zj} = E_j + \frac{K_{rj}}{Q_j} + C_{0j} + \frac{b_j}{\gamma_j + 1}Q_j^{\gamma_j} \qquad (9\text{-}6)$$

要使大修理间隔期内生产单位产品的平均总费用最小，须满足：

$$\frac{\mathrm{d}C_{zj}}{\mathrm{d}Q_j} = -\frac{K_{rj}}{Q_j^2} + \frac{\gamma_j b_j}{\gamma_j + 1} Q_j^{\gamma_j - 1} = 0$$

即：
$$Q_j^* = \sqrt[\gamma_j + 1]{\frac{(\gamma_j + 1)K_{rj}}{\gamma_j b_j}} \tag{9-7}$$

式中，Q_j^* 即为第 j 个大修理间隔期内可使生产单位产品平均总费用最小的生产量。换言之，在正常生产情况下，生产 Q_j^* 的产品所需的时间就是第 j 个大修理间隔期的合理时间长度。

若生产单位产品的设备运行费用呈线性增长，即 $\gamma_j = 1$，则：

$$C_{zj} = E_j + \frac{K_{rj}}{Q_j} + C_{0j} + \frac{b_j}{2} Q_j$$

$$Q_j^* = \sqrt{\frac{2K_{rj}}{b_j}} \tag{9-8}$$

有了各个大修理间隔期内应生产的最佳产量数后，若知道设备在该间隔期内的年生产能力（年产量），就不难求出各次大修理的间隔期 T_j，然后再根据公式（9-1）找出设备应该大修理的次数。

第三节 设备更新及其技术经济分析

一、设备更新的概念

设备更新是修理以外的另一种设备综合磨损的补偿方式，是维护和扩大社会再生产的必要条件。设备更新有两种形式：一种是用相同的设备去更换有形磨损严重，不能继续使用的旧设备。这种更新只是解决设备的损坏问题，不具有更新技术的性质，不能促进技术的进步。另一种是用较经济和较完善的新设备，即用技术更先进、结构更完善、效率更高、性能更好、耗费能源和原材料更少的新型设备来更换那些技术上不能继续使用或经济上不宜继续使用的旧设备。这后一种更新不仅能解决设备的损坏问题，而且能解决设备技术落后的问题，在当今技术进步很快的条件下设备更新应该主要是后一种。

对设备实行更新不仅要考虑促进技术的进步,同时也要能够获得较好的经济效益。对于一台具体设备来说应该不应该更新,应在什么时间更新,应选用什么样设备来更新,主要取决于更新的经济效果。

设备更新的时机,一般取决于设备的技术寿命和经济寿命。

技术寿命是从技术的角度看设备最合理的使用期限,它是由无形磨损决定的。具体来说是指从设备开始使用到因技术落后而被淘汰所延续的时间,它与技术进步的速度有关。

经济寿命是从经济角度看设备最合理的使用期限,它是由有形磨损和无形磨损共同决定的。具体来说是指能使一台设备的年平均使用成本最低的年数。设备的使用成本是由两部分组成,一是设备购置费的年分摊额,二是设备的年运行费用(操作费、维修费、材料费及能源耗费等),这部分费用是随着设备使用年限的延长而增加的。例如一辆汽车,随着使用时间的延长,每年分摊的购置投资会减少,但每年支出的汽车修理保养费和燃料费用都会增加,因此投资分摊额的减少会被使用费用的增高所抵消。这就是说,设备在整个使用过程中,其年平均使用总成本是随着使用时间变化的,在最适宜的使用年限内会出现年均总成本的最低值;而能使平均总成本最低的年数,就是设备的经济寿命。

适时地更换设备,既能促进技术进步、加速经济增长,又能节约资源,提高经济效益,下面介绍几种设备更新的决策方法。

二、设备原型更新的决策方法

有些设备在其整个使用期内并不过时,也就是在一定时期内还没有更先进的设备出现。在上述情况下,设备在使用过程中,同样避免不了有形磨损的作用,结果将引起维修费用,特别是大修理费用以及其他运行费用不断增加,这时即使进行原型设备替换,在经济上往往也是合算的。这就是原型更新问题,在这种情况下,可以通过分析设备的经济寿命进行更新决策。

机器设备在使用过程中发生的费用叫做运行成本,运行成本包括:能源费、保养费、修理费(包括大修理费)、停工损失、废次品损失等等。一般情况下,随着设备使用期的增加,运行成本每年以某种速度在递增,这种运行成本的逐年递增称为设备的劣化。为简单起见,首先假定每年运行成本的劣化增量是均等的,即运行成本呈线性增长,设每年运行成本增加额为 λ。若设备使用 T 年,则第 T 年时的运行成本为:

$$C_T = C_1 + (T-1)\lambda$$

式中:C_1——运行成本的初始值,即第一年的运行成本

T——设备使用年数

设备年运行成本随设备使用年数变动的情况见图 9-4。

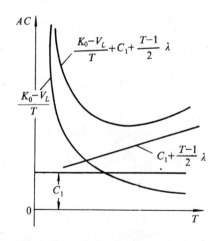

图 9-4 年运行成本随设备使用年数的变动

那么 T 年内运行成本的年平均值将为:

$$\bar{C}_T = C_1 + \frac{T-1}{2}\lambda$$

除运行成本外,在使用设备的年总费用中还有每年分摊的设备购置费用,其金额为:

$$\frac{K_0 - V_L}{T}$$

式中:K_0——设备的原始价值

V_L——设备处理时的残值

随着设备使用时间的延长每年分摊的设备费用是逐年下降的,而年均运行成本却逐年线性上升。综合考虑这两个方面的因素,一般来说,随着使用时间的延长,设备使用的年均总费用的变化规律是先降后升,呈"U"型曲线(如图9-4所示)。年均总费用的计算公式为:

$$AC = \frac{K_0 - V_L}{T} + C_1 + \frac{T-1}{2}\lambda$$

可用求极值的方法,找出设备的经济寿命,亦即设备原型更新的最佳时期。

设 V_L 为一常数,令 $\dfrac{d(AC)}{dT} = 0$

则经济寿命:

$$T_E = \sqrt{\frac{2(K_0 - V_L)}{\lambda}}$$

例如,若设备原始价值 $K_0 = 8000$ 元,预计残值 $V_L = 800$ 元,运行成本初始值 $C_1 = 800$ 元/年,年运行成本劣化值 $\lambda = 300$ 元/年,则设备经济寿命:

$$T_E = \sqrt{\frac{2(8000 - 800)}{300}} = 7(年)$$

如果设备残值不能视为常数,运行成本不呈线性增长,各年不同,且无规律可循,这时可根据工厂的记录或者对实际情况的预测,用列表法来判断设备的经济寿命。

例 9-1 某设备的原始价值为 10000 元,物理寿命为 10 年,运行成本初始值为 700 元,各年运行成本初始值与劣化值之和见表 9-1 第二栏,年末残值见表 9-1 第三栏,求该设备的经济寿命。

表 9-1 设备经济寿命的计算 （单位：元）

使用年限 ①	运行成本初始值与其劣化值之和 ②	年末残值 ③	运行成本及其劣化值的年平均值 $④=\dfrac{\sum②}{①}$	年平均设备费用 $⑤=\dfrac{10000-③}{①}$	年平均总费用 $⑥=④+⑤$
1	700+0=700	7200	700	2800	3500
2	700+100=800	5300	750	2350	3100
3	700+150=850	3500	783	2167	2950
4	700+250=950	2200	825	1950	2775
5	700+400=1100	1100	880	1780	2660
6	700+600=1300	900	950	1517	2467
7	700+850=1550	700	1036	1329	2365
8	700+1150=1850	500	1138	1188	*2326
9	700+1500=2200	300	1256	1078	2334
10	700+2000=2700	100	1400	990	2390

通过计算,使用设备的年平均总费用在使用年限为 8 年时最低,其值为 2326 元,故该设备的经济寿命为 8 年。

上述经济寿命的计算忽略了资金的时间价值,如果考虑资金时间价值,假定基准折现率 $i=10\%$,上例的数据变化如表 9-2 所示。从表中第十二栏可看出,年平均总费用最低的设备使用年限是 9 年,即经济寿命为 9 年。

表 9-2　折现率 10% 时经济寿命的计算

(单位：元)

使用年限	劣化初始值①	运行成本运行值②	现值系数 $(P/F,i,n)$ ③	运行成本劣化值现值 ④=①×③	运劣值行化的成值本现累计 ⑤	资金回收系数 $(A/P,i,n)$ ⑥	运行成本劣化值的年平均值 ⑦=⑤×⑥	年平均设备费用 ⑧=10000×⑥	年末残值 ⑨	偿债基金系数 $(A/F,i,n)$ ⑩	年平均残值回收 ⑪=⑨×⑩	年平均总费用 ⑫=②+⑦+⑧-⑪
1	0	700	0.9091	0	0	1.10000	0	11000	7200	1.0000	7200	4500.0
2	100	700	0.8264	82.6	82.6	0.57619	47.6	5761.9	5300	0.47619	2523.8	3985.7
3	150	700	0.7513	112.7	195.3	0.40211	78.5	4021.1	3500	0.30211	1057.4	3742.2
4	250	700	0.6830	170.8	366.1	0.31547	115.5	3154.7	2200	0.21547	474.0	3496.2
5	400	700	0.6209	248.4	614.5	0.26380	162.1	2638.0	1100	0.16380	180.2	3319.9
6	500	700	0.5645	338.7	953.2	0.22961	218.9	2296.1	900	0.12961	116.6	3098.4
7	850	700	0.5132	436.2	1389.4	0.20541	285.4	2054.1	700	0.10541	73.8	2965.7
8	1150	700	0.4665	536.5	1925.9	0.18744	361.0	1874.4	500	0.08744	43.7	2891.7
9	1500	700	0.4241	636.2	2562.1	0.17364	444.9	1736.4	300	0.07364	22.1	*2859.2
10	2000	700	0.3855	771.0	3333.1	0.16275	542.5	1627.5	100	0.06275	6.3	2863.7

在考虑资金时间价值的条件下,使用设备的年平均总费用计算公式为:

$$AC = K_0(A/P, i_0, n) - V_L(A/F, i_0, n) + C_1$$
$$+ \Big[\sum_{j=1}^{n} W_j(P/F, i_0, j)\Big](A/P, i_0, n)$$

式中: W_j——第 j 年运行成本劣化值

若运行成本劣化值是呈线性变化的,设每年的劣化值增量为 λ,即 $W_j = (j-1)\lambda$,则:

$$AC = K_0(A/P, i_0, n) - V_L(A/F, i_0, n) + C_1$$
$$+ \lambda(A/G, i_0, n)$$

式中: $(A/P, i_0, n)$ ——资金回收系数

$(A/F, i_0, n)$ ——偿债基金系数

$(A/G, i_0, n)$ ——等差序列年值系数

其余符号同前。

在给定基准折现率 i_0 时,令 AC 最小的使用年限,即为设备的经济寿命。

三、出现新设备条件下的更新决策方法

前面讨论的是设备在使用期内不发生技术上过时和陈旧,没有更好的新型设备出现的情况。在技术不断进步的条件下,由于第 Ⅱ 种无形磨损的作用,很可能在设备运行成本尚未升高到该用原型设备替代之前,就已出现工作效率更高和经济效果更好的设备。这时,就要比较在继续使用旧设备和购置新设备这两种方案中,哪一种方案在经济上更为有利?

在有新型设备出现的情况下,常用的设备更新决策方法有:年费用比较法和更新收益率法。

(一)年费用比较法

年费用比较法是从原有旧设备的现状出发,分别计算旧设备

再使用一年的总费用和备选新设备在其预计的经济寿命期内的年均总费用,并进行比较,根据年费用最小原则决定是否应该更新设备。

1. 旧设备年总费用的计算

旧设备再使用一年的总费用可由下式求得。

$$AC_0 = V_{00} - V_{01} + \frac{V_{00} + V_{01}}{2}i + \Delta C \quad (9\text{-}9)$$

式中:AC_0——旧设备下一年运行的总费用

V_{00}——旧设备在决策时可出售的价值

V_{01}——旧设备一年后可出售的价值

ΔC——旧设备继续使用一年在运行费用方面的损失(即使用新设备相对使用旧设备的运行成本的节约额和销售收入的增加额)

i——最低希望收益率

$\dfrac{V_{00}+V_{01}}{2}i$——因继续使用旧设备而占用资金的时间价值损失,资金占用额取旧设备现在可售价值和一年后可售价值的平均值

上述计算,亦可用企业统计数据列表进行,详见表9-3。

表9-3 旧设备的年费用计算表　　(单位:元)

项目	利弊比较	
	新设备	旧设备
(收入)产量增加加入	1100	
质量提高收入	550	
(费用)直接工资的节约	1210	
间接工资的节约		

续表

项 目	利弊比较	
	新设备	旧设备
因简化工序等导致的其他作业上的节约	4400	
材料损耗减少		
维修费节约	3300	
动力费节约		1100
设备占地面积节约	550	
合　计	11110①	1100②
旧设备运行损失		10010③=①-②
旧设备现在出售价值	7700	
旧设备一年后出售价值	6600	
下年旧设备出售价值减少额		1100④
资金时间价值损失($i=10\%$)		715⑤
旧设备的设备费		1815⑥=④+⑤
旧设备年总费用		11825⑦=③+⑥

表中上栏记录了再继续使用一年旧设备的运行损失,下栏记录使用旧设备的设备费用。旧设备年总费用为这两项费用之和,即11825元。

2. 新设备年均总费用的计算

用于同旧设备年总费用比较的新设备年均总费用。主要包括以下几个方面:

第一,运行劣化损失,新设备随着使用时间的延长,同样也存在设备劣化的问题,劣化程度也将随着使用年数的增多而增加。具体的劣化值取决于设备的性质和使用条件。为了简化计算,假定劣

化值逐年按同等数额增加,如果设备使用年限为 T,T 年间劣化值的平均值为:

$$\frac{\lambda(T-1)}{2}$$

式中:λ——设备年劣化值增量

新设备的 λ 值往往是难以预先确定的。一般可根据旧设备的耐用年数和相应的劣化程度来估算新设备的年劣化值增量。

第二,设备价值损耗。新设备的使用过程中,其价值会逐渐损耗,表现为设备残值逐年减少。假定设备残值每年以同等的数额递减,则 T 年内每年的设备价值损耗为:

$$\frac{K_n - V_L}{T}$$

式中:K_n——新设备的原始价值

V_L——新设备使用 T 年后的残值

第三,资金时间价值损失。新设备在使用期内平均资金占用额为:

$$\frac{K_n + V_L}{2}$$

故因使用新设备而占用资金的时间价值损失为:

$$\frac{(K_n + V_L)i}{2}$$

总计以上三项费用,则得新设备年均总费用:

$$AC_n = \frac{\lambda(T-1)}{2} + \frac{K_n - V_L}{T} + \frac{(K_n + V_L)i}{2} \quad (9\text{-}10)$$

对上式进行微分,并令

$$\frac{\mathrm{d}AC_n}{\mathrm{d}T} = 0 \text{ 则 } T = \sqrt{\frac{2(K_n - V_L)}{\lambda}} \quad (9\text{-}11)$$

式中:T——新设备的经济寿命

将(9-11)式代入(9-10)式得按经济寿命计算的新设备年均总费

用：

$$AC_n = \sqrt{2(K_n - V_L)\lambda} + \frac{(K_n + V_L)i - \lambda}{2} \quad (9\text{-}12)$$

若残值 $V_L = 0$，则可简化为：

$$AC_n = \sqrt{2K_n\lambda} + \frac{K_n i - \lambda}{2} \quad (9\text{-}13)$$

当年劣化值增量 λ 不易求得时，可根据经验决定新设备的合理使用年数 T，然后再求年劣化值增量 λ。这时将(9-11)式经整理后再代入(9-10)式，则新设备的年均总费用：

$$AC_n = \frac{2(K_n - V_L)}{T} + \frac{(K_n + V_L)i}{2} - \frac{K_n - V_L}{T^2} \quad (9\text{-}14)$$

例如，新设备的价格 $K_n = 41800$ 元，估计合理的使用年数 $T = 15$ 年，处理时的残值 $V_L = 3700$ 元，最低希望收益率 $i = 10\%$。

将已知数据代入(9-14)式后，可得新设备的年均总费用：

$$AC_n = 7186 \text{ 元}$$

与表 9-3 的计算结果相比较，用新设备更旧设备，每年可节约开支 $11825 - 7186 = 4639$ 元。

（二）更新收益率法

更新收益率法是通过计算更新与不更新两种方案的差额投资的收益率判别是否应该进行设备更新的。由于这种方法给出的是一个收益率指标，可以用于同其它各种投资方案进行比较以寻求最有利的方案，因此它有更广泛的适用性。

假定设备更新净投资为 K，新设备的使用年限为 n，更新后第 t 年由设备更新带来的净收益为 $B_t(t=1,2,\cdots,n)$，n 年末新设备残值为 V_L，设备更新净投资的内部收益率为 i^*，则下式成立：

$$K = \sum_{t=1}^{n} B_t(1+i^*)^{-t} + V_L(1+i^*)^{-n} \quad (9\text{-}15)$$

也可写成：

$$K - B_1(1+i^*)^{-1} = \left[\sum_{t=2}^{n} B_t(1+i^*)^{-t+1} + V_L(1+i^*)^{-n+1}\right](1+i^*)^{-1}$$

设：

$$V_1 = \sum_{t=2}^{n} B_t(1+i^*)^{-t+1} + V_L(1+i^*)^{-n+1} \quad (9\text{-}16)$$

则：

$$K - B_1(1+i^*)^{-1} = V_1(1+i^*)^{-1}$$

也可写成：

$$i^* = \frac{B_1 - (K - V_1)}{K} \quad (9\text{-}17)$$

上式中，B_1 是设备更新后一年内使用新设备相对于使用旧设备收入增加额与费用节约额的合计。若将 B_1 视为设备更新后第一年对更新净投资 K 的回收，则 V_1 可视为到第一年末更新净投资的未回收部分。更新净投资 K 是更新与不更新两种方案的投资差额，计算式为：

$$K = K_n - (K_0 + M) \quad (9\text{-}18)$$

式中：K_n——购置安装新设备所需投资

K_0——旧设备的可售价值

M——若继续使用旧设备当年必须追加的投资

更新净投资到第一年末未被收回的部分 V_1 也应看成更新方案到第一年末新设备的保留价值与不更新方案到第一年末旧设备的保留价值之差额，计算式为：

$$V_1 = K_1 - (K_0 + M - \Delta V_0 - m) \quad (9\text{-}19)$$

式中：K_1——新设备到第一年末的保留价值

m——继续使用旧设备的追加投资 M 在第一年的分摊额

ΔV_0——旧设备使用一年的价值损耗，即旧设备年初可售价值与年末可售价值的差额。年末可售价值中含追加投资的未收回部分 $(M-m)$

由式(9-17),(9-18)及(9-19)可导出：

$$i^* = \frac{B_1 + \Delta V_0 + m - K_n\left(1 - \dfrac{K_1}{K_n}\right)}{K_n - (K_0 + M)} \quad (9\text{-}20)$$

式(9-20)就是更新收益率法的原理公式。

式(9-20)没有考虑所得税的影响,若考虑所得税则有:

$$i^* = \frac{(B_1 + \Delta V_0 + m)(1-b) + Db - K_n\left(1 - \dfrac{K_1}{K_n}\right)}{K_n - (K_0 + M)}$$

式中:b——所得税税率

D——新设备年折旧额

这里假定旧设备已折旧完。若旧设备未折旧完,则 D 应为新旧设备折旧额之差额,以下的公式推导也应作相应改动,对此本书不作讨论。

上式亦可写成:

$$i^* = \frac{(B_1 + \Delta V_0 + m)(1-b) - K_n\left(1 - \dfrac{K_1 + Db}{K_n}\right)}{K_n - (K_0 + M)}$$

$$(9\text{-}21)$$

设新设备投资 K_n 各年带来的净收益为 $S_t(t=1,2,\cdots,n)$,由于设备使用过程中存在着有形磨损与无形磨损,S_t 一般是逐年递减的,据有关研究,收益递减模式可以简化归纳为三种(见图 9-5)。第一种称为普通标准型(图 9-5a),收益随新设备使用年限的延长呈线性递减,到新设备经济寿命结束时净收益为零。第二种和第三种为非标准型(见图 9-5b,c),收益随使用年限延长呈非线性递减,到新设备经济寿命结束时净收益为零。图 9-5 中,假定期末残值为设备原值的 10%。因篇幅所限,本书仅就第一种模式进行讨论。

当新设备收益线性递减时,若第一年的净收益为 S_1,则第 t 年的净收益为:

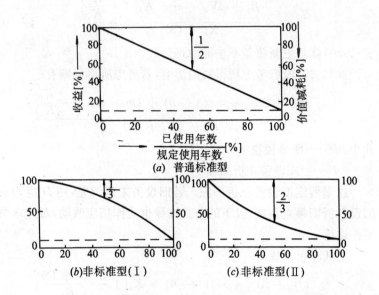

图 9-5 期末残余价值率为 10% 时的更新方案收益下降模式

$$S_t = S_1\left(1 - \frac{t-1}{n}\right)(t = 1, 2, \cdots, n)$$

缴纳所得税后，第 t 年的税后净收益为：

$$S_t' = S_1(1-b)\left(1 - \frac{t-1}{n}\right) + Db \tag{9-22}$$

新设备的年折旧额 D 可表示为：

$$D = \frac{1}{n}(K_n - V_L) \tag{9-23}$$

当新设备投资的内部收益率恰恰等于基准折现率 i_0 时，K_n 与 K_1 可分别表示为：

$$K_n = S_1(1-b)\sum_{t=1}^{n}\left(1 - \frac{t-1}{n}\right)(1+i_0)^{-t}$$

$$+ \frac{b(K_n - V_L)}{n} \sum_{t=1}^{n} (1 + i_0)^{-t} + V_L(1 + i_0)^{-n} \quad (9\text{-}24)$$

$$K_1 = S_1(1-b) \sum_{t=2}^{n} \left(1 - \frac{t-1}{n}\right)(1+i_0)^{-t+1}$$

$$+ \frac{b(K_n - V_L)}{n} \sum_{t=2}^{n} (1+i_0)^{-t+1}$$

$$+ V_L(1+i_0)^{-n+1} \quad (9\text{-}25)$$

设： $Q = 1 + i_0$, $W = \dfrac{V_L}{K_n}$

由式(9-23),(9-24),(9-25)可导出：

$$F = 1 - \frac{K_1 + Db}{K_n}$$

$$= \frac{n(Q^n - W)i_0^2 - bi_0(1-W)(Q^n - 1)}{nQ^n i_0 - Q^n + 1} - i_0 \quad (9\text{-}26)$$

式中,F 称为新设备价值损耗系数,W 称为新设备期末残值率。将式(9-26)代入式(9-21)可得出更新收益率的实用计算式：

$$i_p = \frac{(B_1 + \Delta V_0 + m)(1-b) - FK_n}{K_n - (K_0 + M)} \quad (9\text{-}27)$$

式中,i_p 称为更新收益率。由于新设备价值损耗系数 F 是根据基准折现率 i_0 求得的,i_p 不同于更新净投资的内部收益率 i^*,但只要 $i^* > i_0$,就有 $i_p > i_0$,只要 $i^* < i_0$,就有 $i_p < i_0$,若 $i^* = i_0$,则 $i_p = i^* = i_0$。

用更新收益率法进行设备更新决策的判别准则是：若 $i_p \geqslant i_0$,应立即进行设备更新；若 $i_p < i_0$,则不必立即更新设备。

在企业设备更新实践中,常常用列表计算代替公式计算。表9-4给出了设备更新投资收益分析表的基本格式,并通过一个例子说明了计算过程。

表 9-4 设备更新投资收益分析表　　（单位：元）

	I 更新投资		
1	新设备投资额		18370
2	旧设备可售价值		330
3	继续使用旧设备所需追加投资		4642
4	可回收和可节约的投资(2+3)		4972
5	所需要的净投资额(1—4)		13398

II 更新收益		
(1) 运行性收益		

	预计设备运行率	3400 小时/年	
	更新对收入的影响	增加 (A)	减少 (B)
7	因产品质量改变		
8	因产品产量改变		
9	合计		
	更新对运行费用的影响	增加 (A)	减少 (B)
10	直接劳务费		2310
11	间接劳务费		
12	福利费		370
13	修理费		1160
14	工具费		
15	消耗费		
16	废品损失及返工费		660
17	停工损失费		577
18	动力费		
19	设备占地面积费用		
20	委托加工费		

续表

21	备品费		
22	安全费		
23	设备保险费	187	
24	其他费用		440
25	合计	187	5517
26	收入净增加额(9A−9B)		
27	运行费用净节约额(25B−25A)	5330	
28	下年度运行性收益(26+27)	5330	
	（2）运行外的收益		
29	旧设备继续使用一年价值损耗		
30	继续使用旧设备追加投资的年分摊额	464	
31	下年度运行外收益(29+30)	464	
	（3）收益合计		
32	收益合计(28+31)	5794	
	Ⅲ 更新收益率的计算		
33	应纳税金[1]	1427	
34	扣除税金后的收益(32−33)	4367	
35	新设备第一年价值损耗(1×价值损耗系数[2])	1787	
36	更新总收益(34−35)	2580	
37	更新收益率(36÷5)×100%	19.3%	

① 应纳税金=(收益合计−新设备年折旧额)×所得税率
新设备年折旧额=18370×(1−20%)/10=1469.6
所得税率为33%。

② 价值损耗系数=0.0973。按新设备使用年限10年，期末残值率20%，基准折现率10%由式(9-26)求得。

现在就表9-4中的有关项目说明如下：

Ⅰ．更新投资：更新投资是指新设备投资额减去旧设备可售价值及继续使用旧设备所需追加投资后的余额。其中：

新设备投资额：包括设备购置费和安装费，如有流动资金的增减，亦应包括在内。

旧设备可售价值：若因购置新设备而出售尚有价值的旧设备，则这部分收入可视为对新设备投资的节约。

继续使用旧设备所需追加投资：假如旧设备不进行更新则将继续使用，通常需要进行大修或改造，这部分费用的支出，应作为不更新方案的追加投资。如果更新，则这部分投资，可视为更新方案带来的投资节约，应从新设备投资额中扣除。

Ⅱ．更新收益：更新收益包括运行性收益和运行外收益两部分。

（1）运行性收益

运行性收益与设备运行率有关。设备运行率是指新设备为生产产品而运行的时间与年有效时间的比值。而工厂开工率与设备运行率往往不是一回事，因此不能用工厂的开工率代替设备运行率。同时新旧设备运行率也不一定完全相等，因为新设备并不限于旧设备所完成的任务，所以应作具体分析。

运行性收益包含两个方面的内容，一方面是新设备改善了原有的运行情况，使运行费用降低，最终导致成本的下降，从而引起收益增加。另一方面，新设备完成新的工作内容或提高现有工作内容的质量，可能引起销售额的增加，最终导致收益的增加。

运行成本中的修理费指的是经常发生的修理费用的变化。至于大修理费或与修理同时进行的设备改造所需要的投资，则应计入表9-4中第3项和第30项中。

（2）运行外收益

运行外收益系指设备更新后可免除的有关损失。如旧设备现在立即转让和晚一年转让间的价值差额，显然，现在转让可避免再使用一年所引起价值损失。当然，这部分费用也只能用推测的办法进行估计。此外,还应包括所节约的旧设备追加投资的分摊额。

Ⅲ. 更新收益率计算

表 9-4 中第 36 项是汇总表中各项内容构成的更新总收益,用它除以所需的净投资额(表 9-4 第 5 项),便可得出更新投资收益率。这个比率说明更新投资能带来多大的收益,同时也可根据这一比例的大小,对多个更新投资规划进行经济效果排序,结合拥有的资金数量进行设备更新方案选择。

如果把表 9-4 的各项汇总,则可写出设备更新收益率的计算式

$$更新收益率 = \frac{②+③-④-⑤}{①} \times 100\%$$

式中:①——更新的净投资额,即表中第 5 项

②——下一年度的运行收益,即表中第 28 项

③——下一年度的运行外收益,即表中第 31 项

④——下一年度因收益增加而需要多缴纳的税金,即表中的第 33 项

⑤——新设备使用一年的价值损耗,即表中的第 35 项

把表中的数据,代入上面的公式即可得出设备更新的收益率

$$更新收益率 = \frac{5330+464-1427-1787}{13398} = 19.3\%$$

如果给定的基准折现率(即最低期望收益率)为 10%,则更新收益率大于最低希望收益率,可以认为这一更新方案在经济上是可行的。

第四节 设备现代化改装及其技术经济分析

一、设备现代化改装的概念和意义

设备超过最佳使用期限之后,就存在更换问题。但是,这里有

两个问题尚需研究,第一,国家能否及时提供国民经济各部门更换所需的新设备?第二,陈旧设备一律更换是否必要或是否最佳的选择。

一种设备从构思、设计、研制到成批生产,一般要经历较长的时间。随着技术进步的加快,这个周期在不断地缩短。例如,在发达的工业国家,从构思、设计、试制到商业性生产,二次世界大战前约需40年左右,战后60年代中期缩短到20年,70年代缩短到10年,最快的仅5年,要按这个周期更换掉所有陈旧设备那是不可能的。

解决这个矛盾的有效途径是对现有设备进行现代化改装。所谓设备的现代化改装,是指应用现代的技术成就和先进经验,适应生产的具体需要,改变现有设备的结构(给旧设备换新部件、新装置、新附件),改善现有设备的技术性能,使之全部达到或局部达到新设备的水平。设备现代化改装是克服现有设备的技术陈旧状态,消除第 Ⅱ 种无形磨损,促进技术进步的方法之一,也是扩大设备的生产能力,提高设备质量的重要途径。

现有设备通过现代化改装在技术上可能做到:

（1）提高设备所有技术特性使之达到现代新设备的水平;

（2）改善设备某些技术特性,使之局部达到现代新设备的水平;

（3）使设备的技术特性得到某些改善。

在多数情况下,通过设备现代化改装使陈旧设备达到需要的水平,所需的投资往往比用新设备更换为少。因此,在不少的情况下,设备现代化改装在经济上有很大的优越性。

设备现代化改装具有很强的针对性和适应性。经过现代化改造的设备更能适应生产的具体要求,在某些情况下,其适应具体生产需要的程度,甚至可以超过新设备。有时设备经过现代化改装,其技术性能比新设备水平还高。所以,在个别情况下,对新设备也可以进行改装。在我国产品更新换代缓慢的特定情况下,设备现代化改装有着特别重要的意义。

设备现代化改装是现有企业进行技术改造,提高老企业的经济效益,节约基本建设投资的有效措施。

二、设备现代化改装的技术经济分析

设备现代化改装是广义设备更新的一种方式,因此,研究现代化改装的经济性应与设备更新的其他方法相比较。在一般情况下,与现代化改装并存的可行方案有:旧设备原封不动的继续使用,对旧设备进行大修理,用相同结构新设备更换旧设备或用效率更高、结构更好的新设备更新旧设备。决策的任务就在于从中选择总费用最小的方案。这时除参考前两节介绍的方法外,还可用下列方法进行决策。

(一) 最低总费用法

最低总费用法是通过分别计算各种方案在不同服务年限内的总费用,并加以比较,根据所需要的服务年限,按照总费用最低的原则,进行方案选择的一种方法。各种方案总费用的计算公式如下:

(1) $TC_0 = \dfrac{1}{\beta_0} \Big[\sum\limits_{j=1}^{n} C_{0j} r_j - V_{0L} r_n \Big]$

(2) $TC_n = \dfrac{1}{\beta_n} \Big[\Big(K_n + \sum\limits_{j=1}^{n} C_{nj} r_j \Big) - V_{00} - V_{nL} \cdot r_n \Big]$

(3) $TC_h = \dfrac{1}{\beta_h} \Big[\Big(K_h + \sum\limits_{j=1}^{n} C_{hj} r_j \Big) - V_{00} - V_{hL} r_n \Big]$

(4) $TC_m = \dfrac{1}{\beta_m} \Big[\Big(K_m + \sum\limits_{j=1}^{n} C_{mj} r_j \Big) - V_{mL} r_n \Big]$

(5) $TC_r = \dfrac{1}{\beta_r} \Big[\Big(K_r + \sum\limits_{j=1}^{n} C_{rj} r_j \Big) - V_{rL} r_n \Big]$

式中:$TC_0, TC_n, TC_h, TC_m, TC_r$——分别为继续使用旧设备、用原

型设备更新、用新型高效设备更新、进行现代化改装和进行大修理等各种方案 n 年内的总费用;

K_n, K_h, K_m, K_r —— 分别为用原型设备更新、用新型高效设备更新、进行现代化改装、进行大修理等各种方案所需的投资;

$C_{0j}, C_{nj}, C_{hj}, C_{mj}, C_{rj}$ —— 分别为继续使用旧设备、用原型设备更新、用新型高效设备更新、进行现代化改装和进行大修理等各种方案在第 j 年的运行成本;

$V_{0L}, V_{nL}, V_{hL}, V_{mL}, V_{rL}$ —— 分别为旧设备、原型新设备、新型高效设备、现代化改装后的设备及大修理后的设备到第 n 年的残值;

V_{00} —— 原有旧设备在决策年份的可售价值;

$\beta_0, \beta_n, \beta_h, \beta_m, \beta_r$ —— 分别为继续使用旧设备、用原型设备更新、用新型高效设备更新、进行现代化改装和进行大修理等各种方案的生产效率系数,可将 β_n 作为基准参数取 $\beta_n = 1$;

r_j, r_n —— 分别为第 j 年、第 n 年的现值系数,即:

$$r_j = \frac{1}{(1+i_0)^j}, r_n = \frac{1}{(1+i_0)^n}$$

其中 i_0 是折现率。

例 9-2 假定各种更新方案各年分项费用的原始资料如表 9-5 所列,试选择最佳更新方案。

根据前面的公式,计算出不同服务年限各方案的总费用如表 9-6 所列。

从以上计算结果可以看出,如果设备只考虑使用两年(如两年以后产品将更新换代),以原封不动使用旧设备的方案为最佳。这时不仅没有更换的必要,就连大修理也是多余的。如果只打算使用 3—5 年,最佳方案是对原设备进行一次大修理。如果估计设备将使用 6—7 年,最佳方案是对原设备进行现代化改装。如果使用期在 8 年以上,则用高效率新型设备替换旧设备的方案最佳。

表 9-5 各种更新方案的原始数据

（设 $V_{00}=3000$ 元）

I 表示各年运行费用，II 表示各年末残值（元）

方案	投资（元）	生产效率系数		1	2	3	4	5	6	7	8	9	10
旧设备继续使用	$K_0=0$	$\beta_0=0.7$	I	1400	1800	2200							
			II	1200	600	300							
旧设备大修理	$K_r=7000$	$\beta_r=0.98$	I	700	950	1200	1450	1700	1950	2200	2450	2700	2950
			II	6400	5800	5200	4700	3800	3000	2200	1400	700	700
用原型新设备替换	$K_n=16000$	$\beta_n=1$	I	450	550	650	750	850	950	1050	1150	1250	1350
			II	9360	8320	7280	6240	5200	4160	3120	2080	1300	1300
用高效率新设备替换	$K_h=20000$	$\beta_h=1.3$	I	350	420	490	560	630	700	770	840	910	980
			II	11520	10240	8600	7250	5700	4700	4000	3000	2000	2000
旧设备现代化改装	$K_m=11000$	$\beta_m=1.2$	I	550	680	810	940	1070	1200	1330	1460	1590	1720
			II	9000	8000	6700	5700	4700	3700	2700	1700	1000	1000

表 9-6　各种方案的总费用（$i=10\%$）　　　　　（单位：元）

总费用\方案\使用年限	1	2	3	4	5	6	7	8	9	10
旧设备继续使用（TC_0）	259.7*	3234.9*	5982.6							
旧设备大修理（TC_r）	1855.3	3702.1	5526.7*	7248.2*	9193.4*	10996.2	12724.2	14376.0	15908.0	17096.1
旧设备现代化改装（TC_m）	2765.1	4542.0	6363.9	7849.5	9215.5	10471.5*	11626.1*	12687.4	13556.8	14141.5
用高效率新设备替换（TC_h）	4563.6	6135.0	7715.1	8976.4	10179.0	11033.1	11696.5	12393.6*	13018.3*	13321.6*
用原型新设备替换（TC_n）	4900	6987.6	8882.4	10602.2	12163.2	13580.1	14866.0	16033.2	16982.4	17553.0

* 该年各方案中总费用最低者。

(二) 追加投资回收期法

设备现代化改装与更新、大修理的经济性比较还可以用计算投资回收期指标的方法来进行。各方案的投资、成本及年生产率等参数的代表符号如表 9-7 所示。

表 9-7 比较设备现代化改装经济性所用参数及符号

指标名称	方案		
	大修理	现代化改装	更换
基本投资	K_r	K_m	K_n
设备年生产率(件/年)	q_r	q_m	q_n
单位产品成本(元/件)	C_r	C_m	C_n

在多数情况下，设备现代化改装与更换，大修理之间有下列关系：

$$K_r < K_m < K_n$$
$$C_r > C_m > C_n$$
$$q_r < q_m < q_n$$

因此，在考虑设备更新方案时，可根据下列标准进行决策：

(1) 当 $K_r/q_r > K_m/q_m$ 且 $C_r > C_m$ 时，现代化改装方案具有较好的经济效果，不仅经营费用有节约，基本投资也有节约。但这种情况较少。

(2) 当 $K_r/q_r < K_m/q_m$ 但 $C_r > C_m$ 时，可用追加投资回收期指标进行决策。

$$T = \frac{K_m/q_m - K_r/q_r}{C_r - C_m}$$

式中：T——投资回收期(年)

如果 T 小于企业或部门规定的年数，则选择现代化改装方案。

(3) 当 $K_m/q_m > K_n/q_n$ 且 $C_m > C_n$ 时，设备更换优于现代化改装方案。

(4) 当 $K_m/q_m < K_n/q_n$ 但 $C_m > C_n$ 时，同样可用追加投资回收期标准进行判断。此时：

当 T 小于或等于企业或部门规定的回收期标准时，更换的方案是合理的。如果超过了回收期标准，则应选择现代化改装方案。

习 题

[9-1] 何谓设备的有形磨损、无形磨损，各有何特点？举例说明。对设备磨损的补偿形式有哪些？

[9-2] 若某设备原始价值为 12000 元，再生产价值为 8000 元，此时大修理需要费用 2000 元。试问该设备遭受何种磨损，磨损度为多少？

[9-3] 某设备原始价值为 8000 元，可用 5 年，其它数据如表 1。试求：① 不考虑资金的时间价值时设备的经济寿命；② 若考虑资金的时间价值（$i_0 = 10\%$）时，其经济寿命变化如何。

表 1 某设备各年发生的费用　　（单位：元）

设备使用年限	1	2	3	4	5
运行成本初始值	600	600	600	600	600
运行成本劣化值		200	400	600	800
年 末 残 值	5500	4500	3500	2500	1000

[9-4] 某工厂拟更换一台新设备。新设备可使产量增加、成本节约，更新后第一年收入增加额为 2000 元；直接工资的节约为 9000 元；间接工资的节约为 1300 元；材料损耗减少为 280 元；维修费节约为 400 元，但使用新设备动力消耗比旧设备多 330 元，假设新设备的预计使用年数为 15 年，使用过程中线性劣化，新设备

价值为 76000 元,估计 15 年后处理价为 3000 元。旧设备现在出售价格为 2500 元;旧设备一年后出售价格为 2000 元。当年利率 $i=$ 10%时,试判断用新设备更换旧设备是否经济。

[9-5] 某厂拟用一台性能更好的工具磨床更换一台已陈旧的工具磨床,新设备的价格为 15320 元。现有设备的处理价为 1000 元,但预计一年后将降为 500 元。若现有设备继续使用需追加投资 3000 元。新设备搞一班制就能代替现有设备搞两班制的任务。更新后第一年,新设备可以节约劳务费 5637 元;节约福利费 1412 元;节约修理费 375 元;另外由于提高产品精度将获利 1250 元;而设备保险费则增加 150 元。若新设备年运行时间为 2400 小时,预计使用年数为 15 年,15 年后残值率为 7%,收益递减类型为线性递减型,直线折旧法计提折旧,所得税税率为 33%。最低希望收益率为 10%的条件下,目前进行设备更新是否经济?

第十章 价值工程

第一节 价值工程概述

人们从事任何经济活动或其他活动,客观上都存在着两个基本问题:一是活动的目的和效果,二是从事活动所付出的代价。通常人们在活动之前和活动之中都应该考虑这两个问题,但由于种种原因,往往偏重一面,忽视另一面,尤其是忽视付出代价的现象常常发生。当然,有时目的和效果实在太重要了,以致可以不惜一切代价去达到它。然而,这毕竟是极少数的情形。我们日常遇到的大量的活动则应当二者兼顾。以产品来说,在市场上顾客挑选时,既要考察其性能、外观,又要考察其价格,精明的顾客还会考察使用中的耗费。例如一台电冰箱,顾客既要看它的制冷性能(达到的最低温度、制冷速度等)、容量、型式(单门、双门)、外观,还要看价格及使用中的耗电、维修情况等。用户对产品的这些要求,就是产品设计、生产者要完成的任务。技术人员总是努力做到在技术上精益求精,力图设计出技术先进、性能优越、外观新颖的产品,为满足用户要求付出了辛勤的劳动,并且取得了卓越的成效。但是,他们往往容易忽视一个基本事实:他们每画出一条线就意味着大量的生产耗费,据统计分析,一般产品成本的70%以上是由设计决定的,在一定意义上说,产品成本是"设计"出来的。价值工程的实践表明,多数产品,特别是复杂产品的技术性能和成本都存在着改进的余地。这种现象是由多种原因造成的。

第一,由于产品设计涉及面广,任何人都难以充分了解与产品有关的技术、工艺、材料、市场、财务等各方面的情况,因而难以综合考虑技术经济的全部因素,选取最优方案。况且,复杂产品往往是分头设计的,在交叉和结合部位容易出现薄弱环节。

第二,由于现代化生产分工越来越细,工作性质和范围的局限容易导致只了解和重视本领域的问题而忽视相关领域的要求。从实际情况看,技术和经济脱节是一种相当普遍的现象。设计、工艺人员往往重视采用先进技术,对采用的材料、工艺、设备等的经济代价则考虑不够;采购、财务、管理人员不懂技术,则在材料选购、资金分配、人力配备等问题上,不能与设计、工艺很好配合而造成浪费。

第三,市场和用户的要求在不断变化,原来适合用户需要的产品可能因为不适应用户的新要求而需要改进。

第四,技术本身在不断进步,新技术、新工艺、新材料、新设备的出现,为产品改进和成本降低提供了新的可能性。

因此,不论是新产品设计,还是老产品改进都离不开技术和经济的结合。价值工程正是抓住了这一关键,帮助人们提高经济效益。国内外大量事实证明,采用价值工程取得的效益十分显著。价值工程不仅在设计、生产领域,而且在施工、组织、预算、服务、管理等领域都有广泛应用,不过,以在产品设计、改进方面的应用最为典型、普遍。以下主要结合产品设计、改进介绍其原理和方法。

一、价值工程的概念

(一) 价值的定义

价值工程中的"价值"可定义为:评价某一事物与实现它的耗费相比合理程度的尺度。

这里的"事物"可以是产品,也可以是工艺、服务等。以下主要针对产品进行分析。对于产品来说,价值公式可表示为:

$$V = F/C$$

式中:V——价值

F——功能

C——成本

价值的定义和经济效果定义是相吻合的。价值工程的目的是要提高价值,也就是要提高经济效果。

人们购买商品,不但求其性能好、可靠、耐用、美观,而且求其价钱便宜,总之要求"物美价廉",就是要追求高的价值。这是用户的价值观。

对于产品的生产者来说,也许有人会认为,企业的价值观是以最低的成本获得产品的销售收入。从形式上看,不顾用户利益、不求产品物美价廉,甚至粗制滥造、以次充好,也可以牟取高利润,可以提高生产者所追求的价值。但这是一种错误的"价值"观,它不仅违背了社会主义生产的目的,而且因为损害了用户的利益,终究会被用户所唾弃,一时的高利润却会为企业的失败埋下祸根。实际上,企业增加利润的前提是扩大市场,而物美价廉才是产品占领市场、赢得用户的根本条件。因此,企业的价值观和用户的价值观应当是一致的。

(二) 价值工程定义

"价值工程"可定义如下:着重于功能分析,力求用最低的寿命周期成本可靠地实现必要功能的有组织的创造性活动。

这个定义概括地表述了价值工程的目的、重点、性质。目的是"用最低的寿命周期成本可靠地实现必要功能",重点是"功能分析",性质是"有组织的创造性活动"。

这里的"功能"是指功用、效用、能力等。

所谓"寿命周期成本",是指产品设计、制造、使用全过程的耗费。产品的制造成本由于在短期内集中支出并且体现在售价中,容易被人们重视,而使用中的人工、能源、维修等耗费常常是制造费用的好多倍,但由于分散支出,容易被人们忽视。价值工程要求综合考虑制造、使用费用,兼顾生产者和用户的利益,求得社会的节约。

价值工程强调有组织的活动,这是因为它不同于一般的合理化建议,需要进行系统的研究、分析。产品的价值工程,涉及设计、工艺、采购、销售、生产、财务等各个方面,需要各方面提供信息、共同协助、发挥集体智慧,调动各方面的积极性。

二、价值工程的中心内容和工作步骤

价值工程的中心内容可用六个字概括:"功能、创造、信息"。

1. 功能分析是核心

功能分析是价值工程特殊的思考和处理问题方法。用户购买任何产品,不是购买产品的形态,而是购买功能。例如,用户买煤,是买其"发热"的功能,买灯泡是买"照明"的功能等等。只要具有相应的功能,就能满足用户的需要。煤气和液化石油气可以发热,因而可以取代煤供给居民;日光灯可以照明,因而可以代替白炽灯使用。但是,具有相同功能而成份或结构不同的产品或零部件的成本一般是不相同的。价值工程就是要通过对实现功能的不同手段的比较,寻找最经济合理的途径,它透过人们司空见惯的产品生产、使用、买卖现象,抓住功能这一实质,从而取得观念上的突破,为提高经济效益开拓了新的途径。

2. 创造是关键

功能毕竟要有具体的实现手段,这是上述问题的另一面。手段不同,效果也不同,要想取得好的效果,就必须找到更多更好的手段。手段是人们创造出来的,没有创造,一切都是空话。价值工程的全过程都体现了千方百计为创造开辟道路的宗旨。

3. 信息是基础

价值工程以技术和经济这两方面的结合为特点,也以这两方面的信息为基础。技术上的革新绝大多数是在继承他人成果的基础上实现的,不了解国内外同行在材料、产品、工艺、设备等方面的

现有技术,不了解技术发展的趋势,那么,或者提不出改进办法,或者耗时耗资甚多而收效甚微。不了解市场,不了解用户的意见,不了解同类产品的水平,就会无的放矢,甚至故步自封,最终会失去用户。

总之,价值工程就是要从透彻了解所要实现的功能出发,在掌握大量信息的基础上,进行创新改进,完成功能的再实现。

价值工程的工作步骤可用框图(图10-1)表示。

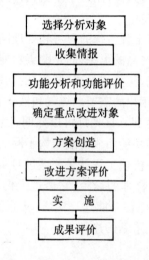

图10-1 价值工程工作程序框图

第二节 对象选择和情报收集

一、对象选择

价值工程分析对象选择的总的原则是:优先选择改进潜力大、效益高、容易实施的产品和零部件。

（一）经验分析法

对象选择最简单、实用的方法是根据企业的经验，分析生产、经营和价值工程推行等方面的因素，对那些各方面或某几方面问题比较突出的对象予以优先选择。主要考虑因素列于图 10-2。

VE 的对象选择：

- 市场角度
  - 对企业利润有重大影响的主导产品
  - 用户意见大、意见多的产品
  - 返修率高的产品
  - 已进入产品生命期的衰退期、销售量面临大幅度下降的产品
- 设计角度
  - 结构复杂的产品或成套机组
  - 性能差、技术落后、急待更新换代的产品
  - 设计存在严重缺陷的产品
- 生产角度
  - 产量大的产品
  - 价格高的产品
  - 工艺复杂或工艺落后的产品
  - 重量大、体积大、物耗高的产品
  - 次品、废品率高的产品
- VE 实施角度
  - 情报资料易收集齐全的产品
  - 在技术、人才方面有优势的产品
  - 改进牵涉面不大不需要大量人力物力的产品
  - 易于成功的产品

图 10-2　VE 对象选择主要的考虑因素

图 10-2 列出的因素主要是针对刚开始进行 VE（价值工程的英文缩写）工作而言的。随着 VE 的进展和经验的积累，对象选择会由易到难，由简单到复杂，逐步深入。

（二）ABC 分类法

对于复杂的产品，一开始由于精力、经验的限制，如果不能进行全面分析，可以重点选择一部分零部件先进行分析。不过要注意，这种选择应当在对总体设计分析的指导下进行，以免在总体设计改动后零部件又将改动。

大量分析表明,产品零部件成本分布是不均匀的,往往少数零部件的成本要占整个产品成本的一半以上。根据这一特点,可以把零部件分成 A,B,C 三类。一般说来,A 类零件数占总数的 8%—20%,成本则占总成本的 65%—75%;B 类零件类占 10%—30%,成本占 10%—30%;C 类零件数占 50%—70%,成本只占 5%—15%。表 10-1 列出了中型电机的 ABC 成本分类,其 ABC 曲线如图 10-3 所示。

表 10-1　中型异步电动机成本 ABC 分类计算[1]

序号	零部件名称	项数(1)	项数累计(2)	项数累计百分比(3)	每项金额(4)	累计金额(5)	金额累计百分比(6)	分类(7)	
1	定子线圈	1	1	2.27%	556.00元	556.00元	21.85%	A	
2	转子冲片	1	2	4.55%	548.87元	1104.87元	43.42%	A	4项
3	定子冲片	1	3	6.82%	521.78元	1626.65元	63.93%	A	
4	端　盖	1	4	9.09%	196.94元	1823.59元	71.67%	A	
5	机　座	1	5	11.36%	174.84元	1998.43元	78.54%	B	
…	……	…				……		B	12项
16	定子压圈	1	16	36.36%	50元	2417.96元	95.05%	B	
17	轴承内盖	1	17	38.64%	20元	2437.96元	95.82%	C	
…	……	…				……			28项
44	M12垫圈	1	44	100%	0.02元	2544.42元	100%	C	

[1] 转引自余信庭等编. 价值工程原理方法与应用. 南昌:江西人民出版社,1987

(三) 功能成本比较法(如图 10-4)

这种方法是先对产品所包含的功能进行粗略分析,再计算出所对应的成本。

将产品功能按大小顺序排列,再将功能成本按大小顺序排列,将对应的功能和成本用箭头连起来。不难判断:箭头朝上(图中虚

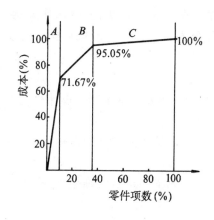

图 10-3 ABC 分析曲线

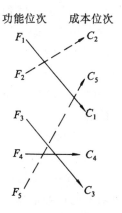

图 10-4 功能成本比较图

线箭头)的功能其价值 V 较低,应优先进行分析。

二、情报收集

情报资料从范围上来说,有企业内外和国内外资料;从内容上分,有技术情报和经济情报。

1. 技术方面的情报

(1) 设计新原理　新原理会导致一代全新产品的产生,对技术和经济都会产生重大影响。例如,将微电子技术运用于计时仪表,使钟表设计产生了重大变革。

(2) 新工艺、新设备　新工艺的出现可能导致加工方法的重要变化,对设计、设备也提出了新要求。例如,精锻、精铸工艺可使金属零件减少切削、甚至免除切削加工,对铸、锻设备、模具要求也更高了。

(3) 新材料　新材料的应用对产品性能、成本有很大影响,同时要求工艺、设备作相应改变。例如,用塑料代替铁皮制造洗衣机内桶和外壳,可提高耐蚀性,减轻重量,生产效率大幅度提高,工艺、设备也完全不同了。

（4）改善环境和劳动条件　减少粉尘、有害液、气体外泄、减少噪音污染、减轻劳动强度、保障人身安全的技术越来越受到重视，这也对产品的设计、生产产生影响。

2. 经济方面的情报

（1）用户要求，消费倾向，市场需求量　这是产品设计和生产的前提。

（2）用户对产品的意见反馈　这是产品改进的依据，是一种宝贵的信息资源。

（3）同类产品和零部件的生产成本　这是明确差距、找准改进对象的重要信息。

外部情报资料必须尽力收集，企业内的资料也不可忽视，例如，产品设计、工艺文件、图纸、测试、试验报告要力求齐全，零部件和各工序成本要尽量准确、完备。

第三节　功　能　分　析

功能分析主要包括功能定义和功能整理。在叙述这两个内容之前，先讨论一下功能分类。

一、功能的分类

可以从不同角度对功能加以分类。

1. 从性质角度，可将功能分为使用功能和美学功能。

使用功能不仅要求产品的可用性，还要求产品的可靠性、安全性、易维修性。例如，一辆汽车，不仅要能开动，而且要故障少、转弯灵活、制动可靠、操纵方便，保证乘客安全、舒适，出了故障或机件磨损后要便于维修。

美学功能包括造型、色彩、图案、包装装潢等方面内容。随着生活水平的提高,人们要求产品多样化,对美学功能日益重视。在市场上,造型新颖、色彩宜人、图案精美、包装装潢美观、能体现时代气息的产品外观首先给人以深刻的印象,在性能、价格相当的条件下,这样的产品更具竞争力。

不同的产品,对使用和美学功能有不同的侧重。有些产品,如原料、燃料、地下管道、潜水泵、潜油泵等只有使用功能。有些产品,如工艺品、国画、书法作品等只有美学功能。多数产品则要求二者兼备,不仅像电冰箱、洗衣机、家具等家庭生活用品是如此,就是载重汽车、机床等生产设备也要求在性能优越的同时有好的外观。

2. 从功能重要程度分,有基本功能和辅助功能。基本功能是产品的主要功能,也是用户购买的原因、生产的依据。辅助功能则是次要功能或者为了辅助基本功能更好地实现或由于设计、制造的需要附加的功能。例如,小轿车的基本功能是提供乘坐舒适的快速交通工具,同时,车的尾部设有一行李箱,为乘客存放行李提供方便,这就是辅助功能。基本功能是设计、制造者的注意力之所在,但不等于说可以忽视辅助功能。

3. 按功能的有用性可分为必要功能和不必要功能。使用功能、美学功能、基本功能、辅助功能都是必要功能。但不必要功能也并不少见,其表现有三:

第一,多余功能。有些功能纯属画蛇添足,不但无用,有时甚至有害。例如,初期的洗衣机上曾设计有脸盆,并无必要。又如,在电风扇的扇叶保护罩上,有人设计了许多图案,似乎增加了美学功能,其实不仅无用,而且挡风。

第二,重复功能。两个或两个以上功能重复,可以去掉。例如,越野吉普车相当多的是在城市使用,只要单桥驱动就足够了,双桥驱动就是重复,这样提高了成本,增加了自重,油耗也增加。

第三,过剩功能。有些功能虽是必要的,但满足需要有余,这是最常见的一种不必要功能。如过高的安全系数、过大的拖动动力、结构寿命不匹配等,造成产品结构笨重、大马拉小车,浪费原材料和能源。这在我国机械产品中相当普遍,在其他产品中也不少见。例如,某机床厂生产的铣床主电机 7.5 千瓦,而实际 4.5 千瓦就足够了,结果生产厂多花了成本,用户多耗了电力。又如,某橡胶厂生产的胶鞋,鞋底比鞋帮寿命高 50%,未穿坏的鞋底最后只能变成废品或垃圾。

二、功能定义

（一）功能定义的目的

所谓功能定义就是给功能下定义,就是限定其内容,区别于其他事物。功能定义是价值工程的特殊方法,它要达到以下目的:

第一,明确产品和零部件的功能。

第二,便于进行功能评价。评价是针对功能进行的,所定义的功能要方便定性和定量的评价。

第三,有利于开阔思路。功能定义要摆脱现有结构框框的束缚,以利于改进。

因此,功能定义要确切,同时又要适当概括和抽象。

（二）功能定义的方法

功能定义要求用动词和名词宾语把功能简洁地表达出来,主语是被定义的对象。如表 10-2 所示。

（三）功能定义的注意事项

1. 名词要尽量用可测量的词汇,以利定量化。例如,电线功能定义为"传电"就不如"传递电流"好。

2. 动词要采用扩大思路的词汇,以利开阔思路。例如,定义一种在零件上作孔的工艺的功能,可以定义为"钻孔",人们自然联系到用钻床;如果定义为"打孔"人们会想到除了钻床以外,还可用冲床、电加工、激光等方法;如果定义为"作孔",人们不仅会想到以上方法,还会想到在零件上直接铸出或锻造出孔来。"钻"、"打"、

"作"一字之差,但一个比一个抽象,同时也确切,容易开阔思路。

表 10-2　功能定义举例

定义对象	功	能
主语(名词)	谓语(动词)	宾语(名词)
手表	指示	时间
杯子	盛	水
电线	传递	电流
传动轴	传递	扭矩
机床	切削	工件
日光灯	照	明

3. 要站在物的立场上。例如花瓶功能定义为"插花"就不好。

4. 一个功能下一个定义。一个物品有几个功能就要下几个定义。

功能定义不仅对产品整体,更重要的是对产品的各组成部分(如部件、组件、零件)下定义。例如,保温瓶的功能可以定义为"提供保温容器"其中各零件的功能定义如表 10-3 所示,结构图见图 10-5。

表 10-3　保温瓶零件的功能定义

序号	零件名称	功　能　定　义
1	底托	支承容器底部　减振
2	三眼	容纳支承件　调节支承位置
3	瓶底	容纳支承构件　保护容器　方便装配　形成外观
4	筒衬	方便装配
5	铆钉	固定构件
6	提把	方便使用　形成外观
7	铁筒	保护容器　连接支承构件　形成外观
8	瓶胆	贮水　防止热对流　防止热传导　防止热辐射

续表

序号	零件名称	功能定义
9	瓶 肩	保护容器 容纳支承构件 支承防尘罩 方便装配 形成外观
10	瓶 盖	防尘 形成外观
11	口 圈	支承容器颈部 减振
12	瓶 嘴	容纳支承件 形成外观 保护容器
13	瓶 塞	防尘 防止热对流 防止热传导

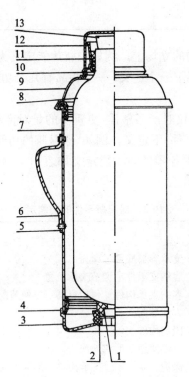

图 10-5 保温瓶结构图

三、功能整理

（一）什么是功能整理

经过定义的功能可能很多，它们之间不是孤立的，而是有内在联系的，为了把这种内在联系表现出来就必须将其系统化。这种将各部分功能按一定逻辑排列起来，使之系统化的工作就叫功能整理。其结果是形成"功能图纸"——功能系统图。它的格式如下：

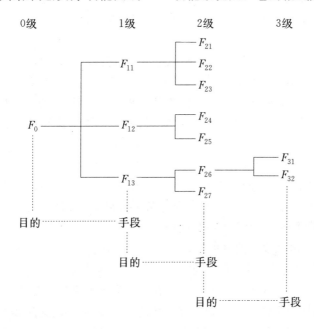

图10-6 功能系统图的格式

功能系统图中有关术语如下：

"级"：每一分枝形成一级。

"功能域"或"功能范围"：某功能和它的分枝全体。例如 F_{11} 和 $F_{21}F_{22}F_{23}$ 是一个功能域；F_{26} 和 $F_{31}F_{32}$ 构成一个功能域；F_{13} 和 F_{26}

F_{27}以及$F_{31}F_{32}$也构成一个功能域。

"位":同一功能域中的级别用位表示,高一级功能称为"上位","低一级功能称为"下位",同级功能称为"同位"。例如:F_{11}是$F_{21}F_{22}F_{23}$的上位功能;$F_{21}F_{22}F_{23}$是F_{11}的下位功能;$F_{21}F_{22}F_{23}$之间则是同位关系。功能系统图中不再细分的功能称为"末位"功能,如$F_{21}F_{31}F_{27}$等。

功能整理采取的逻辑是:目的—手段。上位功能是目的,下位功能是手段。因此,上位功能也称为"目的功能",下位功能便称为"手段功能"。

功能系统图表明了整个功能系统的内部联系,更进一步地阐明了分析对象的"功能是什么"的问题,它反映了设计意图和构思。功能系统图为功能评价和改进创新提供了基础,使功能评价得以按功能域逐级进行;也给改进创新提供了可供选择的全部功能域。

(二)功能整理方法

功能整理也是按"目的—手段"关系进行的。方法之一是由手段寻求目的,从而把所有手段功能联系起来;方法之二则是由目的寻找手段,将所有手段功能排列起来。

1. 由手段寻找目的

零部件功能均属手段功能,不具有目的功能的性质。因此,只要定义得当,功能系统图上的末位功能必与零部件功能相对应。就是说,从零部件功能开始向目的功能追寻,就能建立全部系统图。

由于要定义的功能较多,为防止遗漏、重复和混乱,可以把所有功能一一制成卡片,一张卡片代表一种功能。卡片格式如图10-7所示(以"支承容器底部"这一功能为例)。

利用功能卡片进行功能整理的方法如下:

(1)将写有相同功能的卡片集中在一起,得到一组卡片,这就是一个末位功能。例如,"支承容器底部"这一组卡片由零件1,2,3

组成,见图10-8。为便于下一步整理,可将各组卡片分别用口袋装好,并在口袋上注明功能。

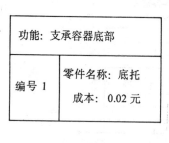 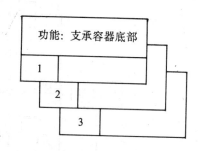

图10-7　功能卡片　　　　图10-8　具有相同功能的卡片组

(2)将各组卡片和未集中的单张卡片放在一起,任取一组或一单张卡片,追寻其目的,可找到上位功能。如:取出"支承容器底部"这组卡片,追问目的是什么?回答是"支承容器",这就是其上位功能,见图10-9。

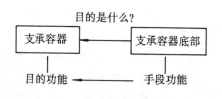

图10-9　由手段功能寻找目的功能

逐一追寻各组和各单张卡片,将有相同目的功能的放在一起,组成一大组,这就是上一级功能,大组中的各小组和各单张卡片的功能则是同位功能,上下位功能构成了一个功能域。由零件1,2,3承担的"支承容器底部",由零件9,11,12承担的"支承容器颈部",由零件7承担的"连接支承构件",这三个功能是同位功能,其共同的上位功能是"支承容器",参见图10-10。依照上面的办法,将有

· 415 ·

相同上位功能的一大组卡片装入口袋,并注明功能。

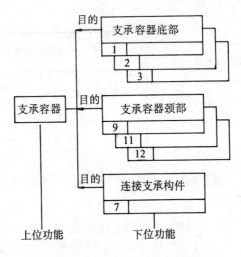

图 10-10　一个功能域的功能整理

(3) 仿照以上办法,逐级进行组合,直至追问到零级功能为止。每进行一次组合,就形成一个高一级的功能域,组合完毕,全部功能域也就形成了。

从大到小逐一打开各个口袋,顺序排列,功能之间的关系就一目了然,用文字记录下来,就得到了完整的功能系统图。图 10-11 是经过逐级整理得到的保温瓶功能系统图(括号内为对应的零件号)。

2. 由目的寻找手段

由手段追寻目的的功能整理办法适用于不太复杂的现有产品。复杂产品有成千上万个零件,从零件功能开始进行功能整理实际上是不可能的。对设计中的产品,由于设计尚未定型,从零件功能开始整理也是不现实的。在这两种情况下,可以采取另一种整理方法:"目的→手段"。

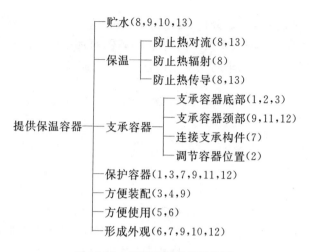

图 10-11　保温瓶的功能系统图

这种方法是从零级功能开始,逐级向下追问手段功能。例如,载重汽车的功能是"运载货物"。从原理上看,运载货物至少应有两个手段:提供货厢、移动货厢,如图 10-12 所示。

图 10-12　载重汽车的 0 级、1 级功能

对于"提供货厢"这一功能可暂不细分。现在来研究"移动货厢"的手段。要想移动货厢,必须有行走机构(具体实物是车轮),还要驱动行走机构(用动力机和传动机构实现),并且要把行走机构和货厢联成整体,如图 10-13 所示。

移动货厢—┬—提供行走机构
　　　　　├—驱动行走机构
　　　　　└—联成整体

图 10-13　由上位功能追寻功能域的下位功能

再往下,重点是分析"驱动行走机构"这一功能。逐级往下,就可以大致勾画出载重汽车的功能系统图,再加以修改补充。图 10-14 画出了载重汽车的功能系统图,供读者参考,括号内为对应的部件实体。

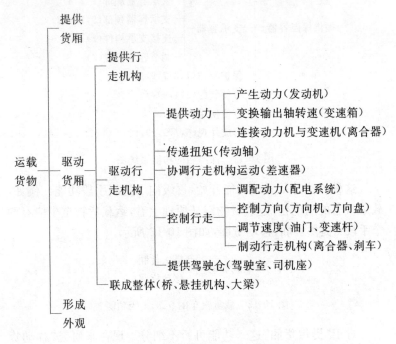

图 10-14　载重汽车的功能系统图

功能系统图复杂程度和粗细程度可根据需要而定。不同的系统图可有很大差别,粗的只到大部件,如变速箱,甚至只到一部机器,如发动机;细的到小零件,如保温瓶的底托,甚至将一个零件的功能再进行细分到工艺结构,如保温瓶胆的镀银工艺(防热辐射)。就是在同一个系统中,细化程度也有差别。对于像汽车这样复杂的产品,细化到所有零件是不可能的,必要时可将某些功能

(如"产生动力")单独抽出另画更细的图。

功能系统图一般不是一次所能完美无缺地画好的,需要反复修改、完善。为了使系统图中的末位功能都能与零件的功能定义相对应,在功能整理的过程中,有时还要调整零件的功能定义。例如,保温瓶胆的功能定义可以是"保温",但在功能系统图中想要更清楚地表达保温方式,于是瓶胆的功能定义也就要改成"防止热对流"、"防止热辐射"和"防止热传导"了。

(三)功能系统图的检查

功能整理过程是对产品功能进一步理解的过程。如果说,功能定义要强调对单一功能本质的深入理解的话,那么功能整理则要强调对整个产品功能系统的深入理解。功能整理是功能定义的继续、深化和系统化。

功能系统图的表达方式具有多样性,但由于功能系统图是功能系统内在联系的反映,它又有严密性的一面。以下几点在画功能系统图时需予以注意:

(1)功能系统图中的功能要与产品的构件实体相对应。其含义是:系统图中的功能应能包容全部有用构件的功能;系统图中的功能要由构件实体来实现。

请看图10-15的功能系统图(保温瓶):

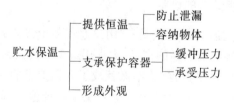

图10-15 错误的功能系统图之一

其中,提把功能未包括、贮水功能未包括;而"提供恒温"功能又无构件实体来实现。

(2) 下位功能的全体应能保证上位功能的实现,具有等价性。上述系统图中,仅有"缓冲压力"和"承受压力"不能保证"支承、保护容器"功能的实现,其下位功能不完全。

(3) 上下位功能要有"目的—手段"关系;同位功能之间不存在"目的—手段"关系,是互相独立的。例如,在图 10-15 中,"容纳物体"不是"提供恒温"的手段,它们不是上下位功能。又如,在图 10-16 中,"防止泄漏"是"贮水"、"保温"的手段,而不是并列的同位功能。

图 10-16　错误的功能系统图之二

第四节　功　能　评　价

所谓功能评价,是要回答"价值 V 是多少"的问题。从价值公式 $V=F/C$ 中可知,要求 V,必须先求 F 和 C。成本 C 是用货币量表示的,功能 F 一般也须用货币量表示。

一、功能值 F 的确定

确定功能值 F 的原则是:"用户愿花多少钱购买这一功能"? 用户总是要挑物美价廉的产品,力求用最少的钱买到同样的功能。因此,质量好、价格便宜、成本低就成了人们追求的目标,这一"最低消耗"或"最低成本"就可视为该产品的功能值。下面分别具体介绍确定功能值的方法。

(一) 直接评价法

将功能分解,并找到可代替的手段及其成本。例如麦尔斯[①]在分析如图 10-17 所示的螺杆功能时,将其分解为三部分:

(1)F_1 是把一个 2 磅重的计时器紧固在设备上;可由一个螺钉来代替,其成为本 0.5 美分。

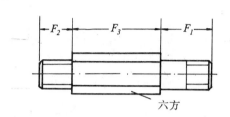

图 10-17 计时器固定螺杆

(2)F_2 是把计时器的一小部分紧固在螺栓的另一端,也可由一个螺钉来代替,其成本为 0.25 美分;

(3)F_3(中间的六方形)是使计时器的两部分保持一定距离,可用切断的管子代替,成本 0.25 美分。

因此,总功能
$$F=F_1+F_2+F_3=0.5+0.25+0.25=1(美分)$$
而该零件的原来成本为 8 美分,说明其成本过高,经分析改进后成本降为 0.8 美分。

(二)公式法

这也是直接评价法的一种。它利用工程中的计算公式导出。例如,在材料价格已知条件下,由材料消耗量的多少可计算出功能值的大小。如传递扭矩的轴的扭矩与成本 C^*(可视为 F)关系如下:

$$\frac{C^*}{l} = \frac{\pi}{4}rP\left(\frac{16}{\pi\tau_b}\right)^{2/3}M_n^{2/3}\frac{1}{\alpha}$$

式中:l——轴长度

r——材料比重

P——材料价格

[①] 麦尔斯是价值工程的创始人,曾任美国通用电器公司工程师。

τ_b——最大允许剪应力

M_n——要传递的扭矩

α——材料利用系数

（三）间接评价法

用得最多是间接评价法。其步骤是：

第一，确定产品的目标成本 C^*，令其为总功能值 F；

第二，确定各分功能 F_i 的重要度，定出重要度系数：

$$f_i(\sum f_i = 1)$$

第三，按重要度分摊目标成本，得出各分功能值：

$$F_i = C^* \cdot f_i$$

因此，要求出 F_i，就要解决两个问题：一是产品整体的目标成本怎么定，二是功能重要度系数如何求。下面分别讨论这两个问题。

1. 目标成本的确定

目标成本既要有先进性，即必须经过努力才能达到；又要有可行性，即有实现的可能。同行业先进水平对多数企业来说既有先进性，又有可行性，可作为目标。数据的取得可采用调查法。收集同类产品的性能指标和成本资料，画在一直角坐标上，如图 10-18 所示。横坐标表示功能完好度，可由产品技术性能指标评价得出，纵坐标表示各种性能产品对应的成本。不同厂家的成本是不同的，将最低成本连成一条曲线，称为最低成本线。找出所分析对象功能完好程度，如 F_p，其与最低成本线相交点对应的成本 C_p^* 即为该产品的目标成本。

对于已处于先进水平的企业，可根据企业经营目标，例如打入国际市场的要求，对比国外先进水平，确定一个先进、可行的目标。另外，根据统计，价值工程普遍可降低成本 5%—30%，这一统计亦可作为制定目标成本的参考。

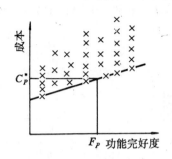

图 10-18　最低成本曲线

2. 功能重要度系数的确定

功能值在各分功能之间如何分配,是件困难的工作,至今还没有特别有效的方法。

价值工程就是要寻求功能和成本的匹配。因此,有理由按各分功能重要程度分配功能值,尽管有时会与实际有较大出入,但仍不失为一种可行的办法。功能重要度的确定主要靠经验判断。为了减少经验估计的偏差,一方面参加评价的人应该富有经验,另一方面参加的人数不宜过少,结果可取平均值。

确定功能重要度的方法不少,这里介绍主要的几种。

(1) 0—1 评分法

这种方法是将功能一一对比,重要的得 1 分,不重要的得零分。如:有 5 个功能,可形成如表 10-4 的评分矩阵。

为避免最不重要的功能(例中的 F_5)得零分,可将各功能累计得分加 1 分进行修正,用总分分别去除各功能累计得分即得到重要度系数 f_t。

表 10-4 0—1 评分表

	F_1	F_2	F_3	F_4	F_5	得分累计	修正得分	功能重要度系数 f_i
F_1	×	1	1	1	1	4	5	5/15=0.33
F_2	0	×	1	1	1	3	4	4/15=0.27
F_3	0	0	×	0	1	1	2	2/15=0.13
F_4	0	0	1	×	1	2	3	3/15=0.20
F_5	0	0	0	0	×	0	1	1/15=0.07
合计						10	15	1.00

(2) 0—4 评分法

0—1 评分法重要程度差别仅为 1 分,不能拉开档次,为弥补这一不足,将分档扩大为 4 级,其打分矩阵仍同 0—1 法。档次划分如下:

F_1 比 F_2 重要得多:F_1 得 4 分,F_2 得 0 分;

F_1 比 F_2 重要: F_1 得 3 分,F_2 得 1 分;

F_1 与 F_2 同等重要:F_1 得 2 分,F_2 得 2 分;

F_1 不如 F_2 重要: F_1 得 1 分,F_2 得 3 分;

F_1 远不如 F_2 重要:F_1 得 0 分,F_2 得 4 分。

(3) 比率法

这种方法是先比较相邻两功能重要程度,给出重要度倍数值,然后令最后一个被比较的功能(下例中的 F_5)为 1.00,再依次修正重要度比率,将各比率相加,再用各功能所得修正比率数除以总得分,可得出相应重要度系数 f_i。举例见表 10-5。

重要度系数除了可以用以上方法确定外,还可以直接按百分比给出各分功能的重要度系数。

表 10-5　比率法评分表

功能	暂定重要度比率	修正重要度比率	重要度系数 f_t
F_1	$(F_1:F_2)1.5$	4.5	$f_1=4.5/17.5=0.26$
F_2	$(F_2:F_3)0.5$	3.0	$f_2=3.0/17.5=0.17$
F_3	$(F_3:F_4)2.0$	6.0	$f_3=6.0/17.5=0.34$
F_4	$(F_1:F_5)3.0$	3.0	$f_4=3.0/17.5=0.17$
F_5	—	1.0	$f_5=1.0/17.5=0.06$
合　　计		17.5	$f=1.00$

3. 逐级确定功能重要度系数

需要指出，为便于对功能重要度进行比较，重要度系数宜在同一功能域中的同位功能之间分配。因此，重要度系数确定要逐级地、逐个功能域进行。下面以保温瓶为例说明重要度系数的确定方法。

（1）首先进行一级功能重要度系数分配。本例采用比率法，分配结果见表 10-6。

表 10-6　保温瓶一级功能重要度评定表

功　能	暂定重要度比率	修正重要度比率	重要度系数
F_2（保温）	1.40	6.29	0.29
F_3（支承容器）	1.15	4.49	0.21
F_7（形成外观）	1.25	3.90	0.18
F_1（保护容器）	2.00	3.12	0.14
F_1（贮水）	1.20	1.56	0.07
F_5（方便装配）	1.30	1.30	0.06
F_6（方便使用）		1.00	0.05
合　　计		21.66	1.00

（2）再进行二级功能重要度系数分配。本例二级功能有两个功能域，需分别做。采用直接百分比法，即先用100%在同位功能间分配，然后用其上位功能重要度系数乘以相应的百分比，得各分功能重要度系数，结果见表10-7。

表 10-7　保温瓶二级功能重要度系数评定表

功　　能		重要度百分比	重要度系数
0.29 F_2（保温）	F_{21}（防止热对流）	15%	$0.29 \times 0.15 = 0.435$
	F_{22}（防止热辐射）	35%	$0.29 \times 0.35 = 0.1015$
	F_{23}（防止热传导）	50%	$0.29 \times 0.50 = 0.145$
0.21 F_3（支承容器）	F_{31}（支承容器底部）	35%	$0.21 \times 0.35 = 0.0735$
	F_{32}（支承容器颈部）	20%	$0.21 \times 0.20 = 0.042$
	F_{33}（连接支承构件）	40%	$0.21 \times 0.40 = 0.084$
	F_{34}（调节容器位置）	5%	$0.21 \times 0.05 = 0.0105$

二、功能成本分析

功能成本分析是对所分析的功能的现实成本进行分析。功能成本分析一般从功能系统图的末位功能开始，逐级向上计算。末位功能成本计算中最常见的有两个问题：一是一个功能由多个零件实现，对于这一问题，可将各零件成本相加解决。二是一个零件具有多个功能，如保温瓶胆具有贮水、保温两个功能，此时必须根据该零件花费在各功能上的实际成本多少分摊，例如可将保温瓶胆的夹层、抽真空、镀银等工艺结构和工艺步骤的成本分摊到"保温"这一功能上去。有时功能成本难以从统计数据中直接得到，可请有经验的人员估算。成本分摊和计算可在一"成本分配表"上进行，如表10-8所示，表的每列之和即为所对应功能的成本。

表 10-8 保温瓶现实成本分配表

序号	零件名称	现实成本	F_1 贮水	F_{21} 防止热对流	F_{22} 防止热辐射	F_{23} 防止热传导	F_{31} 支承容器底部	F_{32} 支承容器颈部	F_{33} 连接支承构件	F_{34} 调节容器位置	F_4 保护容器	F_5 方便装配	F_6 方便使用	F_7 形成外观
1	底托	0.05					40% 0.02				60% 0.03			
2	三眼	0.09					70% 0.06			30% 0.03				
3	瓶底	0.37					40% 0.15				20% 0.07	30% 0.11		10% 0.04
4	筒衬	0.11										0.11		
5	铆钉	0.02											0.02	
6	提把	0.16											80% 0.13	20% 0.03
7	铁筒	0.75							40% 0.30		35% 0.26			25% 0.19
8	瓶胆	0.94	20% 0.19	10% 0.09	30% 0.28	40% 0.38								
9	瓶肩	0.34	5% 0.02					20% 0.07			25% 0.09	20% 0.06		30% 0.10
10	瓶盖	0.26	10% 0.03											90% 0.23
11	口圈	0.09						60% 0.05			40% 0.04			
12	瓶嘴	0.05						50% 0.03			20% 0.01			30% 0.01
13	瓶塞	0.06	10% 0.01	70% 0.04		20% 0.01								
合计		3.29	0.25	0.13	0.28	0.39	0.23	0.15	0.30	0.03	0.50	0.28	0.15	0.60

表 10-9　保温瓶价值计算表

末位功能	功能重要度系数 f_i	功能值 $F_i = C^* \cdot f_i$	现实成本 C_i	价值 $V_i = F_i/C_i$	预计成本降低额（元）
贮　水	0.07	0.21	0.25	0.84	0.04
防止热对流	0.044	0.13	0.13	1.00	
防止热辐射	0.102	0.31	0.28	1.11	
防止热传导	0.145	0.44	0.39	1.13	
支承容器底部	0.074	0.22	0.23	0.96	0.01
支承容器颈部	0.042	0.13	0.15	0.87	0.02
连接支承部件	0.084	0.25	0.30	0.83	0.05
调节容器位置	0.011	0.03	0.03	1.00	
保护容器	0.14	0.42	0.50	0.84	0.08
方便装配	0.06	0.18	0.28	0.64	0.10
方便使用	0.05	0.15	0.15	1.00	
形成外观	0.18	0.54	0.60	0.90	0.06
合　计					0.36

F_0 提供保温容器 —— 保温 0.29 | 0.88 | 0.80 | 1.10
支承容器 0.21 | 0.63 | 0.71 | 0.89

三、价值计算

有了功能值和其对应的现实成本就可以计算价值(或称价值系数)了,举例见表 10-9,本例目标成本为 3.00 元。为了对各功能域的价值系数一目了然,可将功能系统图与价值系数计算结合在一起。表 10-9 中的各功能上方的方框内(末位功能的右方),第一个数字为重要度系数,第二个数字为功能值,第三个数字为现实成本,第四个数字为价值系数,在末位功能上还列出了预计成本降低额。

功能定义、功能整理和功能评价可统称为功能系统分析,其全过程可以用图 10-19 所示的框图表示。

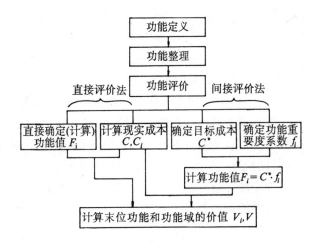

图 10-19　功能系统分析步骤框图

第五节 改进和创新

一、树立创新观念,开发创新能力

(一)克服限制创新的障碍

价值工程能否成功、成果大小,取决于创新。从事价值工程工作的人员首先必须树立起创新观念,克服障碍。影响创新的障碍主要来自心理、环境、创新能力等方面。

往往有这种现象:当有人对一种设计、一种工艺、一种方法提出问题、意见、改进设想时,人们会自然产生一种反驳、拒绝的反应,继而会举出许多理由予以否定。这可能是由于人们对事物长时间接触,习以为常,或者是由于权威发表了意见,形成了一种框框,束缚了思想。价值工程提倡多提问题,多提设想,不轻易反驳和反对别人的新提法、新意见,而要从别人的意见中接受启发,引起联想,突破现成框框的束缚,不断进取。

科技人员对自己呕心沥血设计的产品怀有很深的感情,舍不得改变,这也容易产生妨碍创新的感情障碍。创新有时也要经历痛苦的自我否定,一个有事业心的科技人员应当有这种勇气和风格。

不少人对创新有一种神秘感,似乎只有发明家、科学家才能创新,这也是一种心理障碍。其实,任何智力正常的人都可以有所创新。价值工程所说的创新并不仅指重大发明,它包括所有突破现有框框的革新、改进,可以是原理性的突破,也可以是某些结构、工艺、材料的改进。对产品设计的重大改革是企业生产新产品、提高价值的重要源泉所在,企业需要有远见、有计划地组织研究。这类创造性工作往往要花较长的时间、较大的精力和一定的经费。采用先进的、比较成熟的技术对现有设计进行改革,见效快、效益大,改进创新的大量工作都体现在这些方面,也是技术人员大有用武之地的场所。至于小改小革,随时可搞,全体职工都能参加,花钱不多,往往效果明显。

环境可以成为促进创新的有利因素,也可以变为抑制创新的不利条件。企业的领导者、价值工程的倡导者和组织者应当尽力排除环境上的障碍,鼓励改革和创新,不仅要奖励成功,也要允许失败,使人们能在宽松的气氛中敞开思想。

创造性思维是"发散性"思维,其答案不是唯一的。现有的设计、加工方法等等本来也是人们创造出来的,是否存在更好的方式是有待探索的。况且,由于技术在不断进步,为创新、改进提供了更多的途径。创新是无止境的。

(二)创造力的培养和组织

创造力与智力有关,工程技术人员需要有全面的智力训练。观察、记忆、思维、想象、操作等都是智力的构成要素,不可偏废。想象力与创造力的关系尤为紧密,这正是工程技术人员容易忽视的。非智力因素对创造力有极为重要的影响,心理学家的大量试验表明,早期的智力水平对将来的成果不起决定作用。因此,任何智力正常的人,只要勤奋努力、坚韧不拔、方法得当,都可以有很好的创造力。

创造力的发挥也与合理的组织、采用恰当的方法有关。创新方法的研究在国外已形成专门学问,当今创新方法已不下二、三百种。价值工程创新的核心是激励智力、突破框框、引起联想。据日本统计,目前用得最多的是一种称为BS(brain storming)法的智力激励法。其方法是召开一个五至十二人的提案会,会议规定:提倡自由奔放的思考,勇于发言,发言次数越多越好;不允许对别人的设想进行评论、肯定、否定,更不许批评;即使设想明显地脱离现实和常识,也要全部记录下来;到会的人不以官职相称,完全处于平等地位;不允许私下交谈,不允许提出集体看法、权威的看法。由于创造了良好气氛,大家开动脑筋,集思广益、互相启发,可以在较短时间里提出大量设想。

此外,类比法、提问法、优缺点列举法等也都是较常用的方法。这些方法还可以和合理化建议结合起来。

二、分析对象的改进和创新

价值工程的工作过程就是"推倒—创新—再实现"的过程。所谓"推倒",是否定现有的实现功能的手段,"创造"是寻找实现功能的新手段,"再实现"不是简单重复,而是通过创造和提高达到功能重新实现。例如,从机械钟表到电子钟表的创新,就是对机械机构这一手段的推倒,创造电子结构新手段,重新实现"指示时间"这一功能的,如图 10-20 所示。

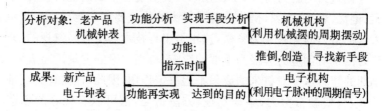

图 10-20 "推倒—创造—功能再实现"过程

价值工程的完整程序比较复杂,但其主要内容都体现在以上的过程中。从功能分析进入创新就是从发现问题过渡到解决问题。发现问题,为创新准备条件的功能分析三阶段(功能定义、功能整理、功能评价)具有相对的独立性,从其中的任一阶段开始进入到创新都是可行的。当然,由于功能分析的深度不同,掌握的信息量不同,改进、创新的结果会有差别。但是,在初次开展这项工作、缺乏经验和专家指导的情况下,为简化步骤、便于施行,也不必拘泥于价值工程的完整程序,同时,有些简单的分析对象,也不必作复杂的分析。

下面分别讨论如何从功能分析的不同阶段着手改进创新的问题。

（一）通过功能定义，着手改进创新

功能定义已经概括、抽象出了分析对象的功能，从而提供了创新的条件。从功能定义着手，进行改进创新是针对某一功能的，其对象可以是整个产品，也可以是某些零部件，是价值工程最简化的程序。为便于进行，可采用提问方式，所列的问题要通俗、容易被人们理解。提问的多少和细化程度可根据具体情况确定。

例如，北京某机床厂要购买一批厂内运输小型机动车，原打算购买四轮微型汽车，经过分析比较，采取了购买三轮摩托车方案，这是整个产品代用的例子。又如，北京某仪器厂生产的分析天平外罩，由木框架镶玻璃制成，木框原油漆七道，费工费料，经过分析，改为二道，成本大大降低，这是针对零部件分析的例子。这两个例子的提问与回答见表10-10。

用提问的方法，明确问题，引起思考；可以使价值工程程序通俗化，易于为人们掌握、应用，对于价值工程的普及很有意义。

（二）通过功能的定义和整理，着手改进创新

经过功能定义和功能整理，不仅弄清了分析对象的个别功能，而且对功能系统有了清楚的了解，这时的改进创新就能以系统图为基础进行。

如第三节所述，功能系统图与零部件实体应有对应性。当功能与实体不能对应时，有几种可能：

第一，功能系统图画得不正确或零部件功能定义不恰当，此时应重新修正功能定义和功能系统图。

第二，原产品的功能不够完全，其表现是，系统图上的功能没有相应的零部件实体来实现。

第三，存在不必要的功能，其表现是，零件实体在系统图上找不到相应的位置。

表 10-10　价值工程提问举例

提　问	回　答（Ⅰ）	回　答（Ⅱ）
这是什么	四轮微型货车	分析天平外罩框架
功能是什么	运输货物	固定玻璃板
用于何地	厂内	实验室
使用要求是什么	载重量 0.5 吨左右，机动性、灵活性好	密封，耐用
有无其他方式	有，可用三轮摩托车	有，减少木框架油漆道数
新方式对功能有何影响	三轮摩托与四轮微型车载重量差不多，速度、机动性可满足要求。	能满足防腐要求，固定玻璃板及密封性功能同以前，外观稍差，但影响不大
哪种方式好	三轮摩托售价 5000 元/台，四轮车约 1 万元/台，全厂需购进 50 台，可节约 25 万元	木框架油漆道数由七道改为二道后，成本大大下降，生产周期缩短

对于上述第二种情况，应完善手段，达到所需要的功能要求。对第三种情况，可用以下方法检查出不必要功能：

（1）在功能系统图的末位功能上注出对应的零件名称或代号，如图 10-11 所示的那样。当功能系统图上找不到某一零件时，就应研究该零件是否属于多余。

（2）分别研究功能与对应的实体，看是否存在重复或过剩功能。例如，在前面整理过的保温瓶功能系统图中，"方便装配"功能和对应的零部件实体是：

　　　　功能　　　　　　　　　对应实体
　　方便装配─────→瓶底、筒衬（2 个）、瓶肩

瓶底和瓶肩都是通过筒衬用螺纹连接的，从而外壳的上部和下部都可以拆卸。只要试验一下就可知道，瓶胆从底部和肩部都可无阻碍地装入铁筒，就是说，只要有一端能自由拆卸就能满足"方

便装配"的要求。进一步观察使用过的保温瓶可以发现,由于使用中不可避免地有水滴渗入铁筒和瓶底连接处,致使铁皮锈蚀,导致拆卸困难。由此,我们可以认为,底部的"方便装配"功能是重复的,可以去掉,从而可以减少一个筒衬和瓶底的螺纹冲压加工。

不必要功能一般能与必要功能分离,从而可保留必要功能、去掉不必要功能。但有些不必要功能难以和必要功能分离。如果去掉了不必要功能,必要功能也不复存在。例如,白炽灯的主要必要功能是发光,而发光却和发热这一不必要功能共存。要解决这一类不必要功能,一般需要根本改变设计原理,创造出全新的产品来。例如,日光灯发热很少,比之白炽灯电能得到了更有效的利用。

(三) 按功能评价结果有重点地进行改进创新

功能评价完成后,功能系统分析就有了最后结果,分析这些结果,可以抓住薄弱环节,有目的、有重点地改进创新。这就是按价值工程的完整程序进行了。功能评价得出价值 V,V 值范围有三种可能:$V=1, V>1, V<1$,对这三种情况要区别对待。

1. $V=1$,这表明功能和成本匹配很好,是一种理想状况,对此可以不重点研究改进。这种情况很少见。

2. $V>1$,即功能大于成本,从原理上讲,这是不可能的,但在功能评价中确有这种现象。它可能有以下原因引起:

(1) 目标成本定得过高,致使与实际成本相近。

(2) 对某些功能的重要度系数估计偏高,使功能值过高。

以上两种情况均可不进行重点研究改进。

(3) 用户对功能有更高的要求,从而在功能重要度系数分配时加大了比重。在这种情况下,需要改进、完善手段,这会导致成本上升,结果,V 值会下降。

3. $V<1$,表明实现功能所费的成本过高,或功能过低,需要提高功能或降低成本。这是改进创新的重点。从价值公式 $V=F/C$ 出发,提高价值 V 可有以下途径:

(1) 功能不变,成本降低;
(2) 功能提高,成本不变;
(3) 功能大大提高,成本略有提高;
(4) 功能略有降低,成本大大下降;
(5) 功能提高,成本下降。

实践中这几种途径都可运用,但要结合具体情况,灵活掌握,尤其对第(4)种途径要持慎重态度。

尽管在功能系统图上的任何一级改进都可以达到提高价值的目的,但是改进的多少、取得效果的大小却是不同的。越接近功能系统图的末端,改进的余地越小,越只能作结构上的小改小革;相反,越接近零级功能,改进就可以越大,就越有可能作原理上的改变,从而带来显著效益。

对一个产品来说,从设计上改进比加工上改进效果更明显。因此,设计人员不仅要在技术上精益求精,同时应该树立经济观念,做到技术和经济的统一。

三、方案评价

经过创造阶段,得到了大量提案,需要进行筛选,因此要对方案作评价。方案评价一般分为概略评价、详细评价两种。概略评价可采用定性分析法对方案进行粗选,舍弃明显不合理的方案。详细评价要将各提案和原方案一起评价经济性、技术特性等优劣,这是多目标决策问题,常用的方法有打分法、加权打分法等。

例如,用加权评分法评价一产品改进提案。经方案粗选后还有 A,B,C 三个方案待评价。经分析,影响方案优劣的有成本(指标1)和三个技术性能(指标2,3,4),进一步分析认为,这四个指标重要程度(即加权系数)为 40%,20%,10%,30%,各方案打分(百分制)及计算如表10-11。

表 10-11　方案评价评分表

指标\\得分\\方案	权系数	A 初评分	A 加权分	B 初评分	B 加权分	C 初评分	C 加权分
指标 1	0.40	80	32	90	36	70	28
指标 2	0.20	60	12	80	16	90	18
指标 3	0.10	70	7	60	6	80	8
指标 4	0.30	90	27	70	21	70	21
累计得分			78		79		75

其中"加权分"为用百分制的评分乘加权系数后的结果。经评定,以方案 B 最好。

经过评价选出的方案就可以组织实施,这需要多方面协同努力。一个有作为的企业应该在科学分析的基础上,勇于创新,克服障碍,创造条件,为先进的管理技术的应用作出不懈努力。

习　题

[10-1]　判断下列表述是正确的还是错误的,如果是错误的加以改正:

1. 必要功能是指产品生产企业所必要的功能。
2. 所谓功能定义就是逐个搞清楚对象所具有的效用。
3. 对功能下定义的目的就是为了明确功能。
4. "功能定义"中的主语是下定义的人。
5. 一个零件不仅能完成一种功能,一个零件同时完成多种功能的情况也是常有的。
6. 为了回答"它的功能是什么",必须进行功能定义和功能整理。
7. 制作功能系统图的目的之一是找出不必要的功能,也就是取消不必要的零件或部件。

8. 制作功能系统图时,不使用"目的到手段"以外的逻辑。

9. 功能系统图可以说是功能的图纸,它体现着设计构思。

10. $V=F/C$ 中的 F 是指这个功能值多少钱,C 是实现这个功能的目标成本。

11. $V=F/C$ 中的 C 是功能的标准成本。

12. 功能成本分析无非是把产品或零部件的成本变换为实现功能所花的成本。

13. 选择重点改进对象领域时基本上是按价值系数来判断的。

[10-2] 螺口白炽灯泡由下列零件(包括工艺结构和工艺步骤)组成:

(1) 玻璃泡(包括抽真空、注入惰性气体工艺步骤)

(2) 灯丝

(3) 细金属丝

(4) 粗金属丝

(5) 玻璃柱

(6) 灯头

给出零件(包括工艺步骤)的功能定义,画出功能系统图,并在末位功能上注明其对应的零件号。

第十一章 技术经济预测

技术经济分析所依据的数据很多要靠预测取得,科学的预测是正确决策的前提条件之一。要做好技术经济分析工作必须掌握预测技术。

第一节 技术经济预测概述

通常所说的预测是指对未来的预计和推测。朴素的预测思想人人皆有,自古就有。人们在每个有目的的行动之前总是要想一想,这个"想"就包含着预测。历史传说中诸葛亮对东汉末年政治形势所作的"三分天下"的预言,至今仍被人们称颂。

预测成为一门科学,而且广泛应用于经济、技术领域还是近几十年的事。我们现在所要研究的预测是在对现实和历史进行调查研究的基础上,找出事物发展的客观规律,对未来事件状态的科学分析。预测的主要特点是:

(一)预测是把过去、现在和未来视为不可截然分开的整体,根据现在和过去预计未来,根据已知推断未知。人们的实践、实验及统计数据等等都是过去和现在的"已知",预测就是通过对这些"已知"的研究来科学推测"未知"的。

(二)预测本身不是目的,是一种手段,它的功能在于提供关于未来的信息,在于提高人们的决策水平,以便人们去追求和努力争取实现有利的未来,尽力减少或避免不利的未来所带来的损失。探索关于未来的永恒真理,不是也决不可能是预测工作的目标。

(三)预测结果具有近似性和随机性的特点,预测的对象是现实事件的未来状态和未来发生的事件。显然这些事件与状态具有不确定性，因此预测的结果往往带有随机性，预测结果往往会与实际发生的结果有偏差，所以人们不能奢求预测结果百分之百准确。虽然随着人们对客观世界的认识能力不断提高，随着数学方法与计算工具的完善，预测结果的准确度会不断提高，但不可能完全避免预测结果的近似性和随机性。

（四）预测工作具有科学性，也具有艺术性，预测的科学性表现在预测工作要基于能指导实践的理论，基于详尽的调查研究，基于系统而可靠的资料，基于科学的方法和计算工具等等。预测的艺术性则表现在预测工作的质量很大程度上取决于预测工作者进行调查研究、搜集资料、分析数据、提出假设、选择方法、建立模型、推理判断的技巧以及预测工作者自身的素质、经验及能力。任何预测方法都不是灵丹妙药，成功的预测决不是仅仅靠数学模型所能办到的。

一、预测分类

预测是一门实用性很强的应用科学，不同领域、不同层次的技术经济工作都离不开预测。

预测从不同角度可作多种分类：

（一）按预测对象应用领域分类

1. 社会发展预测

社会发展预测主要研究并预测与社会发展有关的未来问题，目的在于选择、控制和创造达到未来理想社会的途径和手段。社会发展预测的主要对象是由于社会发展而产生的种种社会问题，例如人口问题、就业问题、教育问题及生态环境等方面的未来发展状况。

2. 政治军事预测

指对有关未来政治军事形势或事件的研究和预测。其目的在于向决策者提供各种政治军事信息,为制定正确的政治军事决策服务。例如对国际政治局势的预测,对有关国家可能采取的方针政策及军事行动的预测等等。

3. 科学预测

科学预测指人们对科学(自然科学、社会科学)的未来发展趋势,事先提出的一种有根据的预见。科学预测是用科学的方法来研究现代科学各个领域、各个学科的发展规律与内在联系,寻求科学的发展趋势与目标,从而为制订中长期科学发展规划提供重要的信息。

4. 技术预测

技术预测指人们对技术发展,技术发明、技术应用及其对社会、经济等方面的发展所产生的影响(包括有利影响与不利影响),事先提出的一种有根据的预见。

5. 经济预测

经济预测指人们对所从事的社会经济活动可能产生的经济后果及其发展趋势,事先提出的一种有根据的、比较符合发展规律的预见,为制定经济发展规划提供科学依据。

6. 市场预测

市场预测是经济预测的一个组成部分,由于它对国家与企业经济决策的重要作用,以及该范畴的特殊规律和方法,通常把它从经济预测中单列出来。市场预测主要指对市场商品需求及供给的发展变化趋势事先提出一种有根据的比较符合发展规律的预见。

所谓技术经济预测,通常包括科学预测、技术预测、经济预测及市场预测。在企业层次上,主要是市场预测和技术预测。

(二) 按预测问题涉及范围的大小分类

1. 宏观预测

通常是指对涉及整个宇宙、整个人类社会或整个国家的有关问题的预测,如对世界范围内的新技术革命到来时机的预测。对我国未来能源结构的预测。对我国未来某一年人均国民收入水平的预测等等。

2. 微观预测

是指相对于宏观预测涉及范围较小的有关问题的预测。如对北京市人口增长速度的预测,对某行业对外贸易总额的预测,对工程项目投资、成本及收益的预测等等。

(三) 按对预测结果的要求分类

1. 定性预测

是指对预测对象未来状态如事物的总体趋势、事物发生和发展的各种可能性及其后果所作的定性的分析与判断。这类预测主要凭借预测者的主观经验和逻辑推理能力。

2. 定量预测

是指对预测对象的未来状态所作出的定量描述。如对某商品需求数量的预测,对国家人口增长率的预测,对某项新技术应用于生产上的时间的预测等等。这类预测往往要借助于数学模型和现代计算工具。

在许多情况下,定量预测与定性预测要结合进行。

(四) 按预测期限长短分类

1. 短期预测
2. 中期预测
3. 长期预测

对于不同的预测对象和预测目标,短期、中期与长期的时间划分是不一样的。例如对科学技术预测来说,5年以内为短期,5—15年为中期,15年以上为长期。而对市场预测,一般是半年以内为短期,半年到3年为中期,3年以上为长期。

二、技术经济预测的步骤

预测的程序因预测对象、预测目标的不同而各不相同,一般的技术经济预测工作有如下几个步骤：

（一）确定预测目标

预测是为决策服务的，所以要根据决策所提出的要求来确定预测的目标。具体包括：预测内容、精确度要求和预测期限（预测结果距现在的时间）。

（二）搜集、分析资料

资料是作预测的依据，应根据预测目标的要求搜集有关各种资料。其中应该包括：预测对象本身发展的历史资料，对预测对象发展变化有影响的各种因素的历史和现状的资料，有关的历史背景资料等。要尽量使搜集的资料系统而全面。

资料的主要来源有：社会经济统计资料；国家、地区或行业的技术经济公报；有关公司的报告、产品目录和广告；展览会、订货会和学术会议资料；通过销售网和技术服务网了解的情况；咨询公司提供的情报以及通过抽样调查或向有关专家进行调查获取的资料。

对搜集到的各种资料要进行分析，判断资料的真实性与可靠性，剔除不可靠的对预测没有用的资料。在搜集、分析资料过程中，确定预测对象发展变化的主要决定因素或相关因素是至关重要的，这些决定因素或相关因素因预测对象而异，需要根据具体情况作具体分析。以市场需求预测为例，消费品需求的变化一般取决于人口数量及其结构的变化、居民收入水平的增长和收入分布等，而资本品（生产资料）需求的增长则取决于下游产业的增长和设备更新速度。产品的市场前景还会受到各种相关因素的影响，如相关技术的发展，代用品的出现，主要竞争者的情况，关税、汇率的变化，政策法规的变化，用户观念的变化等等。充分占有这些决定因素和相关因素变化趋势的资料是作出正确预测的前提。

（三）选择预测方法

预测方法有许多种，对于所面临的预测问题，往往可以用多种方法得到预测结果。由于预测方法各有特点,有的适用于短期预测,有的适用于长期预测;有的要求有系统的历史资料,有的对资料要求不高;有的预测精度高,有的预测精度低,所以实际工作中需要根据预测目标的要求和具体的工作条件本着效果好、经济、实用的原则选择合适的预测方法。

(四)建立预测模型(包括对模型的检验与评价)

(五)分析情况作预测

有相当一部分预测方法是利用数学模型得到预测结果的。由于建立数学模型不可避免地要对问题加以简化,所以有必要根据具体情况对预测结果作进一步分析和修正。

下面介绍几种常用的技术经济预测方法。

第二节 抽样调查法

抽样调查是在所研究的总体中抽取一个有代表性的样本进行调查,并通过统计推理对总体量值及其误差作出估计和判断的一种方法。它是获取预测基础数据的一个重要途径,在市场需求预测中被广泛运用。抽样调查用于预测的基本步骤是:(1)问卷设计;(2)抽样调查;(3)统计分析;(4)推理预测。

一、问卷设计

问卷也称调查表,问卷设计是抽样调查重要环节。问卷设计要注意以下几个方面:

1. 问题类型

问卷中问题的提问形式可分为开放式提问和封闭式提问两类。开放式提问在问卷上无已经拟好的答案,应答者可自由地按自己喜欢的方式发表意见。开放式提问的好处是对应答者没有束缚,便于应答者准确表达自己的看法,缺点是资料整理与分析比较困难。封闭式提问是指在问卷上已有调查者事先拟好的若干种答案由应答者选择。可以是单项选择,也可以是多项选择,还可以要求应答者对备选项目进行排序或打分。封闭式提问节省应答者的时间,调查所获资料的整理与分析比较容易,但问卷设计比较困难,若问题或备选答案的设计不合理,便会影响应答者回答的真实性。例如,在没有合适备选答案的情况下,应答者可能只好选择一种并非真正代表自己意见的答案。所以,封闭式提问的备选答案应能覆盖全部的可能选择,备选项目应避免模棱两可。问卷设计者应根据问题的性质与特点选择合适的提问形式。

问卷中的问题按其内容可分为针对事实的问题,针对人们态度或意愿的问题和针对人们行为的问题。对于针对事实的问题,设计问题时要注意帮助应答者回忆有关事实,打消可能导致不据实回答的应答者的种种顾虑。对于针对人们态度或意愿的问题,设计问题时要注意态度或意愿的条件和强度差异。对于针对人们行为的问题,设计问题时要注意尽量使行为具体化。问卷设计者应根据调查的目的合理搭配不同类型的问题。

2. 问题措词

问卷调查中应尽量避免因问题措词不当影响调查效果。问题的表述要简明清晰具体,易于回答,在措词上要避免使用多义词,避免使用含糊不清易引起误解的句子。为了保证调查的客观性,要避免引导性的提问,避免使用带感情色彩的语句,避免在问题中隐含某些不可靠的断定或假设。

3. 问题次序

应答者的意见有时会受问题次序的影响。在问卷设计中对问题次序的安排要注意逻辑顺序。可按照"漏斗"原则决定问题次序,即首先提涉及范围广泛的一般性问题,然后逐步缩小范围,最后提具体的特殊性问题。问题次序的安排还要注意先易后难,提高应答者回答问题的兴趣,减少应答者可能产生的偏见。

总之,问卷设计要"设身处地",从应答者的角度考虑问题类型、问题措词和问题次序是否适当。

二、抽样调查与统计分析

常用的抽样方法分为随机抽样与非随机抽样两类。随机抽样时研究对象总体(或次总体)中每个个体被抽取的机会相等,所得的样本统计量为一随机变量,可以通过概率统计分析方法估计研究对象总体的均值、误差以及估计值的置信区间,但操作比较复杂,所需费用较高。非随机抽样比较方便,所需费用较少,但研究对象总体中每个个体被抽取的概率不可知,无法进行误差分析。

(一) 随机抽样

随机抽样方法有单纯随机抽样、分层抽样和分群抽样。

1. 单纯随机抽样

单纯随机抽样是从研究对象全部个体中随机抽取样本。具体作法是将全部个体从 1 到 m(个体总数)编号,利用随机数表抽取或利用计算机发生随机数,按随机数对应的编号选取所要调查的样本。

根据单纯随机抽样调查所获数据可计算样本平均值(如平均收入、平均消费等)及其标准差:

$$\bar{Y} = \frac{\sum Y_i}{n} \tag{11-1}$$

$$S = \sqrt{\frac{\sum (Y_i - \bar{Y})^2}{n-1}} \tag{11-2}$$

式中:$\bar{Y}$——样本平均值

n——样本数

Y_i——调查第 i 个样本所获数据

S——样本平均值的标准差

根据样本平均值及其标准差,对于给定的置信度可以估计出研究对象总体平均值 μ 的置信区间(参阅有关概率统计文献):

$$\bar{Y} - \lambda \frac{S}{\sqrt{n}} < \mu < \bar{Y} + \lambda \frac{S}{\sqrt{n}} \tag{11-3}$$

式中 λ 可根据给定的置信度由正态分布表查出。当置信度为 95% 时,$\lambda=1.96$;置信度为 99% 时,$\lambda=2.58$。

如果抽样调查是为了了解研究对象总体中具有某种特性的个体所占的百分比(如居民家庭中拥有录像机的家庭所占百分比),可以先计算样本中具有这种特性的个体所占的百分比:

$$P = \frac{n_1}{n} \tag{11-4}$$

式中:P——样本百分比

n——样本数

n_1——具有某种特性的样本数

对于给定的置信度,总体百分比 π 的置信区间为:

$$P - \lambda \cdot \sqrt{\frac{P(1-P)}{n}} < \pi < P + \lambda \cdot \sqrt{\frac{P(1-P)}{n}} \tag{11-5}$$

2. 分层抽样

分层抽样的目的在于增加样本的代表性。具体作法是先将研究对象总体按照某种特性差异划分为若干个次总体,这些次总体就是层,再由各层中分别随机抽取若干样本个体。在进行层的划分时,要尽量使各层之间有显著的差异,而使各层之内的个体保持某种同一性。分层抽样法又分为比例抽样法、最佳抽样法和最低费用抽样法。

(1) 比例抽样法

比例抽样法是根据各层中的个体数量占研究对象总体中个体数量的比例决定各层中所应抽取的样本数,即:

$$n_i = W_i n \tag{11-6}$$

$$W_i = \frac{N_i}{N} \tag{11-7}$$

式中：n_i——第 i 层应抽取的样本数

n——总样本数

W_i——权重

N_i——第 i 层的个体总数

N——研究对象总体中的个体总数

对分层抽取的样本进行调查后，可根据抽样调查数据参照式(11-1)和式(11-2)分别计算各层样本的平均值 $\bar{Y}_i$ 及其标准差 S_i，并据此计算研究对象总体的样本平均值 $\bar{Y}_H$ 以及对应于给定置信度的总体平均值 μ 的置信区间。

$$\bar{Y}_H = \sum W_i \bar{Y}_i \tag{11-8}$$

$$\bar{Y}_H - \lambda \cdot \bar{S} < \mu < \bar{Y}_H + \lambda \cdot \bar{S} \tag{11-9}$$

$$\bar{S} = \sqrt{\sum \frac{1}{n_i} W_i^2 S_i^2} \tag{11-10}$$

式中：$\bar{Y}_H$——总体样本平均值

μ——总体平均值

λ 值的确定同式(11-3)。

(2) 最佳抽样法

比例抽样法主要适用于各层的标准差大致相近或假定各层标准差相同的情况。如果各层的标准差差异过大，应采用非比例抽样的最佳抽样法。采用最佳抽样法各层中应抽取的样本数由下式决定：

$$n_i = \frac{N_i S_i}{\sum N_i S_i} \tag{11-11}$$

式中 S_i 为第 i 层样本数据标准差的估计值，可通过作一次试验抽样来确定。

(3) 最低费用抽样法

最低费用抽样法在考虑抽样统计效果的同时兼顾了减少抽样调查的费用。各层中应抽取的样本数由下式决定

$$n_i = \frac{N_i S_i / \sqrt{C_i}}{\sum N_i S_i / \sqrt{C_i}} \qquad (11\text{-}12)$$

式中 C_i 为第 i 层每个样本个体的调查费用。

最佳抽样法和最低费用抽样法仍采用公式(11-8)和(11-9)计算总体样本平均值和估计总体平均值的置信区间。

3. 分群抽样

分群抽样是将研究对象总体分为若干个特性尽量相近的群,先从中随机选取若干样本群,再从各个样本群中随机抽取样本个体进行调查。分群抽样与分层抽样的区别是:分层抽样要求各层之间有显著特性差异而各层之内个体特性尽量相近;分群抽样则要求各群之间特性尽量相近,各群之内的个体间具有差异性;分层抽样必须从所有的层中抽取样本个体;而分群抽样则先从全部群中抽取样本群,再从样本群中抽取样本个体。例如,若要对某城市居民家庭的某项消费支出作抽样调查,采用分层抽样可将全部居民家庭按收入高低分成若干层,分别从不同的收入层中抽取样本进行调查。采用分群抽样可按地域(如街道)将全部居民家庭分成若干群,先抽取样本群,再在样本群中进行随机抽样调查。

根据分群抽样调查的数据,可参照式(11-1)分别计算出各个样本群内的样本平均值,在此基础上再计算样本群平均值:

$$\bar{Y}_e = \frac{\sum N_i \bar{Y}_i}{\sum N_i} \qquad (11\text{-}13)$$

式中:$\bar{Y}_e$ ——样本群平均值

$\bar{Y}_i$ ——第 i 个样本群中抽样调查的平均值

N_i ——第 i 个样本群内的个体总数

对于给定的置信度,研究对象总体平均值 μ 的置信区间为:
$$\overline{Y}_e - \lambda \overline{S}_e < \mu < \overline{Y}_e + \lambda \overline{S}_e \quad (11-14)$$

$$\overline{S}_e = \sqrt{\left(\frac{M}{N}\right)^2 \frac{\sum N_i^2 (\overline{Y}_i - \overline{Y}_e)^2}{m(m-1)}} \quad (11-15)$$

式中:N——研究对象总体中的个体总数

　　　M——样本群数

　　　m——样本个体总数

式(11-14)中 λ 值的确定同式(11-3)。

(二) 非随机抽样

常用的非随机抽样方法有配额抽样、判断抽样、滚动抽样和偶然抽样。

1. 配额抽样

配额抽样与分层抽样类似,需要将研究对象总体中的个体按某些社会经济特性分类,并按各类个体占总体的比例分配抽样调查的样本数。与分层抽样不同的是,配额抽样假定每一类研究对象个体具有某些相同特征,其行为、态度及意愿相近,不需要在同一类研究对象中再作随机抽样,任一个体只要具有某些控制特性,即可作为调查的样本。

配额抽样的具体步骤是:

(1) 根据调查目的选定控制特性(如性别、年龄、职业、教育程度、收入水平等)作为分类基础;

(2) 根据控制特性对调查对象进行分类,若只有一种控制特性,分类只有一个层次,若有多个控制特性,则需要进行多层次分类,控制特性越多,分类越复杂;

(3) 根据不同类别个体数量占研究对象总体数量的比例分配在各类个体中进行抽样调查的样本数;

(4) 按配额样本数对各类个体抽样调查;

（5）分别计算各类样本调查数据的平均值，参照式(11-8)估计总体平均值。配额抽样是非随机抽样，无法估计抽差误差。

2. 判断抽样

判断抽样也称有目的抽样，是研究者根据自己的研究目的和主观判断选择特定的样本进行调查。这种抽样方法适用于研究对象总体不容易被界定情况下的典型研究和对具有明显特性差异的个体群作比较研究。

3. 滚动抽样

在研究对象不易被发现或辨认的情况下，可以采用滚动抽样方法，即通过对一个样本的调查发现更多的样本，像滚雪球那样逐步增加样本数量。

4. 偶然抽样

偶然抽样是指完全以偶然方式取得调查样本，如在商店或街头向行人作调查。这种抽样方法可用于检验问卷设计的好坏，所获数据不具代表性。

判断抽样、滚动抽样、偶然抽样的调查均可用来发现某些问题，但都不能作为对总体状况进行估计的有效依据。

三、推理预测

抽样调查作为获取基础资料的有效方法具有广泛的应用领域。根据抽样调查的资料，结合其他有关知识和信息进行必要的分析与推理，可以进行社会、技术、市场等方面的预测。下面介绍根据抽样调查资料对市场潜量进行估计的方法。

市场潜量指在一定的环境条件和营销努力条件下，在一定时间内一个行业或一个公司在特定地域内所能达到的对某种产品的最大销售量(销售数量或销售金额)。

市场整体往往可根据某些特性(如收入水平、年龄、职业等)划分为若干个目标市场。总市场潜量是各个目标市场潜量的总和，其

销售额估算公式为:
$$Q = \sum n_i q_i p_i \qquad (11\text{-}16)$$

式中: Q——总市场潜量

n_i——第 i 个目标市场的购买者人数

q_i——第 i 个目标市场内每个购买者的平均购买数量

p_i——第 i 个目标市场的平均单位价格

n_i, q_i, p_i 均可通过抽样调查进行估计。

企业为了制定有效的市场营销策略,往往需要了解各个不同地区的市场潜量。地区市场潜量可以通过对各个地区的购买者人数及平均购买量进行调查来估算。消费品的地区市场潜量也可以根据总市场潜量和不同地区的相对购买力指数来推断。购买力指数反映不同地区消费者的相对购买力,由影响市场需求的一些主要因素共同决定。例如,假定通过调查研究了解到影响某种商品在一个地区销售量高低的主要因素有三个:该地区可支配个人收入占全国可支配个人收入的百分比,该地区商品零售总额占全国商品零售总额的百分比以及该地区人口占全国人口的百分比。这三个因素的相对重要程度(权重)分别为 0.5,0.3,0.2。地区相对购买力指数可由下式求得:
$$B_i = 0.5Y_i + 0.3R_i + 0.2P_i$$

式中: B_i——i 地区相对购买力指数

Y_i——i 地区可支配个人收入占全国可支配个人收入的百分比

R_i——i 地区商品零售额占全国商品零售总额的百分比

P_i——i 地区人口占全国人口的百分比

地区市场潜量的估算公式为:
$$Q_i = B_i Q \qquad (11\text{-}17)$$

式中: Q_i——i 地区市场潜量

Q——全国总市场潜量

对于特定企业来说,除总市场潜量和各地区的市场潜量之外,还应该了解本公司的市场潜量。公司的总市场潜量等于全行业总市场潜量乘以公司的市场占有率。公司在某地区的市场潜量等于地区市场潜量乘以公司在该地区的市场占有率。公司的市场占有率可根据行业统计资料或抽样调查资料进行估算。

所有的预测都是建立在过去的事实、现在的事实、人们过去的行为、人们现在的行为、人们对未来事实的预期和人们对未来行为的意向这六种信息的基础之上的。这些信息中的相当大一部分都可以通过抽样调查来获取。因此,抽样调查是技术经济预测的一个重要工具。本章第四节和第五节将要介绍的预测方法在很大程度上依赖于抽样调查得到的基础数据。

第三节 专家调查法

一、专家调查法概述

所谓专家调查是运用一定方法,将专家们个人分散的经验和知识汇集成群体的经验和知识,进而对事物的未来作出主观预测的过程。这里的"专家"是指对预测问题的有关领域或学科有一定专长或有丰富实践经验的人。对专家作调查和索取信息所采取的具体方式有许多种,常用的有专家个人判断、专家会议和德尔菲法。

1. 专家个人判断

早期的专家调查主要是请专家个人判断和召开专家会议。个别专家分析判断的主要优点是可以最大限度地发挥专家个人的能力,但容易受到专家具有的知识面、知识深度和占有信息的多少,专家的经验以及对预测的问题是否感兴趣等因素的影响,易带片面性。

2. 专家会议

召开专家会议时，可以互相启发，通过讨论或辩论，互相取长补短，求同存异，同时由于会议参加人多，占有信息多，考虑的因素会比较全面，有利于得出较为正确的结论。专家会议的缺点是，在专家们面对面讨论时，容易受到一些心理因素的影响，如屈服于权威和大多数人的意见，受劝说性意见的影响，以及不愿意公开修正已发表的意见，这些都不利于得出合理的预测结论。

3. 德尔菲法

德尔菲法是在专家个人判断和专家会议基础上发展起来的一种专家调查法。它最早出现于50年代末期。美国兰德公司首次将德尔菲法应用于预测中。此后这一方法便被各国预测人员所广泛采用。据报导，到70年代中期，专家会议和德尔菲法的使用在各类预测方法中所占比重约为1/4。下面我们着重介绍用德尔菲法进行预测的具体做法。

二、德尔菲法（Delphi）

德尔菲法是采用匿名函询的方法，通过一系列简明的调查征询表向专家们进行调查，并通过有控制的反馈，取得尽可能一致的意见，对事物的未来作出预测。

（一）德尔菲法的特点

德尔菲法预测过程实际上是一个由被调查的专家们集体交流信息的过程。德尔菲法预测的主要特点是匿名性、反馈性和收敛性。

匿名性

匿名性是指专家们以"背靠背"的方式接受调查，提供预测信息。被调查的专家们互不见面，不直接交流信息；在由调查工作者组织的书面讨论中，是通过匿名的方式向各位专家传递信息的。这样做有利于使意见趋于统一,因为专家们可在不必顾忌面子的情况下改变自己的观点,服从言之有理的意见。

反馈性

为了使专家们能进行书面讨论,德尔菲法采用多轮调查的方式(后一轮调查表一定附有前一轮调查结果)。即在每一轮调查表返回后,由调查工作组将各专家提供的信息和资料进行综合、整理、归纳与分类,再随同下一轮调查表一起函送给各位专家,使专家们了解预测调查的全面情况。这样可促使专家进行再思考,完善或改变自己的观点,或者作出新的判断。调查信息的这种不断反馈有力地促进专家之间的信息交流和书面讨论。德尔菲法一般要进行三轮到四轮专家意见征询。

收敛性

多轮调查与反馈的过程,也是专家们在匿名状况下相互启迪和讨论的过程。通过书面讨论,言之有理的见解会逐渐为大多数专家所接受,分散的意见会向其集中,呈现出收敛的趋势。

(二)德尔菲法预测步骤

一般情况下,德尔菲法的实施有以下几个步骤。

1. 组成调查工作组

德尔菲法的实施需要一定的组织工作,首先应建立一调查小组,人数一般在10—20人左右,视预测工作量大小而定。调查小组成员应对德尔菲法的实质和方法有正确的理解,具备必要的专业知识、统计和数据处理等方面的基础。调查工作组的任务是组织整个调查预测工作,主要工作内容是:对预测过程做计划,选择专家、设计调查表、组织调查、对调查结果进行汇总处理做出预测。

2. 选择专家

德尔菲法是根据专家们对事物未来的主观判断作出预测的,选择理想的专家是用德尔菲法进行预测的一项重要工作。选择什么样的专家,主要是由所要预测问题的性质决定的。在选择专家过程中,既要选择那些精通本学科领域,在本学科有代表性的专家;也要注意选择边缘学科、社会学等方面的专家,还要考虑到专家们所属部门和单位的广泛性。既要选择高层的有名望的技术权威,也要注意选择专门从事某项具体工作的一般专家。

专家人数的多少,视预测问题的规模而定,一般以10—50人为宜。对于一些重大问题的预测,专家人数可以扩大到100名以上。按照统计学对样本数的要求,一般不少于20人。

3. 以函询方式向专家们索取预测信息

所谓函询方式是指调查工作组向专家们索取预测信息是采取向专家们函寄调查表的方式进行的。由此可见,调查表是进行德尔菲预测的主要手段,调查表设计的质量直接影响到调查和预测的效果。德尔菲法预测的调查表并没有统一格式,应根据所要调查的内容和预测目标的要求,因事制宜地设计。总的原则是所提问题要明确,回答方式应简炼,便于对调查结果进行汇总处理。调查表中应有供专家阐明有关意见的栏目。函寄调查表时应对预测的目的,填表要求作充分的说明,还应向专家提供有关资料和背景材料。

4. 调查结果的汇总处理

调查结果汇总以后,需要进行统计处理,国外预测学者的研究结果表明,专家意见的概率分布一般符合或接近正态分布,这是对专家意见进行统计处理的重要理论依据。对调查结果进行处理和表达的方式取决于预测问题的类型和对预测的要求。

（1）对定量调查结果的处理

当预测结果需要用数量(含时间)表示时,一般用"中位数法"进行数据处理。即分别求出预测结果的中位数、下四分位点和上四分位点。

设参加预测的专家数为 n,对某一问题各专家回答的定量值

为 $x_i(i=1,2,\cdots,n)$,$x_i(i=1,2,\cdots,n)$ 是由小到大或由前至后顺序排列的,即 $x_1 \leqslant x_2 \leqslant \cdots \leqslant x_n$,则调查结果的中位数为

$$\bar{x} = \begin{cases} x_{\frac{n+1}{2}} & (n \text{ 为奇数}) \\ \frac{1}{2}\left(x_{\frac{n}{2}} + x_{\frac{n+2}{2}}\right) & (n \text{ 为偶数}) \end{cases} \quad (11\text{-}18)$$

中位数可看作是调查结果的期望值。在小于或等于中位数的答数中再取中位数,即为调查结果的下四分位点,在大于或等于中位数的答数中再取中位数,即为调查结果的上四分位点。上、下四分位点之间的区域为四分位区间。四分位区间的大小反映专家意见的离散程度,四分位区间越小,说明专家意见的集中程度越高,预测结果的可信程度也就越大。调查过程中,可以根据四分位区间的大小确定是否需要进行下一轮意见征询。

(2) 对评分、排序调查结果的处理

在征询专家意见时,常常有请专家们对某些事项的重要性进行评分或排序的内容,对于这类问题的答案,可用总分比重法进行处理,即用各事项的得分在总得分中所占比重衡量其相对重要程度。

对于以评分方式回答的问题,各事项的总分比重可直接由下式求得:

$$B_j = \frac{\sum_{i=1}^{n} b_{ij}}{\sum_{j=1}^{m} \sum_{i=1}^{n} b_{ij}} \quad (11\text{-}19)$$

式中: B_j——第 j 个事项的总分比重

b_{ij}——第 i 个专家对第 j 个事项的评分

n——给出答案的专家数

m——参加比较的事项数

对于以排序方式回答的问题,需要事先给定各排序位置的得

分,然后再用式(11-19)求出各事项的总分比重。

(3) 对主观概率的统计处理

用德尔菲法进行预测,有时需要专家对某个未来事件发生的概率作出主观判断,当各位专家的主观概率估计不一致时,通常用平均主观概率作为专家集体的预测结果。平均主观概率的计算公式为:

$$\bar{P} = \frac{1}{n}\sum_{i=1}^{n} P_i \qquad (11\text{-}20)$$

式中:$\bar{P}$——专家集体的平均主观概率

P_i——第i个专家估计的主观概率

n——参加预测的专家数

除了上面介绍的专家意见统计处理方法之外,还可用直方图表示专家预测值的分布,用方差或标准差表示专家预测值的离散程度。

(三) 对德尔菲法的评价

德尔菲法简单易行,用途广泛,费用较低,在大多数情况下可以得到比较准确的预测结果。在缺乏足够资料的领域中,例如对某些长期的复杂的社会、经济、技术问题的预测,对某些无先例事件和突发事件的预测等,数学模型往往无能为力,只能使用德尔菲法这一类专家预测方法。

德尔菲法预测是建立在专家主观判断的基础之上的,因此专家的学识、兴趣和心理状态对预测结果影响较大,从而使预测结论不够稳定。采用函询方式调查,客观上使调查组与专家之间的信息交流受到一定限制,可能影响预测进度与预测结论的准确性。采用匿名方式调查,有不利于激励创新的一面。

了解德尔菲法的优点,同时也认识到它的缺点,有助于预测人员更恰当地使用这种方法。

第四节　回归分析法

各种事物之间都存在着直接的或间接的联系。任何事物的发展变化都不是孤立的，都与其它事物的发展变化存在着或大或小的相互影响，相互制约的关系。在经济领域中，这种关系也是普遍存在着。事物发展变化过程中的这种相互关系称为相关关系。

相关关系有多种表现形式，其中最重要的应用最广的是因果关系。因果关系是事物之间普遍联系和相互作用的形式之一，它的特点是原因在前，结果在后，并且原因与结果之间常常具有类似函数的密切联系，这就为利用因果关系建立数学模型进行预测提供了方便。

社会经济现象之间的相关关系往往难以用确定性的函数关系来描述，它们大多是随机性的，要通过统计观察才能找出其中规律。回归分析是利用统计学原理描述随机变量间相关关系的一种重要方法。回归分析法预测是利用回归分析方法，根据一个或一组自变量的变动情况预测与其有相关关系的某随机变量的未来值。进行回归分析需要建立描述变量间相关关系的回归方程。根据自变量的个数，可以是一元回归，也可以是多元回归。根据所研究问题的性质，可以是线性回归，也可以是非线性回归。非线性回归方程一般可以通过对数运算化为线性回归方程进行处理，这里不作专门介绍。下面分别介绍一元线性回归预测法和多元线性回归预测法。

一、一元线性回归预测法

一元线性回归预测法适用于预测对象主要受一个相关变量影响且两者间呈线性关系的预测问题。一元线性回归的工作程序如下：

（一）建立一元回归模型。设有一组反映预测对象与某变量之间因果关系的样本数据（可以是历史序列数据，也可以是历史截面数据）：

$$x_1 \quad x_2 \cdots x_i \cdots x_n$$
$$y_1 \quad y_2 \cdots y_i \cdots y_n$$

根据经验判断或观察分析（如通过作散点图观察），两者之间确有较明显的线性相关关系，则可建立如下一元回归模型：

$$y = a + bx \tag{11-21}$$

式中：y——因变量（预测对象）

x——自变量

a, b——回归系数

（二）由已知样本数据根据最小二乘法原理求出回归系数。计算公式为：

$$b = \frac{n\sum x_i y_i - \sum x_i \cdot \sum y_i}{n\sum x_i^2 - (\sum x_i)^2} \quad \left(\sum 表示 \sum_{i=1}^{n}\right) \tag{11-22}$$

$$a = \frac{\sum y_i - b\sum x_i}{n} \tag{11-23}$$

式中：n——样本数据点数目，最好不少于 20

x_i, y_i——样本数据

样本数据应经过分析筛选，去掉不可靠和明显不正常的数据点。

（三）计算相关系数 r，进行相关检验。

$$r = \frac{n\sum x_i y_i - \sum x_i \cdot \sum y_i}{\sqrt{\left[n\sum x_i^2 - (\sum x_i)^2\right] \cdot \left[n\sum y_i^2 - (\sum y_i)^2\right]}} \tag{11-24}$$

$0 \leqslant |r| \leqslant 1$，$|r|$ 愈接近 1，说明 x 与 y 的相关性愈大，预测结果的可信程度愈高。一般可用计算出的相关系数 r 与相关系数临

界值 r_0 相比较，r_0 是由样本数 n 和显著性水平 α 两个参数决定的，实际工作中可由相关系数临界值表（表 11-1）查出。α 表示用线性方程在一定区间描述 x 与 y 的相关关系不可靠的概率。$1-\alpha$ 称

表 11-1 相关系数临界值表

$n-2$	α 0.05	0.01	$n-2$	α 0.05	0.01
1	0.997	1.000	21	0.413	0.526
2	0.950	0.990	22	0.404	0.515
3	0.878	0.959	23	0.396	0.505
4	0.811	0.917	24	0.388	0.496
5	0.754	0.874	25	0.381	0.487
6	0.707	0.834	26	0.374	0.478
7	0.666	0.798	27	0.367	0.470
8	0.632	0.765	28	0.361	0.463
9	0.602	0.735	29	0.355	0.456
10	0.576	0.708	30	0.349	0.449
11	0.553	0.684	35	0.325	0.418
12	0.532	0.661	40	0.304	0.393
13	0.514	0.641	45	0.288	0.372
14	0.497	0.623	50	0.273	0.354
15	0.482	0.606	60	0.250	0.325
16	0.468	0.590	70	0.232	0.302
17	0.456	0.575	80	0.217	0.283
18	0.444	0.561	90	0.205	0.267
19	0.433	0.549	100	0.195	0.254
20	0.423	0.537	200	0.138	0.181

为置信度,表示在一定区间用线性方程描述 x 与 y 的关系令人置信的程度。只有当 $|r|>r_0$ 时,预测模型(回归方程)在统计范围内才具有显著性,用回归方程描述 y 和 x 的关系才有意义。

(四) 求置信区间。由于回归方程中自变量 x 与因变量 y 之间的关系并不是确定性的,所以对于任意的 $x=x_0$,我们无法确切地知道相应的 y_0 值,只能通过求置信区间判定在给定概率下 y_0 实际值的取值范围。在样本数为 n,置信度为 $1-\alpha$ 的条件下,y_0 的置信区间为:

$$\hat{y}_0 \pm t(\alpha/2, n-2) \cdot S(y) \tag{11-25}$$

式中:$\hat{y}_0$ —— 与 x_0 相对应的根据回归方程计算的 y_0 的估计值

$t(\alpha/2, n-2)$ —— 自由度为 $n-2$,置信度为 $1-\alpha$ 时 t 分布的临界值,可参考有关文献由 t 分布表查出

$S(y)$ —— 经过修正的因变量 y 的标准差

$$S(y) = \hat{\sigma} \cdot \sqrt{1 + \frac{1}{n} + \frac{(x_0 - \bar{x})^2}{\sum (x_i - \bar{x})^2}} \tag{11-26}$$

式中:

$$\hat{\sigma} = \sqrt{\frac{\sum (y_i - \hat{y}_i)^2}{n-2}} \tag{11-27}$$

$$\bar{x} = \frac{1}{n} \cdot \sum x_i$$

在实际的预测工作中,如果样本数足够大,式(11-26)中的根式近似地等于 1。当置信度取 $1-\alpha=0.95$ 时,$t(\alpha/2, n-2)$ 约等于 2,y_0 的置信区间近似为 $\hat{y}_0 \pm 2\sigma$,这意味着 y_0 的实际值发生在 $(\hat{y}_0 - 2\sigma, \hat{y}_0 + 2\sigma)$ 区间内的概率为 95%。当置信度取 $1-\alpha=0.99$ 时,$t(\alpha/2, n-2)$ 约等于 3,y_0 的置信区间近似为 $\hat{y}_0 \pm 3\sigma$。

(五) 分析情况做预测。回归方程是根据历史数据建立的,利用回归方程做预测的前提是确认预测对象与所选自变量的关系及

影响预测对象的环境条件未来没有重大变化,因此必须对变量间的关系及环境因素的变化作认真的分析,必要时应对预测模型作适当的修正。在此基础上才可根据求得的回归方程进行预测。

例 11-1 有关部门曾用一元线性回归分析法对我国卫生陶瓷的销售量进行预测。根据对已收集数据的分析,历年卫生陶瓷的销售量与同期全国竣工城镇楼房住宅面积有相关关系,经过筛选后的 19 对有关历史数据见表 11-2。

表 11-2 例 11-1 的原始数据

年份	卫生陶瓷销售量 y_i（万件）	竣工城镇楼房住宅面积 x_i（万平方米）	年份	卫生陶瓷销售量 y_i（万件）	竣工城镇楼房住宅面积 x_i（万平方米）
1953	46.6	939.4	1964	71.2	1073.9
1954	61.3	928.9	1965	111.4	1209.3
1955	46.3	1012.2	1971	59.5	1440
1957	53.4	1971.2	1973	105.8	2164
1958	79.9	1849.4	1974	146.5	2055.2
1959	102.9	2272.2	1975	222.1	2215.2
1960	141.1	2285.3	1976	202.4	2178
1961	109.1	963.9	1977	242	2880
1962	49.2	537.6	1978	227.8	3377.3
1963	51.4	706.2			

设卫生陶瓷销售量为 y,同期全国竣工城镇楼房住宅面积为 x,回归方程为 $y=a+bx$。

求回归系数:

$$b = \frac{n\sum x_i y_i - \sum x_i \sum y_i}{n\sum x_i^2 - (\sum x_i)^2} = 0.0686$$

$$a = \frac{\sum y_i - b\sum x_i}{n} = -3.6223$$

由此可得
$$\hat{y} = -3.6223 + 0.0686x$$

求相关系数：
$$r = \frac{n\sum x_i y_i - \sum x_i \sum y_i}{\sqrt{[n\sum x_i^2 - (\sum x_i)^2] \cdot [n\sum y_i^2 - (\sum y_i)^2]}}$$
$$= 0.8033$$

已知 $n-2=17$，取 $\alpha=0.05$，由表(11-1)可查得相关系数临界值 $r_0 = 0.456$，$r > r_0$，说明本例中的回归模型具有显著性，可用于预测。

求置信区间：
$$\hat{\sigma} = \sqrt{\frac{\sum(y_i - \hat{y}_i)^2}{n-2}} = 40.9645$$

对于给定的 $x = x_0$
$$S(y) = \hat{\sigma} \cdot \sqrt{1 + \frac{1}{n} + \frac{(x_0 - \bar{x})^2}{\sum(x_i - \bar{x})^2}}$$
$$= 40.9645 \times \sqrt{1 + \frac{1}{19} + \frac{(x_0 - 1687.3263)^2}{11031139.8}}$$

置信度取 $1-\alpha=0.95$ 时，y_0 的置信区间近似为 $\hat{y}_0 \pm 2S(y)$。

由上述回归方程和置信区间计算公式，根据全国城镇住宅建设规划即可对未来若干年内我国卫生陶瓷的销售量作出预测。例如，按照规划某年全国城镇楼房住宅峻工面积为 $x_0 = 7500$ 万平方米，代入回归方程可求得

$$\hat{y}_0 = -3.6223 + 0.0686 \times 7500 = 510.88(万件)$$
$$S(y) = 40.9645 \times 2.03 = 83.1$$

置信区间为
$$\hat{y}_0 \pm 2S(y) = 510.88 \pm 166.2$$
也就是说,有 95% 的可能性,该年份卫生陶瓷的销售量为 510.88 ±166.2 万件。

二、多元线性回归预测法

如果影响预测对象变动的主要因素不止一个,可以采用多元线性回归预测法。多元回归的原理与一元回归基本相同,但运算较为复杂一般要借助计算机完成。

多元线性回归方程的一般形式为:
$$y = b_0 + b_1 x_1 + b_2 x_2 + \cdots + b_m x_m \tag{11-28}$$

式中:y——因变量(预测对象)

$x_1, x_2, \cdots, x_m$——互不相关的各个自变量

$b_0, b_1, \cdots, b_m$——回归系数,其中 $b_i(i=1,2,\cdots,m)$ 是 y 对 $x_1, x_2, \cdots, x_m$ 的偏回归系数,其含义是当其它自变量保持不变时,x_i 变化一个单位所引起的 y 的变化量。

设有一组反映因变量 y 与自变量 $x_1, x_2, \cdots, x_m$ 相关关系的数据:

y:	y_1	y_2	$\cdots$	y_n
x_1:	x_{11}	x_{12}	$\cdots$	x_{1n}
x_2:	x_{21}	x_{22}	$\cdots$	x_{2n}
$\vdots$	$\vdots$	$\vdots$	$\vdots$	$\vdots$
x_m:	x_{m1}	x_{m2}	$\cdots$	x_{mn}

则 $b_0, b_1, \cdots, b_m$ 可根据以上数据按残差平方和最小的原则确定。b_i $(i=1,2,\cdots,m)$ 的值应为以下方程组的解:

$$\begin{cases} L_{11}b_1 + L_{12}b_2 + \cdots + L_{1m}b_m = L_{1y} \\ L_{21}b_1 + L_{22}b_2 + \cdots + L_{2m}b_m = L_{2y} \\ \cdots\cdots \\ L_{m1}b_1 + L_{m2}b_2 + \cdots + L_{mm}b_m = L_{my} \end{cases} \quad (11\text{-}29)$$

式中：
$$L_{ij} = \sum_{t=1}^{n}(x_{it} - \bar{x}_i)(x_{jt} - \bar{x}_j)$$
$$i,j = 1,2,\cdots,m$$

$$L_{iy} = \sum_{t=1}^{n}(x_{it} - \bar{x}_i)(y_t - \bar{y})$$
$$i = 1,2,\cdots,m \quad (11\text{-}30)$$

$$\bar{x}_i = \frac{1}{n}\sum_{t=1}^{n}x_{it}, \quad \bar{y} = \frac{1}{n}\cdot\sum_{t=1}^{n}y_t$$

$$b_0 = \bar{y} - \sum_{i=1}^{m}b_i \cdot \bar{x}_t$$

多元线性回归模型的相关检验可通过计算全相关系数进行，计算公式为：

$$R = \sqrt{\frac{U}{L_{yy}}} \quad (11\text{-}31)$$

式中：
$$U = \sum_{i=1}^{m}L_{iy} \cdot b_i$$
$$L_{yy} = \sum_{t=1}^{n}(y_t - \bar{y})^2$$

R 值接近1，回归模型的预测效果好。

在取置信度 $1-\alpha = 0.95$ 的情况下，对应于自变量 $x_{i0}(i=1,2,\cdots,m)$ 的预测值 y_0 的置信区间近为 $\hat{y}_0 \pm 2S$。

$$S = \sqrt{\frac{Q}{n-k}} \quad (11\text{-}32)$$

式中：$Q = L_{yy} - U$，$k = m+1$

第五节 时间序列法

时间序列法是根据预测对象的时间序列数据,找出预测对象随时间推移的变化规律,通过趋势外推预测未来的一种方法。

所谓时间序列数据是指某一经济变量按照时间顺序排列起来的一组连续的观察值,且相邻观察值的时间间隔是相等的。例如我国电度表销售量 1970 年至 1980 年的时间序列数据为:

时间周期(年)	70	71	72	73	74	75	76	77	78	79	80
电度表销售量(万只)	120	142	153	221	299	293	282	310	399	609	1240

通过对大量时间序列数据的变动作分解,可以认为一般经济变量时间序列数据的变动包含着随机变动、周期性变动和体现长期发展趋势的线性或非线性变动。其中随机变动是不规则的,周期性变动与长期趋势是有规律性的(见图 11-1、图 11-2)。用时间序

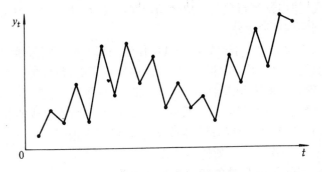

图 11-1 未分解的原时间序列数据变动情况

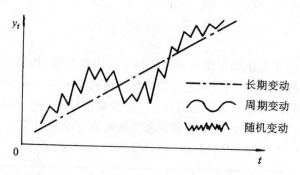

图 11-2 经分解的时间序列数据的各种变动

列法作预测,首先需要进行数据处理,设法消除随机变动,找出预测对象的长期发展趋势和周期性变动的规律,并建立相应的预测模型。寻找时间序列数据长期变动趋势的方法常用的有两类:回归方法和平滑方法。回归分析的基本方法上节已作介绍,这里不再赘述,下面我们将着重介绍几种平滑的方法。

一、移动平均法

移动平均法是用分段逐点推移的平均方法对时间序列数据进行处理,找出预测对象的历史变动规律,并据此建立预测模型的一种时间序列预测方法。

用移动平均法平滑处理的具体作法是每次取一定数量的时间序列数据加以平均,按照时间序列由前向后递推,每推进一个单位时间,就舍去对应于最前面一个单位时间的数据,再进行平均,直至全部数据处理完毕,最后得到一个由移动平均值组成的新的时间序列。视需要这种移动平均处理过程可多次进行。

(一)一次移动平均值的计算

设实际的预测对象时间序列数据为 $y_t(t=1,2,\cdots,m)$,一次移动平均值的计算公式为

$$M_{t-1}^{[1]} = \frac{1}{n}(y_{t-1} + y_{t-2} + \cdots + y_{t-n})$$

$$M_t^{[1]} = \frac{1}{n}(y_t + y_{t-1} + \cdots + y_{t-n+1})$$

$$= M_{t-1}^{[1]} + \frac{1}{n}(y_t - y_{t-n}) \tag{11-33}$$

式中：$M_t^{[1]}$——第 t 周期的一次移动平均值

n——计算移动平均值所取的数据个数

由式(11-33)可知，当 $n=1$ 时，$M_t^{[1]} = y_t$，移动平均值序列就是原数据的实际序列；当 n 等于全部数据的个数 m 时，移动平均值即为全部数据的算术平均值。可以看出，n 的大小对平滑效果影响很大，n 取得小，平滑曲线灵敏度高，但抗随机干扰的性能差；n 取得大，抗随机干扰的性能好，但灵敏度低，对新的变化趋势不敏感。所以 n 的选择是用好移动平均法的关键，针对具体的预测问题，选择 n 时，应考虑预测对象时间序列数据点的多少及预测限期的长短。通常 n 的取值范围可在 3—20 之间。

例 11-2　已知某产品 15 个月内每月的销售量（见表 11-3），因时间序列数据点少，取 $n=3$，计算一次移动平均值。

表 11-3　　　　　　　　　　　　　　　　　　　　（单位：万件）

月序 t	1	2	3	4	5	6	7
销售量 y_t	10	15	8	20	10	16	18
$M_t^{[1]}(n=3)$	/	/	11.0	14.3	12.7	15.3	14.7
月序 t	8	9	10	11	12	13	14	15
销售量 y_t	20	22	24	20	26	27	29	29
$M_t^{[1]}(n=3)$	18.0	20.0	22.0	22.0	22.3	24.3	21.3	28.3

解：由式(11-33)

$$M_3^{[1]} = \frac{1}{3}(y_3 + y_2 + y_1) = \frac{1}{3} \times (8 + 15 + 10)$$
$$= 11.0$$
$$M_4^{[1]} = M_3^{[1]} + \frac{1}{3}(y_4 - y_1) = 11.0 + \frac{1}{3} \times (20 - 10)$$
$$= 14.3$$

依次类推,可得出一个移动平均值序列(见表11-3的第三行)。

将实际的时间序列数据与计算出的移动平均值序列绘到一个坐标图上(图11-3),可以看出,通过一次移动平均处理,削弱了随机干扰的影响,较明显地反映出了预测对象的历史变化趋势。但应该注意到,当实际数据随时间推移发生变化时,一次移动平均值的变化总是落后于实际数据的变化,存在着滞后偏差,n取得越大,滞后偏差越大。

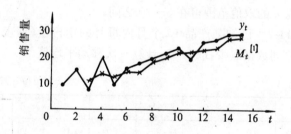

图11-3 实际数据序列与一次移动平均值序列的对比

(二)二次移动平均值的计算

二次移动平均值要在一次移动平均值序列的基础上计算,计算公式为：

$$M_t^{[2]} = \frac{1}{n}(M_t^{[1]} + M_{t-1}^{[1]} + \cdots + M_{t-n+1}^{[1]})$$

$$= M_{t-1}^{[2]} + \frac{1}{n}(M_t^{[1]} - M_{t-n}^{[1]}) \quad (11\text{-}34)$$

式中：$M_t^{[2]}$——第 t 周期的二次移动平均值

例 11-3 根据例 11-2 中表 11-3 的数据，取 $n=3$，计算二次移动平均值。

解：由式(11-34)

$$M_5^{[2]} = \frac{1}{3}(M_5^{[1]} + M_4^{[1]} + M_3^{[1]})$$

$$= \frac{1}{3} \times (12.7 + 14.3 + 11.0) = 12.7$$

$$M_6^{[2]} = M_5^{[2]} + \frac{1}{3}(M_6^{[1]} - M_3^{[1]})$$

$$= 12.7 + \frac{1}{3} \times (15.3 - 11.0) = 14.1$$

依次类推，可得出一个二次移动平均值序列（见表 11-4）。

表 11-4 （单位：万件）

月序 t	1	2	3	4	5	6	7	8
销售量 y_t	10	15	8	20	10	16	18	20
$M_t^{[1]}(n=3)$	/	/	11.0	14.3	12.7	15.3	14.7	18.0
$M_t^{[2]}(n=3)$	/	/	/	/	12.7	14.1	14.2	16.0

月序 t	9	10	11	12	13	14	15
销售量 y_t	22	24	20	26	27	29	29
$M_t^{[1]}(n=3)$	20.0	22.0	22.0	23.3	24.3	27.3	28.3
$M_t^{[2]}(n=3)$	17.6	20.0	21.3	22.4	23.3	25.0	26.6

实际数据序列与一次、二次移动平均随值序列的对比见图 11-4。

由图 11-4 可以看出，二次移动平均值序列的线型比一次移动

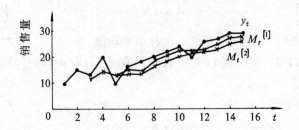

图 11-4 实际数据序列与一次、二次移动平均值序列的对比

平均值序列的线型更加平滑,同时,二次移动平均值序列对一次移动平均值序列也有一个滞后偏差。

(三) 利用移动平均值序列作预测

如果实际的时间序列数据没有明显的周期变动,近期的移动平均值序列没有明显的增长或下降趋势,可以直接用最近一个周期的一次移动平均值,作为下一周期的预测值。也就是说,当最近一个周期为 t 时,可以认为 $\hat{y}_{t+1} = M_t^{[1]}$。如果实际的时间序列数据有明显的周期变动,近期的移动平均值序列有明显的增长或下降趋势,就不能直接用一次移动平均值作预测。这是因为,移动平均值的变化总是滞后于实际数据的变化,当预测对象有明显的增长趋势时,直接用一次移动平均值作预测会使预测值偏低,当预测对象有明显的下降趋势时,直接用一次移动平均值作预测会使预测值偏高。在这种情况下,如果预测对象的变化趋势呈线性,可以通过建立线性预测模型作预测。

线性预测模型的一般形式为:

$$\hat{y}_{t+T} = a_t + b_t \cdot T \tag{11-35}$$

式中:t——目前的周期序号

T——由目前到预测周期的周期间隔数

$\hat{y}_{t+T}$——第 $t+T$ 周期的预测值

a_t——线性预测模型的截距
b_t——线性预测模型的斜率,即每周期预测值的变化量

$$a_t = 2M_t^{[1]} - M_t^{[2]} \tag{11-36}$$

$$b_t = \frac{2}{n-1}(M_t^{[1]} - M_t^{[2]}) \tag{11-37}$$

a_t 与 b_t 的计算利用了移动平均处理过程中存在滞后偏差这种现象。

当一次移动平均值序列 $M_t^{[1]}$ 的近期数据呈线性增长或线性下降时,相应的 $M_t^{[2]}$ 也应呈线性增长或线性下降,$M_t^{[2]}$ 滞后于 $M_t^{[1]}$。由公式

$$M_t^{[2]} = \frac{1}{n}(M_t^{[1]} + M_{t-1}^{[1]} + \cdots + M_{t-n+1}^{[1]})$$

可知,$M_t^{[2]}$ 相对于 $M_t^{[1]}$ 的滞后时间为:

$$\frac{t-(t-n+1)}{2} = \frac{n-1}{2}$$

设 $M_t^{[1]}$ 与 $M_t^{[2]}$ 的单位时间增量均为 b_t,则 $M_t^{[2]}$ 相对于 $M_t^{[1]}$ 的滞后值为:

$$M_t^{[1]} - M_t^{[2]} = \frac{n-1}{2} \cdot b_t$$

故有:

$$b_t = \frac{2}{n-1}(M_t^{[1]} - M_t^{[2]})$$

a_t 为线性预测模型的截距,也就是预测趋势线的起始点。若用实际观察值 y_t 作 a_t,则受偶然性因素的影响较大,若用一次移动平均值 $M_t^{[1]}$ 作 a_t,又存在着滞后偏差。故设想:由于 $M_t^{[1]}$ 近期数据变动呈线性,根据预测模型得出的预测值 $\hat{y}_t$ 近期也有线性变动趋势。$M_t^{[1]}$ 滞后于 $\hat{y}_t$,滞后时间为 $\frac{n-1}{2}$ 个周期,滞后值为:

$$\hat{y}_t - M_t^{[1]} = \frac{n-1}{2}b_t = M_t^{[1]} - M_t^{[2]}$$

故有：
$$\hat{y}_t = 2M_t^{[1]} - M_t^{[2]}$$

如果把第 t 周期作为预测方程的起始周期，$\hat{y}_t$ 也就是方程的截距 a_t，即：
$$a_t = 2M_t^{[1]} - M_t^{[2]}$$

例 11-4 根据表 11-4 的数据建立预测模型，预测第 17 个月的销售量，目前的月序为 15。

$$a_{15} = 2M_{15}^{[1]} - M_{15}^{[2]} = 2 \times 28.3 - 26.6 = 30.0$$

$$b_{15} = \frac{2}{n-1}(M_{15}^{[1]} - M_{15}^{[2]}) = \frac{2}{3-1}(28.3 - 26.6) = 1.7$$

故可得线性预测模型
$$\hat{y}_{15+T} = 30.0 + 1.7T$$

第 17 个月销售量的预测值为：
$$\hat{y}_{17} = \hat{y}_{15+2} = 30.0 + 1.7 \times 2 = 33.4(万件)$$

二、指数平滑法

指数平滑法是移动平均法的改进。其基本思路是：在预测研究中越近期的数据越应受到重视，时间序列数据中各数据的重要程度由近及远呈指数规律递减，故对时间序列数据的平滑处理应采用加权平均的方法。

（一）一次指数平滑值的计算

假设时间序列数据是一个无穷序列：$y_t, y_{t-1}, y_{t-2}, \cdots$，其加权平均值为
$$\beta_0 y_t + \beta_1 y_{t-1} + \beta_2 y_{t-2} + \cdots + \beta_i y_{t-i} + \cdots$$

其中
$$1 \geqslant \beta_i \geqslant 0 \quad (i = 0, 1, 2, \cdots)$$

且
$$\sum_{i=0}^{\infty} \beta_i = 1$$

令
$$\beta_i = \alpha(1-\alpha)^i$$

则 $\sum_{i=0}^{\infty} \beta_i = \alpha(1-\alpha)^0 + \alpha(1-\alpha) + \alpha(1-\alpha)^2 + \cdots$
$= \alpha[1 + (1-\alpha) + (1-\alpha)^2 + \cdots]$
$= \dfrac{\alpha}{1-(1-\alpha)} = 1$

用 $\beta_i = \alpha(1-\alpha)^i (i=0,1,2,\cdots)$ 对时间序列数据加权,设加权平均值为 $S_t^{[1]}$,则有:

$S_t^{[1]} = \alpha y_t + \alpha(1-\alpha)y_{t-1} + \alpha(1-\alpha)y_{t-2} + \cdots$
$= \alpha y_t + (1-\alpha)[\alpha y_{t-1} + \alpha(1-\alpha)y_{t-2} + \cdots]$
$= \alpha y_t + (1-\alpha)S_{t-1}^{[1]}$

实际上,时间序列数据是有限的,一般情况下,$\sum_{i=0}^{n} \beta_i < 1$,但只要这个时间序列足够长,上式可以作为有限时间序列数据加权平均值的一种近似。这个加权平均值就是我们所要求的一次指数平滑值。所以一次指数平滑值的计算公式为:

$$S_t^{[1]} = \alpha y_t + (1-\alpha)S_{t-1}^{[1]} \tag{11-38}$$

式中:$S_t^{[1]}$——第 t 周期的一次指数平滑值

y_t——预测对象第 t 周期的实际数据

α——指数平滑系数

α 实际上是新旧数据权重的一个分配比例,α 值越大,则新数据在 $S_t^{[1]}$ 中的权重越大。α 取值的大小是影响预测效果的重要因素,一般要根据实际时间序列数据的特点和经验确定。如果时间序列数据的长期趋势比较稳定,应取较小的 α 值(如 0.05—0.20)。如果时间序列数据具有迅速明显的变动倾向,则应取较大的 α 值(如 0.3—0.7)。

式(11-38)是一个递推公式,计算 $S_t^{[1]}$ 时,要先知道 $S_{t-1}^{[1]}$,计算 $S_{t-1}^{[1]}$ 时,要先知道 $S_{t-2}^{[1]}$,如此递推下去,计算 $S_1^{[1]}$ 时就需要有一个初始值 $S_0^{[1]}$。当实际数据比较多时,初始值对预测结果的影响不会很大,可以以第一个数据 y_1 作为初始值,如果实际数据较少(如 20 个以内),初始值的影响就比较大,一般取前几个周期的数据的平均值作为初始值。

如果实际时间序列数据的变动主要是随机变动而没有明显的周期变动和增长或下降趋势,我们可以直接用最近一个周期的一次指数平滑值 $S_t^{[1]}$ 作为下一周期的预测值 $\hat{y}_{t+1}$。如果求得的一次指数平滑值时间序列数据有明显的线性增长或下降趋势,与移动平均法相类似,由于一次指数平滑值序列相对于实际数据序列存在着滞后偏差,必须在求二次指数平滑值的基础上建立预测模型。

(二) 二次指数平滑值的计算与线性预测模型的建立

二次指数平滑是对一次指数平滑值序列再作一次指数平滑。二次指数平滑值的计算公式为:

$$S_t^{[2]} = \alpha S_t^{[1]} + (1-\alpha) S_{t-1}^{[2]} \tag{11-39}$$

式中:$S_t^{[2]}$——第 t 周期的二次指数平滑值

求二次指数平滑值也要先确定初始值,通常直接取 $S_0^{[2]} = S_0^{[1]}$,也可以取前几个一次指数平滑值的平均值作二次指数平滑的初始值。

在二次指数平滑处理的基础上可建立线性预测模型

$$\hat{y}_{t+T} = a_t + b_t \cdot T \tag{11-40}$$

截距 a_t 与斜率 b_t 的计算公式分别为:

$$a_t = 2S_t^{[1]} - S_t^{[2]} \tag{11-41}$$

$$b_t = \frac{\alpha}{1-\alpha}(S_t^{[1]} - S_t^{[2]}) \tag{11-42}$$

例 11-5 根据例 11-2 中的数据用指数平滑法建立线性预测模型。

解:取指数平滑系数 $\alpha = 0.5$,设初始值:

$$S_0^{[2]} = S_0^{[1]} = \frac{1}{3}(y_1 + y_2 + y_3) = 11.0$$

根据式(11-38)与式(11-39)分别计算一次指数平滑值与二次指数平滑值,计算结果见表11-5。

表 11-5 （单位：万件）

月序 t	1	2	3	4	5	6	7	8
销售量 y_t	10	15	8	20	10	16	18	20
$S_t^{[1]}\ \alpha=0.5$	10.5	12.8	10.4	15.2	12.6	14.3	16.1	18.1
$S_t^{[2]}\ \alpha=0.5$	10.8	11.8	11.1	13.1	12.9	13.6	14.8	16.5
月序 t	9	10	11	12	13	14	15	
销售量 y_t	22	24	20	26	27	29	29	
$S_t^{[1]}\ \alpha=0.5$	20.0	22.0	21.0	23.5	25.3	27.1	28.1	
$S_t^{[2]}\ \alpha=0.5$	18.2	20.1	20.6	22.0	23.7	25.4	26.7	

预测模型的截距
$$a_{15} = 2S_{15}^{[1]} - S_{15}^{[2]} = 2 \times 28.1 - 26.7 = 29.5$$

预测模型的斜率
$$b_{15} = \frac{\alpha}{1-\alpha}(S_{15}^{[1]} - S_{15}^{[2]})$$
$$= \frac{0.5}{1-0.5} \times (28.1 - 26.7) = 1.4$$

故可得线性预测模型
$$\hat{y}_{15+T} = 29.5 + 1.4T$$

将上式与例11-4中用移动平均法求得的预测模型相比较,上式中的斜率明显地要小,这是由于指数平滑法更重视近期数据的变化趋势所造成的。

二次指数平滑预测模型仅适用于预测对象的变动趋势呈线性的情况。如果预测对象的变动趋势是非线性的,则应在求三次指数平滑值的基础上建立非线性预测模型。

(三)三次指数平滑值的计算与非线性预测模型的建立

三次指数平滑是对二次指数平滑值序列再作一次指数平滑。三次指数平滑值的计算公式为:

$$S_t^{[3]} = \alpha S_t^{[2]} + (1-\alpha)S_{t-1}^{[3]} \tag{11-43}$$

式中: $S_t^{[3]}$——第 t 周期的三次指数平滑值

三次指数平滑的初始值可以直接取 $S_0^{[3]} = S_0^{[2]}$,也可以取前几个二次指数平滑值的平均值。

在三次指数平滑处理的基础上可建立如下非线性预测模型:

$$\hat{y}_{t+T} = a_t + b_t T + c_t T^2 \tag{11-44}$$

模型系数 a_t、b_t、c_t 的计算公式为:

$$a_t = 3S_t^{[1]} - 3S_t^{[2]} + S_t^{[3]} \tag{11-45}$$

$$b_t = \frac{\alpha}{2(1-\alpha)^2}[(6-5\alpha)S_t^{[1]} - 2(5-4\alpha)S_t^{[2]} + (4-3\alpha)S_t^{[3]}] \tag{11-46}$$

$$c_t = \frac{\alpha^2}{2(1-\alpha)^2}(S_t^{[1]} - 2S_t^{[2]} + S_t^{[3]}) \tag{11-47}$$

若实际时间序列数据的变动趋势呈线性,则:

$$y_t - S_t^{[1]} = S_t^{[1]} - S_t^{[2]} = S_t^{[2]} - S_t^{[3]}$$

代入上述模型系数计算公式,可得 $c_t=0$,a_t 与 b_t 的计算公式简化后与线性预测模型中相同。由此可知,线性预测模型实际上是非线性预测模型的一种特殊形式。

例 11-6 已知某商品 11 年内每年的销售量(见表 11-6),用指数平滑法建立预测模型并预测第 12 年和第 13 年的销售量。

解:通过作散点图分析,实际数据序列呈非线性递增趋势(图 11-5),故必须在三次指数平滑处理的基础上建立非线性预测模型。

表 11-6　　　　　　　　　　　　　　　　　　（单位：万台）

年序 t	0	1	2	3	4	5
销售量 y_t		225.2	249.9	263.2	293.6	318.9
$S_t^{[1]}(\alpha=0.3)$	246.1	239.8	242.9	249.0	262.3	279.3
$S_t^{[2]}(\alpha=0.3)$	246.1	244.2	243.8	245.4	250.5	259.1
$S_t^{[3]}(\alpha=0.3)$	244.5	244.4	244.2	244.6	246.4	250.2
年序 t	6	7	8	9	10	11
销售量 y_t	356.1	363.8	424.2	466.5	582.0	750.0
$S_t^{[1]}(\alpha=0.3)$	302.5	320.9	351.9	386.3	445.0	536.5
$S_t^{[2]}(\alpha=0.3)$	272.1	286.8	306.3	330.3	364.7	416.2
$S_t^{[3]}(\alpha=0.3)$	256.8	265.8	277.9	293.6	315.0	345.3

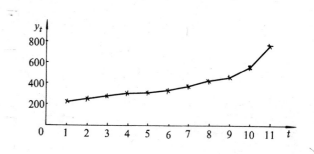

图 11-5　例 11-6 的实际数据散点图

本例中，实际数据序列的变动倾向较明显，平滑系数 α 不宜取太小，取 $\alpha=0.3$。实际数据数目较少，取一次、二次指数平滑初始值

$$S_0^{[1]} = S_0^{[2]} = \frac{1}{3}(y_1 + y_2 + y_3) = \frac{1}{3}$$
$$\times (225.2 + 249.9 + 263.2) = 246.1$$

根据式（11-38）和式（11-39）分别计算一次、二次指数平滑值 $S_t^{[1]}$

和 $S_t^{[2]}$。取三次指数平滑初始值

$$S_0^{[3]} = \frac{1}{3}(S_1^{[2]} + S_2^{[2]} + S_3^{[2]}) = \frac{1}{3} \times (244.2 + 243.8 + 245.4) = 244.5$$

根据式(11-43)计算三次指数平滑值 $S_t^{[3]}$。各次指数平滑值的计算结果见表11-6。

计算预测模型系数：

$$a_{11} = 3S_{11}^{[1]} - 3S_{11}^{[2]} + S_{11}^{[3]}$$
$$= 3 \times 536.5 - 3 \times 416.2 + 345.3$$
$$= 706.2$$

$$b_{11} = \frac{\alpha}{2(1-\alpha)^2}[(6-5\alpha)S_{11}^{[1]} - 2(5-4\alpha)S_{11}^{[2]} + (4-3\alpha)S_{11}^{[3]}]$$
$$= \frac{0.3}{2 \times (1-0.3)^2} \times [(6-5 \times 0.3) \times 536.5 - 2 \times (5-4 \times 0.3) \times 416.2 + (4-3 \times 0.3) \times 345.3]$$
$$= 98.4$$

$$c_{11} = \frac{\alpha^2}{2 \times (1-\alpha)^2}(S_{11}^{[1]} - 2S_{11}^{[2]} + S_{11}^{[3]})$$
$$= \frac{0.3}{2 \times (1-0.3)^2} \times (536.5 - 2 \times 416.2 + 345.3)$$
$$= 4.5$$

建立非线性预测模型

$$\hat{y}_{11+T} = a_{11} + b_{11}T + c_{11}T^2$$
$$= 706.2 + 98.4T + 4.5T^2$$

第12年销售量的预测值为：

$$\hat{y}_{12} = \hat{y}_{11+1}$$
$$= 706.2 + 98.4 \times 1 + 4.5 \times 1^2 = 809.1(万台)$$

第 13 年销售量的预测值为：

$$\hat{y}_{13} = \hat{y}_{11+2}$$
$$= 706.2 + 98.4 \times 2 + 4.5 \times 2^2 = 921(万台)$$

平滑法（包括移动平均法和指数平滑法）适用于寻找实际数据序列的长期变动趋势，对数据序列的转折点缺乏鉴别能力。如果遇到数据序列出现转折点的情况，要靠预测者根据外部影响因素的分析判断对预测值进行修正。

三、季节变动指数分析法

某些预测对象实际数据序列的变动除有随机变动和线性或非线性总体发展趋势之外，还有季节性的周期变动。用回归法或平滑法寻求预测对象的总体发展趋势，会把有规律的季节性变动平滑掉。因此，对有季节性周期变动的预测对象，不仅要找出其总体发展趋势，还要研究其季节性周期变动规律。通常用季节变动指数反映预测对象的季节性周期变动规律。下面举例说明季节变动指数的计算方法。

例 11-7 某公司的产品近两年内每月的销售量如表 11-7（以吨为单位），试预测下一年各月的销售量。

解：通过作散点图分析，实际数据序列既有线性增长趋势，又有季节性周期变动（图 11-6）。

设自变量为时间 T（以月为单位），用回归法可求得描述预测对象总体变动趋势的线性方程：

$$y'_T = 48.85 + 0.611T$$

式中：y'_T——只考虑线性变动趋势时第 T 月销售量的计算值

T——月序数

根据上述线性方程求得的近两年内各月销售量的计算值 y'_T（$T = 1, 2, \cdots, 24$）见表 11-7。

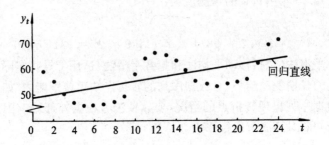

图 11-6 例 11-7 的实际数据散点图

表 11-7 例 11-7 的季节变动指数计算

月序 T	月份 K	销售量实际值 y_T	销售量计算值 y_T'	季节变动指数 $F_K^{(1)}=y_T/y_T'$	月序 T	月份 K	销售量实际值 y_T	销售量计算值 y_T'	季节变动指数 $F_K^{(2)}=y_T/y_T'$
1	1	59.1	49.5	1.19	13	1	65.6	56.8	1.15
2	2	55.0	50.1	1.10	14	2	63.2	57.4	1.10
3	3	50.2	50.7	0.99	15	3	59.2	58.0	1.02
4	4	46.9	51.3	0.91	16	4	55.7	58.6	0.95
5	5	46.2	51.9	0.89	17	5	54.3	59.2	0.92
6	6	46.1	52.5	0.88	18	6	53.1	59.8	0.90
7	7	46.5	53.1	0.88	19	7	54.0	60.5	0.89
8	8	47.2	53.7	0.88	20	8	54.8	61.1	0.90
9	9	49.5	54.3	0.91	21	9	56.3	61.7	0.91
10	10	58.1	55.0	1.06	22	10	62.6	62.3	1.00
11	11	64.4	55.6	1.16	23	11	69.1	62.9	1.10
12	12	66.2	56.2	1.18	24	12	71.9	63.5	1.13

分别计算第一年和第二年各月份的季节变动指数

$F_K^{(1)} = y_T/y_T'$ ($K = 1, 2, \cdots, 12; T = 1, 2, \cdots, 12$)

$F_K^{(2)} = y_T/y_T'$ ($K = 1, 2, \cdots, 12; T = 13, 14, \cdots, 24$)

如果有 n 年的实际数据,第 i 年各月份的季节变动指数为:

$$F_K^{(i)} = y_T/y_T' \tag{11-48}$$

$$[i = 1, 2, \cdots, n; K = 1, 2, \cdots, 12;$$
$$T = 12(i-1) + 1, 12(i-1) + 2, \cdots,$$
$$12(i-1) + 12]$$

式中:$F_K^{(i)}$——第 i 年 K 月份的季节变动指数

y_T——第 T 个月的实际数据

y_T'——根据回归方程求得的第 T 个月预测对象的计算值

本例中第一、二年各月份季节变动指数的计算结果见表11-7。

取各年相同月份季节变动指数的平均值作为预测中使用的该月份的季节变动指数,即:

$$F_K = \frac{1}{n} \sum_{i=1}^{n} F_K^{(i)} \quad (K = 1, 2, \cdots, 12) \tag{11-49}$$

式中:F_K——K 月份的季节变动指数

本例中 $F_K = \frac{1}{2}(F_K^{(1)} + F_K^{(2)})$,计算结果见表11-8。

在求得各月份季节变动指数的基础上,即可求得第 m 年各月份的预测值:

$$\hat{y}_T = F_K \cdot y_T' \tag{11-50}$$

$$[K = 1, 2, \cdots, 12; T = 12(m-1) + K]$$

式中:$\hat{y}_T$——第 T 个月(即第 m 年 K 月份)的预测值

本例中,第三年各月销售量的预测值为:

$$\hat{y}_T = F_K \cdot y_T' = F_K(48.85 + 0.611T)$$
$$(K = 1, 2, \cdots, 12, T = 24 + K)$$

计算结果见表 11-8。

表 11-8 例 11-7 的销售量预测　　　（单位：吨）

月序 T	月份 K	季节变动指数 F_K	销售量回归计算值 y_T^l	销售量预测值 $\hat{y}_T$	月序 T	月份 K	季节变动指数 F_K	销售量回归计算值 y_T^l	销售量预测值 $\hat{y}_T$
25	1	1.17	64.1	75.0	31	7	0.89	67.8	60.3
26	2	1.10	64.7	71.2	32	8	0.89	68.4	60.9
27	3	1.01	65.3	66.0	33	9	0.91	69.0	62.8
28	4	0.93	66.0	61.3	34	10	1.03	69.6	71.7
29	5	0.91	66.6	60.6	35	11	1.13	70.2	79.4
30	6	0.89	67.2	59.8	36	12	1.16	70.8	82.2

四、生长曲线法

许多事物的发展规律类似于生物的自然增殖过程，可以用一条近乎 S 型的曲线来描述：发展初期增长速度较慢，一段时间后，增长速度会逐渐加快，到接近于某一增长极限时，增长速度又会变慢（图 11-7）。技术的发展与普及过程，新产品的普及过程，企业生产能力的提高过程，一国的经济增长过程等，都具有这种特点。

对于事物发展过程呈 S 型曲线这一规律，很多人进行了研究，有多种 S 型曲线的数学描述。常用作预测模型的有戈珀兹曲线（Gompertz curve）与逻辑曲线（Logistic curve）。下面分别加以介绍。

（一）戈珀兹曲线预测模型

戈珀兹曲线的数学形式为

$$y = L \cdot a^{b^t} \tag{11-51}$$

式中：y——函数值

t——时间变量

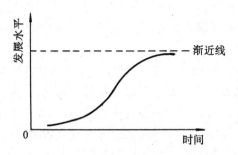

图 11-7 事物发展的 S 型曲线

L——渐近线值(极限值)

a,b——模型参数

如果通过对时间序列数据的观察分析,认为可以用戈珀兹曲线拟合,可按如下步骤计算 L,a,b 等三个待求参数:

(1)进行时间编序,第一年 $t=0$,第二年 $t=1$,依次类推。

(2)将时间序列数据分为三段,每段 n 年,计算各时间段内实际数据之对数和,分别记作 $\Sigma_1 \lg y, \Sigma_2 \lg y, \Sigma_3 \lg y$。

$$\begin{cases} \Sigma_1 \lg y = \sum_{t=0}^{n-1} \lg y_t \\ \Sigma_2 \lg y = \sum_{t=n}^{2n-1} \lg y_t \\ \Sigma_3 \lg y = \sum_{t=2n}^{3n-1} \lg y_t \end{cases} \quad (11\text{-}52)$$

式中:y_t——第 t 年的实际数据

(3)计算 L,a,b

$$b^n = \frac{\Sigma_3 \lg y - \Sigma_2 \lg y}{\Sigma_2 \lg y - \Sigma_1 \lg y} \quad (11\text{-}53)$$

$$\lg a = (\Sigma_2 \lg y - \Sigma_1 \lg y) \cdot \frac{b-1}{(b^n-1)^2} \quad (11\text{-}54)$$

$$\lg L = \frac{1}{n}\left(\Sigma_1 \lg y - \frac{b^n - 1}{b - 1}\lg a\right) \qquad (11\text{-}55)$$

由 $b^n, \lg a, \lg L$ 求得 b, a, L，代入式(11-51)即可得戈珀兹曲线预测模型。

例 11-8 已知某企业近 12 年内的产值数据(表 11-9)，根据对数据的观察分析和对企业设备条件的考察，认为该企业生产能力的提高过程可以用戈珀兹曲线描述，且目前已到生产能力趋于稳定的阶段，试建立戈珀兹曲线预测模型并预测下一年的产值。

解：将时间序列数据分为三段，每段 4 年($n=4$)，分别计算各时间段内实际数据的对数和，计算结果见表 11-9。

表 11-9 例 11-8 的原始数据及预测模型参数计算

时间段 i	年序 t	产值(万元) y_t	$\lg y_t$	$\Sigma_i \lg y$
1	0	152	2.18184	$\Sigma_1 \lg y = 9.26482$
1	1	183	2.26245	
1	2	245	2.38917	
1	3	270	2.43136	
2	4	510	2.70757	$\Sigma_2 \lg y = 11.30601$
2	5	615	2.78888	
2	6	750	2.87506	
2	7	860	2.93450	
3	8	980	2.99123	$\Sigma_3 \lg y = 12.09931$
3	9	1060	3.02531	
3	10	1095	3.03941	
3	11	1105	3.04336	

计算各待求参数

$$b^4 = \frac{\Sigma_3 \lg y - \Sigma_2 \lg y}{\Sigma_2 \lg y - \Sigma_1 \lg y}$$

$$= \frac{12.09931 - 11.30601}{11.30601 - 9.26482} = 0.38865$$

$$b = \sqrt[4]{0.38865} = 0.78957$$

$$\lg a = (\Sigma_2 \lg y - \Sigma_1 \lg y) \cdot \frac{b-1}{(b^n - 1)^2}$$

$$= (11.30601 - 9.26482) \times \frac{0.78957 - 1}{(0.38865 - 1)^2}$$

$$= -1.14925$$

$$\lg L = \frac{1}{n}\left(\Sigma_1 \lg y - \frac{b^n - 1}{b - 1}\lg a\right)$$

$$= \frac{1}{4}\left[9.26482 - \frac{0.38865 - 1}{0.78957 - 1} \times (-1.14925)\right]$$

$$= 3.15091$$

$$a = 0.07092; \quad L = 1415.5$$

由此可得戈珀兹曲线预测模型

$$\hat{y}_t = 1415.5 \times 0.07092^{0.78957^t}$$

下一年($t=12$)产值的预测值为：

$$\hat{y}_{12} = 1415.5 \times 0.07092^{0.78957^{12}} = 1211.8(万元)$$

（二）逻辑曲线预测模型

逻辑曲线的数学形式为：

$$y = \frac{L}{1 - be^{-at}} \tag{11-56}$$

式中：y——函数值

t——时间变量

L——渐近线值（极限值）

a, b——模型参数

e——自然对数的底

如果需要用逻辑曲线拟合时间序列数据,待求参数 L,a,b 的计算方法如下:

(1) 进行时间编序,第一年 $t=1$,第二年 $t=2$,依次类推。

(2) 将时间序列数据分为三段,每段 n 年,计算各时间段内实际数据的倒数之和,分别记作 S_1,S_2,S_3。

$$\begin{cases} S_1 = \sum_{t=1}^{n} \dfrac{1}{y_t} \\ S_2 = \sum_{t=n+1}^{2n} \dfrac{1}{y_t} \\ S_3 = \sum_{t=2n+1}^{3n} \dfrac{1}{y_t} \end{cases} \quad (11\text{-}57)$$

设

$$\begin{cases} D_1 = S_1 - S_2 \\ D_2 = S_2 - S_3 \end{cases} \quad (11\text{-}58)$$

(3) 计算 L,a,b:

$$L = \frac{n}{S_1 - \dfrac{D_1^2}{D_1 - D_2}} \quad (11\text{-}59)$$

$$a = \frac{1}{n}(\ln D_1 - \ln D_2)$$

$$b = \frac{L \cdot D_1}{c(D_1 - D_2)} \quad (11\text{-}60)$$

式中

$$c = \frac{e^{-a}(1 - e^{-na})}{1 - e^{-a}} \quad (11\text{-}61)$$

将求得的 L,a,b 代入式(11-56)即可得逻辑曲线预测模型。

习　题

[11-1] 根据预测的特点和技术经济预测的一般步骤,分析影响技术经济预测精确度的主要因素有哪些。

[11-2] 常用的抽样调查方法有哪些？它们之间的区别是什么？各种抽样调查方法的优缺点是什么？举一个抽样调查的实例，并分析它用的是何种方法。

[11-3] 抽样调查问卷的设计应注意哪些问题？就某一研究课题设计一份调查问卷。

[11-4] 简述德尔菲法预测的实施步骤。在每个实施步骤中分别应注意哪些问题？试分析影响德尔菲法预测准确性的关键因素有哪些。

[11-5] 什么情况下可以采用一元线性回归预测法？什么情况下可以采用多元线性回归预测法？一元线性回归中的相关系数和多元线性回归中的全相关系数意义何在？如何确定预测值的置信区间？

[11-6] 用时间序列法作预测的假设前提是什么？移动平均法和指数平滑法各有什么特点？说明一次、二次移动平均法和一次、二次、三次指数平滑法分别在哪些情况下适用。

[11-7] 移动平均法中参数 n 的大小对预测结果有何影响？选择参数 n 应考虑哪些问题？

[11-8] 指数平滑法中平滑系数 α 的大小对预测结果有何影响？选择 α 应考虑哪些问题？确定指数平滑的初始值应考虑哪些问题？

[11-9] 在什么情况下要进行季节变动指数分析？简述季节变动指数分析的基本步骤。

[11-10] 举出一个其发展规律可用 S 型曲线描述的事例，简述用戈珀兹曲线和逻辑曲线拟合时间序列数据的步骤。

[11-11] 某工厂拥有役龄不等的某种型号的机床 14 台。这些机床去年的维修费与役龄的关系如表 1 所示，试建立回归方程，预测这种型号的机床役龄为 10 年、11 年时的维修费用。

表1

役龄(年)	维修费(元/年)	役龄(年)	维修费(元/年)
6	126	2	68
2	49	4	82
7	181	1	64
5	63	8	105
3	110	5	117
1	23	9	141
6	92	3	40

[11-12] 某种商品去年各月份在某市的销售量如表2所示。试分别用移动平均法和指数平滑法建立线性预测模型并预测今年1月份和2月份的商品销售量(取 $n=3, \alpha=0.6$)。

表2　　　　　　　　　　　　　　　　　　(单位:万件)

月 序	1	2	3	4	5	6	7	8	9	10	11	12
销售量	8.8	9.3	10.2	11.2	12.1	12.7	12.8	13.3	15.1	16.8	18.3	17.8

[11-13] 某市过去10年洗衣机的销售量如表3所示。用三次指数平滑法建立非线性预测模型预测第11年和第12年洗衣机的销售量。

表3　　　　　　　　　　　　　　　　　　(单位:台)

年 序	1	2	3	4	5	6	7	8	9	10
销售量	858	806	795	821	859	888	907	982	1032	1117

[11-14] 某塑料厂的 A 产品前5年各月的销售额(万元)如表4,试预测第6年各月的销售额。

表 4

月份＼年序	1	2	3	4	5
1	74.2	74.1	89.6	95.1	103.0
2	69.7	70.0	99.3	86.1	103.2
3	77.6	77.4	88.5	93.8	112.6
4	89.8	93.2	105.5	110.9	128.5
5	103.0	109.9	120.4	127.4	145.8
6	110.7	122.3	132.6	147.2	163.7
7	116.5	129.0	130.3	148.6	161.1
8	121.6	134.9	143.6	155.5	160.8
9	120.8	134.1	147.3	160.4	152.8
10	113.1	129.6	145.3	160.0	142.0
11	97.1	106.6	117.0	140.3	111.9
12	78.3	90.1	102.3	120.9	101.3

复 利 系 数 表
(3%)

年份 n	一次支付		等额序列			
	终值系数 $(1+i)^n$ $(F/P,i,n)$	现值系数 $\dfrac{1}{(1+i)^n}$ $(P/F,i,n)$	终值系数 $\dfrac{(1+i)^n-1}{i}$ $(F/A,i,n)$	偿债基金系数 $\dfrac{i}{(1+i)^n-1}$ $(A/F,i,n)$	资金回收系数 $\dfrac{i(1+i)^n}{(1+i)^n-1}$ $(A/P,i,n)$	现值系数 $\dfrac{(1+i)^n-1}{i(1+i)^n}$ $(P/A,i,n)$
1	1.030	0.9709	1.000	1.00000	1.03000	0.971
2	1.061	0.9426	2.030	0.49261	0.52261	1.913
3	1.093	0.9151	3.091	0.32353	0.35353	2.829
4	1.126	0.8885	4.184	0.23903	0.26903	3.717
5	1.159	0.8626	5.309	0.18835	0.21835	4.580
6	1.194	0.8375	6.468	0.15460	0.18460	5.417
7	1.230	0.8131	7.662	0.13051	0.16051	6.230
8	1.267	0.7894	8.892	0.11246	0.14246	7.020
9	1.305	0.7664	10.159	0.09843	0.12843	7.786
10	1.344	0.7441	11.464	0.08723	0.11723	8.530
11	1.384	0.7224	12.808	0.07808	0.10808	9.253
12	1.426	0.7014	14.192	0.07046	0.10046	9.954
13	1.469	0.6810	15.618	0.06403	0.09403	10.635
14	1.513	0.6611	17.086	0.05853	0.08853	11.296
15	1.558	0.6419	18.599	0.05377	0.08377	11.938
16	1.605	0.6232	20.157	0.04961	0.07961	12.561
17	1.653	0.6050	21.762	0.04595	0.07595	13.166
18	1.702	0.5874	23.414	0.04271	0.07271	13.754
19	1.754	0.5703	25.117	0.03981	0.06981	14.324
20	1.806	0.5537	26.870	0.03722	0.06722	14.877
21	1.860	0.5375	28.676	0.03487	0.06487	15.415
22	1.916	0.5219	30.537	0.03275	0.06275	15.937
23	1.974	0.5067	32.453	0.03081	0.06081	16.444
24	2.033	0.4919	34.426	0.02905	0.05905	16.936
25	2.094	0.4779	36.459	0.02743	0.05743	17.413
26	2.157	0.4637	38.553	0.02594	0.05594	17.877
27	2.221	0.4502	40.710	0.02456	0.05456	18.327
28	2.288	0.4371	42.931	0.02329	0.05329	18.764
29	2.357	0.4243	45.219	0.02211	0.05211	19.188
30	2.427	0.4120	47.575	0.02102	0.05102	19.600

复 利 系 数 表
(4%)

年份 n	一次支付		等额序列			
	终值系数 $(1+i)^n$ $(F/P,i,n)$	现值系数 $\dfrac{1}{(1+i)^n}$ $(P/F,i,n)$	终值系数 $\dfrac{(1+i)^n-1}{i}$ $(F/A,i,n)$	偿债基金系数 $\dfrac{i}{(1+i)^n-1}$ $(A/F,i,n)$	资金回收系数 $\dfrac{i(1+i)^n}{(1+i)^n-1}$ $(A/P,i,n)$	现值系数 $\dfrac{(1+i)^n-1}{i(1+i)^n}$ $(P/A,i,n)$
1	1.040	0.9615	1.000	1.00000	1.04000	0.962
2	1.082	0.9246	2.040	0.49020	0.53020	1.886
3	1.125	0.8890	3.122	0.32035	0.36035	2.775
4	1.170	0.8548	4.246	0.23549	0.27549	3.630
5	1.217	0.8219	5.416	0.18463	0.22463	4.452
6	1.265	0.7903	6.633	0.15076	0.19076	5.242
7	1.316	0.7599	7.898	0.12661	0.16661	6.002
8	1.369	0.7307	9.214	0.10853	0.14853	6.733
9	1.423	0.7026	10.583	0.09449	0.13449	7.435
10	1.480	0.6756	12.006	0.08329	0.12329	8.111
11	1.539	0.6496	13.486	0.07415	0.11415	8.760
12	1.601	0.6246	15.026	0.06655	0.10655	9.385
13	1.665	0.6006	16.627	0.06014	0.10014	9.986
14	1.732	0.5775	18.292	0.05467	0.09467	10.563
15	1.801	0.5553	20.024	0.04994	0.08994	11.118
16	1.873	0.5339	21.825	0.04582	0.08582	11.652
17	1.948	0.5134	23.698	0.04220	0.08220	12.166
18	2.026	0.4936	25.645	0.03899	0.07899	12.659
19	2.107	0.4746	27.671	0.03614	0.07614	13.134
20	2.191	0.4564	29.778	0.03358	0.07358	13.590
21	2.279	0.4388	31.969	0.03128	0.07128	14.029
22	2.370	0.4220	34.248	0.02920	0.06920	14.451
23	2.465	0.4057	36.618	0.02731	0.06731	14.857
24	2.563	0.3901	39.083	0.02559	0.06559	15.247
25	2.666	0.3751	41.646	0.02401	0.06401	15.622
26	2.772	0.3607	44.312	0.02257	0.06257	15.983
27	2.883	0.3468	47.084	0.02124	0.06124	16.330
28	2.999	0.3335	49.968	0.02001	0.06001	16.663
29	3.119	0.3207	52.966	0.01888	0.05888	16.984
30	3.243	0.3083	56.085	0.01783	0.05783	17.292

复利系数表
(5%)

年份 n	一次支付 终值系数 $(1+i)^n$ $(F/P,i,n)$	一次支付 现值系数 $\dfrac{1}{(1+i)^n}$ $(P/F,i,n)$	等额序列 终值系数 $\dfrac{(1+i)^n-1}{i}$ $(F/A,i,n)$	等额序列 偿债基金系数 $\dfrac{i}{(1+i)^n-1}$ $(A/F,i,n)$	等额序列 资金回收系数 $\dfrac{i(1+i)^n}{(1+i)^n-1}$ $(A/P,i,n)$	等额序列 现值系数 $\dfrac{(1+i)^n-1}{i(1+i)^n}$ $(P/A,i,n)$
1	1.050	0.9524	1.000	1.00000	1.05000	0.952
2	1.103	0.9070	2.050	0.48780	0.53780	1.859
3	1.158	0.8638	3.153	0.31721	0.36721	2.723
4	1.216	0.8227	4.310	0.23201	0.28201	3.546
5	1.276	0.7835	5.526	0.18097	0.23097	4.329
6	1.340	0.7462	6.802	0.14702	0.19702	5.076
7	1.407	0.7107	8.142	0.12282	0.17282	5.786
8	1.477	0.6768	9.549	0.10472	0.15472	6.463
9	1.551	0.6446	11.027	0.09069	0.14069	7.108
10	1.629	0.6139	12.578	0.07950	0.12950	7.722
11	1.710	0.5847	14.207	0.07039	0.12039	8.306
12	1.796	0.5568	15.917	0.06283	0.11283	8.863
13	1.886	0.5303	17.713	0.05646	0.10646	9.394
14	1.980	0.5051	19.599	0.05102	0.10102	9.899
15	2.079	0.4810	21.579	0.04634	0.09634	10.380
16	2.183	0.4581	23.657	0.04227	0.09227	10.838
17	2.292	0.4363	25.840	0.03870	0.08870	11.274
18	2.407	0.4155	28.132	0.03555	0.08555	11.690
19	2.527	0.3957	30.539	0.03275	0.08275	12.085
20	2.653	0.3769	33.066	0.03024	0.08024	12.462
21	2.786	0.3589	35.719	0.02800	0.07800	12.821
22	2.925	0.3418	38.505	0.02597	0.07597	13.163
23	3.072	0.3256	41.430	0.02414	0.07414	13.489
24	3.225	0.3101	44.502	0.02247	0.07247	13.799
25	3.386	0.2953	47.727	0.02095	0.07095	14.094
26	3.556	0.2812	51.113	0.01956	0.06956	14.375
27	3.733	0.2678	54.669	0.01829	0.06829	14.643
28	3.920	0.2551	58.403	0.01712	0.06712	14.898
29	4.116	0.2429	62.323	0.01605	0.06605	15.141
30	4.322	0.2314	66.439	0.01505	0.06505	15.372

复 利 系 数 表
(6%)

年份 n	一次支付		等额序列			
	终值系数 $(1+i)^n$ $(F/P,i,n)$	现值系数 $\dfrac{1}{(1+i)^n}$ $(P/F,i,n)$	终值系数 $\dfrac{(1+i)^n-1}{i}$ $(F/A,i,n)$	偿债基金系数 $\dfrac{i}{(1+i)^n-1}$ $(A/F,i,n)$	资金回收系数 $\dfrac{i(1+i)^n}{(1+i)^n-1}$ $(A/P,i,n)$	现值系数 $\dfrac{(1+i)^n-1}{i(1+i)^n}$ $(P/A,i,n)$
1	1.060	0.9434	1.000	1.00000	1.06000	0.943
2	1.124	0.8900	2.060	0.48544	0.54544	1.833
3	1.191	0.8396	3.184	0.31411	0.37411	2.673
4	1.262	0.7921	4.375	0.22859	0.28859	3.465
5	1.338	0.7473	5.637	0.17740	0.23740	4.212
6	1.419	0.7050	6.975	0.14336	0.20336	4.917
7	1.504	0.6651	8.394	0.11914	0.17914	5.582
8	1.594	0.6274	9.897	0.10104	0.16104	6.210
9	1.689	0.5919	11.491	0.08702	0.14702	6.802
10	1.791	0.5584	13.181	0.07587	0.13587	7.360
11	1.898	0.5268	14.972	0.06679	0.12679	7.887
12	2.012	0.4970	16.870	0.05928	0.11928	8.384
13	2.133	0.4688	18.882	0.05296	0.11296	8.853
14	2.261	0.4423	21.015	0.04758	0.10758	9.295
15	2.397	0.4173	23.276	0.04296	0.10296	9.712
16	2.540	0.3936	25.673	0.03895	0.09895	10.106
17	2.693	0.3714	28.213	0.03544	0.09544	10.477
18	2.854	0.3503	30.906	0.03236	0.09236	10.828
19	3.026	0.3305	33.760	0.02962	0.08962	11.158
20	3.207	0.3118	36.786	0.02718	0.08718	11.470
21	3.400	0.2942	39.993	0.02500	0.08500	11.764
22	3.604	0.2775	43.392	0.02305	0.08305	12.042
23	3.820	0.2618	46.996	0.02128	0.08128	12.303
24	4.049	0.2470	50.816	0.01968	0.07968	12.550
25	4.292	0.2330	54.865	0.01823	0.07823	12.783
26	4.549	0.2198	59.156	0.01690	0.07690	13.003
27	4.822	0.2074	63.706	0.01570	0.07570	13.211
28	5.112	0.1956	68.528	0.01459	0.07459	13.406
29	5.418	0.1846	73.640	0.01358	0.07358	13.591
30	5.743	0.1741	79.058	0.01265	0.07265	13.765

复 利 系 数 表
(7%)

年份 n	一次支付		等额序列			
	终值系数 $(1+i)^n$ $(F/P,i,n)$	现值系数 $\dfrac{1}{(1+i)^n}$ $(P/F,i,n)$	终值系数 $\dfrac{(1+i)^n-1}{i}$ $(F/A,i,n)$	偿债基金系数 $\dfrac{i}{(1+i)^n-1}$ $(A/F,i,n)$	资金回收系数 $\dfrac{i(1+i)^n}{(1+i)^n-1}$ $(A/P,i,n)$	现值系数 $\dfrac{(1+i)^n-1}{i(1+i)^n}$ $(P/A,i,n)$
1	1.070	0.9346	1.000	1.0000	1.0700	0.935
2	1.145	0.8734	2.070	0.4831	0.5531	1.808
3	1.225	0.8163	3.215	0.3111	0.3811	2.624
4	1.311	0.7629	4.440	0.2252	0.2952	3.387
5	1.403	0.7130	5.751	0.1739	0.2439	4.100
6	1.501	0.6663	7.153	0.1398	0.2098	4.767
7	1.606	0.6227	8.654	0.1156	0.1856	5.389
8	1.718	0.5820	10.260	0.0975	0.1675	5.971
9	1.838	0.5439	11.978	0.0835	0.1535	6.515
10	1.967	0.5083	13.816	0.0724	0.1424	7.024
11	2.105	0.4751	15.784	0.0634	0.1334	7.499
12	2.252	0.4440	17.888	0.0559	0.1259	7.943
13	2.410	0.4150	20.141	0.0497	0.1197	8.358
14	2.579	0.3878	22.550	0.0443	0.1143	8.745
15	2.759	0.3624	25.129	0.0398	0.1098	9.108
16	2.952	0.3387	27.888	0.0359	0.1059	9.447
17	3.159	0.3166	30.840	0.0324	0.1024	9.763
18	3.380	0.2959	33.999	0.0294	0.0994	10.059
19	3.617	0.2765	37.379	0.0268	0.0968	10.336
20	3.870	0.2584	40.995	0.0244	0.0944	10.594
21	4.141	0.2415	44.865	0.0223	0.0923	10.836
22	4.430	0.2257	49.006	0.0204	0.0904	11.061
23	4.741	0.2109	53.436	0.0187	0.0887	11.272
24	5.072	0.1971	58.177	0.0172	0.0872	11.469
25	5.427	0.1842	63.249	0.0158	0.0858	11.654
26	5.807	0.1722	68.676	0.0146	0.0846	11.826
27	6.214	0.1609	74.484	0.0134	0.0834	11.987
28	6.649	0.1504	80.698	0.0124	0.0824	12.137
29	7.114	0.1406	87.347	0.0114	0.0814	12.278
30	7.612	0.1314	94.461	0.0106	0.0806	12.409

复 利 系 数 表

(8%)

年份 n	一次支付		等额序列			
	终值系数 $(1+i)^n$ $(F/P,i,n)$	现值系数 $\dfrac{1}{(1+i)^n}$ $(P/F,i,n)$	终值系数 $\dfrac{(1+i)^n-1}{i}$ $(F/A,i,n)$	偿债基金系数 $\dfrac{i}{(1+i)^n-1}$ $(A/F,i,n)$	资金回收系数 $\dfrac{i(1+i)^n}{(1+i)^n-1}$ $(A/P,i,n)$	现值系数 $\dfrac{(1+i)^n-1}{i(1+i)^n}$ $(P/A,i,n)$
1	1.080	0.9259	1.000	1.00000	1.08000	0.926
2	1.166	0.8573	2.080	0.48077	0.56077	1.783
3	1.260	0.7938	3.246	0.30803	0.38803	2.577
4	1.360	0.7350	4.506	0.22192	0.30192	3.312
5	1.469	0.6806	5.867	0.17046	0.25046	3.993
6	1.587	0.6302	7.336	0.13632	0.21632	4.623
7	1.714	0.5835	8.923	0.11207	0.19207	5.206
8	1.851	0.5403	10.637	0.09401	0.17401	5.747
9	1.999	0.5002	12.488	0.08008	0.16008	6.247
10	2.159	0.4632	14.487	0.06903	0.14903	6.710
11	2.332	0.4289	16.645	0.06008	0.14008	7.139
12	2.518	0.3971	18.977	0.05270	0.13270	7.536
13	2.720	0.3677	21.495	0.04652	0.12652	7.904
14	2.937	0.3405	24.215	0.04130	0.12130	8.244
15	3.172	0.3152	27.152	0.03683	0.11683	8.559
16	3.426	0.2919	30.324	0.03298	0.11298	8.851
17	3.700	0.2703	33.750	0.02963	0.10963	9.122
18	3.996	0.2502	37.450	0.02670	0.10670	9.372
19	4.316	0.2317	41.446	0.02413	0.10413	9.604
20	4.661	0.2145	45.762	0.02185	0.10185	9.818
21	5.034	0.1987	50.423	0.01983	0.09983	10.017
22	5.437	0.1839	55.457	0.01803	0.09803	10.201
23	5.871	0.1703	60.893	0.01642	0.09642	10.371
24	6.341	0.1577	66.765	0.01498	0.09498	10.529
25	6.848	0.1460	73.106	0.01368	0.09368	10.675
26	7.396	0.1352	79.954	0.01251	0.09251	10.810
27	7.988	0.1252	87.351	0.01145	0.09145	10.935
28	8.627	0.1159	95.339	0.01049	0.09049	11.051
29	9.317	0.1073	103.966	0.00962	0.08962	11.158
30	10.063	0.0994	113.283	0.00883	0.08883	11.258

复 利 系 数 表

(10%)

年份 n	一次支付		等额序列			
	终值系数 $(1+i)^n$ $(F/P,i,n)$	现值系数 $\dfrac{1}{(1+i)^n}$ $(P/F,i,n)$	终值系数 $\dfrac{(1+i)^n-1}{i}$ $(F/A,i,n)$	偿债基金系数 $\dfrac{i}{(1+i)^n-1}$ $(A/F,i,n)$	资金回收系数 $\dfrac{i(1+i)^n}{(1+i)^n-1}$ $(A/P,i,n)$	现值系数 $\dfrac{(1+i)^n-1}{i(1+i)^n}$ $(P/A,i,n)$
1	1.100	0.9091	1.000	1.00000	1.10000	0.909
2	1.210	0.8264	2.100	0.47619	0.57619	1.736
3	1.331	0.7513	3.310	0.30211	0.40211	2.487
4	1.464	0.6830	4.641	0.21547	0.31547	3.170
5	1.611	0.6209	6.105	0.16380	0.26380	3.791
6	1.772	0.5645	7.716	0.12961	0.22961	4.355
7	1.949	0.5132	9.487	0.10541	0.20541	4.868
8	2.144	0.4665	11.436	0.08744	0.18744	5.335
9	2.358	0.4241	13.579	0.07364	0.17364	5.759
10	2.594	0.3855	15.937	0.06275	0.16275	6.144
11	2.853	0.3505	18.531	0.05396	0.15396	6.495
12	3.138	0.3186	21.384	0.04676	0.14676	6.814
13	3.452	0.2897	24.523	0.04078	0.14078	7.103
14	3.797	0.2633	27.975	0.03575	0.13575	7.367
15	4.177	0.2394	31.772	0.03147	0.13147	7.606
16	4.595	0.2176	35.950	0.02782	0.12782	7.824
17	5.054	0.1978	40.545	0.02466	0.12466	8.022
18	5.560	0.1799	45.599	0.02193	0.12193	8.201
19	6.116	0.1635	51.159	0.01955	0.11955	8.365
20	6.727	0.1486	57.275	0.01746	0.11746	8.514
21	7.400	0.1351	64.002	0.01562	0.11562	8.649
22	8.140	0.1228	71.403	0.01401	0.11401	8.772
23	8.954	0.1117	79.543	0.01257	0.11257	8.883
24	9.850	0.1015	88.497	0.01130	0.11130	8.985
25	10.835	0.0923	98.347	0.01017	0.11017	9.077
26	11.918	0.0839	109.182	0.00916	0.10916	9.161
27	13.110	0.0763	121.100	0.00826	0.10826	9.237
28	14.421	0.0693	134.210	0.00745	0.10745	9.307
29	15.863	0.0630	148.631	0.00673	0.10673	9.370
30	17.449	0.0573	164.494	0.00608	0.10608	9.427

复 利 系 数 表

(12%)

年份 n	一次支付		等额序列			
	终值系数 $(1+i)^n$ $(F/P,i,n)$	现值系数 $\dfrac{1}{(1+i)^n}$ $(P/F,i,n)$	终值系数 $\dfrac{(1+i)^n-1}{i}$ $(F/A,i,n)$	偿债基金系数 $\dfrac{i}{(1+i)^n-1}$ $(A/F,i,n)$	资金回收系数 $\dfrac{i(1+i)^n}{(1+i)^n-1}$ $(A/P,i,n)$	现值系数 $\dfrac{(1+i)^n-1}{i(1+i)^n}$ $(P/A,i,n)$
1	1.120	0.8929	1.000	1.00000	1.12000	0.893
2	1.254	0.7972	2.120	0.47170	0.59170	1.690
3	1.405	0.7118	3.374	0.29635	0.41635	2.402
4	1.574	0.6355	4.779	0.20923	0.32923	3.037
5	1.762	0.5674	6.353	0.15741	0.27741	3.605
6	1.974	0.5066	8.115	0.12323	0.24323	4.111
7	2.211	0.4523	10.089	0.09912	0.21912	4.564
8	2.476	0.4039	12.300	0.08130	0.20130	4.968
9	2.773	0.3606	14.776	0.06763	0.18768	5.328
10	3.106	0.3220	17.549	0.05698	0.17698	5.650
11	3.479	0.2875	20.655	0.04842	0.16842	5.938
12	3.896	0.2567	24.133	0.04144	0.16144	6.194
13	4.363	0.2292	28.029	0.03568	0.15568	6.424
14	4.887	0.2046	32.393	0.03087	0.15087	6.628
15	5.474	0.1827	37.280	0.02682	0.14682	6.811
16	6.130	0.1631	42.753	0.02339	0.14339	6.974
17	6.866	0.1456	48.884	0.02046	0.14046	7.120
18	7.690	0.1300	55.750	0.01794	0.13794	7.250
19	8.613	0.1161	63.440	0.01576	0.13576	7.366
20	9.646	0.1037	72.052	0.01388	0.13388	7.469
21	10.804	0.0926	81.699	0.01224	0.13224	7.562
22	12.100	0.0826	92.503	0.01081	0.13081	7.645
23	13.552	0.0738	104.603	0.00956	0.12956	7.718
24	15.179	0.0659	118.155	0.00846	0.12846	7.784
25	17.000	0.0588	133.334	0.00750	0.12750	7.843
26	19.040	0.0525	150.334	0.00665	0.12665	7.896
27	21.325	0.0469	169.374	0.00590	0.12590	7.943
28	23.884	0.0419	190.699	0.00524	0.12524	7.984
29	26.750	0.0374	214.583	0.00466	0.12466	8.022
30	29.960	0.0334	241.333	0.00414	0.12414	8.055

复 利 系 数 表
(15%)

年份 n	一次支付		等额序列			
	终值系数 $(1+i)^n$ $(F/P,i,n)$	现值系数 $\dfrac{1}{(1+i)^n}$ $(P/F,i,n)$	终值系数 $\dfrac{(1+i)^n-1}{i}$ $(F/A,i,n)$	偿债基金系数 $\dfrac{i}{(1+i)^n-1}$ $(A/F,i,n)$	资金回收系数 $\dfrac{i(1+i)^n}{(1+i)^n-1}$ $(A/P,i,n)$	现值系数 $\dfrac{(1+i)^n-1}{i(1+i)^n}$ $(P/A,i,n)$
1	1.150	0.8696	1.000	1.00000	1.15000	0.870
2	1.322	0.7561	2.150	0.46512	0.61512	1.626
3	1.521	0.6575	3.472	0.28798	0.43798	2.283
4	1.749	0.5718	4.993	0.20027	0.35027	2.855
5	2.011	0.4972	6.742	0.14832	0.29832	3.352
6	2.313	0.4323	8.754	0.11424	0.26424	3.784
7	2.660	0.3759	11.067	0.09036	0.24036	4.160
8	3.059	0.3269	13.727	0.07285	0.22285	4.487
9	3.518	0.2843	16.786	0.05957	0.20957	4.772
10	4.046	0.2472	20.304	0.04925	0.19925	5.019
11	4.652	0.2149	24.349	0.04107	0.19107	5.234
12	5.350	0.1869	29.002	0.03448	0.18448	5.421
13	6.153	0.1625	34.352	0.02911	0.17911	5.583
14	7.076	0.1413	40.505	0.02469	0.17469	5.724
15	8.137	0.1229	47.580	0.02102	0.17102	5.847
16	9.358	0.1069	55.717	0.01795	0.16795	5.954
17	10.761	0.0929	65.075	0.01537	0.16537	6.047
18	12.375	0.0808	75.836	0.01319	0.16319	6.128
19	14.232	0.0703	88.212	0.01134	0.16134	6.198
20	16.367	0.0611	102.444	0.00976	0.15976	6.259
21	18.822	0.0531	118.810	0.00842	0.15842	6.312
22	21.645	0.0462	137.632	0.00727	0.15727	6.359
23	24.891	0.0402	159.276	0.00628	0.15628	6.399
24	28.625	0.0349	184.168	0.00543	0.15543	6.434
25	32.919	0.0304	212.793	0.00470	0.15470	6.464
26	37.857	0.0264	245.712	0.00407	0.15407	6.491
27	43.535	0.0230	283.569	0.00353	0.15353	6.514
28	50.066	0.0200	327.104	0.00306	0.15306	6.534
29	57.575	0.0174	377.170	0.00265	0.15265	6.551
30	66.212	0.0151	434.745	0.00230	0.15230	6.566

复 利 系 数 表

(20%)

年份 n	一次支付		等额序列			
	终值系数 $(1+i)^n$ $(F/P,i,n)$	现值系数 $\dfrac{1}{(1+i)^n}$ $(P/F,i,n)$	终值系数 $\dfrac{(1+i)^n-1}{i}$ $(F/A,i,n)$	偿债基金系数 $\dfrac{i}{(1+i)^n-1}$ $(A/F,i,n)$	资金回收系数 $\dfrac{i(1+i)^n}{(1+i)^n-1}$ $(A/P,i,n)$	现值系数 $\dfrac{(1+i)^n-1}{i(1+i)^n}$ $(P/A,i,n)$
1	1.200	0.8333	1.000	1.00000	1.20000	0.833
2	1.440	0.6944	2.200	0.45455	0.65455	1.528
3	1.728	0.5787	3.640	0.27473	0.47473	2.106
4	2.074	0.4823	5.368	0.18629	0.38629	2.589
5	2.488	0.4019	7.442	0.13438	0.33438	2.991
6	2.986	0.3349	9.930	0.10071	0.30071	3.326
7	3.583	0.2791	12.916	0.07742	0.27742	3.605
8	4.300	0.2326	16.499	0.06061	0.26061	3.837
9	5.160	0.1938	20.799	0.04808	0.24808	4.031
10	6.192	0.1615	25.959	0.03852	0.23852	4.192
11	7.430	0.1346	32.150	0.03110	0.23110	4.327
12	8.916	0.1122	39.581	0.02528	0.22526	4.439
13	10.699	0.0935	48.497	0.02062	0.22062	4.533
14	12.839	0.0779	59.196	0.01689	0.21689	4.611
15	15.407	0.0649	72.035	0.01388	0.21388	4.675
16	18.488	0.0541	87.442	0.01144	0.21144	4.730
17	22.186	0.0451	105.931	0.00944	0.20944	4.775
18	26.623	0.0376	128.117	0.00781	0.20781	4.812
19	31.948	0.0313	154.740	0.00646	0.20646	4.843
20	38.338	0.0261	186.688	0.00536	0.20536	4.870
21	46.005	0.0217	225.026	0.00444	0.20444	4.891
22	55.206	0.0181	271.031	0.00369	0.20360	4.909
23	66.247	0.0151	326.237	0.00307	0.20307	4.925
24	79.497	0.0126	392.484	0.00255	0.20255	4.937
25	95.396	0.0105	471.981	0.00212	0.20212	4.948
26	114.475	0.0087	567.377	0.00176	0.20176	4.956
27	137.371	0.0073	681.853	0.00147	0.20147	4.964
28	164.845	0.0061	819.223	0.00122	0.20122	4.970
29	197.814	0.0051	984.068	0.00102	0.20102	4.975
30	237.376	0.0042	1,181.882	0.00085	2.20085	4.979

复 利 系 数 表

(25%)

年份 n	一次支付		等额序列			
	终值系数 $(1+i)^n$ $(F/P,i,n)$	现值系数 $\dfrac{1}{(1+i)^n}$ $(P/F,i,n)$	终值系数 $\dfrac{(1+i)^n-1}{i}$ $(F/A,i,n)$	偿债基金系数 $\dfrac{i}{(1+i)^n-1}$ $(A/F,i,n)$	资金回收系数 $\dfrac{i(1+i)^n}{(1+i)^n-1}$ $(A/P,i,n)$	现值系数 $\dfrac{(1+i)^n-1}{i(1+i)^n}$ $(P/A,i,n)$
1	1.250	0.8000	1.000	1.00000	1.25000	0.800
2	1.562	0.6400	2.250	1.44444	0.69444	1.440
3	1.953	0.5120	3.812	0.26230	0.51230	1.952
4	2.441	0.4096	5.766	0.17344	0.42344	2.362
5	3.052	0.3277	8.207	0.12185	0.37185	2.689
6	3.815	0.2621	11.259	0.08882	0.33882	2.951
7	4.768	0.2097	15.073	0.06634	0.31634	3.161
8	5.960	0.1678	19.842	0.05040	0.30040	3.329
9	7.451	0.1342	25.802	0.03876	0.28876	3.463
10	9.313	0.1074	33.253	0.03007	0.28007	3.571
11	11.642	0.0859	42.566	0.02349	0.27349	3.656
12	14.552	0.0687	54.208	0.01845	0.26845	3.725
13	18.190	0.0550	68.760	0.01454	0.26454	3.780
14	22.737	0.0440	86.949	0.01150	0.26150	3.824
15	28.422	0.0352	109.687	0.00912	0.25912	3.859
16	35.527	0.0281	138.109	0.00724	0.25724	3.887
17	44.409	0.0225	173.636	0.00576	0.25576	3.910
18	55.511	0.0180	218.045	0.00459	0.25459	3.928
19	69.389	0.0144	273.556	0.00366	0.25366	3.942
20	86.736	0.0115	342.945	0.00292	0.25292	3.954
21	108.420	0.0092	429.681	0.00233	0.25233	3.963
22	135.525	0.0074	538.101	0.00186	0.25186	3.970
23	169.407	0.0059	673.626	0.00148	0.25148	3.976
24	211.758	0.0047	843.033	0.00119	0.25119	3.981
25	264.698	0.0038	1054.791	0.00095	0.25095	3.985
26	330.872	0.0030	1319.489	0.00076	0.25076	3.988
27	413.590	0.0024	1650.361	0.00061	0.25061	3.990
28	516.988	0.0019	2063.952	0.00048	0.25048	3.992
29	646.235	0.0015	2580.939	0.00039	0.25039	3.994
30	807.794	0.0012	3227.174	0.00031	0.25031	3.995

复 利 系 数 表

(30%)

年份 n	一次支付		等额序列			
	终值系数 $(1+i)^n$ $(F/P,i,n)$	现值系数 $\dfrac{1}{(1+i)^n}$ $(P/F,i,n)$	终值系数 $\dfrac{(1+i)^n-1}{i}$ $(F/A,i,n)$	偿债基金系数 $\dfrac{i}{(1+i)^n-1}$ $(A/F,i,n)$	资金回收系数 $\dfrac{i(1+i)^n}{(1+i)^n-1}$ $(A/P,i,n)$	现值系数 $\dfrac{(1+i)^n-1}{i(1+i)^n}$ $(P/A,i,n)$
1	1.300	0.7692	1.000	1.00000	1.30000	0.769
2	1.690	0.5917	2.300	0.43478	0.73478	1.361
3	2.197	0.4552	3.990	0.25063	0.55063	1.816
4	2.856	0.3501	6.187	0.16163	0.46163	2.166
5	3.713	0.2693	9.043	0.11058	0.41058	2.436
6	4.827	0.2072	12.756	0.07839	0.37839	2.643
7	6.275	0.1594	17.583	0.05687	0.35687	2.802
8	8.157	0.1226	23.858	0.04192	0.34192	2.925
9	10.604	0.0943	32.015	0.03124	0.33124	3.019
10	13.786	0.0725	42.619	0.02346	0.32346	3.092
11	17.922	0.0558	56.405	0.01773	0.31773	3.147
12	23.298	0.0429	74.327	0.01345	0.31345	3.190
13	30.288	0.0330	97.625	0.01024	0.31024	3.223
14	39.374	0.0254	127.913	0.00782	0.30782	3.249
15	51.186	0.0195	167.286	0.00598	0.30598	3.268
16	66.542	0.0150	218.472	0.00458	0.30458	3.283
17	86.504	0.0116	285.014	0.00351	0.30351	3.295
18	112.455	0.0089	371.518	0.00269	0.30269	3.304
19	146.192	0.0068	483.973	0.00207	0.30207	3.311
20	190.050	0.0053	630.165	0.00159	0.30159	3.316
21	247.065	0.0040	820.215	0.00122	0.30122	3.320
22	321.184	0.0031	1067.280	0.00094	0.30094	3.323
23	417.539	0.0024	1388.464	0.00072	0.30072	3.325
24	542.801	0.0018	1806.003	0.00055	0.30055	3.327
25	705.641	0.0014	2348.803	0.00043	0.30043	3.329
26	917.333	0.0011	3054.444	0.00033	0.30033	3.330
27	1192.533	0.0008	3917.778	0.00025	0.30025	3.331
28	1550.293	0.0006	5164.311	0.00019	0.30019	3.331
29	2015.381	0.0005	6714.604	0.00015	0.30015	3.332
30	2619.996	0.0004	8729.985	0.00011	0.30011	3.332

复 利 系 数 表
(40%)

年份 n	一次支付		等额序列			
	终值系数 $(1+i)^n$ $(F/P,i,n)$	现值系数 $\dfrac{1}{(1+i)^n}$ $(P/F,i,n)$	终值系数 $\dfrac{(1+i)^n-1}{i}$ $(F/A,i,n)$	偿债基金系数 $\dfrac{i}{(1+i)^n-1}$ $(A/F,i,n)$	资金回收系数 $\dfrac{i(1+i)^n}{(1+i)^n-1}$ $(A/P,i,n)$	现值系数 $\dfrac{(1+i)^n-1}{i(1+i)^n}$ $(P/A,i,n)$
1	1.400	0.7143	1.000	1.00000	1.40000	0.714
2	1.960	0.5102	2.400	0.41667	0.81667	1.224
3	2.744	0.3644	4.360	0.22936	0.62936	1.589
4	3.842	0.2603	7.104	0.14077	0.54077	1.849
5	5.378	0.1859	10.946	0.09136	0.49136	2.035
6	7.530	0.1328	16.324	0.06126	0.46126	2.168
7	10.541	0.0949	23.853	0.04192	0.44192	2.263
8	14.758	0.0678	34.395	0.02907	0.42907	2.331
9	20.661	0.0484	49.153	0.02034	0.42034	2.379
10	28.925	0.0346	69.814	0.01432	0.41432	2.414
11	40.496	0.0247	98.739	0.01013	0.41013	2.438
12	56.694	0.0176	139.235	0.00718	0.40718	2.456
13	79.371	0.0126	195.929	0.00510	0.40510	2.469
14	111.120	0.0090	275.300	0.00363	0.40363	2.478
15	155.568	0.0064	386.420	0.00259	0.40259	2.484
16	217.795	0.0046	541.988	0.00185	0.40185	2.489
17	304.913	0.0033	759.784	0.00132	0.40132	2.492
18	426.879	0.0023	1064.697	0.00094	0.40094	2.494
19	597.630	0.0017	1491.576	0.00067	0.40067	2.496
20	836.683	0.0012	2089.206	0.00048	0.40048	2.497
21	1171.356	0.0009	2925.889	0.00034	0.40034	2.498
22	1639.898	0.0006	4097.245	0.00024	0.40024	2.498
23	2295.857	0.0004	5737.142	0.00017	0.40017	2.499
24	3214.200	0.0003	8032.999	0.00012	0.40012	2.499
25	4499.880	0.0002	11247.199	0.00009	0.40009	2.499

参 考 文 献

[1] 傅家骥,吴贵生主编. 技术经济学. 北京：中国经济出版社,1987

[2] 傅家骥,张吉平,仝允桓,蓝伯雄著. 工程师经济分析与决策. 北京：中国科学技术出版社,1989

[3] 傅家骥,姜彦福主编. 工业企业技术改造项目评价方法教程. 北京：机械工业出版社,1988

[4] 国家计划委员会、建设部发布. 建设项目经济评价方法与参数. 第二版. 北京：中国计划出版社,1994

[5] 王彤、王心壬、陈贵平、邱志青编著. 建设项目经济评价方法实用问答. 北京：中国统计出版社,1994

[6] 联合国工业发展组织. 刘国恒等译. 工业可行性研究编制手册. 修订增补版. 北京：化学工业出版社,1992

[7] 林恩·斯奈尔、赫尔曼·G·范德塔克著,孙礼照、胡庄君译. 项目经济分析. 北京：清华大学出版社,1985

[8] [美]J·L·里格斯著. 吕薇等译. 工程经济学. 北京：中国财政经济出版社,1989

[9] 杨思远编著. 现代工程经济学. 北京：学苑出版社,1993

[10] [美]G·A·泰勒著. 叶善根译. 管理经济与工程经济. 上海：复旦大学出版社,1986

[11] 陈颖源、郭志顺编著. 管理会计和工程经济. 北京：科学技术文献出版社,1983

[12] [德]海茵里希·比厄斯特讷著·丁一风等译. 计算机集成制造的投资决策. 北京：兵器工业出版社,1992

[13] 傅家骥编著. 价值分析在产品设计中的应用. 北京：机械工业出版社,1986

[14] 孙明玺编著. 预测和评价. 杭州：浙江教育出版社,1986

[15] Grant. Eugene L. W.G. lreson and R. S. Leuvenworth：Principles of Engineering Economy. John Wiley & Sons. Inc. New York, 1982

[16] Little, I. M. D. and Mirrlees. J. A. Project Appraisal and Planning for the Developing Countries. Heinemann Educational Books, London, 1974

[17] UNIDO. Guidelines for Project Evaluation. United Nations. New York, 1972

[18] Peter. G. S. and A. S. William. Cost-Benefit Analysis. Academic Press, Inc. 1978

[19] Canada. J. R. and W. G. Sullivan. Economic and Multiattribute Evaluation of Advanced Manufacturing Systems. Prentice Hall, Inc. Englewood Cliffs, New Jersey, 1989